Sonderfahrzeuge und schienengebundene Arbeitsmittel[1]	Altbaufahrzeuge (bis Baujahr 1950)	2achsige Fahrzeuge[2]	4achsige Fahrzeuge	Gelenkfahrzeuge
				(ab Baujahr 1950)	
	(Triebwagen/Beiwagen)				
Berlin	49/68	–/–	160/288[3]	59/57[4]	441[5]
Schöneiche	4/3	–/2	7/14	3/3	–/–
Strausberg	3[6]/2	–/–	6/4	–/–	–/–
Woltersdorf	2/3	–/–	6/5	–/–	–/–

Betriebsfähige Fahrzeuge: Bestand am 31. 12. 1985

[1]) einschließlich historische Fahrzeuge
[2]) einschließlich Reko-Fahrzeuge
[3]) davon 142 ER-Tw und 252 ER-Bw
[4]) Typ T4/B4
[5]) Typ KT4D; davon 39 KT4D-t
[6]) einschließlich 2 Elloks

Gesellschaft	Spurweite mm	Pferdebahnbetrieb	Dampf-/Benzolbahnbetrieb		Elektrischer Betrieb	Bemerkung
Cöpenicker Straßenbahnen (Cöp)	1 435	1882–1903			1903–1920	O
	1 000	1891–1906	1891–1894	D		
Spandauer Straßenbahn (SpS)	1 000	1892–1896			1896–1907	O
	1 435				1906–1920	O
Straßenbahn der Gemeinde Steglitz (SGS)	1 435				1905–1920	O
Straßenbahn des Flugplatzes Johannisthal (Joh)	1 435	1910				
Schmöckwitz-Grünauer Uferbahn (SGU)	1 435		1912	B	1912–1925	O
Straßenbahn der Gemeinde Heiligensee (SGH)	1 435				1913–1920	O
Berliner Straßenbahn (BST)	1 000				1921–1923	O
	1 435		1923	B	1920–1923	O
Berliner Straßenbahn-Betriebs-G.m.b.H. (BSTB)	1 000				1923–1928	O
	1 435		1923–1928	B	1923–1928	O
Berliner Verkehrs-Aktiengesellschaft/Berliner Verkehrs-Betriebe (BVG)	1 000				1929–1930	O
	1 435		1929	B	1929–1968	O
VEB Kombinat Berliner Verkehrsbetriebe (BVB)	1 435				1969–	O

Erläuterungen:
A   Akkumulatorenbetrieb   F   Stromzuführung durch Fahrschienen   U   Unterleitung
B   Benzolbetrieb   G   Güterverkehr
D   Dampfbetrieb   O   Oberleitung

Straßenbahn-Archiv
DDR Berlin und Umgebung

Straßenbahn-Archiv
DDR Berlin und Umgebung

Reprint

Einbandgestaltung: Katja Draenert

Titelbild: Im Mai 1985 befindet sich ein Straßenbahn-Zug der Linie 63, bestehend aus zwei KT4D mit dem Tw 219 178-8 an der Spitze, auf Dienstfahrt in der Ost-Berliner Leninallee.
Foto: Hans-Joachim Kirsche

Eine Haftung des Autors oder des Verlages und seiner Beauftragten für Personen-, Sach- und Vermögensschäden ist ausgeschlossen.

ISBN: 3-613-71206-7

1. Auflage 2005 (Reprint der 1. Auflage von 1987, erschienen unter dem Titel »Straßenbahn-Archiv 5: Berlin und Umgebung«)

Copyright © by transpress Verlag, Postfach 10 37 43, 70032 Stuttgart.
Ein Unternehmen der
Paul Pietsch Verlage GmbH & Co.

Sie finden uns im Internet unter:
http://www.transpress.de

Der Nachdruck, auch einzelner Teile, ist verboten. Das Urheberrecht und sämtliche weiteren Rechte sind dem Verlag vorbehalten. Übersetzung, Speicherung, Vervielfältigung und Verbreitung einschließlich Übernahme auf elektronische Datenträger wie CD-ROM, Bildplatte usw. sowie Einspeicherung in elektronische Medien wie Bildschirmtext, Internet usw. sind ohne vorherige schriftliche Genehmigung des Verlages unzulässig und strafbar.

Lektor: Hans-Joachim Kirsche
Druck und Bindung:
Henkel GmbH, 70435 Stuttgart
Printed in Germany

Anmerkung zum Nachdruck
Das vorliegende Buch erschien 1987 erstmals unter dem Titel »Straßenbahn-Archiv 5: Berlin und Umgebung«.
Diese Ausgabe ist ein Nachdruck der 1. Auflage, bei der Inhalt und Rechtschreibung unverändert blieben.

Für die Beschreibung der Straßenbahnbetriebe zeichnen als Autoren verantwortlich:

Berlin:
– Eberhard Dassow, Berlin (Grafik S. 12/13)
– Reinhard Demps, Berlin (Text, Netzpläne und Betriebsstatistik S. 30–90, S. 116–126, 164–176, 196–307)
– Klaus Kirsch, Berlin (Netzpläne S. 42, 43, 61–63, 206, 208, 231–233, 242, 244, 276, 288, 289 sowie die Fahrzeugzeichnungen S. 21, 22, 280 oben
– Joachim Kubig, Berlin (alle Wagenparkstatistiken und bisher nicht genannten Fahrzeugzeichnungen)
– Michael Müller, Berlin (Lageplan S. 144)
– Dr. Hans-Joachim Pohl, Berlin (Text, Netzpläne und Betriebsstatistik S. 14–29, 91–115, 127–163, 177–195)

Schöneiche:
– Reinhard Demps, Berlin
– Joachim Kubig, Berlin (Wagenparkstatistiken und Fahrzeugzeichnungen)

Strausberg und Woltersdorf:
– Reinhard Demps, Berlin
– Michael Müller, Berlin
– Joachim Kubig, Berlin (Wagenparkstatistik und Fahrzeugzeichnungen)

Vorwort

Im vorliegenden fünften Band des „Straßenbahn-Archiv" werden der Berliner Straßenbahnverkehr – angefangen mit dem 1865 eröffneten Pferdebahnbetrieb bis zur elektrischen Straßenbahn der Gegenwart – und die Straßenbahnen in den nahegelegenen Orten des Bezirkes Frankfurt (Oder) – Schöneiche, Strausberg, Woltersdorf – behandelt. Die Straßenbahnen dieser Kleinbetriebe erfüllen direkte Zubringerfunktionen zum S-Bahn-Netz Berlins.

Über die Straßenbahn Berlins gibt es bereits einige beachtenswerte Literatur. Trotzdem blieben bei dem nicht im einzelnen mit der Geschichte der Straßenbahngesellschaften Vertrauten die Zusammenhänge der Konzessionierung, Betriebsführung und Fusionierung bis zum einheitlichen Straßenbahnbetrieb oftmals offene Fragen. Immerhin gab es in und um Berlin etwa 40 Straßenbahngesellschaften, die teilweise durch Zustimmungsverträge oder Aktienmehrheit den größeren Gesellschaften die Betriebsführung übertrugen. Eine Graphik (Seiten 12/13) verdeutlicht deshalb das Entstehen und den Zusammenschluß dieser Gesellschaften und Betriebe.

Die Berliner Straßenbahn erlebte Höhen und Tiefen. So erneuerte z.B. die Berliner Straßenbahn-Betriebs-G.m.b.H. zwischen 1924 und 1927 fast vollständig den überalterten Fahrzeugpark, und die 1929 gegründete Berliner Verkehrs-Aktiengesellschaft (BVG) betrieb vor dem zweiten Weltkrieg eines der größten Straßenbahnnetze der Welt. Nach dem Ende des zweiten Weltkriegs ergaben sich durch die Aufteilung der Stadt in vier Sektoren erhebliche Probleme bei der Bewältigung der Beförderungsaufgaben.

Im „Straßenbahn-Archiv" kann natürlich nur auf den Gesamtzusammenhang eingegangen werden, denn die Darstellung der verkehrlichen Entwicklung und die des rollenden Materials sind das Hauptanliegen dieser Publikation.

Allen, auch den nicht namentlich Genannten, wird für die Hinweise zur Erarbeitung des Manuskriptes herzlich gedankt. Der besondere Dank gilt Herrn Heiner Matthes, Karl-Marx-Stadt, für seine Arbeit als Gutachter sowie Frau Resch, Dresden, für die technische Unterstützung bei der Anfertigung des Manuskripts. Beim Studium des vorliegenden Bandes werden dem interessierten Leser noch Ergänzungen zum Bild- oder Textteil in Erinnerung kommen.

Verlag und Autoren sind sich in dem Wissen einig, daß der vorliegende Band zu gegebener Zeit ergänzt und berichtigt werden muß. Dazu sollen auch alle Hinweise der Freunde der Straßenbahn dienen.

Verlag und
Leiter des Autorenkollektivs

Inhaltsverzeichnis

Symbole und Abkürzungen

Berlin 11

Große Berliner Straßenbahn und ihre Nebenbahnen 14

Berlin-Charlottenburger Straßenbahn 14
Berliner Pferdeeisenbahn 14
Berlin-Charlottenburger Straßenbahn 20

Große Berliner Straßenbahn 30
Große Berliner Pferde-Eisenbahn A.-G. 30
Große Internationale Pferde-Eisenbahn-Gesellschaft 52
Gemeinde-Pferdebahnen 53
Große Berliner Straßenbahn A.-G. 55

Neue Berliner Pferdebahn-Gesellschaft 91

Westliche Berliner Vorortbahn 96
Berliner Dampfstraßenbahn-Konsortium 96
Westliche Berliner Vorortbahn 102

Südliche Berliner Vorortbahn 108

Nordöstliche Berliner Vorortbahn 112

Übrige Straßenbahnbetriebe in den Berliner Stadtgrenzen bis 1920 116

Berliner Elektrische Straßenbahn 116
Berliner Elektrische Straßenbahnen A.-G. 116
Pferdebahn der Gemeinde Französisch-Buchholz 125

Berliner Ostbahnen 127

Flachbahn der Gesellschaft für elektrische Hoch- und Untergrundbahnen 136

Städtische Straßenbahnen in Berlin 140

Straßenbahnunternehmen in den ehemaligen Berliner Vororten 150

Teltower Kreisbahnen 150
Elektrische Straßenbahn Groß-Lichterfelde–Lankwitz–Steglitz–Südende 150
Aktien-Gesellschaft Dampfstraßenbahn Groß-Lichterfelde–Seehof–Teltow–Stahnsdorf 155
Teltower Kreisbahnen 159

Cöpenicker Straßenbahn 164
Cöpenicker Pferdeeisenbahn 164
Friedrichshagener Straßenbahn 167
Städtische Straßenbahn Cöpenick 170

Spandauer Straßenbahn 177
Spandauer Straßenbahn (Simmel, Matzky & Müller) 177
Spandauer Straßenbahn 179
Elektrische Straßenbahn Spandau–Nonnendamm 184

Straßenbahn der Gemeinde Steglitz 186

Straßenbahn des Flugplatzes Johannisthal 189

Schmöckwitz-Grünauer Uferbahn 189

Straßenbahn der Gemeinde Heiligensee an der Havel 194

Kleinbahn Spandau-West–Hennigsdorf 196

Einheitlicher Straßenbahnbetrieb (1919–1949) 202

Straßenbahn in der Hauptstadt der DDR 274

Schöneiche 308
Benzolstraßenbahn 309
Elektrische Straßenbahn 312

Strausberg 324
Dampfstraßenbahn, Elektrische Straßenbahn 325

Woltersdorf 332
Elektrische Straßenbahn 332

Farbteil 341

Symbole und Abkürzungen

Den Städten bzw. den Straßenbahnbetrieben sind Netzpläne und die technischen Daten der Straßenbahnfahrzeuge zugeordnet.
Im folgenden werden die verschiedenen Abkürzungen und Symbole erläutert:

Symbole in den Netzplänen

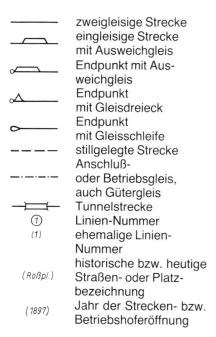

	zweigleisige Strecke
	eingleisige Strecke mit Ausweichgleis
	Endpunkt mit Ausweichgleis
	Endpunkt mit Gleisdreieck
	Endpunkt mit Gleisschleife
----	stillgelegte Strecke
–·–·–	Anschluß- oder Betriebsgleis, auch Gütergleis
	Tunnelstrecke
①	Linien-Nummer
(1)	ehemalige Linien-Nummer
(Roßpl.)	historische bzw. heutige Straßen- oder Platzbezeichnung
(1897)	Jahr der Strecken- bzw. Betriebshoferöffnung
[1948]	Jahr der Strecken- bzw. Betriebshofstillegung
△	ehemaliger Betriebshof, Werkstatt, Depot
▲	bestehender Betriebshof, Werkstatt, Depot
	Staatsgrenze
	Gewässer
	Eisenbahn mit Bahnhof
	Straßenbahn unterquert Eisenbahn
	Straßenbahn überquert Eisenbahn (bei Gewässern analog)
	Haltestelle
	Haltestelle in Ausweiche

Um in den Netzplänen die Übersichtlichkeit zu gewährleisten, mußte anstelle des allgemeingültigen Symbols oftmals für die Eisenbahn die vereinfachte Darstellung ---□--- gewählt werden.

Die vorgenannten Symbole gelten, falls nicht bei einzelnen Netzplänen oder Netzplanausschnitten andere Erläuterungen gegeben sind.

Wagennummer

Hochgestellte römische Zahlen bei den Wagennummern weisen auf die wiederholte Besetzung der jeweiligen Wagennummer hin.
Die Nummer der Arbeitsfahrzeuge (Atw, Abw) ist nur dann erwähnt, wenn diese Fahrzeuge später wieder zu Personenfahrzeugen umgebaut worden sind.
Das Symbol ÷ weist auf eine nicht durchgängig besetzte Nummernreihe hin.

Hersteller

Adf	Gottfried Lindner Waggonbau AG, Ammendorf; VEB Waggonbau Ammendorf
AEG	Allgemeine Elektrizitäts-Gesellschaft, Berlin
Bau	Waggon- und Maschinenfabrik AG, vorm. Waggonfabrik W.C.F. Busch, Bautzen
BBC	Brown, Boveri & Cie, Mannheim/Baden-Baden
Berg	Bergmann-Elektrizitätswerke AG, Berlin-Rosenthal
Bln	Norddeutsche Fabrik für Eisenbahnbetriebsmaterial, Berlin
Bök	Böker & Cie, Remscheid; Bergische Stahlindustrie, Remscheid
Both	Firma Bothmann & Glück, Gotha
Bor	A. Borsig Lokomotivbau, Berlin-Tegel
Bre	Waggonfabrik Bremen, Bremen
Bres	Breslauer AG für Eisenbahn-Wagenbau, Breslau; Lokomotiv- und Wagenbauanstalt Linke-Hofmann, Breslau
Brill	Brill, Philadelphia (USA)
Brux	Compagnie Belge la Construction des Maschines & de Materials de Chemin de Fer à Bruxelles, Brüssel (Belgien)
BVG	Berliner Verkehrs-Aktien-Gesellschaft, Berlin (für Umbauten)
ČKD	Českomoravská Kolben-Daněk, Praha (ČSSR); Werk Tatra Praha: Hersteller des mechanischen Teils

Symbole und Abkürzungen

	und Finalproduzent Werk Trakce Praha: Hersteller des elektrischen Teils	Gör	Waggon- und Maschinenbau AG (WUMAG), Görlitz	LHB	Linke-Hofmann-Busch GmbH, Salzgitter-Watenstedt
Dan	M. E. Domansky Eisenbahn-Waggonbau, Danzig-Schellmühl	Got	VEB Waggonbau Gotha; vorm. Gothaer Waggonfabrik AG, Gotha; vorm. Firma Bothmann & Glück, Gotha	LHW	Linke-Hofmann-Werke, Breslau
				LVB	Leipziger Verkehrsbetriebe, Leipzig
Dess	Dessauer Waggonfabrik AG, Dessau; vorm. Werkstätten der Deutschen Gasbahn-Gesellschaft, Dessau	Gru	Wagenfabrik Grums, Hamburg	Lud	Wagenfabrik Ludwigshafen (Hersteller von Pferdebahnwagen)
		Ham	Hamburger Wagenbau-Anstalt, Hamburg-Rothenburgsort	MAN	Maschinenfabrik Augsburg-Nürnberg
Deutz	Gasmotorenfabrik Otto, Köln-Deutz	Han	Hannoversche Waggonfabrik AG (HAWA), Hannover-Linden	Mon	Ateliers Germain, Monçeau (Belgien)
Dre	Waggonfabrik Stoll, Dresden; Waggonfabrik Liebscher, Dresden; Karosseriebau Gläser, Dresden; Städtische Straßenbahn, Dresden;	Heid	H. Fuchs, Waggonfabrik AG, Heidelberg	NAG	Nationale Automobil-Gesellschaft, Berlin-Schöneweide
		Hel	Helios Elektrizitäts-AG, Köln	Neuß	Waggonfabrik Neuß
		Her	P. Herbrand & Co., Köln-Ehrenfeld	Nied	Sachsenwerk Dresden-Niedersedlitz, Dresden; vorm. O. L. Kummer & Co., Niedersedlitz
		Hoh	Hohenzollern Aktiengesellschaft für Lokomotivbau, Düsseldorf-Grafenberg		
Düss	Düsseldorfer Eisenbahnbedarf, Düsseldorf; vorm. Karl Weyer & Cie., Düsseldorf-Oberbilk			Nies	Christoph & Unmack, Niesky
		HWL	Hauptwerkstätten der Leipziger Verkehrsbetriebe, Leipzig (Heiterblick)	Nord	Nordwaggon Bremen, Bremen
Egb	Eigenbau			O & K	Orenstein & Koppel, Berlin-Drewitz
Elze	Waggonfabrik Elze (Niedersächsische Waggonfabrik J. Graaf) GmbH, Hannover	Joh	VEB Waggonbau Johannisthal, Johannisthal bei Berlin	Rast	Waggonfabrik Rastatt
Erf	Karosseriebau Krüger & Co., Erfurt			Ringh	Wagenbaufabrik Ringhoffer, Prag-Smichov
		Köb	Firma Steinfurth, Inh. F. Heumann, Königsberg	Sca	Vognfabrikken Scandia, Randers auf Jütland (Dänemark)
Falk	Wagenbauanstalt Falkenried der Hamburger Straßen-Eisenbahn-Gesellschaft, Hamburg	Köh	Waggonfabrik Königshütte		
		Köln	Waggonfabrik AG, Köln; Waggonfabrik van der Zypen & Charlier, Köln	Schö	Gebrüder Schöndorff, Düsseldorf
Ffm	Felten, Lahmeyer & Guilleaume AG, Frankfurt/Main			Schu	Elektrizitäts-AG, vorm. Schuckert & Co., Nürnberg
		Kra	Lokomotivfabrik Krauss & Co., Linz (Österreich)	Schwa	Berliner Maschinenbau AG, vorm. Schwartzkopff, Wildau bei Berlin
GBS	Werkstätten der Großen Berliner Straßenbahn, Berlin	Lau	Wagenfabrik Lauenstein, Hamburg		
				Siem	Siemens AG, Berlin
GLSt	Große Leipziger Straßenbahn (Zentralwerkstatt), Leipzig	LEW	VEB Lokomotivbau Elektrotechnische Werke „Hans Beimler", Hennigsdorf	Sin	Elektrizitätsgesellschaft Felix Singer & Co., Berlin
				S & H	Siemens & Halske, Berlin

SSW	Siemens-Schuckert-Werke AG, Berlin und Erlangen	Wö	F. Wöhlertsche Maschinenbauanstalt und Eisengießerei AG, Elbing	Flb	Flachbahn der Gesellschaft für elektrische Hoch- und Untergrundbahnen
St. L.	St. Louis Car Company, St. Louis (USA)	Wür	Würzburger Wagenbauanstalt Firma Noell, Würzburg	GBPfE	Große Berliner Pferde-Eisenbahn A.-G.
Sta	The Starbuck Car & Wagon Ltd., Birkenhead (England)	Zwi	Zwickauer Fahrzeugfabrik, Zwickau (Sachs)	GBS	Große Berliner Straßenbahn Aktien-Gesellschaft
Steph	Wagenfabrik Stephenson, New York (USA)			GWB	Grunewaldbahn
Stutt	Waggonfabrik Stuttgart, Stuttgart			Joh	Straßenbahn des Flugplatzes Johannisthal
Sw	Reichsbahnausbesserungswerk „Roman Chwalek", Berlin-Schöneweide			NBPf	Neue Berliner Pferdebahn-Gesellschaft

Symbole und Abkürzungen

SSW	Siemens-Schuckert-Werke AG, Berlin und Erlangen
St. L.	St. Louis Car Company, St. Louis (USA)
Sta	The Starbuck Car & Wagon Ltd., Birkenhead (England)
Steph	Wagenfabrik Stephenson, New York (USA)
Stutt	Waggonfabrik Stuttgart, Stuttgart
Sw	Reichsbahnausbesserungswerk „Roman Chwalek", Berlin-Schöneweide
Tho	Thomson, Houston (USA)
UEG	Union-Elektrizitäts-Gesellschaft, Berlin
Uer	Waggonfabrik Uerdingen, Betrieb DÜWAG, Düsseldorf
Walk	Walker & Co., Cleveland (USA)
Wei	Aktiengesellschaft für Eisenbahn- und Militärbedarf, Weimar
Weif	Johann Weifzer Waggonfabrik, Graz
Wer	VEB Waggonbau Werdau, Werdau; vorm. Waggonfabrik Schumann, Werdau; Sächsische Waggonfabrik GmbH, Werdau
Werk	Werkspoor, Amsterdam (Niederlande)
Wie	Wiener Wagen- und Straßenbahn-Bauunternehmungen Dreyhausen, Seidler, Schwarz & Co., Wien (Österreich)
Wint	Lokomotivfabrik Winterthur, Winterthur (Schweiz)
Wis	Eisenbahn-Verkehrsmittel AG, Wismar; Trieb- und Waggonfabrik, Wismar
Wö	F. Wöhlertsche Maschinenbauanstalt und Eisengießerei AG, Elbing
Wür	Würzburger Wagenbauanstalt Firma Noell, Würzburg
Zwi	Zwickauer Fahrzeugfabrik, Zwickau (Sachs)

Betriebe

ABOAG	Allgemeine Berliner Omnibus-Actien-Gesellschaft
BChSt	Berlin-Charlottenburger Straßenbahn
BDK	Berliner Dampfstraßenbahn-Konsortium
BESTAG	Berliner Elektrische Straßenbahnen A.-G.
BO	Berliner Ostbahnen
BPfE	Berliner Pferdeeisenbahn
BST	Berliner Straßenbahn
BSTB	Berliner Straßenbahn-Betriebs-G.m.b.H.
BVB	VEB Kombinat Berliner Verkehrsbetriebe
BVG	Berliner Verkehrs-Aktiengesellschaft Berliner Verkehrs-Betriebe
CGeUN	Continentale Gesellschaft für elektrische Unternehmungen
Cöp	Cöpenicker Straßenbahnen
ESGL	Elektrische Straßenbahn Groß-Lichterfelde–Lankwitz–Steglitz–Südende
Flb	Flachbahn der Gesellschaft für elektrische Hoch- und Untergrundbahnen
GBPfE	Große Berliner Pferde-Eisenbahn A.-G.
GBS	Große Berliner Straßenbahn Aktien-Gesellschaft
GWB	Grunewaldbahn
Joh	Straßenbahn des Flugplatzes Johannisthal
NBPf	Neue Berliner Pferdebahn-Gesellschaft
NBSNAG	Neue Berliner Straßenbahn Nordost A. G.
NöBV	Nordöstliche Berliner Vorortbahn
SBV	Südliche Berliner Vorortbahn
SGH	Straßenbahn der Gemeinde Heiligensee
SGU	Schmöckwitz-Grünauer Uferbahn
SpN	Elektrische Straßenbahn Spandau–Nonnendamm
SpS	Spandauer Straßenbahn
SSB	Städtische Straßenbahnen in Berlin
TKB	Teltower Kreisbahnen
WBV	Westliche Berliner Vorortbahn

Länge

Bei diesen Maßen handelt es sich um die Länge über Wagenkasten. In einigen Fällen aus der Anfangszeit der elektrischen Straßenbahn ist diese Aufgabe nicht zweifelsfrei, so daß es sich hierbei auch um die Länge über Kupplung handeln kann.

Sitz-/Stehplätze

Wohl keine technische Angabe unterlag solchen Veränderungen wie die Angabe der Sitz- und Stehplätze. Von 1938 bis 1959 galt ein Stehplatzfaktor von 0,20 m^2/Person auf den Plattformen und von 0,25 m^2/Person im Wageninneren. Mit Einführung der Bau- und Betriebsordnung für Straßenbahnen (BOStrab) im Jahre 1959 galt ein Stehplatzfaktor von 0,15 m^2/Personen. Aber auch dieser Wert hatte nur zehn Jahre Gültigkeit, denn ab 1969 wird mit einem Stehplatzfaktor von 0,125 m^2/Person, d. h. mit 8 stehenden Personen/m^2 gerechnet.

Die in der Statistik angegebenen Sitz- und Stehplätze beziehen sich i. a. auf den Ursprungszustand der Fahrzeuge. Abweichende Angaben ergeben sich aus vorstehenden Gründen, aber auch zusätzlich infolge von Umbauten, des Einbaus von Abfertigungsgeräten u. a. Es bedeuten:

k	Klappsitze
l	Längssitze
m	Mittelsitze
q	Quersitze

Art der Bremse

Betriebsbremse

D	Druckluftbremse
E	elektrodynamische Bremse
So	Solenoidbremse (für Beiwagen)

Feststellbremse

F	Federspeicherbremse
H	Handbremse

Zusatzbremse

S	Magnetschienenbremse
K	Fallklotzbremse

Bemerkungen

a	ausgemustert (Streichung aus dem Fahrzeugbestand)
Abbr.	Abbruch, Verschrottung
Abw	Arbeitsbeiwagen
Aktw	Akkutriebwagen
Atw	Arbeitstriebwagen
Bw	Beiwagen
Bw	Bahnbetriebswerk (in Zusammenhang mit einer Ortsangabe)
Dobw	Doppelbeiwagen
Dotw	Doppeltriebwagen
EDV	Wagennummer auf elektronischer Datenverarbeitungsbasis
ER	Einrichtungswagen
ex	ehemals, zuvor
FD	Flachdach
Gbw	Güterbeiwagen
Gepw	Gepäckwagen
Glw	Gelenkwagen
Gtw	Gütertriebwagen
Gw	Güterwagen (allgemein)
KSW	Kriegsstraßenbahnwagen
KV	Kriegsverlust
L-Wg	Fahrschulwagen
Mw	Gasmotorwagen
Pfw	Pferdebahnwagen
Potw	Posttriebwagen
Sobw	Sommerbeiwagen
Sowg	Sommerwagen (allgemein)
So/Wi	auf Sommer- und Winterbetrieb veränderlich
TD	Tonnendach
Tw	Triebwagen
Wg	Wagen
ZR	Zweirichtungswagen

Berlin

Berlin und Cölln entstehen um 1230 als markgräfliche Gründungen am Schnittpunkt der Handelsstraßen Magdeburg–Oderberg und Leipzig–Stettin. Beide Siedlungen erhalten Mitte des 13. Jahrhunderts Stadtrecht.
Der Handel des mittelalterlichen Berlin beruht auf dem Export von Getreide und Holz und dem Import von Fischen und Tuchen. Die Bedeutung der Stadt zeigt sich in ihrem Landbesitz und ihrer Zugehörigkeit zur Hanse.
Ab 1486 wird Berlin kurfürstliche Residenzstadt der Hohenzollern.
Im Jahr 1550 wird die erste Schleuse gebaut, im Jahr 1572 die erste Wasserleitung angelegt. 1617 gibt es die erste Zeitung. Die Einwohnerzahl beträgt im Jahr 1600 rund 9000.
1709 wird Berlin mit Cölln sowie mit weiteren Gemeinden vereinigt und königliche Hauptstadt Preußens. Gefördert durch aus Frankreich eingewanderte Hugenotten und Reformierte aus Böhmen, entstehen eine leistungsfähige Textilindustrie und die Berliner Porzellanmanufaktur. 1739 wird eine Fiakergesellschaft gegründet. 1755 wird die erste Dampfmaschine aufgestellt.
Ab 1825 werden fahrplanmäßige Fahrten mit sogenannten Torwagen zwischen Brandenburger Tor und Charlottenburg aufgenommen.
1838 erreicht die erste Eisenbahnstrecke Berlin (Strecke Berlin–Potsdam).
Nach den Befreiungskriegen gegen die napoleonische Fremdherrschaft entwickelt sich Berlin zu einem bedeutenden Industriezentrum. In den zwanziger Jahren des 19. Jahrhunderts entstehen die Maschinenbaubetriebe von Borsig, Egells, Hoppe und Wöhlert; im Jahr 1826 wird die erste Gasanstalt in Betrieb genommen. In den vierziger Jahren wird Berlin Mittelpunkt des preußischen Eisenbahnnetzes. 1846 zählt die Stadt fast 400000 Einwohner; es gibt 350 Fabriken. 1847 wird der Pferdeomnibusbetrieb aufgenommen. Nach der Reichsgründung 1871 wird Berlin Hauptstadt des Deutschen Reiches und entwickelt sich seit den Gründerjahren zur Weltstadt. 1900 sind ein Zwölftel aller Betriebe und ein Zehntel aller Beschäftigten Deutschlands in Berlin konzentriert. Durch Eingemeindungen entsteht 1920 die „neue Stadtgemeinde Berlin", mit 3,85 Millionen Einwohnern damals viertgrößte Stadt der Welt.
Die anglo-amerikanischen Luftangriffe nach dem 25./26. August 1940 führen zu schweren Zerstörungen. Am 20. April 1945 erreichen sowjetische Truppen den Stadtrand, am 2. Mai 1945 wird Berlin durch die Rote Armee befreit. Die zu versorgende Bevölkerung beträgt etwa 2,9 Millionen. 40 % des Wohnraums, die Hälfte aller Brücken sind zerstört. Die Schuttmasse wird auf 70 Millionen m^3 berechnet.
Die Beschlüsse der Antihitlerkoalition, insbesondere das Potsdamer Abkommen, regeln für Berlin die Leitung der Verwaltung durch eine Alliierte Kommandantur. Am 7. Oktober 1949 wird in Berlin die DDR gegründet; Berlin wird Hauptstadt der DDR. Die Stadt ist heute in elf Stadtbezirke eingeteilt. Gegenwärtig leben hier auf einer Fläche von 403 km^2 etwa 1,2 Millionen Einwohner. Berlin ist als Mittelpunkt des gesellschaftlichen Lebens der DDR insbesondere politisches Zentrum, Zentrum der Wissenschaften und der Kultur, größte Industriestadt sowie führender Verkehrsknotenpunkt der DDR. Die Verwirklichung des Wohnungsbauprogramms veränderte das Bild der Stadt. Zur Gestaltung Berlins als sozialistische Metropole gehören auch die umfangreichen Baumaßnahmen im Stadtzentrum, in dem viele historische Bauwerke restauriert und Neubauten errichtet wurden.
Die Attraktivität der Hauptstadt als geistig-kulturelles Zentrum ist mit der Eröffnung des Schauspielhauses am Platz der Akademie, der Rekonstruktion des Deutschen Theaters, der Kammerspiele und des Friedrichsfelder Schlosses sowie durch den Neubau des Friedrichstadtpalastes und des Hauses der sowjetischen Wissenschaft und Kultur gewachsen. Eine Reihe moderner Bauten (Fernsehturm, Palast der Republik, Sport- und Erholungszentrum, Pionierpalast „Ernst Thälmann") wurde errichtet sowie Ensembles und Straßenzüge gestaltet. Im Zusammenhang damit wurden und werden auch Verkehrsprobleme gelöst und Anlagen des städtischen Nahverkehrs neu- bzw. umgebaut.

Die Straßenbahnbetriebe Berlins und ihr Zusammenschluß

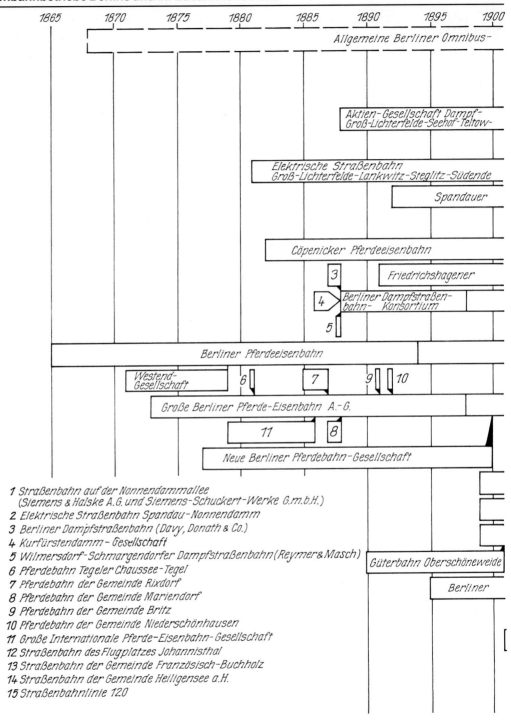

1 Straßenbahn auf der Nonnendammallee
  (Siemens & Halske A.G. und Siemens-Schuckert-Werke G.m.b.H.)
2 Elektrische Straßenbahn Spandau-Nonnendamm
3 Berliner Dampfstraßenbahn (Davy, Donath & Co.)
4 Kurfürstendamm-Gesellschaft
5 Wilmersdorf-Schmargendorfer Dampfstraßenbahn (Reymer & Masch)
6 Pferdebahn Tegeler Chaussee-Tegel
7 Pferdebahn der Gemeinde Rixdorf
8 Pferdebahn der Gemeinde Mariendorf
9 Pferdebahn der Gemeinde Britz
10 Pferdebahn der Gemeinde Niederschönhausen
11 Große Internationale Pferde-Eisenbahn-Gesellschaft
12 Straßenbahn des Flugplatzes Johannisthal
13 Straßenbahn der Gemeinde Französisch-Buchholz
14 Straßenbahn der Gemeinde Heiligensee a.H.
15 Straßenbahnlinie 120

Die Straßenbahnbetriebe Berlins und ihr Zusammenschluß

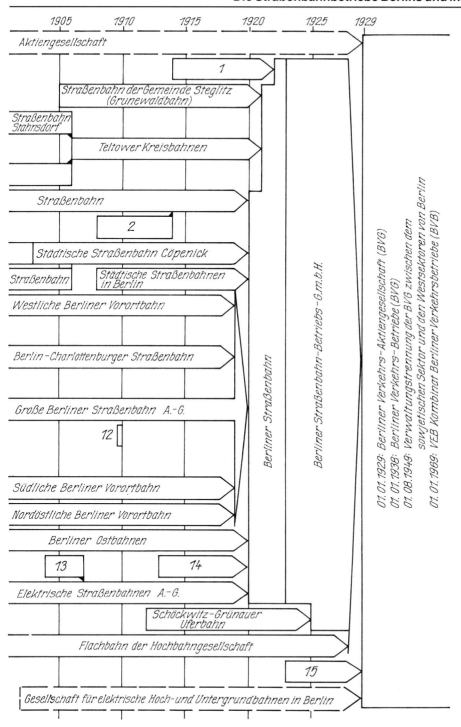

Große Berliner Straßenbahn und ihre Nebenbahnen

Berliner Pferdeeisenbahn (BPfE)

- Kommandit-Gesellschaft auf Aktien in Firma Berliner Pferdeeisenbahn-Gesellschaft E. Besckow
- Terrain-Gesellschaft „Westend"
- Berliner Pferdeeisenbahn-Gesellschaft, Kommandit-Gesellschaft auf Aktien J. Lestmann & Co

Pferdebahn, elektrische (Versuchs-)Straßenbahn

Zeittafel

1858
Der Berliner Nahverkehr wird mit Pferdeomnibussen durchgeführt. Die verschiedenen Unternehmen führen einen scharfen Konkurrenzkampf, unter dem die Interessen der Bevölkerung und der städtischen Behörden leiden. Infolgedessen kommt es zu Bestrebungen, das öffentliche Verkehrswesen Berlins zu vereinheitlichen. Der ehemalige französische Staatsrat Carteret entwickelt in Absprache mit dem Polizeipräsidium ein diesbezügliches Projekt, das u. a. auch den Bau einer Pferdebahn nach Charlottenburg vorsieht.

05. 03. 1859
Carteret erhält die Genehmigung zur Durchführung seines Projektes.

01. 12. 1859
Carteret kann die erforderlichen Geldmittel nicht beschaffen. Seine Konzession erlischt.

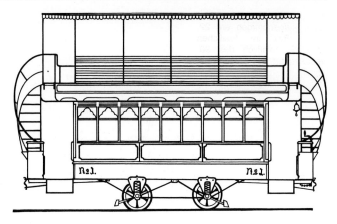

Pfw Nr. 1 der Serie Nr. 1 – Nr. 6, Nr. 17, gebaut 1865 von der Wagenfabrik Lauenstein. Die zweispännigen Decksitz-Pfw hatten oben und unten je 18 Längssitze.

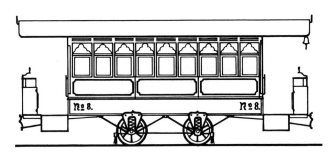

Pfw Nr. 8 der Serie Nr. 7 – Nr. 10, gebaut 1865 von der Wagenfabrik Lauenstein, Hamburg. Diese Zweispänner hatten 18 Längssitze und wurden 1886/87 noch zu Decksitz-Pfw umgebaut.

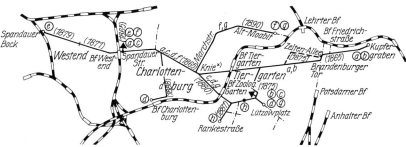

*) Knie (Ernst-Reuter-Platz)
—·—·— Anschluß der Großen Berliner Pferdeeisenbahn

Decksitz-Pfw Nr. 47, gebaut 1876; aufgenommen am 22. März 1887 im festlichen Schmuck anläßlich des 90. Geburtstages des Kaisers Wilhelm I.
Foto: Sammlung Dr. Bauer

1863
Der württembergische Ingenieur v. Binger und der dänische Ingenieur Møller stellen unabhängig voneinander Konzessionsanträge für eine Pferdebahn Berlin–Charlottenburg. Das ursprüngliche Møllersche Projekt sieht die Benutzung der Straße Unter den Linden vor.

23. 03. 1864
Møller erhält die Konzession für die Pferdebahn Berlin–Charlottenburg. Die Benutzung der Straße Unter den Linden wird allerdings nicht gestattet, die Strecke muß durch die Dorotheenstraße (Clara-Zetkin-Straße) zum Kupfergraben geführt werden.

21. 04. 1864
Die Übertragung der Konzession auf eine Gesellschaft wird zugelassen, da Møller selbst nicht über ausreichende Mittel verfügt.

11. 05. 1864
Die **„Kommandit-Gesellschaft auf Aktien in Firma Berliner Pferdeeisenbahn-Gesellschaft E. Besckow"** (BPfE) wird mit einem Grundkapital von 840 000 M gegründet. Sämtliche Rechte und Pflichten der Konzession gehen auf diese Gesellschaft über.

Januar 1865
Der Bau der Pferdebahnstrecke beginnt.

27. 05. 1865
Das Königliche Polizeipräsidium erläßt eine Polizei-Verordnung für den „Betrieb von Pferde-Eisenbahnen" (s. „Große Berliner Pferde-Eisenbahn-Aktiengesellschaft", Seite 30.)

22. 06. 1865
Als erste Pferdestraßenbahn in Deutschland wird die Teilstrecke Brandenburger Tor–Charlottenburger Chaussee–Hippodrom (Knie, Ernst-Reuter-Platz)–Berliner Straße (Otto-Suhr-Allee)–Charlottenburg, Spandauer Straße (Spandauer Damm) eröffnet. Die Strecke ist 7,8 km lang, regelspurig und eingleisig mit Ausweichen.

28. 08. 1865
Die gesamte Strecke vom Kupfergraben nach Charlottenburg ist in Betrieb

April 1866
Eine Zweigstrecke am Nordostende des Tiergartens zum Krollschen Etablissement und zu den „Zelten" – Vergnügungsstätten der Berliner – wird eröffnet. Wegen ungenügender Rentabilität wird sie bald wieder stillgelegt.

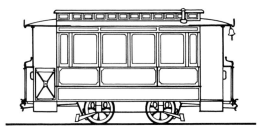

Pfw der Serie Nr. 61 und Nr. 62, gebaut 1881; Nr. 63 – Nr. 73, gebaut 1883/86; Nr. 78 – Nr. 85, gebaut 1887; Nr. 86 – Nr. 89, gebaut 1889 – von der Noellschen Waggonfabrik Würzburg; diese Einspänner hatten 14 Längssitze.

Große Berliner Straßenbahn und ihre Nebenbahnen

Pfw Nr. 36 und Nr. 38, gebaut 1875, wurden 1882 für den elektrischen Probebetrieb umgebaut; aufgenommen am 29. April 1882, dem Eröffnungstag des Probebetriebs.
Foto: Sammlung Dr. Bauer

Pfw Nr. 40, gebaut 1875, und Decksitz-Pfw Nr. 10, gebaut 1865; aufgenommen am Endpunkt Kupfergraben im festlichen Schmuck anläßlich des 90. Geburtstages des Kaisers Wilhelm I. am 22. März 1887. (Seite 17)
Foto: Sammlung Dr. Bauer

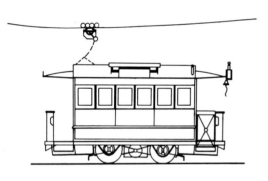

Tw des elektrischen Probebetriebs auf der Strecke Charlottenburg/Pferdebahnhof – Spandauer Bock; 1882.

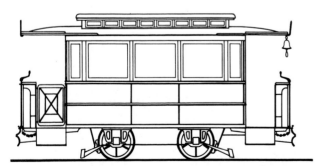

Einspänner Pfw der Serie Nr. 14^{II} – Nr. 16^{II}, Nr. 36^{II} und Nr. 37^{II}, gebaut 1896; Nr. 133 + Nr. 134, gebaut 1898, mit 12 Längssitzen.

01. 11. 1871
Im Anschluß an die Linie Kupfergraben–Charlottenburg eröffnet die **Terrain-Gesellschaft „Westend"** eine Pferdebahnlinie von Charlottenburg nach Westend. Die Betriebsführung hat die Berliner Pferdeeisenbahn.

1875
Umbenennung in **„Berliner Pferdeeisenbahn-Gesellschaft, Kommandit-Gesellschaft auf Aktien J. Lestman & Co."**

1875-1890
Die Berliner Pferdeeisenbahn erweitert ihr Netz durch die Anlage neuer Strecken innerhalb Charlottenburgs sowie nach Berlin. In diese Zeit fällt auch der zweigleisige Ausbau der Stammstrecke. Für den eigentlichen innerstädtischen Verkehr Berlins hat das Unternehmen allerdings kaum Bedeutung.

1878
Die Strecke der Terrain-Gesellschaft „Westend" geht in den Besitz der Berliner Pferdeeisenbahn über.

20. 04. 1878
Auf der Strecke Brandenburger Tor–Charlottenburg, Pferdebahnhof der BPfE, wird erstmals in Berlin versuchsweise ein Dampfstraßenbahnbetrieb durchgeführt. Zwei Dampflokomotiven von Wöhlert (Berlin) bzw. Krauss (München) werden eingesetzt, als Beiwagen verkehren Pferdebahnwagen. Der Pferdebahnbetrieb läuft daneben weiter. Am 11. 08. 1878 wird der Dampfbetrieb wieder eingestellt, da er sich nicht bewährt hat. Als Ursachen sind u. a. zu schwacher Unter- und Oberbau der Strecke sowie die Belästigung der Fahrgäste und Straßenbenutzer durch Rauch und Dampf anzusehen.

1881/82
Auf der Strecke Brandenburger Tor–Charlottenburg, Pferdebahnhof, werden Versuche mit einem Rowanschen Dampftriebwagen durchgeführt, die jedoch ebenso wie die Versuche mit Straßenbahnlokomotiven scheitern.

07. 05. 1881
Mit der Stadt Berlin wird ein neuer Zustimmungsvertrag abgeschlossen, der bis zum 31. 12. 1909 läuft und unter anderem die Genehmigung zur Anlage neuer Linien enthält.

07. 02. 1882
Die Berliner Stadtbahn wird eröffnet. Dadurch erleidet die Berliner Pferdeeisenbahn Beförderungs- und Einnahmeverluste. Die Eröffnung der Station Tiergarten am 05. 01. 1885 bringt weitere Rückschläge. In der Folgezeit bleibt das Verhältnis zwischen Einnahmen und Ausgaben ungünstig; das Unternehmen erreicht nicht mehr die einstige Wirtschaftlichkeit und wirft nur geringe oder auch keine Dividende aus.

29. 04. 1882
Auf der inzwischen bis zum Spandauer Bock verlängerten Westend-Linie wird ein elektrischer Probebetrieb aufgenommen. Es wird eine von Siemens entwickelte zweipolige Oberleitung angewendet, auf der ein achträdriger Kontaktwagen von den Triebwagen, die aus Pferdebahnwagen umgebaut worden sind, nachgeschleppt wird. Der elektrische Betrieb wird offiziell am 01. 05. 1882 aufgenommen. Der Versuchsbetrieb mittels Oberleitung besteht bis 1883.

August 1886
Auf der Strecke Charlottenburg, Pferdebahnhof–Lützowplatz werden Versuche mit einem Akkumulatortriebwagen durchgeführt. Mehrfache Entgleisungen und Beschädigungen des Wagens führen zur Einstellung der Versuche.

1890
Die Berliner Pferdeeisenbahn betreibt folgende Linien (ohne Liniennummer/-symbol):
(a) Kupfergraben–Brandenburger Tor–Großer Stern–Knie (Ernst-Reuter-Platz)–Berliner Straße (Otto-Suhr-Allee)–Charlottenburg, Pferdebahnhof (Spandauer Straße) (Linienlänge 7,8 km)
(b) Kupfergraben–Brandenburger Tor–Großer Stern–Lichtensteinallee–Lützowplatz (Linienlänge 5,0 km)
(c) Charlottenburg, Pferdebahnhof–Berliner Straße–Knie–Hardenbergstraße–Bf Zoologischer Garten–Lützowplatz (Linienlänge 5,0 km)

(d) Charlottenburg, Stadtbahnhof–Wilmersdorfer Straße–Berliner Straße–Knie–Hardenbergstraße–Bf Zoologischer Garten–Lützowplatz (Linienlänge 5,4 km),
(e) Charlottenburg, Pferdebahnhof–Spandauer Bock (Linienlänge 2,8 km)
(f) Charlottenburg, Pferdebahnhof–Berliner Straße–Knie–Marchstraße–Alt-Moabit, Kriminalgericht (Linienlänge 5,5 km)
(g) Alt-Moabit, Kriminalgericht–Marchstraße–Knie–Hardenbergstraße–Bf Zoologischer Garten–Lützowplatz (Linienlänge 5,4 km)
(h) Kurfürstendamm/Ecke Kurfürstenstraße–Rankestraße, Joachimsthalsches Gymnasium (Linienlänge 1,1 km).

06. 01. 1893
Mit der Firma Siemens & Halske wird ein Vertrag über die Elektrifizierung des gesamten Streckennetzes abgeschlossen. Diese Firma hatte zuvor dem Charlottenburger Magistrat die Herstellung einer elektrischen Straßenbahn von Berlin nach Charlottenburg im Zuge der ersten Pferdebahnlinie, deren Konzession am 30. 06. 1895 ablief, vorgeschlagen.

26. 09. 1894
Die Kommanditgesellschaft wird infolge der geplanten Elektrifizierung in eine Aktiengesellschaft mit dem Namen „Berlin-Charlottenburger Straßenbahn" umgewandelt.

Betriebsstatistik – Berliner Pferdeeisenbahn (BPfE)

		1866	1875	1882	1885	1891	1894
Anzahl der Wagen		–	20	46	68	72	92	100
Anzahl der Pferde		–	130	207	254	264	326
Streckenlänge	km		7,8	12,3			20,2	20,2
Gleislänge	km			18,8			38,8	39,2
Wagenkilometer	10^3 km	526,0	877,0	1503,0	1548,0	2398,0	2506,0
Beförderte Personen	10^3 Pers	960,6	2962,3	3803,1	3788,9	6019,1	6749,0

Wagenparkstatistik – Berliner Pferdeeisenbahn (BPfE) bis Berlin-Charlottenburger Straßenbahn (BChSt)

Wagen-nummer	Hersteller	Baujahr	Sitz-/Stehplätze	Länge mm	Achs-abstand mm	Art der Bremse	Bemerkungen
Pferdebahnwagen							
1–6, 17	Lau	1865	2 × 18 l/	6700	1850/–	H	Zweispänner, Decksitzwg.; Pfw Nr. 1 Museumswg in Berlin (West); Pfw Nr. 5 1900 bei BChSt zu Bw Nr. 5, übr. nach 1900 a
7–10	Lau	1865	18 l/	6700	1850/–	H	Zweispänner; 1886/87 Umb. zu Decksitzwg Nr. 7–9, 10^{II}; Pfw Nr. 7 1900 bei BChSt zu Bw Nr. 7, übr. n. 1900 a
10^{II}	Lau	1865	2 × 18 l/	6400	1850/–	H	Zweispänner, Decksitzwg; 1887 ex Pfw Nr. 10 (veränd. Fensterteilung); 1900 bei BChSt zu Bw Nr. 10
11–16, 18	Lau	1865	16 l/	6400	1850/–	H	Einspänner; Pfw Nr. 11–13 mit Salon; 1887 Umb. zu Decksitzwg (Zweispänner, 2 × 16 l); Pfw Nr. 11, 13, 18 1900 bei BChSt zu Bw Nr. 11, 13, 18, übr. n. 1900 a
14^{II}–16^{II}		1896	12 l/	6400	1850/–	H	Einspänner; n. 1900 a
19 + 20	Gru	1872	2 × 18 l/	6750	1850/–	H	Zweispänner, Decksitzwg; n. 1900 a

noch **Wagenparkstatistik** – Berliner Pferdeeisenbahn (BPfE) bis Berlin-Charlottenburger Straßenbahn (BChSt)

Wagen-nummer	Hersteller	Baujahr	Sitz-/Stehplätze	Länge mm	Achs-abstand mm	Art der Bremse	Bemerkungen
noch *Pferdebahnwagen*							
21–23 24		1872	16 l/	6400	1850/–	H	Einspänner; 1900 bei BChSt zu Bw Nr. 21–23
24^{II}		1896	12 l/		/–	H	Einspänner
25 + 26		1872	16 l/	4700	2000/–	H	Einspänner; 1900 bei BChSt zu Bw Nr. 25 + 26
27 + 28	Gru	1872	2 × 18 l/	6900	1800/–	H	Zweispänner, Decksitzwg; 1880 Umb. Pfw Nr. 27 zu Bw Nr. 27; 1900 Pfw Nr. 28 a
29–35	Gru	1873	2 × 18 l/	6900	1800/–	H	Zweispänner, Decksitzwg; 1880 Umb. Pfw Nr. 31 + 35 zu Bw Nr. 31 + 35, übr. um 1900 a
32^{II}		1896	12 l/	6900	1900/–	H	Einspänner; 1896 zu Bw Nr. 32; 1920 an BST Nr. 459
36–46	Steph	1875	14 l/		/–	H	Einspänner; Pfw Nr. 36 + 38 1882 Umb. für elektr. Versuchsbetrieb; Doppelfahr-leitung mit vierachs. Kontaktwg; (BChSt Tw Nr. 36 + 38), übr. 1900 a
36^{II} + 37^{II}		1896	12 l/		/–	H	
47–49	Gru	1876	2 × 18 l/		/–	H	Zweispänner, Decksitzwg; 1900 a
50–55	Steph	1879	14 l/		/–	H	Einspänner; 1900 a
50^{II}	Steph	1896	12 l/		/–	H	Einspänner; 1900 a
56–60	Wö	1880	2 × 20 l/		/–	H	Zweispänner, Decksitzwg; 1900 a
61 + 62	Wür	1881	14 l/		/–	H	Einspänner; 1900 a
63–73	Wür	1883	14 l/		/–	H	Einspänner; 1900 a
74–77	Wö	1883	18 l + 20 l/	7100	2000/–	H	Zweispänner, Decksitzwg; 1886 ex NBPf Nr. 86–89; 1896 zu Bw Nr. 74–77
78–85	Wür	1887	14 l/		/–	H	Einspänner; 1900 a
86–89	Wür	1889	14 l/		/–	H	Einspänner; 1900 a
90–96		1890	12 l/		/–	H	Einspänner; 1900 a
97–99		1892	25 q/	7100	2200/–	H	Einspänner, Sowg; 1896 zu Bw Nr. 97–99
100–107		1893/95	25 q/	7100	2200/–	H	Einspänner, Sowg; 1896 zu Bw Nr. 100–107
108–113		1895	18 q/	7100	2200/–	H	Einspänner, Sowg; 1896 zu Bw Nr. 108–113
114–119		1896	24 q/	6900	2250/–	H	Einspänner, Sowg; 1896 zu Bw Nr. 114–119
120–127		1896	18 q/	6150	1600/–	H	Einspänner, Sowg; 1896 zu Bw Nr. 120–127
128–132		1897	24 q/	7400	2650/–	H	Einspänner, Sowg; 1898 zu Bw Nr. 128–132
133 + 134		1898	12 l/		/–	H	Einspänner; 1900 a
135–139		1899	20 l/	7700	2300/–	H	Einspänner; 1900 zu Bw Nr. 135–139
140–157		1900	24 q/	7450	2650/–	H	Einspänner, Sowg; 1900 zu Bw Nr. 140–157

Berlin-Charlottenburger Straßenbahn (BChSt)

- Siemens & Halske A.-G. und
- Siemens-Schuckert-Werke G.m.b.H.

Pferdebahn, elektrische Straßenbahn

Zeittafel

26. 09. 1894
Die Aktiengesellschaft „Berlin-Charlottenburger Straßenbahn" (BChSt) geht aus der „Berliner Pferdeeisenbahn-Gesellschaft, Kommandit-Gesellschaft auf Aktien J. Lestmann & Co." hervor.

1896
Es werden – wie schon früher bei der Berliner Pferdeeisenbahn – Versuche mit Akkumulatortriebwagen unternommen. Wegen der allgemeinen Skepsis der Behörden gegenüber der Oberleitung entscheidet man sich für die Einführung des reinen Akkumulatorbetriebs. Gegen die Oberleitung hatten auch die Physikalisch-Technische Reichsanstalt in Charlottenburg sowie wissenschaftliche Institute der Berliner Universität Einspruch erhoben, da sie Beeinflussung ihrer Meßinstrumente beim Oberleitungsbetrieb befürchteten.
Daneben werden Versuchsfahrten mit Gasmotortriebwagen der Deutschen Gasbahn-Gesellschaft in Dessau durchgeführt.

03. 08. 1897
Zwischen dem Brandenburger Tor und Charlottenburg wird der elektrische Betrieb mit Akkumulatortriebwagen aufgenommen. Ab September 1897 wird die gesamte Stammstrecke bis zum Kupfergraben elektrisch betrieben.

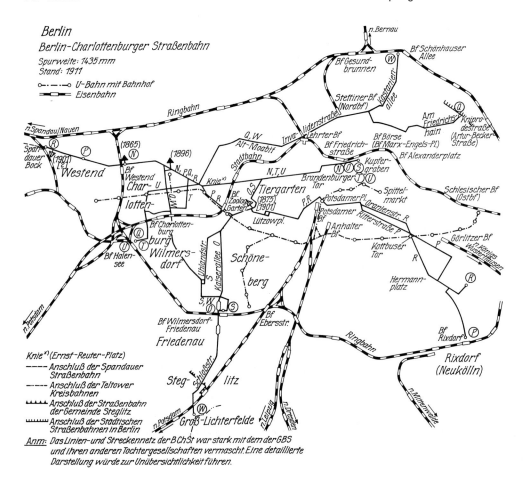

Akku-Tw Nr. 221 der Serie Nr. 201 – Nr. 229, gebaut 1897. Dieser Wagen wurde zwar auch 1905/07 umgebaut und mit neuen Drehgestellen und neuer elektrischer Ausrüstung versehen, aber als einziger Tw dieser Serie nicht von der BST übernommen.
Foto: Sammlung Kubig

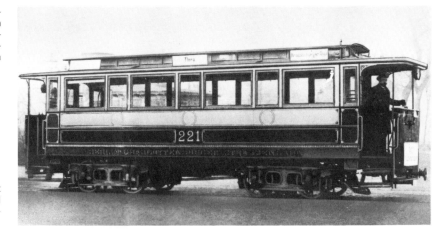

Akku-Tw der Serie Nr. 201 – Nr. 229, gebaut 1897 von der Waggonfabrik Dessau; ein Teil dieser Fahrzeuge wurde bereits 1905/07 umgebaut.

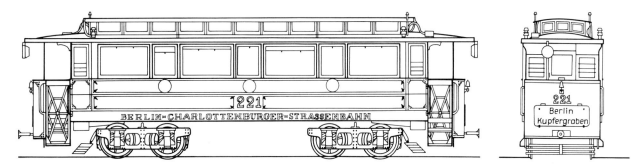

24./29. 11. 1897
Abschluß eines neuen Zustimmungsvertrags mit Charlottenburg, der eine Laufzeit bis zum 30. 09. 1937 hat. Darin sichert sich die Gesellschaft das Recht zum Bau neuer Strecken im Charlottenburger Gebiet.
Um die Linien in den angrenzenden Gebieten günstig weiterführen zu können, wird mit der Gemeinde Wilmersdorf ein ähnlicher Vertrag abgeschlossen.

01. 12. 1897
Aufgrund des vorgenannten Vertrages ist die BChSt zur Einführung des 10-Pfennig-Einheitstarifs auf Charlottenburger Gebiet verpflichtet.

01. 01. 1899
Infolge der Mängel des Akkumulatorbetriebs – geringer Aktionsradius, Störanfälligkeit, Belästigung der Fahrgäste durch austretende Säuredämpfe – kommt es zur Einführung des gemischten Betriebs Akku-Oberleitung. Die Einführung des reinen Oberleitungsbetriebs scheitert erneut am Einspruch der Physikalisch-Technischen Reichsanstalt und den noch immer nicht abgebauten ästhetischen Vorurteilen gegen die Oberleitung. Die Triebwagen sind mit Siemensschem Bügelstromabnehmer (Lyra) ausgerüstet. Die Akkumulatoren werden während der Fahrt auf den Oberleitungsstrecken aufgeladen.

09. 03. 1900
Mit Berlin wird ein neuer Zustimmungsvertrag abgeschlossen, der den Bedingungen des elektrischen Betriebs Rechnung trägt und einige neu zu bauende Strecken festlegt. Der Vertrag hat eine Laufzeit bis zum 31. 12. 1919.

1900
Die Große Berliner Straßenbahn (GBS) erwirbt den größten Teil der Aktien der Berlin-Charlottenburger Straßenbahn. Die Triebwagen werden auf Stangenstromabnehmer umgerüstet, und die Linien werden zum Teil über Gleisanlagen der GBS und der anderen Tochtergesellschaften erheblich verlängert (z. B. nach Rixdorf, Bf Schönhauser Allee, Lichterfelde). Die Berlin-Charlottenburger Straßenbahn verliert ihre Selbständigkeit und wird von der GBS mitverwaltet.

16. 06. 1900
Die Berlin-Charlottenburger Straßenbahn erhält durch das Königliche Polizeipräsidium zu Berlin die Genehmigungsurkunde (Konzession) zum Betrieb elektrischer Straßenbahnen bis zum 31. 12. 1949. Ihr Inhalt deckt sich im wesentlichen mit dem der Genehmigung, die der Großen Berliner Straßenbahn am 04. 05. 1900 erteilt wurde. In der Folgezeit kommt es zu Differenzen und Rechtsstreitigkeiten zwischen der GBS und ihren Tochtergesellschaften einerseits und der Stadt Berlin andererseits. Ursache sind die verschiedenen Laufzeiten der Zustimmungsverträge mit den Gemeinden und der Konzession. (Siehe auch Abschnitte „Große Berliner Straßenbahn A.-G." und „Städtische Straßenbahnen in Berlin".)

26. 09. 1900
Wegen vielfacher Unzulänglichkeiten wird durch das Königliche Polizeipräsidium zu Berlin verfügt, daß der noch verbliebene Akkumulatorbetrieb durch Oberleitungsbetrieb, auf folgenden Strecken durch Unterleitungsbetrieb, zu ersetzen ist:
– vor dem Charlottenburger Schloß,
– auf der Berlin-Charlottenburger Chaussee (Straße des 17. Juni), vom ersten Querweg westlich der Siegesallee bis zum Platz vor dem Brandenburger Tor,
– auf der Sommerstraße (Ebertstraße) bis zur Dorotheenstraße (Clara-Zetkin-Straße).
Vor der Physikalisch-Technischen Reichsanstalt in der Marchstraße wird – um die Schienen nicht zur Rückleitung zu benutzen – eine zweipolige Oberleitung ausgeführt.
Die auf dieser Strecke verkehrenden Triebwagen werden mit zwei zusätzlichen, nicht drehbaren Stangenstromabnehmern (für jede Fahrtrichtung einen) für die Stromrückleitung ausgerüstet.

Februar 1901
Das gesamte Streckennetz der Berlin-Charlottenburger Straßenbahn wird elektrisch betrieben. Ein Teil der Pferdebahnwagen wird als Beiwagen im elektrischen Betrieb weiter benutzt.

1902
Der Akkumulatorbetrieb wird endgültig beseitigt und durch Oberleitung bzw. Unterleitung ersetzt.

Tw Nr. 279 der Serie Nr. 230 – Nr. 289, gebaut 1899 von Dessau. Ursprünglich mit Preßblech-Fahrgestellen und Lyrastromabnehmer ausgerüstet, wurde schon wenig später eine Modernisierung vorgenommen; aufgenommen um 1900.
Foto: Sammlung Kubig

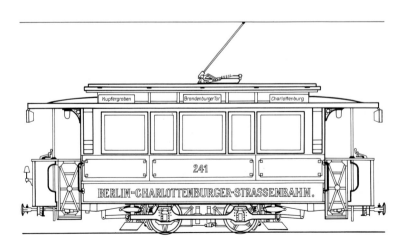 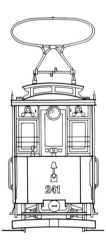

Tw der Serie Nr. 230 – Nr. 289, gebaut 1899 von der Waggonfabrik Dessau, in der ursprünglichen Ausführung.

Berlin-Charlottenburger Straßenbahn

Bw der Serie Nr. 97 – Nr. 99, Nr. 101 – Nr. 109, gebaut 1892/95 als Sommerwagen; Umbau zu geschlossenen Wagen 1914/18.

Bw Nr. 27, Nr. 31, Nr. 32, gebaut 1872/74 als Decksitzwagen Bauart Grums; im Jahre 1900 umgebaut zu Normalwagen.

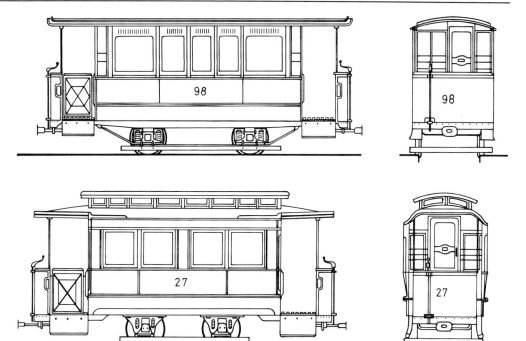

Tw Nr. 223 der Serie Nr. 201 – Nr. 229, gebaut 1897 als Akku-Tw, im umgebauten Zustand; zwischen 1899/01 mit zwei Lyrastromabnehmern im Einsatz.

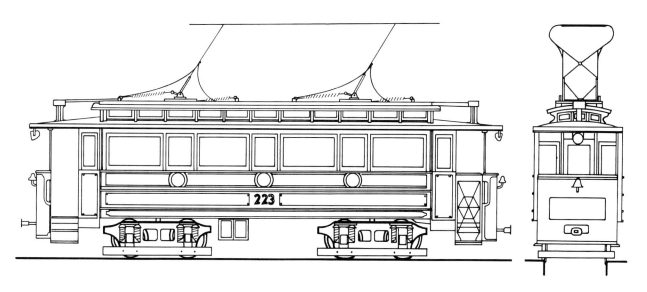

06. 05. 1902
Bei der Großen Berliner Straßenbahn und ihren Tochtergesellschaften wird die Linienkennzeichnung mittels farbiger Signalscheiben durch eine solche mittels Zahlen bzw. Buchstaben abgelöst. Die Linien der Berlin-Charlottenburger Straßenbahn erhalten die Buchstabenreihe ab N zugeordnet.

1906/07
Infolge vielfacher Störungen wird im Streckennetz der Berlin-Charlottenburger Straßenbahn der Unterleitungsbetrieb durch Oberleitung ersetzt.

1907
Das Personal der Berlin-Charlottenburger Straßenbahn wird von der Großen Berliner Straßenbahn übernommen und ist damit auf dem Gesamtnetz einsetzbar.

01. 09. 1911
Die Berlin-Charlottenburger Straßenbahn betreibt folgende Linien:
- N Charlottenburg, Straßenbahnhof – Berliner Straße (Otto-Suhr-Allee) – Knie (Ernst-Reuter-Platz) – Großer Stern – Brandenburger Tor – Kupfergraben (Linienlänge 7,8 km)
- O Friedenau, Südwestkorso – Kaiserallee (Bundesallee) – Rankestraße – Kurfürstendamm – Lichtensteinallee – Großer Stern – Brandenburger Tor – Kupfergraben (Linienlänge 9,5 km)
- P Westend, Kirschenallee – Spandauer Straße (Spandauer

Potsdamer Platz im Jahre 1906: linsk Hotel „Bellevue", im Vordergrund Tw Nr. 288 der BChSt.
Foto: Märkisches Museum, Berlin

Berlin-Charlottenburger Straßenbahn

Damm) – Berliner Straße – Knie – Hardenbergstraße – Bf Zoologischer Garten – Lützowplatz – Lützowstraße – Potsdamer Straße – Potsdamer Platz – Königgrätzer Straße (Stresemannstraße) – Zimmerstraße – Ritterstraße – Kaiser-Friedrich-Straße (Sonnenallee) – Bergstraße (Karl-Marx-Straße) – Bf Rixdorf (Bf Neukölln) (Linienlänge 16,7 km),

Q Bahnhof Halensee – Kurfürstendamm – Joachim-Friedrich-Straße – Bf Charlottenburg – Wilmersdorfer Straße – Berliner Straße – Knie – Marchstraße – Alt-Moabit – Invalidenstraße – Lothringer Straße (Wilhelm-Pieck-Straße) – Königstor – Am Friedrichshain – Kniprodestraße (Artur-Becker-Straße) (Linienlänge 14,5 km),

R Spandauer Bock – Westend – Spandauer Straße – Berliner Straße – Knie – Hardenbergstraße – Bf Zoologischer Garten – Lützowplatz – Lützowstraße – Potsdamer Straße – Potsdamer Platz – Königgrätzer Straße – Zimmerstraße – Oranienstraße – Dresdener Straße – Kottbusser Tor – Hermannplatz – Kaiser-Friedrich-Straße – Rixdorf, Wildenbruchplatz (Linienlänge 16,0 km),

S Bf Wilmersdorf-Friedenau (Bf Wilmersdorf) – Hildegardstraße – Uhlandstraße – Ludwigkirchstraße – Rankestraße – Kurfürstendamm – Lichtensteinallee – Großer Stern – Brandenburger Tor – Kupfergraben (Linienlänge 9,6 km),

T Bf Halensee – Kurfürstendamm – Joachim-Friedrich-Straße – Bf Charlottenburg – Wilmersdorfer Straße – Kantstraße – Leibnizstraße – Bismarckstraße – Knie – Großer Stern – Brandenburger Tor – Kupfergraben (Linienlänge 9,2 km),

U Bf Halensee – Kurfürstendamm – Joachim-Friedrich-Straße – Sophie-Charlotte-Platz – Bismarkstraße – Knie – Großer Stern – Brandenburger Tor – Kupfergraben (Linienlänge 9,0 km),

W Groß-Lichterfelde, Händelplatz – Steglitz – Schloßstraße – Kaiserallee – Bf Wilmersdorf-Friedenau – Hildegardstraße – Brandenburgische Straße – Wilmersdorfer Straße – Berliner Straße – Knie – Marchstraße – Alt-Moabit – Invalidenstraße – Veteranenstraße – Kastanienallee – Bf Schönhauser Allee (Linienlänge 18,7 km).

09. 06. 1914
Im Anschluß an die am 01. 12. 1913 eröffnete Strecke vom Bf Jungfernheide, der bereits früher durch die GBS an das Berliner Straßenbahnnetz angeschlossen worden war, wird durch den Nonnendamm und den Siemensdamm bis zur Spandau-Charlottenburger Gemarkungsgrenze eine Verlängerung durch die Nonnendammallee in Spandau eröffnet. Die Genehmigung zum Bau dieser kurzen Straßenbahnverbindung (1,3 km) war der **Siemens & Halske A. G.** und der **Siemens-Schuckert-Werke G. m. b. H.** erteilt worden, die die Verkehrsverbindungen zu ihren Werken in der Nonnendammallee verbessern wollten. Die Betriebsführung wird durch die Berlin-Charlottenburger Straßenbahn ausgeübt und geht später auf die Große Berliner Straßenbahn und 1920 auf die Berliner Straßenbahn über, eine Eigentumsübernahme erfolgte um 1922.

Potsdamer Platz um 1907: links Tw Nr. 231, gebaut 1899; rechts ein Straßenbahnzug der GBS auf der Stadtringlinie.
Foto: Märkisches Museum, Berlin

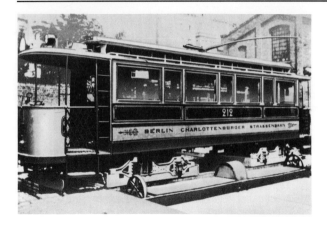

Tw Nr. 212, einer der 11 in den Jahren 1905/07 umgebauten ex Akku-Tw, aufgenommen im Betriebshof Charlottenburg, Spreestraße, um 1910.
Foto: Sammlung Kubig

Bw Nr. 74, 1900 aus ex Pfw umgebaut; aufgenommen im Betriebshof Charlottenburg um 1910; 1920 an BST Serie Nr. 460 – Nr. 463.
Foto: Sammlung Kubig

Tw Nr. 278, gebaut 1899; noch mit Preßblechfahrgestell, aber schon mit Kontaktstange; aufgenommen um 1902 am Charlottenburger Tor.
Foto: Märkisches Museum, Berlin

Tw Nr. 248 der Serie Nr. 230 – Nr. 289, gebaut 1899; aufgenommen in der modernisierten Form mit Neu-Berolina-Fahrgestell und Kontaktstange, System UEG um 1910. Dieser Tw ist mit drei Kontaktstangen ausgerüstet: einer in Fahrtrichtung drehbaren Kontaktstange und für jede Fahrtrichtung einer weiteren Kontaktstange.
Foto: Sammlung Kubig

Berlin-Charlottenburger Straßenbahn

28. 05. 1918
Zwischen dem Verband Groß-Berlin und der Großen Berliner Straßenbahn mit ihren Tochtergesellschaften, zu denen auch die Berlin-Charlottenburger Straßenbahn gehört, wird ein neuer Zustimmungsvertrag abgeschlossen.

Darin werden die Beziehungen der Straßenbahngesellschaften zu den Städten und Gemeinden des Verbandes einheitlich geregelt (siehe Abschnitt „Große Berliner Straßenbahn A.-G.").

Unter anderem ist die endgültige Verschmelzung der Großen Berliner Straßenbahn mit ihren Tochtergesellschaften vorgesehen.

03. 03. 1919
Die Verbandsversammlung des Verbandes Groß-Berlin gibt ihre Zustimmung zur Verschmelzung der Großen Berliner Straßenbahn mit ihren Tochtergesellschaften.

15. 05. 1919
Die Vereinigung der Großen Berliner Straßenbahn mit ihren Tochtergesellschaften wird vollzogen. Die Rechnungsführung wird rückwirkend ab 01. 01. 1918 vereinheitlicht. Die Berlin-Charlottenburger Straßenbahn – die Nachfolgerin von Berlins erstem schienengebundenem Nahverkehrsbetrieb – hört damit auf zu existieren.

Wagenparkstatistik – Berlin-Charlottenburger Straßenbahn (BChSt)

Wagennummer	Hersteller	Baujahr	Sitz-/Stehplätze	Länge mm	Achsabstand mm	Art der Bremse	Bemerkungen

Pferdebahnwagen

siehe unter Berliner Pferdeeisenbahn (BPfE), S. 18/19

Wagenparkstatistik – Berlin-Charlottenburger Straßenbahn (BChSt)

Wagennummer	Hersteller mech.	Hersteller elektr.	Baujahr	Sitz-/Stehplätze	Länge mm	Achs-/Drehzapfenabstand mm	Stundenleistung kW	Art der Bremse	Bemerkungen
Triebwagen									
36 + 38	Steph	Siem	1875	14 l/	4300	1300/–	1 ×	H	1894 ex BPfE Nr. 36 + 38; vor 1921 a
201–229	Dess	Siem	1897	30 l/	10200	1200/5300 ×		E, H	Aktw; 1905/07 alle Wg für Oberleitungsbetrieb Serie Nr. (201 ÷ 226 und 203 ÷ 229)
201, 202, 204, 207, 212, 213, 217, 220, 221, 225, 226	GBS	Siem	1897	30 l/	11000	1300/5600	2 × 24,5	E, H	1905/07 ex Aktw; Plattform umgeb., neue Drehgest. und elektr. Ausrüstg; Nr. 221 vor 1920 a; übr. 1920 zu BST Nr. 4721–4730

noch **Wagenparkstatistik** – Berlin-Charlottenburger Straßenbahn (BChSt)

Wagen-nummer	Hersteller mech.	Hersteller elektr.	Baujahr	Sitz-/Stehplätze	Länge mm	Achs-/Drehzapfenabstand mm	Stundenleistung kW	Art der Bremse	Bemerkungen
noch *Triebwagen*									
203, 205, 206, 208–211, 214–216, 218, 219, 222–224, 226–229	GBS	Siem	(1913)	30 q/	11 000	1 300/5 500	2 × 24,5	E, H	1913 ex Aktw; Maximum-Drehgest; neue Wagenkästen, 10 Fenster; 1920 an BST Nr. 5275–5292
230–289	Dess	Siem	1899	16 l/	8 000	1 750/–	2 × 23	E, H	Bügelstromabn.; später Kontaktstange u. Neu-Berolina-Untergest.; Teil der Wg hatte eine nach d. Fahrtrichtg. drehbare u. für jede Fahrtrichtung eine weitere Kontaktstange (im Bereich der Phys. Reichsanstalt sollten Schienen nicht als Rückltg. benutzt werden, dafür 2. Fahrleitung); 1920 an BST Nr. 3740–3799
Beiwagen									
5, 7, 10, 11, 13	Lau		1865	16 l/	6 900	1 900/–	–	H	1900 ex Pfw gleicher Nr.; 1920 an BST Nr. 453–457
18	Lau		1865	14 l/	7 000	1 900/–	–	H	1900 ex Pfw Nr. 18; 1920 an BST Nr. 458
21–23, 25 + 26			1872	16 l/	6 400	1 850/–	–	H	1900 ex Pfw Nr. 21–23, 25 + 26; 1920 an BST Nr. 10–14
27	Gru		1872	14 l/	6 900	1 800/–	–	H	1880 ex Pfw Nr. 27; 1920 an BST Nr. 15
31 + 35	Gru		1873	14 l/	6 900	1 900/–	–	H	1880 ex Pfw Nr. 31 + 35; 1920 Nr. 31 an BST Nr. 16, Nr. 35 a
32			1896	12 l/	6 900	1 900/–	–	So, H	1896 ex Pfw Nr. 32[II]; 1920 an BST Nr. 459
74–77	Wö		1883	14 l/	7 100	2 400/–	–	So, H	1900 ex Pfw Nr. 74–77; 1920 an BST Nr. 460–463
97–99			1892	14 l/	7 100	2 200/–	–	So, H	1896 ex Pfw Sowg Nr. 97–99; 1914 geschl. Seitenwände; 1920 an BST Nr. 621–623
100–104			1893	14 l/	7 200	2 200/–	–	So, H	1896 ex Pfw Sowg Nr. 100–104; Nr. 100 1918 a, übr. geschl. Seitenwände; 1920 an BST Nr. 624–627

noch **Wagenparkstatistik** – Berlin-Charlottenburger Straßenbahn (BChSt)

Wagen-nummer	Hersteller mech. / elektr.	Baujahr	Sitz-/ Stehplätze	Länge mm	Achs-/ Drehzapfen-abstand mm	Stunden-leistung kW	Art der Bremse	Bemerkungen
noch *Beiwagen*								
105–107		1895	18 l/	7000	2250/–	–	So, H	1896 ex PfwSowg Nr. 105–107; 1918 geschl. Seitenwände; 1920 an BST Nr. 628–630
108–113		1895	14 l/	7100	2250/–	–	So, H	1896 ex Pfw Sowg Nr. 108–113; 1918 geschl. Seitenwände; 1920 an BST Nr. 631–636
114–119		1896	/	6900	2250/–	–	So, H	1896 ex Pfw Sowg Nr. 114–119; 1918 geschl. Seitenwände; 1920 an BST Nr. 637–642
120–127		1896	18 q/	6150	1600/–	–	So, H	1896 ex Pfw Sowg Nr. 120–127; 1918 geschl. Seitenwände; 1920 an BST Nr. 643–650
128–132		1897	/	7400	2650/–	–	So, H	1896 ex Pfw Sowg Nr. 128–132; 1918 geschl. Seitenwände; 1920 an BST Nr. 651–655
135–139		1899	20 l/	7700	2300/–	–	So, H	1910 umgeb.; 1920 an BST Nr. 464–468
140–157		1900	24 q/	7450	2650/–	–	So, H	1910 umgeb.; 1920 an BST Nr. 656–673

Betriebsstatistik – Berlin-Charlottenburger Straßenbahn (BChSt)

		1902	1907	1912	1917
Anzahl der Tw	–	106	106	106	106
Anzahl der Bw	–	93	89	83	80
Streckenlänge	km			33,4	40,0
Gleislänge	km	71,2	74,7		81,9
Wagenkilometer	10^3 km	4521,0	7680,1	9887,0	10630,0
Beförderte Personen	10^3 Pers	15893,0	24201,6	35200,0	56200,0

Große Berliner Pferde-Eisenbahn A.-G. (GBPfE)

Pferdebahn, elektrischer (Versuchs-)Betrieb

Zeittafel

30. 10. 1846
Gründung der „Concessionierten Berliner Omnibus-Compagnie", die erstmals mit ihren Linien innerhalb der Berliner Weichbildgrenze einen regelmäßigen öffentlichen Personennahverkehr durchführt.

01. 01. 1847
Mit 20 Wagen und 120 Pferden werden im Laufe des Jahres die folgenden Pferdeomnibuslinien eröffnet:
– Schloß–Bendlerstraße (Stauffenbergstraße),
– Alexanderplatz–Bendlerstraße,
– Am Karlsbad (nahe der Potsdamer Brücke)–Jannowitzbrücke,
– Hallesches Thor–Hamburger Bahnhof,
– Anhalter Bahnhof–Schönhauser Thor.

1864
Für den öffentlichen Nahverkehr Berlins sind 362 Pferdeomnibusse und 359 Torwagen zugelassen. Zwischenzeitlich sind mehrere neue Gesellschaften gegründet worden.

1865
Die „Berliner Omnibus-Gesellschaft G. Busch und S. Rosenberg" übernimmt sämtliche Berliner Omnibusunternehmen. Zum Jahresende werden 24 Linien mit 192 Omnibussen betrieben.

27. 05. 1865
Auf der Grundlage des Gesetzes über die Polizeiverwaltung von 1850 für die Polizeibezirke Berlin und Charlottenburg wird eine „Polizei-Verordnung betreffend den Betrieb von Pferde-Eisenbahnen" erlassen. Diese Verordnung regelt die Pflichten des Unternehmers und die der Fahrgäste. Sie ist die Basis für die Zulassung von Straßenbahnbetrieben im Berliner Raum. Wesentliche Bestimmungen sind:
– Das Betriebspersonal muß 18 Jahre alt sein; einen „Fahrschein" besitzen, der von der Polizei ausgestellt wird.
– Der Unternehmer hat das Betriebspersonal mit einer Dienstkleidung einschließlich Kopfbedeckung auszustatten.
– Die Fahrzeuge werden technisch überprüft, außen sind die Wagennummer und die Anzahl der vorhandenen Plätze anzugeben.
– Im Wageninneren müssen Fahrplan, Tarif und Polizeivorschriften ausgehangen werden.
– Anhängewagen sind grundsätzlich verboten.
– Weiblichen Personen ist es verboten, auf dem Oberdeck der Decksitzwagen mitzufahren.
– Fahrgäste dürfen nur an Haltestellen die Wagen betreten und verlassen. In der Regel sollte dies in Fahrtrichtung auf der rechten Seite geschehen.
– Die Wagen dürfen im Abstand von 60 Schritten einander folgen; anhaltende Wagen sind 10 Schritte zum vorausgehenden Wagen anzuhalten, damit die Pferde diesen nicht anknabbern.

25. 06. 1868
Die „Berliner Omnibus-Gesellschaft G. Busch und S. Rosenberg" wird aufgelöst. Die Aktionäre gründen eine neue Gesellschaft mit dem Namen „Allgemeine Berliner Omnibus-Actien-

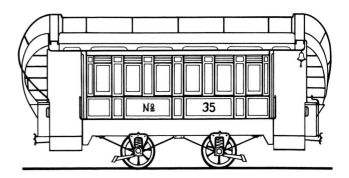

Decksitz-Pfw der Serie Nr. 1 – Nr. 44, gebaut 1873 von der Wagenfabrik Grums, Comm. Gesellschaft – die erste Pfw-Serie der Großen Berliner Pferdeeisenbahn-Aktiengesellschaft mit 44 Längssitzen, davon 26 auf dem Oberdeck.

Zweispänner Pfw der Serie Nr. 46 – Nr. 48, Nr. 50, Nr. 52, Nr. 54, gebaut 1874; vom Typ „Metropol" mit 20 Längssitzen.

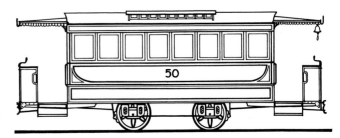

Gesellschaft (ABOAG)". Am selben Tag wird der Linienverkehr mit 257 Pferdeomnibussen aufgenommen.
Diese Gesellschaft bleibt die größte Berliner Omnibus-Gesellschaft und vereinigt sich 1929 mit der Straßenbahn und der U-Bahn zur „Berliner-Verkehrs-Aktiengesellschaft (BVG)".

13. 05. 1871
In einem Bericht des Berliner Magistrats wird die Feststellung getroffen, daß die Ausdehnung der Stadt, die zum Jahresbeginn Hauptstadt des Deutschen Reiches geworden ist, durch fehlende Verkehrsmittel behindert wird.
Daraufhin wird mit dem Rittergutsbesitzer Dr. Ebers und dem Regierungs-Assessor Plewe ein Vertrag geschlossen, der den Bau und Betrieb eines Netzes von Pferde-Eisenbahnen zum Ziel hat. Die Zustimmungsdauer beträgt 30 Jahre.
Da die Stadt erst ab 1876 ein Verfügungsrecht über ihre Straßen erhält, wird ein entsprechender Antrag an das Berliner Polizeipräsidium gestellt. Dieser Antrag wird abgelehnt.

27. 09. 1871
Der Bankier Pinkus, der sich direkt an das Berliner Polizeipräsidium wendet, erhält die Konzession zum Bau eines Pferdeeisenbahnnetzes.

08. 11. 1871
Die Obengenannten, die Zustimmungsinhaber der Stadt und der Konzessionsinhaber des Polizeipräsidiums einigen sich und gründen nach Aufnahme weiterer Aktionäre die „Große Berliner Pferde-Eisenbahn-Aktien-Gesellschaft (GBPfE)". Die Gesellschaft übernimmt den Vertrag vom 13. 05. 1871.
Es ist ein Netz von 160 km Länge geplant. Es umfaßt eine Ringbahn im Zuge der ehemaligen Akzisemauer (Zollmauer) vom Rosenthaler Thor über Oranienburger Thor–Brandenburger Thor–Potsdamer Thor–Hallesches Thor–Strausberger Platz –Landsberger Thor–Königsthor–Prenzlauer Thor–Schönhauser Thor zum Rosenthaler Thor und folgende Radiallinien:
– vom Rosenthaler Thor über Gesundbrunnen und Pankow nach dem Schönhauser Thor,
– vom Büschingplatz über Lichtenberg, Boxhagen durch das Frankfurter Thor nach dem Platz an der Weberwiese,
– von der Köpenicker/Ecke Jakobstraße durch das Schlesische Thor nach Treptow und von dort über Rixdorf durch das Kottbusser Thor und die Oranienstraße und Jerusalemer Straße zum Dönhoffplatz,
– vom Dönhoffplatz durch die Lindenstraße und Belle-Alliance-Straße nach Tempelhof und von dort über Lichter-

Pfw Nr. 295, gebaut 1880 von der Firma P. Herbrand, Köln. Die kleinen Einspänner mit 12 Längssitzen wurden 1902 verschrottet.
Foto: Sammlung Kubig

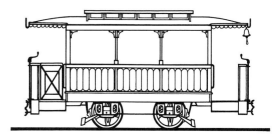

Einspänner Sowg der Serie Nr. 334 – Nr. 338, gebaut 1880; diese Pfw wurden 1900 zu Bw Nr. 334 – Nr. 338 für den elektrischen Betrieb umgebaut.

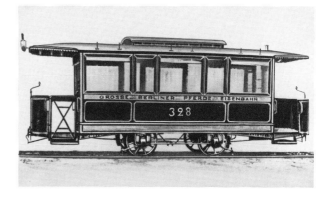

Über viele Jahre hinweg wurden von der Firma P. Herbrand, Köln, in größeren Stückzahlen auch die fünffenstrigen (3 groß/2 klein) Wagen beschafft. Pfw Nr. 328 wurde 1880 gebaut.
Foto: Sammlung Kubig

Unter den Linden geht es um 1890 mit Pfw Nr. 671, gebaut 1886, im schnellen Trab vorwärts.
Foto: Märkisches Museum, Berlin

felde, Steglitz, Schöneberg nach dem Potsdamer Thor und schließlich
— vom Platz vor der Tierarzneischule durch das Oranienburger Thor, die Chausseestraße und die Müllerstraße zum dortigen Steuerhäuschen an der Weichbildgrenze.
Es ist geplant, diese Strecken innerhalb von 6 Jahren zu errichten.

26. 08. 1872
Mit dem Bau der ersten Strecke zwischen dem Rosenthaler Thor und Gesundbrunnen wird begonnen.

08. 07. 1873
Die GBPfE eröffnet ihre erste Pferdeeisenbahnstrecke von 6,2 km Streckenlänge zwischen dem Rosenthaler Thor und der Kreuzung der Badstraße mit den Gleisen der Berlin-Stettiner-Eisenbahn in Gesundbrunnen.

1873–1883
Der Netzaufbau konzentriert sich auf die Errichtung von Strecken von den äußeren Stadtteilen nach den Vororten Pankow, Moabit, Wedding und auf die Ringlinie im Zuge der ehemaligen Zollmauer.

31. 05. 1874
Die Wagen der Gesellschaft erhalten Glocken für die Abgabe von Warnsignalen. Bisher geschah dies durch Hornsignale bzw. durch den Pferden umgehängte Glocken.

1875
Einführung von Zeitkarten, die jeweils für ein Jahr gelten, und zwar für das gesamte Netz oder auch nur für eine Linie. Der Käufer setzt den Anfang des Jahres nach Belieben fest. Gegenüber dem Entfernungstarif bei der Einzelfahrt – hier kostet eine Fahrt über etwa 2,5 km 10 Pfennig – gewährt die Zeitkarte eine Ermäßigung. Der Erfolg ist jedoch für die Gesellschaft gering.

01. 01. 1876
Die Stadtgemeinde Berlin erhält das Eigentumsrecht und die Unterhaltspflicht an den Straßen innerhalb der Weichbildgrenze.
Im Gleisbau wurden bisher 7 m lange eiserne Flachschienen auf Langschwellen aufgenagelt. Diese Langschwellen wurden in einer Spurweite von 1 435 mm auf Querschwellen gelegt, die im Abstand von 1 m auf die Bettung gelegt wurden. In diesem Jahr beginnt die Verwendung von Stahlschienen. Bei Neupflasterungen werden die Querschwellen nicht mehr verwendet. Die Schienen werden durch geschraubte eiserne Traversen (Spurstangenhalter) verbunden.

1876
Mit Dampfstraßenbahnlokomotiven verschiedener Systeme unternimmt die GBPfE Versuchsfahrten, um eine neue Antriebsenergie einzuführen, denn die Leistungsfähigkeit eines Pferdes – 10 km/h Geschwindigkeit und etwa 26 km Tagesleistung – ist sehr gering.

1878
Die GBPfE schließt mit der „Großen Internationalen Pferde-Eisenbahn-Gesellschaft", die im Besitz einer Konzession für die Pferdeeisenbahnstrecke Dönhoffplatz–Leipziger Platz–Schöneberg ist, einen Betriebsüberlassungsvertrag und baut auf deren Kosten bis zum Jahresende die Strecke Leipziger Platz–Schöneberg.

1880
Abschluß eines Zustimmungsvertrages mit der Stadt Berlin. Erstmals wird eine jährliche Bruttoabgabe der Straßenbahngesellschaft an die Stadtgemeinde Berlin vereinbart. Sie beträgt zunächst 6%, später 8%. Bestandteil dieses Vertrages sind „Allgemeine Bedingungen für die Anlage der Straßenbahnen". Sie enthalten Vorschriften über Bau, Pflasterung, Veränderung und Verlegung der Bahnanlagen.

1880
Mit 7 Straßenbahndampflokomotiven beginnt ein dreiwöchiger Linienverkehr zwischen Schönhauser Thor und Pankow. Proteste der Anwohner der durchfahrenen Straßen über die Lärm- und Rauchbelästigung bewirken die Einstellung.

1881
Es verkehren folgende Pferdebahnlinien:
- Ringbahn (Linienlänge 13,40 km),
- Dönhoffplatz–Hallesches Thor–Kreuzberg (Linienlänge 2,55 km),
- Friedrichstraße/Ecke Behrenstraße–Görlitzer Bahnhof (Linienlänge 4,12 km),
- Friedrichstraße/Ecke Behrenstraße–Hallesches Thor–Kreuzberg (Linienlänge 3,21 km),
- Hallesches Thor–Cöpenicker Straße/Ecke Eisenbahnstraße (Linienlänge 3,30 km),
- Kronenstraße/Ecke Jerusalemer Straße–Hafenplatz (Linienlänge 2,04 km),
- Kupfergraben–Brandenburger Thor–Zoologischer Garten (Linienlänge 4,11 km),
- Monbijouplatz–Brandenburger Thor–Bülowstraße (Linienlänge 5,30 km),
- Moritzplatz–Hafenplatz–Zoologischer Garten (Linienlänge 5,55 km),
- Spittelmarkt–Potsdamer Platz–Zoologischer Garten (Linienlänge 4,80 km),

Pfw Nr. 591, gebaut 1885, aufgenommen um 1887.
Foto: Stadtarchiv Berlin

Einspänner-Pfw Nr. 479, gebaut 1883, aufgenommen am Lützowplatz/ Ecke Lützowstraße um 1889.
Foto: Märkisches Museum, Berlin

- Spittelmarkt–Moabit, Stromstraße (Linienlänge 5,70 km),
- Monbijouplatz – Moabit – Charlottenburg (Linienlänge 8,19 km),
- Spittelmarkt–Schöneberg (Linienlänge 5,60 km),
- Spittelmarkt–Schlesisches Thor–Treptow (Linienlänge 6,14 km),
- Dönhoffplatz–Hallesches Thor–Tempelhof (Linienlänge 6,08 km),
- Dönhoffplatz–Hallesches Thor–Hasenheide–Rixdorf (Linienlänge 6,13 km),
- Schönhauser Thor–Pankow (Linienlänge 5,16 km),
- Rosenthaler Thor–Gesundbrunnen (Linienlänge 3,28 km),
- Weidendammer Brücke–Wedding–Tegeler Chaussee (Linienlänge 5,86 km),
- Tegeler Chaussee–Dorf Tegel (Linienlänge 4,64 km).

07. 02. 1882
Betriebseröffnung auf den Stadt- und Ringbahngleisen der rund 12 km langen Berliner Stadtbahn. Die befürchtete Abwanderung der Fahrgäste auf das neue Verkehrsmittel bleibt aus. Vielmehr werden die einzelnen Stadtbahnstationen zu Konzentrationspunkten des Berliner Straßenbahnnetzes, z. B. Alexanderplatz und Bahnhof Börse mit dem Hackeschen Markt.

1884
Ein neuer Zustimmungsvertrag wird mit der Stadt geschlossen. Danach muß die GBPfE die Mitbenutzung ihrer Gleise durch andere Straßenbahnunternehmungen zulassen.

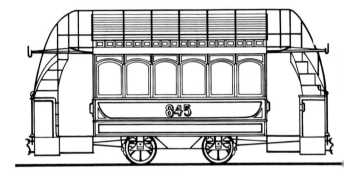

Decksitz-Pfw der Serie Nr. 834 – Nr. 858, gebaut 1889, Serie Nr. 859 bis Nr. 883, gebaut 1890, und Serie Nr. 962 – Nr. 973, gebaut 1891, mit 40 Längssitzen, davon 20 auf dem Oberdeck.

Von der Wagenfabrik Stephenson, New York, wurden in den Jahren 1874/79 die Pfw Nr. 76 – Nr. 84, Nr. 86 – Nr. 96, Nr. 136 – Nr. 143, Nr. 154 – Nr. 159, Nr. 167 – Nr. 169, Nr. 232 – Nr. 234, Nr. 236, Nr. 237, Nr. 243 gebaut. Diese Einspänner vom Typ „Mexico" wurden alle bis 1902 ausgemustert.

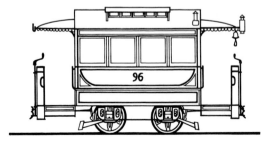

1885/1886
Sämtliche Pferdebahnwagen erhalten einen Schutzrahmen, der eine größere Sicherheit für verunglückte Personen gegen ein Überrollen bieten soll.

1886
Das Abfahren von den Haltestellen wird ab jetzt schon erlaubt, wenn sich die Fahrgäste im Wageninneren noch nicht gesetzt haben.
Die GBPfE übernimmt die „Große Internationale Pferde-Eisenbahn-Gesellschaft", nachdem letztere sich aufgelöst hat.

01. 01. 1887
Die GBPfE übernimmt die Pferdeeisenbahn der Gemeinde Rixdorf (Neukölln) mit ihrer einzigen Strecke vom Rollkrug (Hermannplatz) in Rixdorf zur Knesebeckstraße.

06. 12. 1887
Durch eine Kabinettsorder wird der Übergang der Prachtstraße Unter den Linden mit ein oder zwei Pferdeeisenbahngleisen im Zuge der Friedrichstraße ausdrücklich untersagt. Ein Übergang an einer anderen Stelle wird für möglich erachtet.

01. 01. 1888
Die GBPfE übernimmt die „Pferde-Eisenbahn der Gemeinde Mariendorf" mit ihrer einzigen Strecke Tempelhof, Kaiserin-Augusta-Straße–Mariendorf, Kirche.

1888
Es bestehen folgende Pferdebahnhöfe mit Unterstellmöglichkeiten für

		Pferde	Wagen
I.	Gesundbrunnen, Badstraße 41A	207	30
II.	Brandenburgstraße 67/77	213	32
III.	Pankow, Berliner Straße 32	105	31
IV.	Rixdorf, Erkstraße 16/17	309	75
V.	Tempelhof, Kaiserin-Augusta-Straße	204	42
VI.	Charlottenburg, jenseits der Spree	100	43
VII.	Ackerstraße 3/4	164	30
VIII.	Müllerstraße 84	141	67
IX.	Manteuffelstraße 74 und 78	292	125
X.	Schöneberg, Hauptstraße 9/10	574	160
XI.	Weinbergsweg 12/13	353	40
XII.	Stromstraße 54	138	29
XIII.	Nürnberger Straße	343	62
XIV.	Kreuzbergstraße 16/20	550	111
XV.	Köpenicker Straße 92	284	36
XVI.	Waldstraße 41/42	300	57
XVII.	Brunnenstraße 85	302	50
XVIII.	Markusstraße	304	40
		4883	1060

01. 10. 1891
Auf den Strecken der Eisenbahndirektion Berlin wird ein Vororttarif eingeführt. Die Endpunkte stimmen im wesentlichen mit denen der heutigen S-Bahn-Tarifbereiche überein. Damit wird der Vorortverkehr auch tariflich deutlich vom Fernverkehr getrennt. Ein Stadt- und Ringbahntarif bestand bereits seit 1882, und zwar:

1,0 bis 7,5 km	10 Pfennig,
7,6 bis 15,0 km	20 Pfennig,
15,1 bis 20,0 km	30 Pfennig.

01. 08. 1891
Die GBPfE übernimmt die „Pferde-Eisenbahn der Gemeinde Britz" mit ihrer einzigen Strecke von der Knesebeckstraße nach Britz.

01. 06. 1892
Die GBPfE übernimmt die „Pferde-Eisenbahn der Gemeinde Niederschönhausen" mit ihrer einzigen Strecke von Pankow, Kirche nach Niederschönhausen.

Juli 1892
Das neu erlassene preußische Kleinbahngesetz bildet von nun an die Grundlage für die Konzessionierung von Straßenbahnstrecken und -netzen.

01. 02. 1894
Die GBPfE übernimmt die Verwaltung der „Neuen Berliner Pferdebahn-Gesellschaft".

1894
Die Überquerung der Straße Unter den Linden zwischen Kastanienwäldchen und Opernhaus wird gestattet.
Die Verbindung von Linien des nördlichen und südlichen Teilnetzes ist dadurch möglich.
Die GBPfE und die „Union Elektrizitäts-Gesellschaft (UEG)" (später mit der AEG vereinigt) schließen einen Vertrag zur Errichtung einer elektrischen Kraft- und Ladestation für Akkumulatoren auf dem Moabiter Betriebshof Waldenserstraße. In drei zweispännige Pferdeeisenbahnwagen werden versuchsweise Akkumulatoren und Elektromotore eingebaut.

18. 02. 1895
Auf der Strecke Großgörschenstraße–Potsdamer Straße–Moabit wird ein elektrischer Versuchsbetrieb mit den vorgenannten Wagen aufgenommen. Nach vier Monaten wird der Versuch abgebrochen, da die Akkumulatoren zu häufig gewechselt werden müssen.

Februar 1895
Die Stadt Berlin schreibt einen Wettbewerb für eine mit mechanischer Kraft zu betreibende Kleinbahn von der Wiener Straße zum Gelände der für 1896 geplanten Berliner Gewerbeausstellung in Treptow aus.

01. 05. 1896
Aufhebung des Verbots der Mitfahrt für weibliche Personen auf dem Oberdeck der Decksitzwagen.
Mit Eröffnung der Gewerbeausstellung im Treptower Park erfolgt die Inbetriebnahme elektrisch betriebener Straßenbahnlinien mit 50 Motorwagen (Triebwagen), und zwar
- Zoologischer Garten–Treptow,
- Lindenstraße/Ecke Ritterstraße–Treptow,
- Glogauer Straße–Treptow.

Bereits 1895 hatte die BESTAG die erste elektrische Straßenbahnstrecke in den alten Berliner Stadtgrenzen von Gesundbrunnen nach Pankow eröffnet. Die zweite elektrische Linie zur Gewerbeausstellung eröffnet die BESTAG am 15. 04. 1896.

Die elektrische Ausrüstung der Triebwagen der GBPfE liefert die Union-Elektrizitäts-Gesellschaft nach dem System Thomson-Houston. Die Stromzuführung von der Oberleitung erfolgte durch Rollenstromabnehmer. Aus Gründen der „Ästhetik" muß auf einigen Streckenabschnitten der Unterleitungsbetrieb angewendet werden (Dönhoffplatz–Kommandantenstraße–Lindenstraße). Dieser führt zu häufigen Betriebsstörungen infolge von Verschmutzungen der Stromzuführungskanäle.

September 1896
Eröffnung eines Versuchsbetriebes zwischen Dönhoffplatz und Glogauer Straße mit einem Straßenbahntriebwagen für gemischen Betrieb, d. h. der Wagen kann sowohl im Oberleitungsbetrieb als auch im Akkumulatorenbetrieb verkehren. Die Akkumulatoren werden während der Fahrt auf den mit Oberleitung ausgerüsteten Strecken aufgeladen.

1896
Die GBPfE betreibt 41 Linien. Nach dem Reiseführer von Wagner & Dube, Leipzig, sind dies:

In den Jahren 1877/90 wurden die fünffenstrigen Zweispänner (Metropolwagen) von der Firma P. Herbrand, Köln, beschafft und damit die Wagen-Nr. 222–230, 250–272, 309–333, 339–343, 369–393, 419–443, 459–472, 483–532, 561–586, 613–657, 768–788, 809–833, 884–904 und 1^{II}–10^{II} besetzt.

Pfw Nr. 820, gebaut 1881, aufgenommen um 1890 in der Leipziger Straße/Nordseite, vom Alexanderplatz kommend in Richtung Nollendorfplatz.
Foto: Märkisches Museum, Berlin

Große Berliner Straßenbahn

Linienkenn-zeichen	Darge-stellt als Nr.	Linienführung
Anmerkung:	1)	Gegenüberstellung der früheren und jetzigen Straßen-, Platz- und Bahnhofs- namen siehe Tab. 2, S. 46/47
	2)	Fehlende Linien-Nr. (12, 13, 25, 26, 48–50) wurden durch Linien der Neuen Berliner Pferdebahn-Gesellschaft besetzt; die Linien Nr. 40–43 wurden durch Linien der Berliner Pferdeeisen- bahn besetzt.

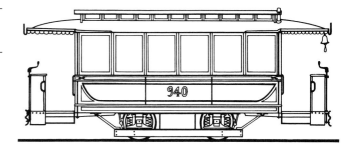

Zweispänner-Pfw Nr. 930, gebaut 1890, Metropolwagen moderner Ausführung mit 20 Längssitzen als Vorauswagen für die Serie Nr. 931 – Nr. 961, Pfw Nr. 940 wurde 1891 gebaut.

Ringbahn:

weiß (1) Rosenthaler Thor–Friedrichstraße– –Karlstraße–Königsplatz–Brandenburger Thor–Potsdamer Platz–Hallesches Thor–Gitschiner Straße–Prinzenstraße–Köpenicker Straße/Ecke Brückenstraße–Andreasplatz–Landsberger Thor–Friedensstraße–Prenzlauer Thor–Schönhauser Thor –Rosenthaler Platz (Linienlänge 13,4 km),

Quer durch die Stadt von Norden nach Süden:

halb grün/ halb rot (2) Weißenburger Straße/Ecke Danziger Straße–Schönhauser Allee–Alte und Neue Schönhauser Straße–Hackescher Markt–Lindenkreuzung am Kastanienwäldchen–Französische Straße–Charlottenstraße–Kochstraße–Friedrichstraße–Belle-Alliance-Straße–Blücherstraße–Hasenheide–Hermannplatz (Linienlänge 3,8 km),

weiß mit rotem Strich (3) Schönhauser Allee/Ecke Pappelallee –Alte und Neue Schönhauser Straße –Hackescher Markt–Rosenstraße–Spandauer Straße–Molkenmarkt–Gertraudenstraße–Spittelmarkt–Beuthstraße–Kommandantenstraße–Oranienstraße–Dresdener Straße–Kottbuser Damm–Hermannplatz–Berliner Straße–Bf Rixdorf (Linienlänge 4,4 km),

halb weiß/ halb rot (4) Schönhauser Thor–Alte und Neue Schönhauser Straße–weiter wie Linie (2)–Charlottenstraße–Leipziger Straße–Potsdamer Straße–Lützowstraße–Schillstraße–Lutherstraße–Augsburger Straße–Rankestraße –Hagenauer Straße–Uhlandstraße (Linienlänge 10,4 km),

halb weiß/ halb grün (5) Schönhauser Allee/Ecke Kastanienallee–Kastanienallee–Veteranenstraße–Invalidenstraße–Luisenstraße –Dorotheenstraße–Brandenburger Thor–Königgrätzer Straße–Potsdamer Straße–Bülowstraße–Nollendorfplatz (Linienlänge 8,0 km),

grün mit weißem Strich (6) Vinetaplatz–Swinemünder Straße–Rosenthaler Straße–Hackescher Markt –Lindenkreuzung am Kastanienwäldchen–Französische Straße–Kanonierstraße–Leipziger Straße–Potsdamer Straße–Bülowstraße/Ecke Mansteinstraße/Bf Großgörschenstraße (Linienlänge 8,4 km)

weiß mit gelbem Strich (7) Gesundbrunnen, Brunnenstraße/ Ecke Badstraße–Brunnenstraße–Rosenthaler Straße–weiter wie Linie (6)–Oberwallstraße–Jerusalemer Straße–Lindenstraße–Blücherstraße–Zossener Straße–Marheineckeplatz (Linienlänge 8,2 km),

rot (8) Gesundbrunnen/Badstraße–Brunnenstraße–Rosenthaler Straße–Rosenstraße–Spandauer Straße–Molkenmarkt–Gertraudenstraße–Spittelmarkt–Leipziger Straße–Jerusalemer Straße–Lindenstraße–Belle-Alliance-Straße–Kreuzberg, Victoriapark (Linienlänge 10,0 km)

halb grün/ halb weiß	(9)	Brunnenstraße/Ecke Demminer Straße–Rosenthaler Straße–Weinmeisterstraße–Münzstraße–Alexanderstraße–Brückenstraße–Prinzenstraße–Moritzplatz–Bärwaldstraße–Gneisenaustraße–Belle-Alliance-Straße–Kreuzberg, Victoriapark (Linienlänge 9,4 km),
rot mit weißem Strich	(10)	Gesundbrunnen, Pankstraße/Ecke Badstraße–Weddingplatz–Chausseestraße–Friedrichstraße–Prinz-Louis-Ferdinand-Straße–Dorotheenstraße–Lindenkreuzung am Kastanienwäldchen–Französische Straße–Charlottenstraße–Kochstraße–Friedrichstraße–Belle-Alliance-Straße–Kreuzberg, Victoriapark (Linienlänge 9,2 km),
grün mit weißem Strich	(11)	Müllerstraße/Ecke Schulstraße–Weddingplatz–Chausseestraße–Oranienburgerstraße–Hackescher Markt–Rosenstraße–Spandauer Straße–Brückenstraße–Prinzenstraße–Dresdener Straße–Kottbuser Thor (Linienlänge 3,5 km),
weiß mit rotem Strich	(14)	Moabit, Stromstraße–Turmstraße–Altmoabit–Moltkebrücke–Königsplatz–Brandenburger Thor–Königgrätzer Straße–Belle-Alliance-Straße/Ecke Gneisenaustraße (Linienlänge 8,0 km),

Pferdestraßenbahnbetrieb in der Leipziger Straße, u. a. mit Pfw Nr. 604, gebaut 1885, und So-Pfw Nr. 983, gebaut 1891; aufgenommen im Jahre 1897.
Foto: Sammlung Kubig

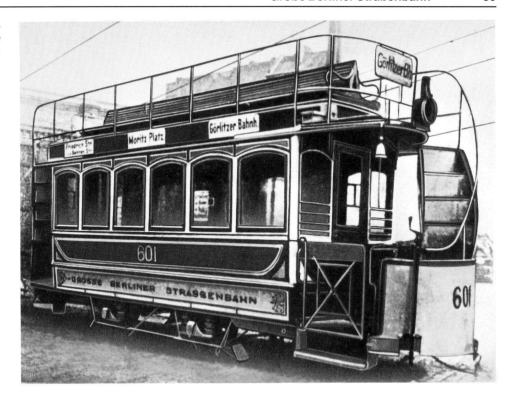

Decksitz-Pfw Nr. 601 (Imperialwagen), gebaut 1885, wurde bei der GBS noch als Bw Nr. 601 eingesetzt.
Foto: Sammlung Kubig

weiß	(15)	Moabit, Werftstraße–Turmstraße–Stromstraße–Lessingstraße–Altonaer Straße–Großer Stern–Hofjägerallee–Friedrich-Wilhelm-Straße–Maaßenstraße–Bülowstraße–Potsdamer Straße/Ecke Größgörschenstraße (Linienlänge 6,4 km),

Vom Inneren der Stadt nach Süden:

weiß mit grünem Strich	(16)	Friedrichstraße/Ecke Behrenstraße–Charlottenstraße–Kochstraße–Friedrichstraße–Belle-Alliance-Straße–Kreuzberg, Bergmannstraße (Linienlänge 4,6 km),
grün mit weißem Strich	(17a)	Friedrichstraße/Ecke Behrenstraße–weiter wie Linie (16)–Belle-Alliance-Straße–Tempelhof (Linienlänge 7,8 km),
weiß mit gelbem Strich	(17b)	Friedrichstraße/Ecke Behrenstraße–weiter wie vorstehend–Tempelhof-Chaussee nach Mariendorf–Mariendorf (Linienlänge 11,0 km),
rot	(18)	Rathaus, Königstraße/Ecke Hoher Steinweg–Königstraße–Alexanderstraße–Brückenstraße–Köpenicker Straße–Adalbertstraße–Grimmstraße–Hasenheide/Ecke Fichtestraße (Linienlänge 6,0 km),
weiß mit gelbem Strich	(19)	Moritzplatz–Oranienstraße–Oranienplatz–Dresdener Straße–Kottbuser Thor–Kottbuser Damm–Hermannplatz–Britz, Gradestraße (Linienlänge 8,0 km),

Vom Inneren der Stadt nach Norden:

weiß mit grünem Strich	(20)	Spittelmarkt–Leipziger Straße–Jerusalemer Straße–Oberwallstraße–Lindenkreuzung am Kastanienwäldchen–Dorotheenstraße–Prinz-Louis-Ferdinand-Straße–Friedrichstraße–Karlstraße–Königsplatz–Alt-Moabit–Rathenower Straße–Turmstraße–Moabit, Wilhelmshavener Straße (Linienlänge 6,9 km).
grün mit weißem Strich	(21)	Leipziger Platz–Königgrätzer Straße–Brandenburger Thor–Königsplatz–Alt-Moabit–Rathenower Straße–Moabit,

grün		Birkenstraße/Ecke Bremer Straße (Linienlänge 5,2 km),
	(22a)	Charlottenstraße/Unter den Linden–Prinz-Louis-Ferdinand-Straße–Friedrichstraße–Chausseestraße–Weddingplatz–Müllerstraße–Tegeler Chaussee (Linienlänge 7,8 km)
rot	(22b)	Charlottenstraße/Unter den Linden–weiter wie vorstehend–Tegeler Chaussee–Tegel (Linienlänge 12,0 km),
weiß mit rotem Strich	(23)	Charlottenstraße/Unter den Linden–weiter wie Linie 22–Weddingplatz–Reinickendorferstraße–Reinickendorf, Residenzstraße (Linienlänge 8,8 km),
grün	(24)	Rathaus, Königstraße/Ecke Hoher Steinweg–Königstraße–Alexanderplatz–Münzstraße–Alte Schönhauser Straße–Schönhauser Allee–Pankow, Kirche–Niederschönhausen (Linienlänge 9,2 km),

Quer durch die Stadt von Ost nach West:

weiß	(27)	Gesundbrunnen, Pankstraße/Ecke Badstraße–Pankstraße–Fennstraße–Perleberger Straße–Stromstraße–Turmstraße–Kaiserin-Augusta-Allee–Charlottenburg, Luisenplatz (Linienlänge 11,2 km),
weiß mit gelbem Strich	(28)	Rosenthaler Thor–Brunnenstraße–Stettiner Bahnhof–Invalidenstraße–Rathenower Straße–Turmstraße–Moabit, Waldstraße (Linienlänge 7,0 km),
weiß	(29)	Küstriner Platz–Grüner Weg–Alexanderstraße–Königstraße–Spandauer Straße–Rosenstraße–Hackescher Markt–Oranienburger Straße–Chausseestraße–Invalidenstraße–Moabit, Rathenower Straße/Ecke Perleberger Straße (Linienlänge 11,6 km),
halb grün/ halb rot	(30)	Schlesische Brücke–Schlesische Straße–Köpenicker Straße–Alte Jakobstraße–Seydelstraße–Spittelmarkt–Leipziger Straße–Potsdamer Straße/Ecke Großgörschenstraße (Linienlänge 8,8 km),
gelb	(31)	Schlesisches Thor–Skalitzer Straße–Gitschiner Straße–Hallesches Thor–Belle-Alliance-Straße–Yorkstraße–Bülowstraße–Maaßenstraße–Kurfürstenstraße–Zoologischer Garten/Südthor (Linienlänge 8,0 km),
gelb	(32)	Schlesischer Bahnhof–Holzmarktstraße–Jannowitzbrücke–Köpenicker Straße–Alte Jakobstraße–Seydelstraße–Spittelmarkt–Leipziger Straße–Königgrätzer Straße–Reichstagsplatz–

Pfw. Nr. 290, gebaut 1886, aufgenommen um 1900 auf dem Molkenmarkt während des Einsatzes auf der Linie Gesundbrunnen–Rosenthaler Thor–Molkenmarkt.
Foto: Märkisches Museum, Berlin

Als letzte innerstädtische Pferdebahnlinie wurde am 21. August 1902 die Linie Weddingplatz–Potsdamer Platz/ Ecke Großgörschenstraße eingestellt und später auf elektrischen Betrieb umgestellt (Linie 24). Decksitz-Pfw Nr. 291, gebaut 1879, wurde danach verschrottet.
Foto: Sammlung Kubig

grün		Moltkebrücke–Rathenower Straße–Turmstraße–Moabit, Waldstraße (Linienlänge 9,8 km),
	(33)	Küstriner Platz–Grüner Weg–Andreasstraße–Holzmarktstraße–Stralauer Straße–Molkenmarkt–Gertraudenstraße–Leipziger Straße–Potsdamer Straße–Lützowstraße–Schillstraße–Kurfürstenstraße–Nürnberger Straße–Augsburger Straße–Kurfürstendamm (Linienlänge 9,2 km),
rot	(34)	Görlitzer Bahnhof, Spreewaldplatz–Wiener Straße–Oranienstraße–Kochstraße–Anhaltstraße–Königgrätzer Straße–Potsdamer Straße–Lützowstraße–Schillstraße–Kurfürstenstraße–Zoologischer Garten/Südthor (Linienlänge 9,8 km),

Vom Inneren der Stadt nach Westen:

weiß mit gelbem Strich	(35)	Alexanderplatz–Königstraße–Molkenmarkt–Gertraudenstraße–Spittelmarkt–Leipziger Straße–Potsdamer Straße–Schöneberg, Hauptstraße/Ecke Tempelhofer Straße (Linienlänge 9,0 km),
grün mit rotem Strich	(36)	Alexanderplatz–weiter wie Linie (35)–Leipziger Straße–Jerusalemer Straße–Lindenstraße–Belle-Alliance-Straße–Yorckstraße–Bülowstraße–Nollendorfplatz (Linienlänge 6,2 km),
rot mit weißem Strich	(37)	Alexanderplatz–Königstraße–Molkenmarkt–Breitestraße–Schloßplatz–Französische Straße–Kanonierstraße–Leipziger Straße–Potsdamer Straße–Bülowstraße–Nollendorfplatz (Linienlänge 6,9 km),
grün mit rotem Strich	(38)	Alexanderplatz–Münzstraße–Rosenthaler Straße–Hackescher Markt–Oranienburger Straße–Friedrichstraße–Karlstraße–Königsplatz–Brandenburger Thor–Königgrätzer Straße–Potsdamer Straße–Lützowstraße–Lützowplatz (Linienlänge 7,2 km),
weiß	(39)	Schloßplatz–Werderscher Markt–Hausvogteiplatz–Jerusalemer Straße–Leipziger Straße–Charlottenstraße–Kochstraße–Anhaltstraße–Schöneberger Straße–Hafenplatz–Schöneberger Ufer–Flottwellstraße–Lützowstraße–Lützowplatz (Linienlänge 6,0 km),
gelb	(44)	Bf Friedrichstraße, Georgenstraße–Prinz-Louis-Ferdinand-Straße–Dorotheenstraße–Lindenkreuzung am Kastanienwäldchen–Französische Straße–Jerusalemer Straße–Oranienstraße–Wiener Straße–Görlitzer Bahnhof, Spreewaldplatz (Linienlänge 5,4 km),
grün	(45)	Friedrichstraße/Ecke Behrenstraße–Charlottenstraße–Kochstraße–Oranienstraße–Moritzplatz–Dresdener Straße

Große Berliner Straßenbahn und ihre Nebenbahnen

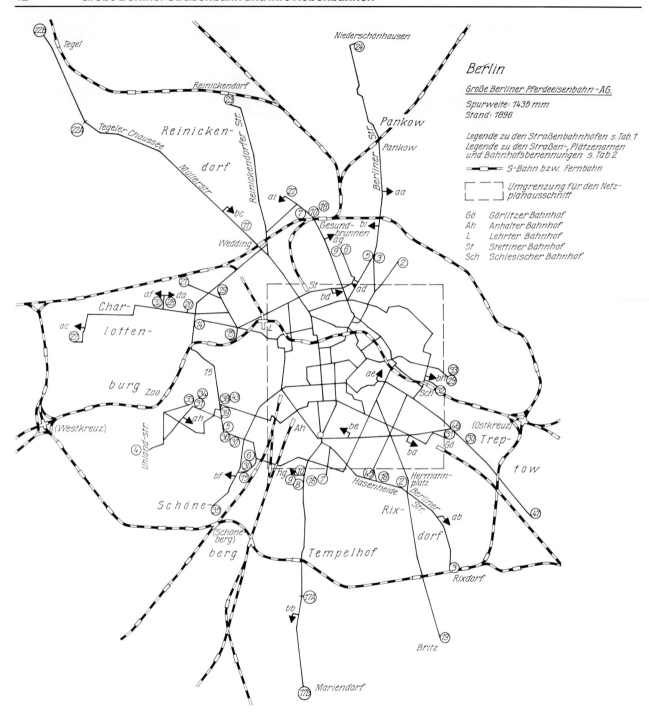

Große Berliner Straßenbahn

halb grün/ halb weiß	(46)	–Grimmstraße–Hasenheide/Ecke Fichtestraße (Linienlänge 5,5 km), Friedrichstraße/Ecke Behrenstraße–Charlottenstraße–Leipziger Straße–Spittelmarkt–Seydelstraße–Alte Jakobstraße–Köpenicker Straße–Schlesisches Thor (Linienlänge 7,2 km),
weiß mit rotem Strich	(47)	Spittelmarkt–Seydelstraße–Alte und Neue Jakobstraße–Köpenicker Straße –Schlesische Straße–Bf Treptower Park–Treptow, Platz am Spreetunnel (Linienlänge 6,8 km).

Die Kennzeichnung unterschiedlicher Linien mit dem gleichen Farbsymbol – da die Farbkompositionen bei der Vielzahl der Linien nicht ausreichen – führte sehr oft zu Verwechslungen bei ortsfremden Fahrgästen, wurde aber trotzdem bis zum Jahre 1902 beibehalten.

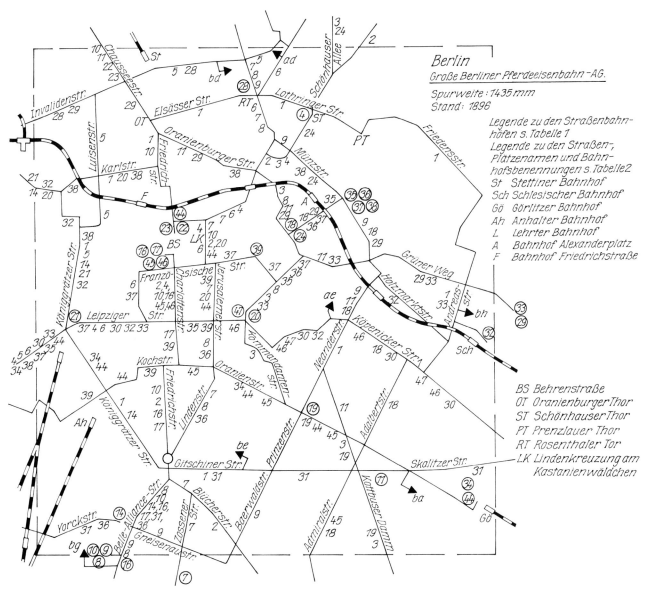

02. 07. 1897
Die Stadt Berlin schließt mit der GBPfE und der mit ihr verbundenen „Neuen Berliner Pferdebahn-Gesellschaft" einen Zustimmungsvertrag. Wichtigster Vertragsgegenstand ist die Elektrifizierung der Pferdeeisenbahnnetze. Danach sind innerhalb von 5 Jahren alle noch nicht elektrifizierten Strecken auf elektrischen Betrieb umzustellen.
Für die Stromzuführung wird die Oberleitung vereinbart. Ausgenommen sind insgesamt etwa 20 km Strecke, die aus ästhetischen Gründen nicht mit Drähten „verunziert" werden dürfen. Hier ist ein Akkumulatorenbetrieb vorgesehen. Die vorhandenen Unterleitungsstrecken auf dem Dennewitzplatz und in der Lindenstraße sollen entfallen.
Der Zustimmungsvertrag ist bis zum 31. 12. 1919 befristet.

25. 01. 1898
Die Generalversammlung der GBPfE und der „Neuen Berliner Pferdebahn-Gesellschaft" stimmen dem mit der Stadt Berlin ausgehandelten Vertrag zu.
Die „Große Berliner Pferde-Eisenbahn Aktien-Gesellschaft" benennt sich um in: „Große Berliner Straßenbahn Aktien-Gesellschaft (GBS)".

Tabelle 1: Straßenbahnhöfe der Großen Berliner Pferde-Eisenbahn A.-G. bis VEB Kombinat Berliner Verkehrsbetriebe (Legende zu den Netzplänen von 1896, 1913, 1923, 1930, 1949, 1965 und 1982 einschließlich der Netzplanausschnitte)

Symbol	Bezeichnung	Anschrift	Bestand von/bis	Betriebsart	Kurzbezeichnung bei der GBPfE/GBS
aa	Pankow	Berliner Str. 32	1874/1901	Pf	
ab	Rixdorf	Erkstraße 20/25	1875/1901	Pf	
ba	Manteuffelstraße	Berlin SO, Manteuffelstraße 78	1875/1911	Pf/el	
bb	Tempelhof	Kaiserin-Augusta-Str. 40	1875/1949 WB	Pf/el	5/Tem
bc	Ofener Straße	Berlin N, Ofener Str. 1	1875/1929	Pf/el	
bd	Ackerstraße	Berlin N, Ackerstraße 3/4	1875/1918	Pf/el	
ac	Charlottenburg	Tauroggener Straße 40/41	1875/1901	Pf	
be	Brandenburgstraße	Berlin SO, Brandenburgstraße 76/77	1876/1935	Pf/el	
bf	Schöneberg	Dorfstraße 9/10	1879/1899	Pf/el	
ad	Weinbergsweg	Berlin N, Weinbergsweg 18	1880/1901	Pf	
bg	Kreuzbergstraße	Berlin SW, Kreuzbergstraße 16/18	1883/1944	Pf/el	14/Kreuz
ae	Köpenicker Straße	Berlin SO, Köpenicker Straße 92 und Wassergasse 1/4	1885/1901	Pf	
af	Waldstraße	Berlin NW, Waldstraße 41/42 und Beusselstraße 20/21	1886/1901	Pf	
ag	Brunnenstraße	Berlin N, Brunnenstraße 85	1887/1905	Pf	
bj	Charlottenburg	Spandauer Straße 13/14	1865/1930	Pf/el	
ah	Nürnberger Straße	Charlottenburg, Nürnberger Straße 50/56	1887/1901	Pf	
bh	Markusstraße	Berlin O, Markusstraße 7	1889/1913	Pf/el	
da	Waldenserstraße	Berlin NW, Waldenserstraße 2/4 und Wiclefstraße 39/41	1891/1903	Pf/el/Akku	
ai	Uferstraße	Berlin N, Uferstraße 8	1892/1901 (wurde weiter als Hauptwerkstatt genutzt)	Pf	
bi	Schönhauser Allee	Berlin N, Schönhauser Allee 123	1894/1918	Pf/el	
ca	Berliner Straße	Lichterfelde, Berliner Straße 1	1895/1930	el	27a
cb	Wilmersdorf (Halensee)	Wilmersdorf, Westfälische Straße 73/75	1898/1939	el	13/Hal

noch Tabelle 1

Symbol	Bezeichnung	Anschrift	Bestand von/bis	Betriebsart	Kurzbezeichnung bei der GBPfE/GBS
cc	Schöneberg	Belziger Straße 14/16	1899/1949 WB	el	X/10/Schön
cd	Treptow	Elsenstraße 111/114	1899/1973	el	XX/20/Tre
ce	Rixdorf (Neukölln)	Canner Straße	1900/1930	el	
cf	Reinickendorf	Pankower Allee 47/51	1900/1949 WB	el	I/1/Rei
cg	Tegel	Schloßstraße 9/10	1900/1949 WB	el	6/Teg
ch	Charlottenburg (Moabit)	Wiebestraße 30	1901/1949 WB	el	12/Moa
ci	Oberschöneweide Nalepastraße)	Nalepastraße 52	1901/	el	15/Na
cj	Marienstraße (Köpenick)	Marienstraße	1903/	el	26/Köp
ck	Stahnsdorf	Hauptstraße	1907/1961	el	27b/Sta
cl	Niederschönhausen	Kaiser-Wilhelm-Straße 41	1901/	el	III/3/Nie
cm	Kniprodestraße	Berlin NO, Kniprodestraße 24	1908/1923 (heute noch Hauptlager)	el	
cn	Grenzstraße	Siemensstadt, Grenzstraße	1909/1944	el	28a
co	Britz	Gradestraße 4/17	1910/1949 WB	el	17/Britz
ea	Schmöckwitz	Berliner Straße 11	1912/	Benz/el	21
cp	Birkbuschstraße	Steglitz, Birkbuschstraße 70	1912/1925	el	
cq	Weißensee	Bernkastler Str. 80	1912/	el	22/Wei
cr	Heiligensee	Dorfaue (Alt-Heiligensee)	1913/1937	el	6a
cs	Lichtenberg	Siegfriedstraße 30/35	1913/	el	24/Lich
ct	Urbanstraße	Berlin SO, Urbanstraße 167	1913/1923	el	
cu	Lichterfelde (Steglitz)	Chausseestraße	1913/1949 WB	el	11/Steg
fa	Hennigsdorf	Rathenaustraße	1923/1929	Benz	
cv	Müllerstraße	Berlin N, Müllerstraße 77/82	1927/1947 WB	el	2/Mül
cw	Charlottenburg	Königin-Elisabeth-Straße 23	1930/1949 WB	el	16/Char
cx	Mariendorf	Rennbahn	1945/1946	el	
cy	Pichelsdorfer Straße (Spandau)	Pichelsdorfer Straße	1894/1949 WB	el	28/Spa

Anmerkungen:
Der erste Buchstabe bedeutet:
a Pferdebahndepot (Pf),
b Pferde- und elektrisches Straßenbahndepot (Pf/el),
c elektrisches Straßenbahndepot (el),
d Pferde-, Akkumulatoren- und elektrisches Straßenbahndepot (Pf/el/Akku),
e Benzol- und elektrisches Straßenbahndepot (Benz/el),
f Benzolstraßenbahndepot (Benz).
Der zweite Buchstabe entspricht der zeitlichen Eröffnung des Betriebshofes.
1949 WB bedeutet: 1949 zu Berlin (West).

Tabelle 2: Gegenüberstellung wesentlicher früherer und heutiger Straßennamen

Früherer Name/Bezeichnung	Heutiger Name[1])
Alexanderstraße (nördl. Teil)	Memhardstraße
Artilleriestraße	Tucholskystraße
Am Schlesischen Bahnhof	Am Ostbahnhof
Adlershof, Oppenbrücke	Kanalbrücke
Bahnhöfe:	
Schönberg	Kolonnenstraße (1930–1944) (WB)
Ebersstraße	Schönberg (WB)
Schlesischer Bf	Ostbahnhof
Stettiner Bf	Nordbahnhof
Schönholz-Reinickendorf	Schönholz (WB)
Reinickendorf-Rosenthal	Wilhelmsruh (WB)
Pankow-Schönhausen	Pankow
Pankow-Nordbahn	Wollankstraße (WB)
Weißensee	Greifswalder Straße
Lichtenberg-Friedrichsfelde	Lichtenberg
Börse	Marx-Engels-Platz (am Hackeschen Markt)
Schöneweide-Johannisthal	Schöneweide
Kaiser-Friedrich-Straße	Sonnenallee (WB)
Stadion-Rennbahn Grunewald	Olympiastadion (WB)
Stralau-Rummelsburg	Ostkreuz
Bf Ausstellungen	Westkreuz (WB)
Bergstraße	Karl-Marx-Straße (WB)
Breite Straße (Pankow)	Johannes-R.-Becher-Straße
Berliner Allee	Klement-Gottwald-Allee
Belle-Alliance-Platz	Mehringplatz (WB)
Belle-Alliance-Straße	Mehringdamm (WB)
Breslauer Straße	Am Ostbahnhof
Berliner Allee (Weißensee)	Klement-Gottwald-Allee
Berliner Straße (Schmöckwitz)	Adlergestell
Berliner Straße (Friedrichsfelde)	Straße der Befreiung
Berliner Straße (Schöneweide)	Schnellerstraße
Berliner Straße (Köpenick)	Seelenbinderstraße
Berliner Straße (Tempelhof)	Tempelhofer Damm (WB)
Bismarckstraße (Pankow)	Kurt-Fischer-Straße
Bismarckstraße (Adlershof)	Dörpfeldstraße
Bismarckplatz	Kurt-Fischer-Platz
Brandenburgstraße	Lobeckstraße (WB)
Budapester Straße	Ebertstraße
Chausseestraße (Lichterfelde)	Hindenburgdamm (WB)
Cüstriner Platz	Franz-Mehring-Platz
Chausseestraße (Mariendorf)	Mariendorfer Damm (WB)
Cannerstraße	Niemetzstraße (WB)
Danziger Straße	Dimitroffstraße
Dorfstraße (Schöneberg)	Hauptstraße (WB)
Dorotheenstraße (Mitte)	Clara-Zetkin-Straße
Elbinger Straße	Dimitroffstraße

noch Tabelle 2

Früherer Name/Bezeichnung	Heutiger Name[1])
Elsässer Straße	Wilhelm-Pieck-Straße
Falkenberger Straße (Hohenschönhausen)	Gehrenseestraße (ab 1981)
Frankfurter Allee	östlicher Teil der Karl-Marx-Allee
Frankfurter Chaussee	Frankfurter Allee
Friedrichstraße (Friedrichshagen)	Bölschestraße
Friedrich-Karl-Ufer	Kapelle-Ufer
Fasanerieallee	(etwa in der Verlängerung der Lichtensteinallee) (WB)
Große Frankfurter Straße	Karl-Marx-Allee (östlich Alexanderplatz)
Germanenstraße (Pankow)	Schönholzer Straße
Hauptstraße (Stahnsdorf)	Wilhelm-Külz-Straße
Hohenzollernkorso	Manfred-v.-Richthofen-Straße (WB)
Karlshorster Straße	Hermann-Duncker-Straße
Karlstraße	Reinhardtstraße
Königstor	Kreuzungsbereich Hans-Beimler-Straße/Friedensstraße/Prenzlauer Berg
Kaiser-Wilhelm-Straße (Niederschönhausen)	Blankenfelder Straße
Kaiser-Wilhelm-Straße (Rudow)	Neuköllner Straße (WB)
Kaiser-Wilhelm-Straße (Pankow)	Dietzgenstraße
Kaiser-Wilhelm-Straße (Mitte)	Karl-Liebknecht-Straße
Kaiser-Friedrich-Straße (Neukölln)	Sonnenallee (WB)
Kaiser-Friedrich-Straße (Pankow)	Thulestraße
Kaiserweg (Pankow)	Friedrich-Engels-Straße
Kaiserallee	Bundesallee (WB)
Kronprinzenallee	Clayallee (WB)
Kronprinzenstraße (Pankow)	Romain-Rolland-Straße
Kniprodestraße	Artur-Becker-Straße
Königsberger Straße	Fredersdorfer Straße
Königgrätzer Straße	Stresemannstraße/Ebertstraße
Köllnische Allee	Neuköllnische Allee (WB)
Königstraße	Rathausstraße
Kanonierstraße	Glinkastraße
Küstriner Platz	Franz-Mehring-Platz
Luisenstraße	Hermann-Matern-Straße
Landsberger Platz	Leninplatz
Landsberger Allee	Leninallee
Lothringer Straße	Wilhelm-Pieck-Straße
Lindenstraße (Pankow)	Grabbeallee
Marienstraße	Wendenschloßstraße
Markgrafenstraße	Wilhelm-Külz-Straße
Möllendorffstraße	Jacques-Duclos-Straße
Neanderstraße	Heinrich-Heine-Straße
Neue Königstraße	Hans-Beimler-Straße

Große Berliner Straßenbahn 47

noch Tabelle 2

Früherer Name/Bezeichnung	Heutiger Name[1])
Oranienburger Tor	Kreuzungsbereich Friedrichstraße/Oranienburger Straße
Podbielskistraße	Heinrich-Mann-Straße (Bürgerpark)
Prenzlauer Tor	Kreuzungsbereich Karl-Liebknecht-Straße/Mollstraße/Prenzlauer Allee/Wilhelm-Pieck-Straße
Petersburger Straße	Bersarinstraße
Potsdamer Straße (Spandau)	Carl-Schurz-Straße (WB)
Prinz-Friedrich-Karl-Straße	Geschwister-Scholl-Straße
Prinz-Louis-Ferdinand-Straße	Planckstraße
Rosenthaler Tor	Kreuzungsbereich Rosenthaler Platz
Roederplatz	Kreuzungsbereich Ho-Chi-Minh-/Herzbergstraße
Roederstraße	Karl-Lade-Straße
Romintener Straße	Grünberger Straße
Rahnsdorfer Mühle	Rahnsdorf (Straßenbahnendhaltestelle)
Schönhauser Tor	Rosa-Luxemburg-Platz (Kreuzungsbereich)
Schloßstraße (Friedrichsfelde)	Am Tierpark
Schloßstraße (Köpenick)	Alt-Köpenick

noch Tabelle 2

Früherer Name/Bezeichnung	Heutiger Name[1])
Schloßstraße (Nordend)	Ossietzkystraße
Schievelbeiner Straße	Willi-Bredel-Straße
Spandauer Straße (Charl.)	Spandauer Damm (WB)
Tegeler Chaussee	Scharnweberstraße (zuvor Seydelstraße) (WB)
Treptower Chaussee	Puschkinallee
Treskowallee	Hermann-Duncker-Straße
Wagnerplatz	Roedeliusplatz
Weißenburger Straße	Kollwitzstraße
Wilhelmstraße (Grünau)	Wassersportallee
Wilhelmstraße (Lichtenberg)	Weitlingstraße
Weißenseer Weg	Ho-Chi-Minh-Straße
Weißensee, Schloß	etwa in Höhe Weißenseer Park (Klement-Gottwald-Allee)
Victoriaplatz (Lichtenberg)	Tuchollaplatz
Zimmerstraße	Niederkirchnerstraße

Anmerkung:
1) Klammerangaben geben die Ortsteile an, da es mehrere Straßen mit der Benennung in Berlin gab/gibt.
Bei der heutigen Benennung tauchen Straßenzüge verschieden doppelt auf, da mehrere Straßen teilweise zusammengefaßt wurden.
(WB) bedeutet: in Westberlin gelegen.

Wagenparkstatistik – Große Berliner Pferde-Eisenbahn Aktien-Gesellschaft (GBPfE)

Wagennummer	Hersteller	Baujahr	Sitz-/Stehpätze	Länge mm	Achsabstand mm	Art der Bremse	Bemerkungen
Pferdebahnwagen							
1–44	Gru	1873	44 l/	6600	1900/–	H	Zweispänner, Decksitzwagen; Pfw Nr. 1–10 1885 an NBPf Pfw Nr. 76–85
1^{II}–10^{II}	Her	1885/90	20 l/	6800	1600/–	H	Zweispänner, Metropolwg; 1896 6 Pfw zu Bw Nr. 1–4, 6, 9 (GBS); übr. um 1900 a
45							
46–48	Steph	1874	20 l/	7100	1800/–	H	Zweispänner, Metropolwg;
49, 51, 53, 55	Steph	1874	20 l/		/–	H	Zweispänner, Metropolwg;
50, 52, 54	Steph	1874	20 l/	7100	1800/–	H	Zweispänner, Metropolwg;
56–65	Steph	1874	16 l/		/–	H	Einspänner, Typ „Mexiko"
66	Steph	1874	18 l/		/–	H	Einspänner, Typ „Pisco"; 1879 Umb. zu Zweispänner 1887a
67+68	Neuß	1874	/		/–	H	
69–74	Bln	1874	44 l/		/–	H	Zweispänner, Decksitzwg, Typ „Imperial"; 1900a
75	Steph	1874	32 q/		/–	H	Zweispänner. Sowg, Typ „Excursion";
76–84	Steph	1874	12 l/	4850	1400/–	H	Einspänner, Typ „Mexico";

noch **Wagenparkstatistik** – Große Berliner Pferde-Eisenbahn Aktien-Gesellschaft (GBPfE)

Wagen-nummer	Hersteller	Baujahr	Sitz-/Stehpätze	Länge mm	Achs-abstand mm	Art der Bremse	Bemerkungen
noch *Pferdebahnwagen*							
85		1874	14 l/		/–	H	Einspänner
86–96	Steph	1874	12 l/	4850	1400/–	H	Einspänner, Typ „Mexico";
97–99		1875	10 l/		/–	H	Einspänner, 1902a
100	Steph	1874	14 l/		/–	H	Einspänner, Typ „Bahia"; 1902a
101–110	Steph	1874	16 l/		/–	H	Einspänner, Typ „Mexico"; 1902a
111–125	Steph	1875	20 l/		/–	H	Zweispänner, Metropolwg;
126		1875	20 l/		/–	H	Zweispänner, Metropolwg;
127–133	Steph	1875	20 l/		/–	H	Zweispänner, Metropolwg;
134	Her	1875	20 l/		/–	H	Zweispänner, Metropolwg;
135	Steph	1875	20 l/			H	Zweispänner, Metropolwg;
136–143	Steph	1875	12 l/	4850	1400/–	H	Einspänner, Typ „Mexico";
144–153	Steph	1875	46 l/		/–	H	Zweispänner, Decksitzwg; außer Pfw Nr. 147 alle 1900a; Pfw Nr. 147 zu Bw Nr. 217 (GBS)
154–159	Steph	1875	12 l/	4850	1400/–	H	Einspänner, Typ „Mexico"; 1902a
160 + 161	Her	1876	20 l/	7100	1830/–	H	Zweispänner, Metropolwg; 1900 zu Bw Nr. 160 + 161 (GBS)
162 + 163	Her	1877	20 l/		/–	H	Zweispänner, Metropolwg;
164							
165	Steph	1875	12 l/		/–	H	Einspänner; 1902a
166							
167–169	Steph	1876	12 l/	4850	1400/–	H	Einspänner, Typ „Mexico"; 1902a
170–175							
176 + 177	Her	1877	20 l/	7100	1830/–	H	Zweispänner, Metropolwg; Pfw Nr. 176 1900 zu Bw Nr. 176 (GBS), Nr. 177 um 1900a
178	Steph	1877	20 l/	7100	1830/–	H	Zweispänner, Metropolwg; 1896 zu Bw Nr. 178 (GBS)
179–199	Brux	1877	20 l/	7100	1830/–	H	Zweispänner, Metropolwg; 1896 7 Pfw zu Bw Nr. 180, 181, 188–190, 194, 198 (GBS); übr. a
200	Steph	1874	46 l/		/–	H	Zweispänner, Decksitzwg, Versuchswg
201–221	Steph	1876	40 l/		/–	H	Zweispänner, Decksitzwg; 1900 Pfw Nr. 215 + 216 zu Bw Nr. 215 + 216 (GBS), übr. a
222–230	Her	1877	20 l/	6800	1600/–	H	Zweispänner, Metropolwg; 1896 außer Pfw Nr. 227 zu Bw Nr. 220–226, 228–230 (GBS)
231							
232–234	Steph	1877	12 l/	4850	1400/–	H	Einspänner, Typ „Mexico"; 1902 a
235		1878	10 l/		/–	H	Einspänner; 1902 a
236 + 237	Steph	1877	12 l/	4850	1400/–	H	Einspänner, Typ „Mexico"; 1902 a
238							
239 + 240		1878	20 l/	7100	1830/–	H	Zweispänner, Metropolwg; 1900 zu Bw Nr. 239 + 240 (GBS)
241							

Große Berliner Straßenbahn

noch **Wagenparkstatistik** – Große Berliner Pferde-Eisenbahn Aktien-Gesellschaft (GBPfE)

Wagen-nummer	Hersteller	Baujahr	Sitz-/Stehpätze	Länge mm	Achs-abstand mm	Art der Bremse	Bemerkungen
noch *Pferdebahnwagen*							
242							
243	Steph	1878	12 l/	4850	1400/–	H	Einspänner, Typ „Mexico"
244		1878	20 l/	7100	1830/–	H	Zweispänner, Metropolwg; 1896 zu Bw Nr. 244 (GBS)
245–247	Her	1879	12 l/		/–	H	Einspänner
248	Steph	1878	20 l/		/–	H	Zweispänner, Metropolwg; 1896 zu Bw Nr. 248 (GBS)
249	Steph	1878	40 l/		/–	H	Zweispänner, Decksitzwg; 1900a
250–272	Her	1879	20 l/	6800	1600/–	H	Zweispänner, Metropolwg; 1896 außer Pfw Nr. 250, 254, 269, 272 zu Bw Nr. 251–253, 255–268, 270 + 271 (GBS)
273–293	Steph	1879	40 l/		/–	H	Zweispänner, Decksitzwg; 1900 Pfw Nr. 283 zu Bw Nr. 283 (GBS), übr. a
294–308	Her	1880	14 l/		/–	H	Einspänner; 1902a
309–333	Her	1880	20 l/	6800	1600/–	H	Zweispänner, Metropolwg; außer Pfw Nr. 318 + 333 1896 zu Bw Nr. 309–317, 319–332 (GBS)
334–338		1880	14q l/	5250	1500/–	H	Einspänner, Sowg; 1900 zu Bw Nr. 334–338
339–343	Her	1880	20 l/	6800	1600/–	H	Zweispänner, Metropolwg; 1896 Nr. 339–341 zu Bw Nr. 339–341 (GBS), übr. Pfw a
344–353	Steph	1880	40 l/	7800	1830/–	H	Zweispänner, Decksitzwg; 1900 Pfw Nr. 349 + 350 zu Bw Nr. 349 + 350 (GBS), übr. a
354–368	Her	1880	12 l/		/–	H	Einspänner; 1902a
369–393	Her	1881	20 l/	6800	1600/–	H	Zweispänner, Metropolwg; 1896 außer Pfw Nr. 369, 374, 376, 377, 381, 382, 387 zu Bw Nr. 370–373, 375, 378–380, 383–386, 388–394 (GBS)
394–418	Steph	1881	40 l/	7800	1830/–	H	Zweispänner, Decksitzwg; 1900 Pfw Nr. 406, 408, 416 zu Bw Nr. 406, 408, 416 (GBS), übr. a
419–423	Her	1881	20 l/	6800	1600/–	H	Zweispänner, Metropolwg; 1896 zu Bw Nr. 419–423 (GBS)
424–443	Her	1882	20 l/	6800	1600/–	H	Zweispänner, Metropolwg; 1896 Pfw Nr. 424, 425, 427–435, 437–443 zu Bw Nr. 424, 425, 427–435, 437–443 (GBS), übr. a
444–458	Her	1883	12 l/	6000	1600/–	H	Einspänner; 1902a
459–472	Her	1883	20 l/	6800	1600/–	H	Zweispänner, Metropolwg; 1896 außer Pfw Nr. 467 + 471 zu Bw Nr. 459–466, 468–470, 472 (GBS), übr. a
473–482	Her	1883	12 l/	6000	1600/–	H	Einspänner; 1902a
483–532	Her	1884	20 l/	6800	1600/–	H	Zweispänner, Metropolwg; 1896 außer Pfw Nr. 485, 488, 494, 508, 510, 514 zu Bw Nr. 483 + 484, 486 + 487, 489–493,

Große Berliner Straßenbahn und ihre Nebenbahnen

noch **Wagenparkstatistik** – Große Berliner Pferde-Eisenbahn Aktien-Gesellschaft (GBPfE)

Wagen-nummer	Hersteller	Baujahr	Sitz-/Stehpätze	Länge mm	Achs-abstand mm	Art der Bremse	Bemerkungen
noch *Pferdebahnwagen*							
							495–507, 509, 511–513, 515–532 (GBS), übr. a
533–560	Her	1884	12 l/	6000	1600/–	H	Einspänner; 3 Pfw 1901 n. Cöpenick Pfw Nr. 5–7, übr. a
561–586	Her	1885	20 l/	6800	1600/–	H	Zweispänner, Metropolwg; 1896 außer Pfw Nr. 575 zu Bw Nr. 561–574, 576–586 (GBS)
587–602	Her	1885	40 l/	7800	1830/–	H	Zweispänner, Decksitzwg; 1900 Pfw Nr. 587, 589, 591–593, 595, 596, 599–602 zu Bw Nr. 587, 589, 591–593, 595, 596, 599–602 (GBS), übr. a
603–612	Her	1885	12 l/	6000	1600/–		Einspänner; 1902a
613–657	Her	1886	20 l/	6800	1600/–	H	Zweispänner, Metropolwg; 1896 außer Pfw Nr. 622, 623, 629, 657 zu Bw Nr. 613–621, 624–628, 630–656 (GBS), übr. a
658–675	Her	1886	40 l/	7800	1830/–	H	Zweispänner, Decksitzwg; 1900 Pfw Nr. 658 + 659, 663, 667, 671–675 zu Bw Nr. 658 + 659, 663, 667, 671–675 (GBS), übr. a
676 + 677 678–697	Her	1886	12 l/	6000	1600/–	H	Einspänner; 1902a
698–717	Her	1887	12 l/	6000	1600/–	H	Einspänner; 1902a
718–747	Her	1887	40 l/	7800	1830/–	H	Zweispänner, Decksitzwg; 1900 Pfw Nr. 718, 721, 723, 724, 730, 732, 735–737, 740, 741, 744–746 zu Bw gleicher Nr. (GBS), übr. a
748–767	Her	1888	40 l/	7800	1830/–	H	Zweispänner, Decksitzwg; 1900 Pfw Nr. 749, 751, 753, 756–758, 761–764, 766 zu Bw gleicher Nr. (GBS), übr. a
768–788	Her	1888	20 l/	6800	1600/–	H	Zweispänner, Metropolwg; 1896 außer Pfw Nr. 768, 781 zu Bw Nr. 769–780, 782–788 (GBS), übr. a
789–808	Her	1888	12 l/	6000	1600/–	H	Einspänner; 1902 a
809–833	Her	1889	20 l/	6800	1600/–	H	Zweispänner, Metropolwg; 1896 außer Pfw Nr. 813, 820 zu Bw Nr. 809–812, 814–819, 821–833 (GBS), übr. a
834–858	Her	1889	40 l/	7000	1850/–	H	Zweispänner, Decksitzwg; 1900 Pfw Nr. 835+836, 838–844, 846, 848–855, 857 zu Bw gleicher Nr. (GBS), übr. a
859–883	Her	1890	40 l/	7000	1850/–	H	Zweispänner, Decksitzwg; Pfw Nr. 868 1900 Umb. zu Tw Nr. 868 (ohne Oberdeck); 1900 Pfw Nr. 859 + 860, 863–867, 869–875, 877, 878, 880, 882 zu Bw gleicher Nr. (GBS), übr. a

noch **Wagenparkstatistik** – Große Berliner Pferde-Eisenbahn Aktien-Gesellschaft (GBPfE)

Wagen-nummer	Hersteller	Baujahr	Sitz-/Stehpätze	Länge mm	Achs-abstand mm	Art der Bremse	Bemerkungen
noch *Pferdebahnwagen*							
884	Her	1889	20 l/	6800	1600/–	H	Zweispänner, Metropolwg; 1896 zu Bw Nr. 884 (GBS)
885–904	Her	1890	20 l/	6800	1600/–	H	Zweispänner, Metropolwg; 1896 Pfw Nr. 886 a, übr. zu Bw Nr. 885, 887–904 (GBS)
905–929	Her	1890	12 l/	6000	1600/–	H	Einspänner; 1902a
930	Her	1890	20 l/	7100	1850/–	H	Zweispänner, Metropolwg, Probewg; 1900 zu Bw Nr. 930 (GBS)
931–961	Her	1891	20 l/	7100	1850/–	H	Zweispänner, Metropolwg; 1900 zu Bw Nr. 931–961 (GBS)
962–973	Her	1891	40 l/	7000	1850/–	H	Zweispänner, Decksitzwg; 1900 Pfw Nr. 963, 965, 968, 971, 973 zu Bw gleicher Nr. (GBS), übr. a
974–998		1891	32 q/	7200	2400/–	H	Zweispänner, Sowg; 1900 zu Bw Nr. 974–998 (GBS)
999	Steph	1891	32 q/		/–	H	Zweispänner, Sowg; Typ „Excoursion"; 1900a
1001–1030		1892	18 q/	6160	1600/–	H	Einspänner, Sowg; 1900 zu Bw Nr. 1001–1030 (GBS)
1031–1050		1893	18 q/	6160	1600/–	H	Einspänner, Sowg; 1900 zu Bw Nr. 1031–1050 (GBS)
1054–1083	Egb	1894	18 q/	6160	1600/–	H	Einspänner, Sowg; 1900 zu Bw Nr. 1054–1083 (GBS)
1084–1093	Egb	1895	18 q/	6160	1600/–	H	Einspänner, Sowg; 1900 zu Bw Nr. 1084–1093 (GBS)
1144–1148	Her	1896	14 l/	6000	1600/–	H	Einspänner; 1902a
1149–1153	Egb	1896	18 q/	6160	1600/–	H	Einspänner, Sowg; 1900 zu Bw Nr. 1149–1152 (GBS)
1154–1163	Her	1896	14 l/	6000	1600/–	H	Einspänner; 1902a

Anmerkung: Fehlende Wagennummern ab Nr. 1000 von elektrischen Tw besetzt.

Betriebsstatistik – Große Berliner Pferde-Eisenbahn A.G. (GBPfE)

		1875	1880	1885	1890	1895
Anzahl der Pfw		–	160	368	612	930	1087
Anzahl der Pferde		–	711	1766	3111	4821	6056
Gleislänge [1]	km	74	130	173	242	284
Streckenlänge	km					
Wagenkilometer	10^6 km		8,2	14,8	23,6	28,5
Beförderte Personen	10^6 Pers.	16,0	45,6	77,4	121,3	138,9

[1] gerundete Werte

Große Internationale Pferde-Eisenbahn-Gesellschaft

Pferdebahn

Zeittafel

März 1872
Gründung der Gesellschaft. Sie besitzt die Konzession für eine Pferde-Eisenbahnstrecke vom Leipziger Platz nach Schöneberg. Der Bau verzögert sich infolge finanzieller Schwierigkeiten der Gesellschaft.

1878
Die geforderte Kaution kann nicht hinterlegt werden. Deshalb wird der Bau der Bahn von der finanzkräftigen „Großen Berliner Pferde-Eisenbahn" realisiert.

01. 04. 1879
Eröffnung der einzigen Strecke in der Potsdamer Straße zwischen Lützowstraße und Potsdamer Platz.

24. 04. 1879
Die Verlängerung der Strecke von der Lützowstraße nach Schöneberg wird in Betrieb genommen (Linienlänge etwa 5 km).

01. 07. 1879
Die Große Berliner Pferde-Eisenbahn schließt mit der Großen Internationalen Pferde-Eisenbahn-Gesellschaft einen Betriebsüberlassungsvertrag.

1886
In einem neuerlichen Vertrag vereinbaren die beiden Gesellschaften den Übergang der Rechte und Pflichten auf die Große Berliner Pferde-Eisenbahn. Die Große Internationale Pferde-Eisenbahn-Gesellschaft wird liquidiert.

Betriebsstatistik

Die Betriebsführung oblag der Großen Berliner Pferde-Eisenbahn; Einzelangaben zu Wagenkilometer, beförderte Personen usw. liegen bisher nicht vor.

Wagenparkstatistik

Fahrzeuge wurden von der Großen Berliner Pferde-Eisenbahn bereitgestellt.

Gemeinde-Pferdebahnen

- Pferdebahn Tegeler Chaussee–Tegel
- Pferde-Eisenbahn der Gemeinde Rixdorf
- Pferde-Eisenbahn der Gemeinde Mariendorf
- Pferde-Eisenbahn der Gemeinde Britz
- Pferde-Eisenbahn der Gemeinde Niederschönhausen

Pferdebahn

Zeittafel

1880–1892
Einige kleinere Gemeinden außerhalb der Berliner Weichbildgrenze drängen nach einer Verkehrsverbindung zur nahen Hauptstadt. Das geringe Verkehrsaufkommen verspricht für die Große Berliner Pferde-Eisenbahn (GBPfE) kein profitables Geschäft. Um trotzdem den gewünschten Verkehrsanschluß zu erhalten, müssen die Gemeinden die Pferde-Eisenbahnen bauen, durch die Große Berliner Pferde-Eisenbahn betreiben lassen und dieser die Strecke zu günstigen Bedingungen überlassen.
Dies betrifft die Gemeinden Tegel und Niederschönhausen nördlich von Berlin und die Gemeinden Rixdorf, Mariendorf und Britz im Süden von Berlin.

04. 06. 1881
Eröffnung der „Pferdebahn Tegeler Chaussee–Tegel".

1881
Die Große Berliner Pferde-Eisenbahn übernimmt die „Pferdebahn Tegeler Chaussee–Tegel".

02. 06. 1885
Gründung der „Pferde-Eisenbahn der Gemeinde Rixdorf".

13. 06. 1885
Betriebseröffnung der Strecke in der Hermannstraße zwischen Herrmannplatz und Knesebeckstraße in Rixdorf (Neukölln). Die Strecke wird von der Großen Berliner Pferde-Eisenbahn auf Rechnung der Gemeinde Rixdorf erbaut. Die Streckenlänge beträgt 2,5 km.

01. 01. 1887
Die Große Berliner Pferde-Eisenbahn übernimmt die Strecke der „Pferde-Eisenbahn der Gemeinde Rixdorf" gegen eine Abfindungssumme in ihr Eigentum.

06. 08. 1887
Betriebseröffnung der „Pferde-Eisenbahn der Gemeinde Mariendorf" auf der rund 2,5 km langen und eingleisigen Strecke von Tempelhof nach Mariendorf, Dorfstraße.

01. 01. 1888
Nach Abschluß eines Erwerbsvertrags und Zahlung von einem

Netzpläne

Lage der südlichen Gemeinde-Pferdebahnen s. S. 52

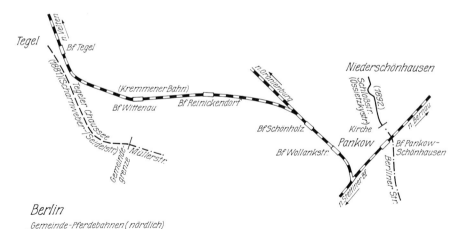

Pfw Nr. 163, gebaut 1877; die auf der Strecke Lichterfelde–Mariendorf–Lankwitz–Britz eingesetzten Pfw stellte die Große Berliner Pferde-Eisenbahn.
Foto: Sammlung Kubig

Drittel der Baukosten an die Gemeinde Mariendorf ist die Große Berliner Pferde-Eisenbahn Eigentümer der „Pferde-Eisenbahn der Gemeinde Mariendorf".

01. 08. 1891
Eröffnung der „Pferde-Eisenbahn der Gemeinde Britz" auf der Strecke Rixdorf (Neukölln)–Britz. Die Linienlänge beträgt 1,85 km. Die Strecke wird von der Großen Berliner Pferde-Eisenbahn auf Kosten der Gemeinde Britz erbaut. Mit Betriebsaufnahme übernimmt die Große Berliner Pferde-Eisenbahn diese Strecke und betreibt sie auf ihre Kosten.

01. 06. 1892
Eröffnung der „Pferde-Eisenbahn der Gemeinde Niederschönhausen" auf der Strecke Pankow, Kirche nach Niederschönhausen. Die eingleisige Strecke ist etwa 1,3 km lang. Die Strecke ist von der Gemeinde gebaut worden und wird mit Betriebsaufnahme der Großen Berliner Pferde-Eisenbahn als Eigentum überlassen. Die Große Berliner Pferde-Eisenbahn betreibt eine durchgehende Linie von Berlin, Rathaus über Schönhauser Allee–Pankow, Kirche nach Niederschönhausen.

Betriebsstatistik

Die Betriebsführung aller dieser Gemeinde-Pferdebahnen oblag der Großen Berliner Pferde-Eisenbahn; Einzelangaben zu Wagenkilometer, beförderte Personen usw. liegen bisher nicht vor.

Wagenparkstatistik

Fahrzeuge wurden von der Großen Berliner Pferde-Eisenbahn bereitgestellt.

Große Berliner Straßenbahn A.-G. (GBS)

Elektrische Straßenbahn

Zeittafel

25. 01. 1898
Die Generalversammlung der Großen Berliner Pferde-Eisenbahn Aktien-Gesellschaft beschließt die Umbenennung in „Große Berliner Straßenbahn A.-G." (GBS).
Es ist die völlige Vereinigung mit der Neuen Berliner Pferdebahn-Gesellschaft zum 01. 01. 1900 vorgesehen.

04. 07. 1898
Die GBS erwirbt bereits bei Gründung der Aktiengesellschaft „Südliche Berliner Vorortbahn" 50 Prozent der Aktien. Personal und Beiwagen stellt die GBS.

01. 10. 1898
Die GBS erwirbt sämtliche Aktien der „Westlichen Berliner Vorortbahn" (WBV). Sie verwaltet die WBV und stellt das Personal.

Dezember 1899
In einer Eingabe an den preußischen Minister der öffentlichen Arbeiten stellt die GBS den Antrag, den gemischten Betrieb – Oberleitungs- und Akkumulatorbetrieb – aufzuheben. Anstelle des Akkumulatorbetriebs soll an möglichst wenigen Stellen eine unterirdische Stromzuführung eingebaut werden.

1899
Zum Jahresende sind 19 Linien auf elektrischen Betrieb umgestellt.

01. 01. 1900
Die GBS übernimmt die „Neue Berliner Pferdebahn-Gesellschaft".

1900
Die GBS erwirbt den größten Teil der Aktien der „Berlin-Charlottenburger Straßenbahn" (BChSt).

04. 05. 1900
Vom Ministerium für öffentliche Arbeiten erhält die GBS die Verlängerung der staatlichen Genehmigung bis zum Jahre 1949. Die Stadtgemeinde Berlin hatte im Zustimmungsvertrag vom 02. 07. 1897 diesen Zeitraum bis 1919 begrenzt.

Tw Nr. 1137 der GBPfE, gebaut 1896, mit Bw der Serie Nr. 459 – Nr. 472 und Sobw der Serie Nr. 1149 – Nr. 1153 in der Yorckstraße im Jahre 1896.
Foto: Sammlung Dr. Bauer

Große Berliner Straßenbahn und ihre Nebenbahnen

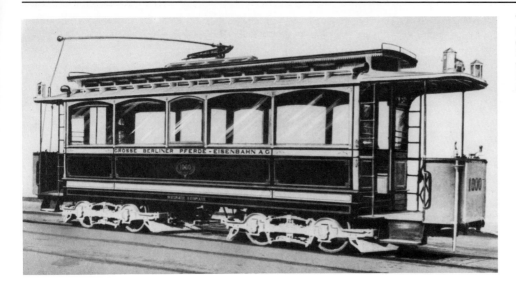

Tw Nr. 1000, gebaut 1897, der Prototyp für die danach folgenden Tw-Serien vom Typ Alt Brandenburg; Tw Nr. 1000 wurde 1920 von der BST als Tw Nr. 4400 übernommen.
Foto: Sammlung Dr. Bauer

In der Folgezeit kommt es zu Prozessen zwischen den Kontrahenten. Der Magistrat von Berlin sieht seine Aufgaben in verkehrs- und siedlungspolitischer Hinsicht durch die GBS nicht mehr verwirklicht. Es wird beschlossen, eigene städtische Straßenbahnstrecken zu bauen.

26. 09. 1900
Die Aufsichtsbehörde erläßt eine Verfügung, die den Akkumulatorbetrieb beendet und die allgemeine Einführung des Oberleitungsbetriebs anordnet. An nachstehend genannten Streckenabschnitten, die repräsentativen Charakter tragen, ist Unterleitungsbetrieb vorzusehen:

– Potsdamer Platz – Königgrätzer Straße – Brandenburger Tor – Sommerstraße – Reichstagufer – Roonstraße – Bismarckstraße – Moltkestraße,
– Schloßstraße von der Schleusenbrücke bis zur Kurfürstenbrücke,
– Auguste-Viktoria-Platz – Kurfürstendamm – Kantstraße,
– Französische Straße – Hinter der Katholischen Kirche – Lindenkreuzung am Kastanienwäldchen,
– auf dem Großen Stern im Tiergarten.

1900
Zum Jahresende werden 43 Linien elektrisch betrieben.

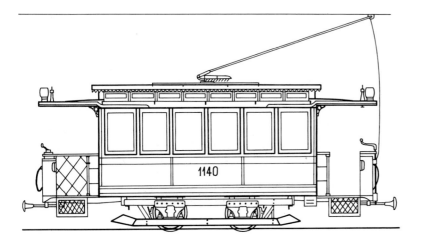 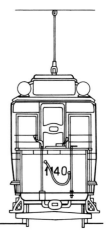

Die erste Serie elektrischer Tw beschaffte im Jahre 1896 noch die „Große Berliner Pferde-Eisenbahn-Aktiengesellschaft" (ab 1898 GBS); sie erhielten die Nummern 1094 bis 1143 und ab 1920 die BST-Nummern 3000 bis 3049.

Große Berliner Straßenbahn

01. 01. 1901
Inkrafttreten eines 10-Pfennig-Einheitstarifs gemäß Zustimmungsvertrag von 1897.

1901
Der Straßenbahn wird das Mitführen von Anhängewagen (Beiwagen) gestattet. Zunächst werden Pferdebahnwagen dazu verwendet.

07. 10. 1901
Als erste Straßenbahnstrecke erhält die Lindenkreuzung zwischen Opernhaus und Kastanienwäldchen eine unterirdische Stromzuführung nach dem System Siemens & Halske. Besondere Stromabnehmer – Im Gleisbereich der Unterleitungsstrecke geführt – werden von den Triebwagen nachgeschleppt. Die stationäre Unterbringung dieser Stromabnehmer wird als störend empfunden. Darum wird für die weiteren Unterleitungsstrecken die Mitnahme auf den Triebwagen vorgeschrieben.

Ende 1901
Von den 58 bestehenden Linien werden nur noch fünf mit Pferden betrieben.

18. 02. 1902
Inbetriebnahme der ersten Hoch- und Untergrundbahnstrecke Berlins zwischen dem Stralauer Tor und dem Potsdamer Platz. Die GBS versucht mit allen Mitteln, Linienführungen zu verhindern, die eine ernsthafte Konkurrenz zu den eigenen Linien bilden könnten.

06. 05. 1902
Mit Einführung des Sommerfahrplanes erhalten alle Berliner Straßenbahnlinien der GBS und ihrer Tochtergesellschaften Nummern bzw. Buchstaben zu ihrer Kennzeichnung. Bisher waren die Linien mit unterschiedlichen Farbkombinationen gekennzeichnet, deren Variationsmöglichkeiten nicht ausreichten, so daß verschiedene Linien dieselbe Kennzeichnung hatten.
GBS: arabische Ziffern (Nr. 1 bis 164 mit Lücken),
WBV: Buchstabenreihe A bis M,
BChSt: Buchstabenreihe N bis Z,
SBV: römische Zahlen (Nr. I bis V).

21. 08. 1902
Die letzte Pferdebahnlinie innerhalb der damaligen Berliner Stadtgemeinde, Großgörschenstraße – Weddingplatz, ist auf elektrischen Betrieb umgestellt.

04. 11. 1902
Mit Inbetriebnahme der Unterleitungsstrecke über den Schloßplatz – von der Schleusenbrücke bis zur heutigen Rathausbrücke – endet der Akkumulatorbetrieb bei der GBS.

15. 12. 1902
Die letzte Außenstrecke – Tegeler Chaussee – Dalldorf (Wittenau) – ist auf elektrischen Betrieb umgestellt. Damit endet in den alten Berliner Stadtgrenzen der Pferde-Eisenbahnbetrieb.

1902
Inbetriebnahme der Unterleitungsstrecke Potsdamer Platz –

Während der Umstellungsphase von Pferdebahn- auf elektrischen Betrieb: Tw Nr. 1125, gebaut 1896, und ein kleiner vierfenstriger Einspänner begegnen sich in der Neanderstraße.
Foto: Märkisches Museum, Berlin

Große Berliner Straßenbahn und ihre Nebenbahnen

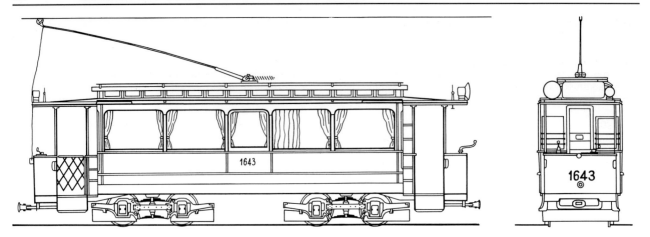

Brandenburger Tor–Reichstagufer–Moltkestraße. Für einen zuverlässigen Straßenbahnbetrieb ist die unterirdische Stromzuführung ein großes Hemmnis. Durch Schnee und Laub werden die Stromzuführungskanäle zugeschüttet und eine reibungslose Stromaufnahme verhindert. Die Folge sind Unterbrechungen des Straßenbahnbetriebs. Diese wirken sich auf große Netzteile aus, da sich die Unterleitungsstrecken in stark befahrenen zentralen Netzteilen befinden.

Tw Nr. 1643 der Serie Nr. 1620–Nr. 1739, gebaut 1899/1900; Typ Neu Brandenburg.

Gemeinsam im Einsatz während der Einführungsphase der elektrischen Traktion: Pfw Nr. 712, gebaut 1887, und elektrischer Tw Nr. 1251 der Serie Nr. 1200–Nr. 1349, gebaut 1897/98.
Foto: Sammlung Kubig

Das Bestreben geht dahin, auch diese Streckenabschnitte mittels Stromentnahme aus der Oberleitung zu betreiben. Für den Großen Stern im Tiergarten wird die Erlaubnis zur Errichtung einer Oberleitungsanlage gegeben. Bäume und Grünanlagen sollen das Erscheinungsbild verbessern helfen. Auch an anderen Strecken schwinden die Vorurteile gegen die Oberleitungen allmählich.

1903
Für einige Zeit erhalten die Triebwagen federnde Schutzwesten, die die Aufgabe haben, Personen vor schweren Unfällen zu bewahren, indem diese „weggefedert" werden sollen.

1904
Mit der Elektrifizierung des Pferdebahnnetzes werden beim Umbau der Gleisanlagen die Gleisbogenhalbmesser vergrößert. Dadurch können die Achsabstände von zweiachsigen Wagen bis auf 3,0 m vergrößert werden.
Neben der Kurzschlußbremse als Betriebsbremse wird bei zahlreichen Triebwagen eine Druckluftbremse eingebaut. Auch die Beiwagen erhalten in vielen Fällen die Druckluftbremsanlage.

1905
Die noch aus der Pferdebahnzeit bestehende Geschwindigkeitsbeschränkung von 10 km/h in verkehrsreichen Straßen wird aufgehoben.

Dezember 1906
Infolge des strengen Winters 1906/07 kommt es an den Unterleitungsstrecken zu tagelangen Verkehrsunterbrechungen. Auf Anordnung der Aufsichtsbehörde wird in der Königgrätzer Straße zwischen Brandenburger Tor und Potsdamer Platz der Oberleitungsbetrieb eingeführt.

06. 05. 1907
Die GBS gründet die „Große Berliner Motor-Omnibus-G.m.b.H.". Sie betreibt ab 01. 07. 1907 zwei innerstädtische Linien:
– Stettiner Bahnhof–Alexanderplatz,
– Stettiner Bahnhof–Hallesches Tor,
und führt Ausflugsfahrten zu beliebten Ausflugszielen durch.

1907
Nur nach und nach können die Gleisanlagen aus der Pferdebahnzeit umgebaut und die zu engen Gleisbogenhalbmesser beseitigt werden. Um trotzdem Fahrzeuge mit einem größeren Fassungsvermögen einsetzen zu können, werden Drehgestelltriebwagen gebaut. Für Berlin, speziell für die GBS, ist der sog. „Maximumtriebwagen" typisch.
Es beginnt die Auslieferung der letzten großen Serie von zehnfenstrigen Maximumtriebwagen. Bis 1912 werden insgesamt rund 300 Fahrzeuge ausgeliefert. Zusammen mit den neunfenstrigen Maximumwagen hat die GBS dann rund 500 dieser vierachsigen Triebwagen im Einsatz.

Zum Jahresende besteht nur noch Unterleitungsbetrieb vor dem Brandenburger Tor – vorsichtshalber war hier eine provisorische Oberleitung gespannt worden, die bald in eine feste umgewandelt wird – und auf der Lindenkreuzung. Hier endet erst im Dezember 1916 mit Eröffnung des Lindentunnels der Unterleitungsbetrieb.

01. 12. 1909
Die „Große Berliner Motor-Omnibus-G.m.b.H." stellt ihren Betrieb auf den innerstädtischen Linien ein.

1910–1913
Nicht nur die GBS, sondern auch die anderen Berliner Straßenbahngesellschaften weisen beträchtliche Steigerungsraten bei den beförderten Personen auf (alle Angaben in Millionen Personen):

	1910	1911	1912	1913
Große Berliner Straßenbahn	426,912	446,163	462,411	465,336
Berlin-Charlottenburger Straßenbahn	29,403	35,251	35,137	36,728
Westliche Berliner Vorortbahn	37,093	40,686	46,261	48,944
Südliche Berliner Vorortbahn	9,011	10,114	10,261	11,482
Nordöstliche Berliner Vorortbahn	3,479	4,029	4,214	3,870
Berliner Elektrische Straßenbahn	18,031	19,386	20,314	19,752
Flachbahn der Hochbahn-Gesellschaft	1,526	2,017	2,235	2,451
Berliner Ostbahnen	5,577	6,452	6,838	7,738
Spandauer Straßenbahn	8,161	9,306	10,616	11,204
Teltower Kreisbahnen	6,580	7,476	8,250	9,636
Städtische Straßenbahn Cöpenick	4,637	5,077	5,563	6,191
Schmöckwitz-Grünauer Uferbahn	–	–	0,240	0,429
Heiligensee–Tegel[1]	–	–	–	0,317
	550,410	585,957	612,340	623,751
Vergleichsweise wurden befördert:				
von der Hoch- und Untergrundbahn	56,876	62,512	62,708	72,132
von der Schöneberger Untergrundbahn[2]	0,677	7,709	8,269	8,666

[1] eröffnet Mai 1913
[2] eröffnet Dezember 1910

19. 07. 1911

Durch Gesetz werden die Städte Berlin, Charlottenburg, Lichtenberg, Neukölln, Schöneberg, Spandau und Wilmersdorf sowie die Landkreise Teltow und Niederbarnim zu einem Kommunalverband „Verband Groß-Berlin" zusammengefaßt. Die Stadt Cöpenick und die Landgemeinden Friedenau, Lichterfelde, Pankow und Reinickendorf, Steglitz und Weißensee treten bei.

Im Paragraph 1 des Zweckverbandsgesetzes wird es als Aufgabe des Verbandes bestimmt, die Verhältnisse zu den öffentlichen Transportanstalten mit Ausnahme der Staatsbahn zu regeln. Der Zweckverband stellt den ersten Versuch dar, den öffentlichen Personennahverkehr im Verkehrsraum Berlin einheitlich zu verwalten und zu betreiben. Dies setzt voraus, eine einheitliche und überschaubare Rechtslage zu schaffen.

1911

Die GBS betreibt zusammen mit ihren Tochtergesellschaften 113 Straßenbahnlinien, davon
- 28 Durchmesserlinien,
- 63 Radiallinien,
- 13 Linien, die nur innerhalb des Berliner Weichbildes verkehren,
- 8 Ringlinien,
- 1 Linie außerhalb Berlins.

01. 04. 1912

Inkrafttreten des Zweckverbandsgesetzes. Im Verbandsgebiet befinden sich folgende Straßenbahn-Verkehrsanstalten:
— in Privathand:
  Große Berliner Straßenbahn A.-G. (GBS).
  Berlin-Charlottenburger Straßenbahn (BChSt)
  Westliche Berliner Vorortbahn (WBV)
  Nordöstliche Berliner Vorortbahn (NöBV)
  Südliche Berliner Vorortbahn (SBV)
  Berliner Ostbahnen (BO)
  Berliner Elektrische Straßenbahnen A.-G. (BESTAG)
  Flachbahn der Hochbahngesellschaft (Flb);
— im Eigentum von Kreisen und Gemeinden:
  Teltower Kreisbahnen (TKB)
  Städtische Straßenbahn Cöpenick (Cöp)
  Städtische Straßenbahn in Berlin (SSB)
  Spandauer Straßenbahn (SpS)
  Straßenbahn der Gemeinde Steglitz (GWB)
  Schmöckwitz-Grünauer Uferbahn (SGU)
  Straßenbahn der Gemeinde Heiligensee (SGH).

Mehr als 150 Verträge zwischen den Gemeinden des Verbandsgebietes und den einzelnen Verkehrsgesellschaften, davon allein etwa 125 mit der GBS, muß der Verband übernehmen. Die Berliner Stadt-, Ring- und Vorortbahnen der Preußischen Staatsbahn unterstehen nicht dem Verband.

Sommer 1913

Die GBS betreibt 97 Straßenbahnlinien mit einer Linienlänge von etwa 1415 km. Die längste Linie hat eine Länge von 36,6 km (Linien-Nr. 62); die kürzeste Linie ist Nr. 95 mit nur 4,5 km Länge.

Im einzelnen werden betrieben: (Anmerkung: Gegenüberstellung wesentlicher früherer und jetziger Straßen-, Platz- und Bahnhofsbezeichnungen siehe Tab. 2, S. 46/47).

Linie 1: Stadtring: Rosenthaler Platz–Brandenburger Tor–Potsdamer Platz–Hallesches Tor–Moritzplatz–Andreasstraße–Strausberger Platz–Landsberger Platz–Königstor–Prenzlauer Tor–Schönhauser Tor–Rosenthaler Platz (Linienlänge 13,5 km),

Linie 2: Außenring: Rosenthaler Platz–Invalidenstraße–Alt-Moabit–Hansaplatz–Großer Stern–Lützowplatz–Nollendorfplatz–Potsdamer Straße–Schöneberg, Hauptstraße–Bf Schöneberg–Yorckstraße–Moritzplatz–Andreasstraße–Strausberger Platz–Landsberger Platz–Königstor–Prenzlauer Tor–Rosenthaler Platz (Linienlänge 21,6 km),

Linie 3: Großer Ring: Rosenthaler Platz–Invalidenstraße–Gartenstraße–Bf Wedding–Stromstraße–Hansaplatz–Großer Stern–Nollendorfplatz–Winterfeldtplatz–Bf Yorckstraße–Kottbusser Platz–Adalbertstraße–Andreasstraße–Strausberger Platz–Alexanderplatz–Rosenthaler Platz (Linienlänge 20,5 km),

Linie 4: Ost-West-Ring: Rosenthaler Platz–Oranienburger Tor–Karlstraße–Alt-Moabit–Großer Stern–Lichtensteinallee–Bf Zoologischer Garten–Kaiserallee–Winterfeldtplatz–Bf Yorckstraße–Hallesches Tor–Oranienstraße–Köpenicker Straße–Andreasstraße–Strausberger Platz–Königstor–Prenzlauer Tor–Rosenthaler Platz (Linienlänge 22,3 km),

Linie 5: Gerichtsring: Rosenthaler Platz–Brunnenstraße–Badstraße–Bf Wedding–Perleberger Straße–Turmstraße–Beusselstraße–Wilmersdorfer Straße–Bf Charlottenburg–Grunewaldstraße–Bf Yorckstraße–Kottbusser Damm–Dresdener Straße–Breite Straße–Spandauer Straße–Hackescher Markt–Rosenthaler Platz (Linienlänge 29,1 km),

Linie 6: Gotzkowskystraße/Ecke Turmstraße–Alt-Moabit–Brandenburger Tor–Potsdamer Platz–Leipziger Straße–Spittelmarkt–Seydelstraße–Bf Jannowitzbrücke–Schlesischer Bahnhof–Mainzer Straße–Frankfurter Allee–Ringbahnhof Frankfurter Allee (Linienlänge 13,3 km),

Linie 7: Neukölln, Neuer Gemeindekirchhof bzw. Hertastraße/Ecke Hermannstraße–Gottlieb-Dunkel-Straße–Bergstraße–Bf Neukölln–Hermannplatz–Hallesches Tor–Potsdamer Platz–Brandenburger Tor–Lehrter Bahnhof–Unionplatz (Linienlänge 14,5 bzw. 12,2 km),

Große Berliner Straßenbahn 61

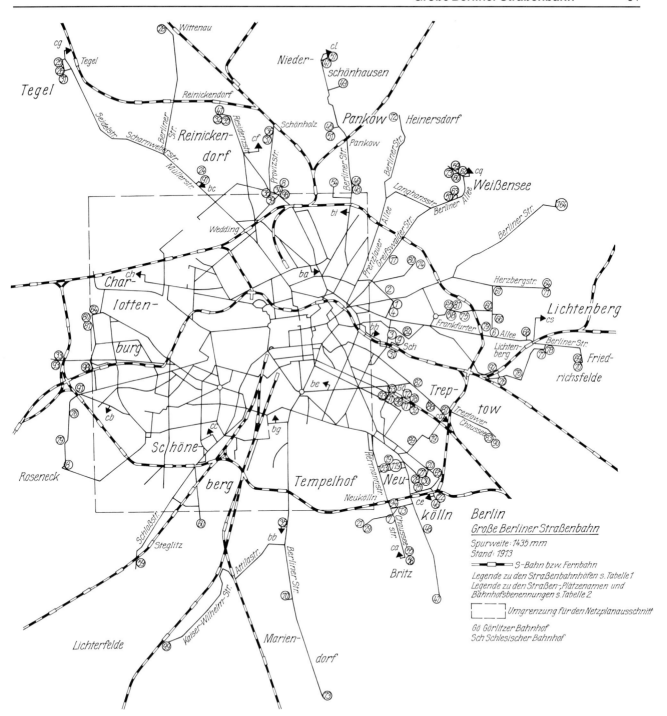

Große Berliner Straßenbahn und ihre Nebenbahnen

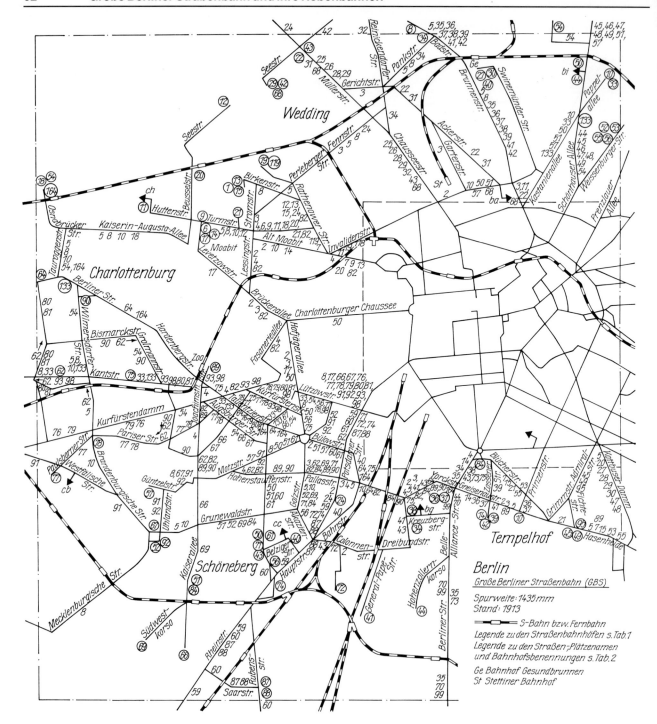

Große Berliner Straßenbahn 63

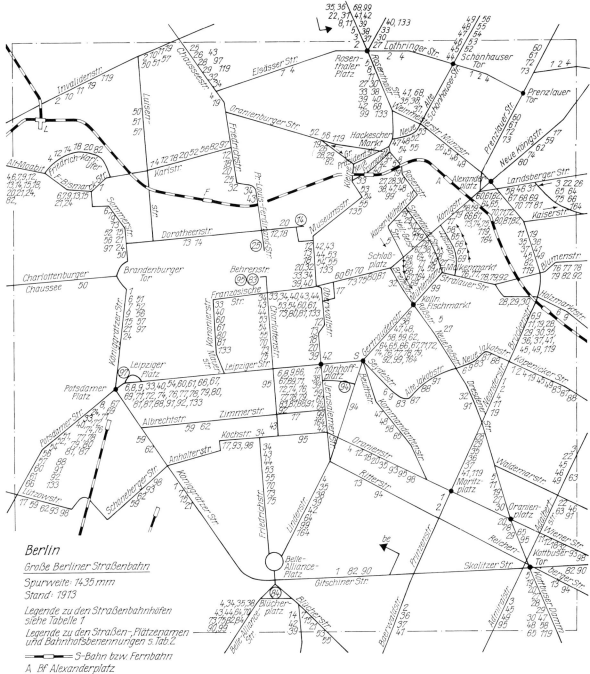

Berlin
Große Berliner Straßenbahn
Spurweite: 1435 mm
Stand: 1913
Legende zu den Straßenbahnhöfen siehe Tabelle 1
Legende zu den Straßen-, Plätzenamen und Bahnhofsbenennungen s. Tab. 2

━━━▭━━━ S-Bahn bzw. Fernbahn

A Bf Alexanderplatz
F Bf Friedrichstraße
L Lehrter Bahnhof
S Spittelmarkt

Große Berliner Straßenbahn und ihre Nebenbahnen

Linie 8: Grunewaldring: Badstraße/Ecke Pankstraße–Bf Wedding–Stromstraße–Beusselstraße–Bf Charlottenburg–Kurfürstendamm – Bf Halensee – Roseneck – Mecklenburger Straße–Bf Schmargendorf–Motzstraße–Potsdamer Straße–Potsdamer Platz–Spittelmarkt–Spandauer Straße–Hackescher Markt–Rosenthaler Platz–Badstraße/Ecke Pankstraße (Linienlänge 30,4 km)

Linie 9: Gotzkowskystraße/Ecke Turmstraße–Stromstraße–Alt-Moabit – Brandenburger Tor – Potsdamer Platz – Leipziger Straße – Spittelmarkt – Seydelstraße – Brückenstraße – Holzmarktstraße–Schlesischer Bahnhof (Linienlänge 9,7 km)

Linie 10: Pappelallee/Ecke Stargarder Straße–Kastanienallee – Invalidenstraße – Alt-Moabit – Kaiserin-Augusta-Allee – Brandenburgische Straße–Grunewaldstraße–Pallasstraße–Yorckstraße–Gneisenaustraße/Ecke Baerwaldstraße (Linienlänge 20,3 km),

Linie 11: Wiebestraße/Ecke Huttenstraße – Turmstraße – Alt-Moabit – Invalidenstraße – Rosenthaler Platz – Münzstraße – Alexanderplatz–Brückenstraße–Prinzenstraße–Oranienstraße – Wiener Straße – Görlitzer Bahnhof (Linienlänge 11,4 km),

Linie 12: Plötzensee, Seestraße/Ecke Nordufer–Beusselstraße – Turmstraße – Alt-Moabit – Karlstraße – Friedrichstraße –Lindenkreuzung am Kastanienwäldchen–Jerusalemer Straße–Oranienstraße–Wiener Straße–Görlitzer Bahnhof (Linienlänge 11,2 km),

Linie 13: Bremer Straße/Ecke Birkenstraße–Alt-Moabit–Dorotheenstraße–Lindenkreuzung am Kastanienwäldchen–Jerusalemer Straße–Lindenstraße–Ritterstraße–Reichenberger Straße – Pannierstraße – Kaiser-Friedrich-Straße – Bergstraße–Hermannstraße–Knesebeckstraße/Ecke Hermannstraße (Linienlänge 13,8 km),

Linie 14: Beusselstraße/Ecke Turmstraße – Alt-Moabit – Karlstraße – Brandenburger Tor – Potsdamer Platz – Hallesches Tor – Gneisenaustraße – Zossener Straße – Marheinekeplatz (Linienlänge 8,3 km),

Linie 15: Bremer Straße/Ecke Birkenstraße – Alt-Moabit – Brandenburger Tor – Potsdamer Platz – Hallesches Tor – Blücherstraße – Hasenheide – Bergstraße – Neukölln, Ringbahnhof (Linienlänge 11,3 km),

Linie 16: nicht besetzt,

Linie 17: Gotzkowskystraße/Ecke Turmstraße – Alt-Moabit – Altonaer Straße – Lützowstraße – Schöneberger Ufer – Anhalter Straße – Kochstraße – Zimmerstraße – Jerusalemer Straße – Kurstraße – Werderstraße – Königstraße – Neue Königstraße – Greifswalder Straße/Ecke Danziger Straße (Linienlänge 11,7 km),

Linie 18: Charlottenburg, Bf Jungfernheide – Tegeler Weg – Kaiserin-Augusta-Allee – Alt-Moabit – Friedrichstraße – Lindenkreuzung am Kastanienwäldchen – Jerusalemer Straße – Oranienstraße – Wiener Straße – Görlitzer Bahnhof (Linienlänge 11,8 km),

Linie 19: Bf Putlitzstraße – Stendaler Straße – Invalidenstraße – Chausseestraße – Hackescher Markt – Alexanderplatz – Brückenstraße – Köpenicker Straße – Elsenstraße – Wildenbruchstraße – Hermannstraße – Kottbusser Damm – Dresdener Straße — Oranienstraße – Prinzenstraße – Brückenstraße – weiter wie Herfahrt – Bf Putlitzstraße (Linienlänge 27,3 km),

Alexanderplatz um die Jahrhundertwende: Straßenbahnfahrzeuge aus allen Richtungen und nach allen Richtungen.
Foto: Märkisches Museum, Berlin

Linie 20: Bf Beusselstraße–Alt-Moabit–Karlstraße–Friedrichstraße–Lindenkreuzung am Kastanienwäldchen–Jerusalemer Straße–Kottbusser Damm–Hermannplatz–Kaiser-Friedrich-Straße (Linienlänge 12,6 km),

Linie 21: Britz, Germaniastraße–Hermannstraße–Hermannplatz–Blücherstraße–Hallesches Tor–Potsdamer Platz–Brandenburger Tor–Alt-Moabit–Rathenower Straße–Turmstraße–Wilhelmshavener Straße (Linienlänge 11,6 km),

Linie 22: Müllerstraße/Ecke Seestraße–Gerichtsstraße–Gartenstraße–Ackerstraße–Rosenthaler Platz–Münzstraße–Alexanderplatz–Große Frankfurter Straße–Andreasstraße–Adalbertstraße–Wiener Straße–Neukölln, Köllnische Allee (Linienlänge 14,6 km),

Linie 23: nicht besetzt,

Linie 24: Ofener Straße/Ecke Müllerstraße–Fennstraße–Rathenower Straße–Alt-Moabit–Brandenburger Tor–Potsdamer Platz–Potsdamer Straße/Ecke Großgörschenstraße (Linienlänge 10,6 km),

Linie 25: Tegel, Berliner Straße/Ecke Hauptstraße–Berliner Straße–Seidelstraße–Scharnweberstraße–Müllerstraße–Friedrichstraße–Charlottenstraße/Ecke Unter den Linden (Linienlänge 11,6 km),

Linie 26: Tegel, Berliner Straße/Ecke, Hauptstraße–Seidelstraße–Scharnweberstraße–Müllerstraße–Oranienburger Tor–Münzstraße–Alexanderplatz–Große Frankfurter Straße–Frankfurter Allee–Boxhagener Straße–Bf Rummelsburg (Linienlänge 18,1 km),

Linie 27: Swinemünder Straße–Rosenthaler Platz–Hackescher Markt–Mühlendamm–Roßstraße–Dresdener Straße–Kottbusser Straße–Hermannplatz–Neukölln, Richardplatz (Linienlänge 9,6 km),

Linie 28: Wittenau, Nordbahnhof–Scharnweberstraße–Müllerstraße–Oranienburger Tor–Hackescher Markt–Spandauer Straße–Brückenstraße–Prinzenstraße–Kottbusser Damm–Hermannplatz–Neukölln, Richardplatz (Linienlänge 21,2 km),

Hallesches Tor kurz nach der Jahrhundertwende; im Hintergrund verkehrt bereits die Hochbahn.
Foto: Sammlung Kirsch

Tw Nr. 1596 der Serie Nr. 1570 – Nr. 1619, gebaut 1897/98, Typ Alt Brandenburg, aufgenommen Unter den Linden um 1902; 1920 an BST Serie Nr. 4551 – Nr. 4600.
Foto: Sammlung Kubig

Linie 29: Britz, Germaniapromenade – Hermannplatz – Kottbusser Damm – Dresdener Straße – Oranienstraße – Brückenstraße – Stralauer Straße – Spandauer Straße-Hackescher Markt – Oranienburger Tor – Müllerstraße – Seestraße/Ecke Amrumer Straße (Linienlänge 13,7 km),

Linie 30: Swinemünder Straße/Ecke Ramlerstraße – Rosenthaler Platz – Hackescher Markt – Spandauer Straße – Brückenstraße – Dresdener Straße – Kottbusser Damm – Kaiser-Friedrich-Straße – Neukölln, Richardplatz (Linienlänge 9,2 km),

Linie 31: Tegel – Seidelstraße – Müllerstraße – Gerichtsstraße – Ackerstraße – Invalidenstraße – Rosenthaler Platz – Münzstraße – Alexanderplatz – Große Frankfurter Straße – Andreasstraße – Schlesischer Bahnhof (Linienlänge 15,0 km),

Linie 32: Reinickendorf, Rathaus – Residenzstraße – Reinickendorfer Straße – Chausseestraße – Lindenkreuzung am Kastanienwäldchen – Breite Straße – Roßstraße – Dresdener Straße – Oranienstraße – Wiener Straße – Görlitzer Bahnhof (Linienlänge 11,8 km),

Linie 33: Pappelallee/Ecke Stargarder Straße – Weinbergsweg – Rosenthaler Platz – Hackescher Markt – Lindenkreuzung am Kastanienwäldchen – Französische Straße – Mauerstraße – Leipziger Straße – Potsdamer Straße – Lützowstraße – Tauentzienstraße – Kantstraße – Charlottenburg, Bf Witzleben (Linienlänge 13,1 km),

Linie 34: Pankstraße/Ecke Badstraße – Reinickendorfer Straße – Müllerstraße – Friedrichstraße – Lindenkreuzung am Kastanienwäldchen – Charlottenstraße – Hallesches Tor – Kreuzberg, Viktoriastraße (Linienlänge 9,3 km),

Linie 35: Reinickendorf, Rathaus – Residenzstraße – Schwedenstraße – Brunnenstraße – Rosenthaler Platz – Alexanderplatz – Brückenstraße – Prinzenstraße – Hallesches Tor – Tempelhofer Chaussee – Tempelhof, Kaiserin-Augusta-Straße (Linienlänge 16,3 km),

Linie 36: Bf Schönholz-Reinickendorf – Provinzstraße – Drontheimer Straße – Brunnenstraße – Rosenthaler Platz – Alexanderplatz – Brückenstraße – Prinzenstraße – Hallesches Tor – Kreuzberg, Viktoriapark (Linienlänge 16,3 km),

Linie 37: Bf Schönholz-Reinickendorf bzw. Brunnenstraße/ Ecke Demminer Straße – weiter wie Linie 36 – Kreuzberg, Viktoriapark (Linienlänge 12,5 bzw. 8,4 km),

Linie 38: Exerzierstraße/Ecke Badstraße – Rosenthaler Platz – Hackescher Markt – Mühlendamm – Spittelmarkt – Jerusalemer Straße – Lindenstraße – Hallesches Tor – Kreuzberg, Viktoriapark (Linienlänge 9,3 km),

Große Berliner Straßenbahn und ihre Nebenbahnen

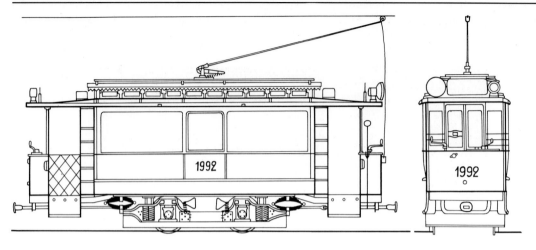

Tw der Serie Nr. 1930 ÷ Nr. 2180, gebaut 1900/01, Typ Neu Berolina.

Linie 39: Exerzierstraße/Ecke Badstraße–Brunnenstraße–Hackescher Markt–Lindenkreuzung am Kastanienwäldchen–Jerusalemer Straße – Blücherstraße – Zossener Straße – Marheinekeplatz (Linienlänge 8,4 km),

Linie 40: Swinemünder Straße/Ecke Ramlerstraße–Weinbergsweg–Rosenthaler Platz–Hackescher Markt–Lindenkreuzung am Kastanienwäldchen–Französische Straße–Mauerstraße–Leipziger Straße–Potsdamer Straße–Bülowstraße–Schöneberg, Eisenacher Straße (Linienlänge 9,9 km),

Linie 41: Reinickendorf, Rathaus–Residenzstraße–Brunnenstraße – Rosenthaler Platz – Münzstraße – Alexanderplatz – Brückenstraße–Prinzenstraße–Gneisenaustraße–Yorckstraße–Schöneberg, General-Pape-Straße (Linienlänge 12,3 km),

Linie 42: Seestraße/Virchow-Krankenhaus–Badstraße–Brunnenstraße–Hackescher Markt–Lindenkreuzung am Kastanienwäldchen–Jerusalemer Straße–Hallesches Tor–Blücherstraße–Zossener Straße–Marheinekeplatz (Linienlänge 10,6 km),

Linie 43: Müllerstraße/Ecke Seestraße–Chauseestraße–Lindenkreuzung am Kastanienwäldchen–Charlottenstraße–Kochstraße–Hallesches Tor–Yorckstraße–Katzbachstraße–Dreibundstraße–Colonnenstraße–Schöneberg, Mühlenstraße (Linienlänge 12,2 km),

Linie 44: Schönhauser Allee/Ecke Gleimstraße–Alte Schönhauser Straße–Hackescher Markt–Lindenkreuzung am Kastanienwäldchen–Charlottenstraße–Kochstraße–Hallesches Tor–Tempelhof, Hohenzollernkorso (Linienlänge 8,8 km),

Linie 45: Pankow, Breite Straße–Schönhauser Allee–Münzstraße–Alexanderplatz–Brückenstraße–Köpenicker Straße–Adalbertstraße–Admiralstraße–Hasenheide, Fichtestraße (Linienlänge 10,4 km),

Linie 46: Schönhauser Allee/Ecke Kaiser-Friedrich-Straße–Schönhauser Allee–Alexanderplatz–Große Frankfurter Straße–Andreasstraße–Adalbertstraße–Lausitzer Straße–Wiener Straße–Grünauer Straße–Neukölln, Köllnische Allee (Linienlänge 13,1 km),

Linie 47: Niederschönhausen, Nordend–Schloßstraße–Schönhauser Allee–Neue Schönhauser Straße–Hackescher

Tw Nr. 2179, gebaut 1901, Typ Neu Berolina.
Foto: Sammlung Kubig

Große Berliner Straßenbahn

Tw Nr. 1664 der Serie Nr. 1620 – Nr. 1739, gebaut 1899/1900, Typ Neu Brandenburg; aufgenommen um 1902.
Foto: Sammlung Kubig

Markt–Mühlendamm–Kommandantenstraße–Oranienstraße Kottbusser Damm–Bergstraße–Britz, Rudower Chaussee/Gemeindekirchhof bzw. Buschkrug (Linienlänge 16,6 bzw. 17,6 km),

Linie 48: Schönhauser Allee/Ecke Kaiser-Friedrich-Straße – weiter wie Linie 47 – Britz, Rudower Chaussee/Gemeindekirchhof (Linienlänge 12,4 km),

Linie 49: Niederschönhausen, Blankenburger Straße–Schloßstraße–Schönhauser Allee–Münzstraße–Alexanderplatz–Brückenstraße–Adalbertstraße–Grimmstraße–Hasenheide, Fichtestraße (Linienlänge 12,9 km),

Linie 50: Ringbahnhof Schönhauser Allee–Schönhauser Allee–Kastanienallee – Veteranenstraße – Invalidenstraße – Luisenstraße – Dorotheenstraße – Sommerstraße – Charlottenburger

Begegnung der Linien 42 (links) und 15 (rechts) am Halleschen Tor im Jahre 1902: Tw Nr. 1415 der Serie Nr. 1370–Nr. 1505, gebaut 1898/99, und Tw Nr. 2295 der Serie Nr. 2231 bis Nr. 2431, gebaut 1901/03.
Foto: Märkisches Museum, Berlin

Große Berliner Straßenbahn

Tw Nr. 1594 der Serie Nr. 1570–1619, gebaut 1897/98 (Typ Alt Berolina), aufgenommen im Jahr 1906 auf Linie 34 (Richtung Gesundbrunnen) auf der Weidendammbrücke. (Seite 70, oben)
Foto: Märkisches Museum, Berlin

Chaussee – Hofjägerallee – Friedrich-Wilhelm-Straße – Maaßenstraße – Motzstraße – Martin-Luther-Straße – Schöneberg, Wartburgplatz (Linienlänge 11,1 km),

Linie 51: Pankow, Breite Straße – Berliner Straße – Schönhauser Allee – Kastanienallee – Veteranenstraße – Invalidenstraße – Luisenstraße – Dorotheenstraße – Königgrätzer Straße – Potsdamer Straße – Bülowstraße – Motzstraße – Martin-Luther-Straße – Grunewaldstraße – Berliner Straße – Kaiserallee – Wilmersdorf, Kaiserplatz (Linienlänge 14,6 km),

Linie 52: Danziger Straße/Ecke Weißenburger Straße – Schönhauser Allee – Alte Schönhauser Straße – Neue Schönhauser Straße – Oranienburger Straße – Friedrichstraße – Karlstraße – Roonstraße – Sommerstraße – Königgrätzer Straße – Potsdamer Straße – Lützowstraße – Genthiner Straße – Motzstraße – Maaßenstraße – Goltzstraße – Grunewaldstraße – Berliner Straße – Wilmersdorf, Augustastraße/Ecke Detmolder Straße (Linienlänge 12,7 km),

Linie 53: Danziger Straße/Ecke Weißenburger Straße – Schönhauser Allee – Alte Schönhauser Straße – Neue Schönhauser Straße – Hackescher Markt – Burgstraße – Museumsstraße – Kastanienwäldchen – Lindenkreuzung – Hinter der Katholischen Kirche – Französische Straße – Charlottenstraße – Friedrichstraße – Blücherstraße – Hasenheide – Berliner Straße – Ziethenstraße – Neukölln, Hermannstraße/Ecke Steinmetzstraße (Linienlänge 10,7 km),

Linie 54: Bornholmer Straße/Ecke Nordkapstraße – Driesener Straße – Schivelbeiner Straße – Schönhauser Allee – Alte Schönhauser Straße – Hackescher Markt – Burgstraße – Kastanienwäldchen – Lindenkreuzung – Hinter der Katholischen Kirche – Französische Straße – Charlottenstraße – Leipziger Straße – Potsdamer Straße – Schillstraße – Nettelbeckstraße – Lutherstraße – Augsburger Straße – Kurfürstendamm – Grolmannstraße – Bismarckstraße – Wilmersdorfer Straße – Berliner Straße – Tauroggener Straße – Osnabrücker Straße – Tegeler Weg – Charlottenburg, Bf Jungfernheide/Landgericht III (Linienlänge 16,4 km),

Linie 55: Danziger Straße/Ecke Weißenburger Straße – weiter wie Linie 53 – Berliner Straße – Hermannstraße – Chausseestraße – Britz, Rathaus (Linienlänge 13,5 km),

In Pankow verkehren sowohl Linien der GBS als auch der BESTAG, Pankower Zweig; hier der Fahrer eines Tw der Serie Nr. 1370–Nr. 1505 der GBS beim Umlegen der Kontaktstange in Pankow/Breite Straße; aufgenommen im Jahr 1908.
Foto: Märkisches Museum, Berlin

Bw Nr. 1, ex Pfw der GBPfE Serie Nr. 1^{II}–10^{II}; aufgenommen um 1910.
Foto: Sammlung Kubig

Jannowitzbrücke im Jahr 1907: im Vordergrund Tw Nr. 1930, gebaut 1900, dahinter Tw Nr. 1736, gebaut 1900, mit Decksitz-Bw; in der Einfahrt zum Bf Jannowitzbrücke der Stadtbahn im Hintergrund ein Personenzug. (Seite 70, unten)
Foto: Märkisches Museum, Berlin

Große Berliner Straßenbahn und ihre Nebenbahnen

Linie 56: Danziger Straße/Ecke Weißenburger Straße–weiter wie Linie 53–Hackescher Markt–Oranienburger Straße–Friedrichstraße–Karlstraße–Roonstraße–Sommerstraße–Königgrätzer Straße–Potsdamer Straße–Lützowstraße–Genthiner Straße–Motzstraße–Maaßenstraße–Goltzstraße–Akazienstraße–Schöneberg, Mühlenstraße/Ecke Hauptstraße (Linienlänge 10,7 km),

Linie 57: Niederschönhausen, Nordend/Schillerstraße–Kaiser-Wilhelm-Straße–Schloßstraße–Berliner Straße–Schönhauser Allee–Kastanienallee–Veteranenstraße–Invalidenstraße–Luisenstraße–Dorotheenstraße–Königgrätzer Straße–Potsdamer Straße–Bülowstraße–Motzstraße–Trautenaustraße–Wilmersdorf, Emser Platz (Linienlänge 16,6 km),

Linie 58: Britz, Rathaus–Chausseestraße–Hermannstraße–Wißmannstraße–Kottbusser Damm–Kottbusser Straße–Oranienstraße–Kommandantenstraße–Beuthstraße–Gertraudenstraße–Mühlendamm–Königstraße–Landsberger Allee–Petersburger Straße–Weidenweg–Eldenaer Straße–Zentralviehhof/Samariterstraße (Linienlänge 13,6 km),

Linie 59: Weißensee, Rennbahnstraße/Ecke Große Seestraße–Berliner Allee–Greifswalder Straße–Neue Königstraße–Alexanderplatz–Königstraße–Spandauer Straße–Mühlendamm–Spittelmarkt–Leipziger Straße–Jerusalemer

Spittelmarkt im Jahr 1903: hier treffen z. B. die Linien 38, 67, 72 und 84 aufeinander.
Foto: Märkisches Museum, Berlin

Straße–Zimmerstraße–Königgrätzer Straße–Schöneberger Ufer–Potsdamer Straße–Schöneberg, Hauptstraße–Rheinstraße–Schloßstraße–Lichterfelder Straße–Chausseestraße–Lichterfelde-West, Händelplatz (Linienlänge 18,0 km),

Linie 60: Weißensee, Rennbahnstraße/Ecke Große Seestraße–Berliner Allee–Langhansstraße–Gustav-Adolf-Straße–Prenzlauer Allee–Prenzlauer Straße–Alexanderplatz–Königstraße–Schloßplatz–Werdersche Straße–Französische Straße–Kanonierstraße–Leipziger Straße–Potsdamer Straße–Bülowstraße–Motzstraße–Martin-Luther-Straße–Mühlenstraße–Coburger Straße–Hauptstraße–Rheinstraße–Saarstraße–Schöneberg, Rubensstraße (Linienlänge 18,1 km),

Linie 61: Weißensee, Schloß–Berliner Allee–Langhans-

straße–Prenzlauer Allee–Prenzlauer Straße–Alexanderplatz–Königstraße–Schloßplatz–Werdersche Straße–Französische Straße–Kanonierstraße–Mauerstraße–Leipziger Straße–Leipziger Platz–Potsdamer Straße–Bülowstraße–Motzstraße–Martin-Luther-Straße–Schöneberg, Wartburgplatz (Linienlänge 13,6 km),

Linie 62: Weißensee, Rennbahnstraße/Ecke Große Seestraße–Berliner Allee–Greifswalder Straße–Neue Königstraße–Alexanderplatz–Königstraße–Spandauer Straße–Mühlendamm–Gertraudenstraße–Spittelmarkt–Leipziger Straße–Jerusalemer Straße–Zimmerstraße–Königgrätzer Straße–Schöneberger Ufer–Lützowstraße–Potsdamer Straße–Pallasstraße–Hohenstaufenstraße–Motzstraße–Trautenaustraße–Kaiserallee–Pariser Straße–Ludwigskirchstraße–Pariser Straße–Brandenburgische Straße–Wilmersdorfer Straße–Leonhardtstraße–Suarezstraße–Bismarckstraße–Grolmannstraße–Uhlandstraße–Kaiserallee–weiter wie Herfahrt bis Weißensee, Rennbahnstraße/Ecke Große Seestraße (Linienlänge 36,6 km),

Linie 63: Weißensee, Schloß–Berliner Allee–Greifswalder Straße–Friedensstraße–Strausberger Platz–Große Frankfurter Straße–Andreasstraße–Köpenicker Straße–Adalbertstraße–Waldemarstraße–Wiener Straße–Görlitzer Bahnhof (Linienlänge 8,8 km),

Linie 64: Lichtenberg, Irrenanstalt Herzberge–Herzbergstraße–Roedernstraße–Landsberger Allee–Landsberger Straße–Alexanderplatz–Königstraße–Spandauer Straße–Mühlendamm–Gertraudenstraße–Spittelmarkt–Leipziger Straße–Jerusalemer Straße–Lindenstraße–Belle-Alliance-Straße–Yorckstraße–Bülowstraße–Kleiststraße–Tauentzienstraße–Hardenbergstraße–Berliner Straße–Spandauer Straße–Charlottenburg, Straßenbahnhof (Linienlänge 18,5 km),

Linie 65: Zentralviehhof/Samariterstraße–Eldenaer Straße–Weidenweg–Petersburger Straße–Landsberger Allee–Landsberger Straße–Alexanderplatz–Königstraße–Mühlendamm–Gertraudenstraße–Beuthstraße–Kommandantenstraße–Oranienstraße–Dresdener Straße–Kottbusser Straße–Kottbusser Damm–Neukölln, Kaiser-Friedrich-Straße/Ecke Teupitzer Straße (Linienlänge 11,8 km),

Linie 66: Lichtenberg, Möllendorffstraße/Straßenbahnhof–Eldenaer Straße–Liebigstraße–Thaerstraße–Frankfurter Allee–Große Frankfurter Straße–Alexanderplatz–Königstraße–Mühlendamm–Gertraudenstraße–Spittelmarkt–Leipziger Straße–Potsdamer Straße–Lützowstraße–Schillstraße–Martin-Luther-Straße–Augsburger Straße–Nürnberger Straße–Spichernstraße–Kaiserallee–Friedenau, Friedrich-Wilhelm-Platz (Linienlänge 15,6 km),

Linie 67: Lichtenberg, Roederplatz–Möllendorffstraße–Eldenaer Straße–Weidenweg–Frankfurter Allee–Große Frankfurter Straße–Landsberger Straße–Alexanderplatz–Königstraße – Spandauer Straße – Mühlendamm – Gertraudenstraße – Spittelmarkt–Leipziger Straße–Potsdamer Straße–Lützowstraße–Nettelbeckstraße–Augsburger Straße–Nürnberger Straße – Kaiserallee – Trautenaustraße – Güntzelstraße–Uhlandstraße–Wilmersdorf, Wilhelmsaue (Linienlänge 14,8 km),

Linie 68: Lichtenberg, Frankfurter Chaussee/Ecke Hubertusstraße–Frankfurter Allee–Große Frankfurter Straße–Landsberger Straße – Alexanderplatz – Alexanderstraße – Münzstraße–Weinmeisterstraße–Rosenthaler Straße–Brunnenstraße – Invalidenstraße – Chausseestraße – Müllerstraße – Seestraße/Virchow-Krankenhaus (Linienlänge 12,1 km),

Linie 69: Friedrichsfelde, Kirche–Berliner Straße–Frankfurter Allee–Große Frankfurter Straße–Landsberger Straße–Alexanderplatz–Königstraße–Spandauer Straße–Mühlendamm–Gertraudenstraße – Spittelmarkt – Leipziger Straße – Potsdamer Straße–Bülowstraße–Maaßenstraße–Goltzstraße–Grunewaldstraße–Berliner Straße–Kaiserallee–Friedenau, Südwestkorso (Linienlänge 18,4 km),

Linie 70: Friedrichsfelde, Kirche–Frankfurter Allee–Große Frankfurter Straße–Landsberger Straße–Alexanderplatz–Königstraße–Werdersche Straße–Französische Straße–Charlottenstraße–Friedrichstraße–Belle-Alliance-Straße–Tempelhofer Chaussee–Berliner Straße–Chausseestraße–Mariendorf, Dorfstraße (Linienlänge 18,7 km),

Linie 71: Lichtenberg, Irrenanstalt Herzberge–Herzbergstraße–Möllendorffstraße–Frankfurter Allee–Große Frankfurter Straße–Landsberger Straße–Alexanderplatz–Königstraße – Spandauer Straße – Mühlendamm – Gertraudenstraße–Spittelmarkt–Leipziger Straße–Potsdamer Straße–Pallasstraße–Goltzstraße–Grunewaldstraße–Martin-Luther-Straße–Schöneberg, Wartburgplatz (Linienlänge 15,1 km),

Linie 72: Schöneberg, Gotenstraße/Ecke Torgauer Straße–Sedanstraße–Colonnenstraße–Hauptstraße–Potsdamer Straße–Leipziger Straße – Spittelmarkt – Gertraudenstraße – Mühlendamm–Spandauer Straße–Königstraße–Alexanderplatz–Prenzlauer Straße–Prenzlauer Allee–Prenzlauer Promenade–Am Steinberg–Berliner Straße–Heinersdorf, Kronprinzenstraße/Ecke Neukirchstraße (Linienlänge 13,7 km),

Linie 73: Mariendorf, Lichtenrader Chaussee–Berliner Straße–Tempelhofer Chaussee – Belle-Alliance-Straße – Friedrichstraße–Kochstraße–Charlottenstraße–Französische Straße–Werdersche Straße – Königstraße – Alexanderplatz – Prenzlauer Straße–Prenzlauer Allee–Gustav-Adolf-Straße–Langhansstraße–Berliner Allee–Weißensee, Rennbahnstraße/Ecke Große Seestraße (Linienlänge 18,7 km),

Linie 74: Kniprodestraße/Ecke Elbinger Straße–Am Fried-

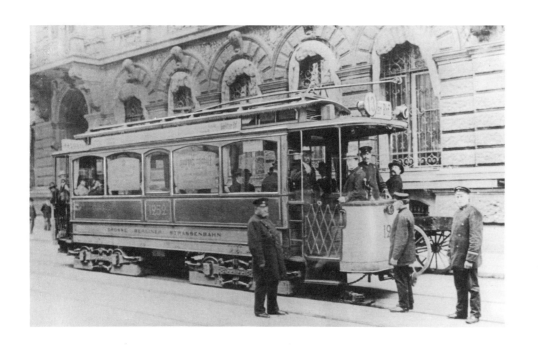

Tw Nr. 1252, gebaut 1897, Typ Alt Brandenburg; am Beginn der Unterleitungsstrecke über die Straße Unter den Linden wird gerade der Kontaktschuh in die Schiene gelegt (rechts vorn); aufgenommen um 1910.
Foto: Sammlung Kubig

Große Berliner Straßenbahn

richshain–Neue Königstraße–Alexanderplatz–Königstraße–Spandauer Straße–Mühlendamm–Gertraudenstraße–Spittelmarkt–Leipziger Straße–Potsdamer Straße–Hauptstraße–Maxstraße–Schöneberg, Bf Ebersstraße (Linienlänge 10,0 km),

Linie 75: Zentralviehhof/Samariterstraße–Eldenaer Straße–Weidenweg–Petersburger Straße–Landsberger Allee–Landsberger Straße–Alexanderplatz–Königstraße–Wердersche Straße–Französische Straße–Charlottenstraße–Kochstraße–Friedrichstraße–Belle-Alliance-Straße–Yorckstraße–Bülowstraße–Maaßenstraße–Kurfürstenstraße–Kurfürstendamm–Kantstraße–Charlottenburg, Leibnizstraße/Ecke Kantstraße (Linienlänge 14,7 km),

Linie 76: Lichtenberg, Lückstraße–Türrschmidtstraße–Marktstraße–Boxhagener Straße–Frankfurter Allee–Königsberger Straße–Grüner Weg–Blumenstraße–Stralauer Straße–Mühlendamm–Gertraudenstraße–Spittelmarkt–Leipziger Straße–Potsdamer Straße–Lützowstraße–Schillstraße–Nettelbeckstraße–Kleiststraße–Tauentzienstraße–Kurfürstendamm–Hubertusallee–Grunewald, Bismarckplatz (Linienlänge 16,8 km),

Linie 77: Wilmersdorf, Paulsborner Straße/Ecke Schweidnitzer Straße–Pariser Straße–Schaperstraße–Rankestraße–Nürnberger Straße–Kurfürstenstraße–Lützowstraße–Potsdamer Straße–Leipziger Straße–Spittelmarkt–Gertraudenstraße–Mühlendamm–Stralauer Straße–Blumenstraße–Grüner Weg–Königsberger Straße–Frankfurter Allee–Frankfurter Chaussee–Wilhelmstraße–Lückstraße–Türrschmidtstraße–Marktstraße–Boxhagener Straße–Frankfurter Allee–weiter wie Herfahrt–Wilmersdorf, Paulsborner Straße (Linienlänge 32,4 km),

Linie 78: Wilmersdorf, Xantener Straße/Ecke Brandenburgische Straße–Pariser Straße–Schaperstraße–Rankestraße–Nürnberger Straße–Kurfürstenstraße–Lützowstraße–Potsdamer Straße–Leipziger Straße–Spittelmarkt–Gertraudenstraße–Mühlendamm–Stralauer Straße–Blumenstraße–Grüner Weg–Königsberger Straße–Boxhagener Straße–

Tw Nr. 1822 der Serie Nr. 1770 – Nr. 1929, gebaut 1900; Typ Neu Berolina; ab 1920 bei BST Serie Nr. 3331 – Nr. 3491; aufgenommen um 1910.
Foto: Sammlung Kubig

Marktstraße–Lückstraße–Wilhelmstraße–Frankfurter Allee–Königsberger Straße–weiter wie Herfahrt–Wilmersdorf, Xantener Straße (Linienlänge 31,7 km),

Linie 79: Ringbahnhof Frankfurter Allee–Königsberger Straße–Grüner Weg–Blumenstraße–Schicklerstraße–Stralauer Straße–Mühlendamm–Gertraudenstraße–Spittelmarkt–Leipziger Straße–Potsdamer Straße–Lützowstraße–Schillstraße–Nettelbeckstraße–Kleiststraße–Tauentzienstraße–Kurfürstendamm–Hubertusallee–Grunewald, Hubertusbader Straße (Linienlänge 15,9 km),

Linie 80: Kniprodestraße/Ecke Elbinger Straße–Am Fried-

So/Wi-Bw der Serien Nr. 444 – Nr. 458, Nr. 597 + Nr. 598, Nr. 603 – Nr. 612, Nr. 622 + Nr. 623, Nr. 676 – Nr. 717, Nr. 789 – Nr. 808, Nr. 905 – Nr. 929, Nr. 2670 – Nr. 2699, gebaut 1906/11.

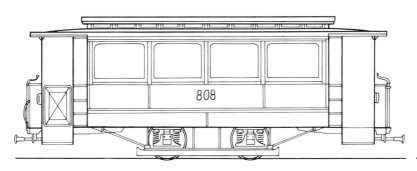 

richshain–Neue Königstraße–Alexanderplatz–Königstraße–Französische Straße–Kanonierstraße–Mauerstraße–Leipziger Straße–Potsdamer Straße–Lützowstraße–Schillstraße–Nettelbeckstraße–Kleiststraße–Tauentzienstraße–Kantstraße–Wilmersdorfer Straße–Leonhardtstraße–Suarezstraße–Schloßstraße–Spandauer Straße–Charlottenburg, Straßenbahnhof (Linienlänge 14,1 km),

Linie 81: Zentralviehhof/Eldenaer Straße–Liebigstraße–Weidenweg–Petersburger Straße–Landsberger Allee–Landsberger Straße–Alexanderplatz–Königstraße–Französische Straße–Kanonierstraße–Mauerstraße–Leipziger Straße–Potsdamer Straße–Lützowstraße–Schillstraße–Nettelbeckstraße – Kleiststraße – Tauentzienstraße – Kantstraße – Wilmersdorfer Straße–Leonhardtstraße–Suarezstraße–Schloßstraße–Spandauer Straße–Charlottenburg, Straßenbahnhof (Linienlänge 15,8 km),

Linie 82: Schlesisches Tor–Skalitzer Straße–Gitschiner Straße–Belle-Alliance-Straße–Yorckstraße–Goebenstraße–Pallasstraße – Hohenstaufenstraße – Kaiserallee – Joachimsthaler Straße–Hardenbergstraße–Kurfürstendamm–Corneliusstraße–Lichtensteinallee–Brückenallee–Lessingstraße–Stromstraße–Turmstraße–Rathenower Straße–Alt-Moabit–Friedrich-Karl-Ufer – Karlstraße – Friedrichstraße – Oranienburger Straße–Hackescher Markt–Spandauer Straße–Kö-

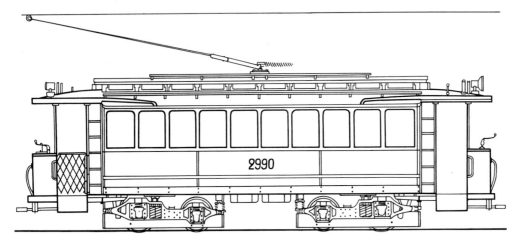

Tw Nr. 2990 der Serie Nr. 2850 – Nr. 3166, gebaut 1906/12 von verschiedenen Herstellern, Typ Wechselwagen der GBS; ab 1920 als Maximum 30 bei der BST unter Serie Nr. 4958 – Nr. 5274 geführt.

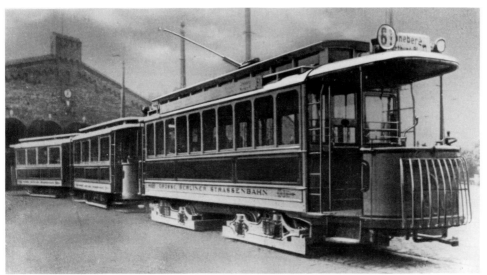

Tw Nr. 2857 (Typ Wechselwagen), gebaut 1907, mit zwei Bw der Serie Nr. 2670 bis Nr. 2699.
Foto: Sammlung Kubig

Tw der Serie Nr. 2181 – Nr. 2230, gebaut 1901/04, Typ Maximum 27, aufgenommen um 1911.
Foto: Sammlung Kubig

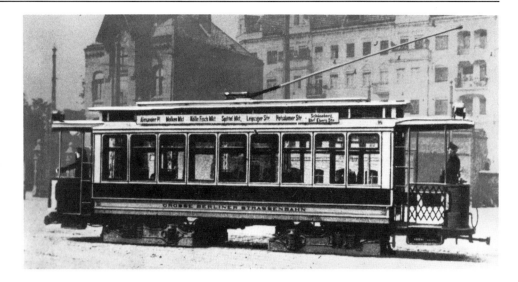

nigstraße – Alexanderplatz – Alexanderstraße – Blumenstraße – Grüner Weg – Küstriner Platz (Linienlänge 21,8 km),

Linie 83: Treptow, Platz am Spreetunnel – Treptower Chaussee – Schlesische Straße – Köpenicker Straße – Neue Jakobstraße – Alte Jakobstraße – Seydelstraße – Spittelmarkt – Leipziger Straße – Charlottenstraße – Friedrichstraße/Ecke Behrenstraße (Linienlänge 7,6 km),

Linie 84: Wilmersdorf, Kaiserplatz – Kaiserallee – Berliner Straße – Grunewaldstraße – Goltzstraße – Pallasstraße – Goebenstraße – Yorckstraße – Belle-Alliance-Straße – Blücherplatz (Linienlänge 8,0 km),

Linie 85: nicht besetzt,

Linie 86: nicht besetzt,

Linie 87: Treptow, Ringbahnhof – Elsenstraße – Treptower Chaussee – Schlesische Straße – Köpenicker Straße – Neue Jakobstraße – Alte Jakobstraße – Seydelstraße – Spittelmarkt – Leipziger Straße – Potsdamer Straße – Hauptstraße – Rheinstraße – Saarstraße – Rubensstraße – Schöneberg, Hauptstraße/Ecke Eisenacher Straße (Linienlänge 10,3 km),

Linie 88: Schlesische Brücke – Lohmühlenstraße – Schlesische Straße – weiter wie Linie 87 – Schöneberg, Rubensstraße (Linienlänge 12,8 km),

Linie 89: Neukölln, Wildenbruchplatz – Kaiser-Friedrich-Straße – Hasenheide – Gneisenaustraße – Yorckstraße – Goebenstraße – Pallasstraße – Hohenstaufenstraße – Motzstraße – Trautenau-

straße – Kaiserallee – Joachimsthaler Straße – Bf Zoologischer Garten (Linienlänge 10,1 km),

Linie 90: Treptow, Platz am Spreetunnel bzw. Schlesisches Tor – Treptower Chaussee – Schlesische Straße – Skalitzer Straße – Gitschiner Straße – Belle-Alliance-Straße – Yorckstraße – Goebenstraße – Pallasstraße – Hohenstaufenstraße – Motzstraße – Trautenaustraße – Kaiserallee – Uhlandstraße – Grolmannstraße – Bismarckstraße – Wilmersdorfer Straße – Berliner Straße – Leibnizstraße – Charlottenburg, Wilhelmplatz (Linienlänge 14,8 km),

Linie 91: Görlitzer Bahnhof – Wiener Straße – Lausitzer Straße – Buckower Straße – Dresdener Straße – Alte Jakobstraße – Neue Jakobstraße – Seydelstraße – Spittelmarkt – Leipziger Straße – Potsdamer Straße – Lützowstraße – Genthiner Straße – Motzstraße – Trautenauer Straße – Güntzelstraße – Uhlandstraße – Berliner Straße – Brandenburgische Straße – Westphälische Straße – Halensee, Ringbahnhof (Linienlänge 12,5 km),

Linie 92: Lichtenberg, Viktoriaplatz – Türrschmidtstraße – Marktstraße – Boxhagener Straße – Rominter Straße – Grüner Weg – Schicklerstraße – Stralauer Straße – Mühlendamm – Gertraudenstraße – Spittelmarkt – Leipziger Straße – Potsdamer Straße – Lützowstraße – Genthiner Straße – Motzstraße – Trautenauer Straße – Güntzelstraße – Uhlandstraße – Wilmersdorf, Wilhelmsaue (Linienlänge 13,8 km),

Linie 93: Görlitzer Bahnhof – Wiener Straße – Oranienstraße – Kochstraße – Wilhelmstraße – Schöneberger Straße – Flott-

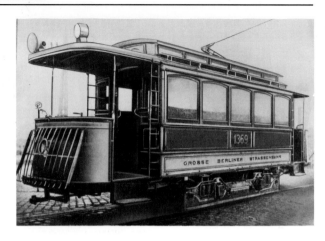

Straßenbahnzug der Linie 46 in Richtung Britz, Rudower Straße mit Tw Nr. 1470, gebaut 1899, mit einem fünffenstrigen Decksitz-Bw; aufgenommen um 1910
Foto: Sammlung Kubig

Tw Nr. 1369, gebaut 1900, von der Firma Brill (USA) und deshalb auch als Typ Brill bezeichnet; 1920 an BST Nr. 3063.
Foto: Sammlung Kubig

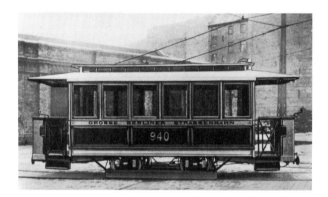

Bw Nr. 940, 1896 ex Pfw Serie Nr. 931 – Nr. 961; aufgenommen um 1912. (Mitte, links)
Foto: Sammlung Kubig

Die Beschaffung von Tw aus der Waggonfabrik Gotha war für die GBS eine Seltenheit, hier Tw Nr. 3150, gebaut 1912, während der Anlieferung. (Mitte, rechts)
Foto: Sammlung Kubig

Sobw Nr. 991, 1900 ex Pfw der Serie Nr. 974 – Nr. 998, gebaut 1891.
Foto: Sammlung Kubig

Große Berliner Straßenbahn

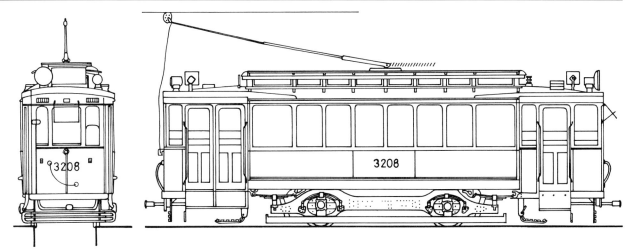

Tw der Serie Nr. 3167 – Nr. 3226, gebaut 1913; 1920 bei BST in Nr. 5440 – Nr. 5499; BVB Typ TF 13/25.

wellstraße – Lützowstraße – Schillstraße – Kurfürstenstraße – Hardenbergstraße – Joachimsthaler Straße – Charlottenburg, Neue Kantstraße/Witzleben (Linienlänge 11,2 km),

Linie 94: Neukölln, Knesebeckstraße/Ecke Hermannstraße – Hermannstraße – Steinmetzstraße – Bergstraße – Berliner Straße – Fuldastraße – Kaiser-Friedrich-Straße – Pannierstraße – Glo-

gauer Straße – Reichenberger Straße – Ritterstraße – Lindenstraße – Kommandantenstraße – Dönhoffplatz (Linienlänge 7,9 km),

Linie 95: Hasenheide, Fichtestraße – Grimmstraße – Admiralstraße – Dresdener Straße – Oranienstraße – Kochstraße – Charlottenstraße – Friedrichstraße/Ecke Behrenstraße (Linienlänge 4,5 km),

Linie 96: nicht besetzt,

Linie 97: Ofener Straße/Ecke Müllerstraße – Müllerstraße – Chausseestraße – Friedrichstraße – Karlstraße – Luisenstraße – Dorotheenstraße – Königgrätzer Straße – Brandenburger Tor – Leipziger Platz (Linienlänge 7,2 km),

Tw der Serie Nr. 3168, Nr. 3170 + Nr. 3171, später BVG Serie Nr. 5440 – Nr. 5442, Typ TF 13/25 S, mit Einachsdrehgestellen.

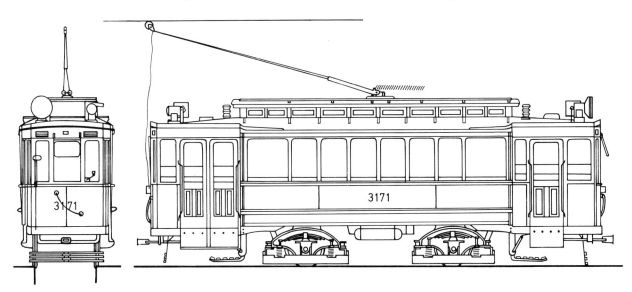

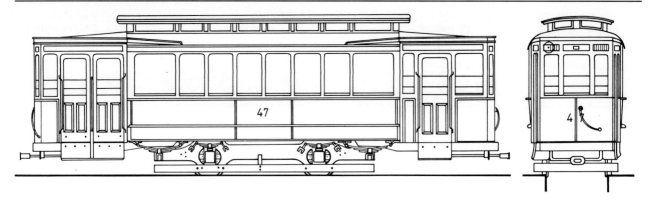

Bw Bauart 1913, Serien Nr. 22 – Nr. 48, Nr. 354 – Nr. 369, Nr. 395 – Nr. 405, später BVG Tw Serie Nr. 5605 – Nr. 5658.

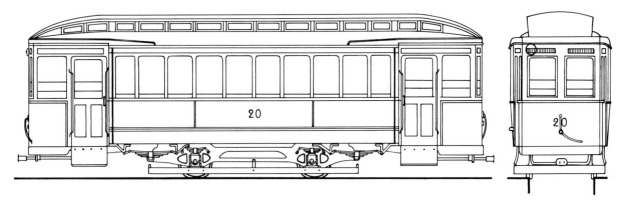

Bw Bauart 1913 Serie Nr. 20 + Nr. 21, später BVG Serie Nr. 1219 + Nr. 1220.

Bw Bauart 1913 Serie Nr. 162 – Nr. 171, später BVG Serie Nr. 1221 – Nr. 1230.

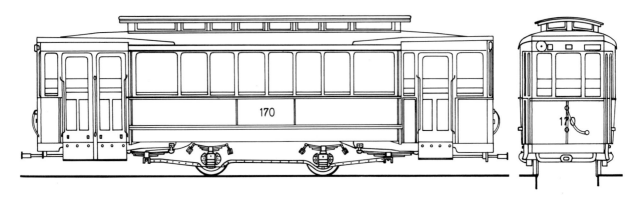

Linie 98: Görlitzer Bahnhof–Wiener Straße–Oranienstraße–Kochstraße–Anhalter Straße–Schöneberger Straße–Flottwellstraße–Lützowstraße–Schillstraße–Kurfürstenstraße–Kurfürstendamm–Joachimsthaler Straße–Kantstraße–Charlottenburg, Amtsgericht (Linienlänge 10,6 km),

Linie 99: Exerzierstraße/Ecke Badstraße–Brunnenstraße–Rosenthaler Straße–Hackescher Markt–Rosenstraße–Spandauer Straße–Mühlendamm–Leipziger Straße–Jerusalemer Straße–Lindenstraße–Belle-Alliance-Straße–Tempelhofer Chaussee–Berliner Straße–Friedrich-Karl-Straße–Attillastraße–Tempelhofer Straße–Steglitzer Straße–Kaiser-Wilhelm-Straße–Lichterfelde-Ost, Kranoldplatz (Linienlänge 18,6 km),

Linie 119: Bf Putlitzstraße–Salzwedeler Straße–Stendaler Straße–Rathenower Straße–Invalidenstraße–Chausseestraße–Oranienburger Straße–Hackescher Markt–Spandauer Straße–Königstraße–Alexanderplatz–Alexanderstraße–Jannowitzbrücke–Brückenstraße–Neanderstraße–Prinzenstraße–Oranienstraße–Dresdener Straße–Kottbusser Straße–Kottbusser Damm–Wismarer Straße–Hermannstraße–Steinmetzstraße–Bergstraße–Berliner Straße–Wildenbruchstraße–Harzer Straße–Elsenstraße–Treptower Chaussee–Schlesische Straße–Köpenicker Straße–weiter wie Herfahrt–Bf Putlitzstraße (Linienlänge 27,3 km),

Linie 133: Pappelallee/Ecke Schönhauser Allee–Kastanienallee–Weinbergsweg–Rosenthaler Straße–Hackescher Markt–Burgstraße–Kastanienwäldchen–Lindenkreuzung–Französische Straße–Mauerstraße–Leipziger Straße–Potsdamer Straße–Lützowstraße–Schillstraße–Kleiststraße–Tauentzienstraße–Kantstraße–Wilmersdorfer Straße–Charlottenburg, Kaiser-Friedrich-Straße (Linienlänge 11,4 km),

Linie 164: Hohenschönhausen, Wartenberger Straße–Hauptstraße–Berliner Straße–Landsberger Allee–Landsberger Straße–Alexanderplatz–Königstraße–Spandauer Straße–Mühlendamm–Spittelmarkt–Leipziger Straße–Jerusalemer Straße–Lindenstraße–Belle-Alliance-Straße–Yorckstraße–Bülowstraße–Kleiststraße–Tauentzienstraße–Hardenbergstraße–Berliner Straße–Tauroggener Straße–Tegeler Weg–Charlottenburg, Bf Jungfernheide/Landgericht III (Linienlänge 19,9 km).

01. 10. 1913
Die GBS erwirbt 2/5 der Aktien der „Allgemeinen Berliner Omnibus-Gesellschaft (ABOAG)", und 2/5 erwirbt die Gesellschaft für elektrische Hoch- und Untergrundbahnen in Berlin (Hochbahngesellschaft).

1913
Die GBS besitzt 2 Werkstattbahnhöfe (Gesundbrunnen, Badstraße und Uferstraße), 18 Betriebshöfe für Straßenbahnfahrzeuge und 5 Betriebshöfe für Lagerzwecke, Gleisbauwerkstatt u. a.

17. 07. 1916
Der Zweckverband erarbeitet eine „Denkschrift zur Vereinheitlichung des Groß-Berliner Verkehrswesens". Im wesentlichen wird vorgeschlagen, daß der Verband die GBS erwirbt.

19. 12. 1916
Nach Fertigstellung des Tunnels unter der Straße Unter den Linden verkehren die GBS-Linien durch diesen Tunnel. Es sind dies die durch den zweigleisigen Osttunnel verkehrenden Linien:

33: Weißensee–Witzleben,
40: Swinemünder Straße–Schöneberg,
42: Seestraße–Kreuzberg,
44: Ringbahnhof Schönhauser Allee–Tempelhof,
53: Danziger Straße–Neukölln,
54: Nordkapstraße–Spandau,
55: Danziger Straße–Britz.

Durch den westlichen, ebenfalls zweigleisigen Tunnel verkehren die Linien:

12: Plötzensee–Görlitzer Bahnhof,
18: Spandau–Görlitzer Bahnhof,
32: Reinickendorf–Görlitzer Bahnhof,
43: Müllerstraße–Schöneberg.

Die Sicherung der Straßenbahnfahrten im Tunnel erfolgt durch Signalanlagen und eine ständige Beobachtung durch das Aufsichtspersonal.

11. 02. 1917
In der Nacht vom 10. 02. zum 11. 02. werden versuchsweise Pakete vom Bahnpostamt O 17 am Schlesischen Bahnhof (Ostbahnhof) durch die GBS zum Postamt SW 77 (Luckenwalder Straße) befördert. Das Experiment verläuft erfolgreich, und es werden nach und nach Postsendungen von und nach allen Berliner Bahnpostämtern, von und nach einer Reihe wichtiger Postämter, die einen Straßenbahngleisanschluß erhielten, befördert. Die Straßenbahn-Postbeförderung wird erst im Januar 1935 durch die Berliner Verkehrs-Aktiengesellschaft eingestellt.

01. 01. 1918
Ein weiterer Schritt zur Vereinheitlichung des Straßenbahnbetriebs in Berlin erfolgt durch die Vereinigung der „Berlin-Charlottenburger Straßenbahn", der „Westlichen Berliner Vorortbahn", der „Südlichen Berliner Vorortbahn" und der „Nordöstlichen Berliner Vorortbahn" mit der „Großen Berliner Straßenbahn".

28. 05. 1918
Der Verband schließt einen „Einheitsvertrag" ab, der das Verhältnis der GBS zu den Gemeinden einheitlich regelt. Der GBS wird die Straßenbenutzung bis zum Jahre 1949 zugestanden. Weitere Vertragsgegenstände sind: Erweiterung des Netzes, Abführungen an den Verband, Tariferhöhungen, Einrichtung neuer Linien, Mitbestimmung bei der Fahrplangestaltung usw. Auch Verträge des Verbandes mit den „Berliner Ostbahnen" und den „Berliner Elektrischen Straßenbahnen" folgen mit dem Ziel, einen einheitlichen Straßenbahnbetrieb durchführen zu können.

01. 01. 1919
Sämtliche Verbandsbahnen werden für Rechnung des Verbandes betrieben.

03. 03. 1919
Verschmelzung der GBS mit ihren Tochtergesellschaften nach Zustimmung der Verbandsversammlung.

04. 06. 1919
Der Verband beschließt, die Große Berliner Straßenbahn zu kaufen.

15. 07. 1919
Vor dem Amtsgericht Berlin-Mitte wird der Kaufvertrag zwischen der Großen Berliner Straßenbahn und dem Verband Groß Berlin geschlossen. Der Kaufvertrag, durch den das größte private Straßenbahnunternehmen Deutschlands in die öffentliche Hand überführt wird, hat folgenden Wortlaut:

„Kaufvertrag zwischen dem Verbande Groß-Berlin und der Großen Berliner Straßenbahn.

§ 1. Die Große Berliner Straßenbahn verpflichtet sich, ihr Vermögen als Ganzes, also sämtliche Aktien (einschl. aller Fonds) und Verbindlichkeiten, an den Verband Groß Berlin auf Grund der Bestimmungen des § 304 H.G.B. (Anm.: Handelsgesetzbuch) unter Ausschluß der Liquidation zu übertragen. Die Anmeldung des Beschlusses der Generalversammlung zum Handelsregister soll jedoch zu einem vom Verband anzuge-

Bw Nr. 759, Baujahr 1885, ist der erste von zehn versuchsweise mit geschlossenem Oberdeck versehenen Bw. Der Umbau erfolgte in den Jahre 1914/16, eingesetzt wurden diese Fahrzeuge ausschließlich auf Linie 25; 1920 an BST Nr. 558–Nr. 567.
Foto: Sammlung Kubig

benden Zeitpunkt, spätestens am 31. Dezember 1923, erfolgen.
Die Gesellschaft ist gehalten, das Unternehmen mit der Sorgfalt eines ordentlichen Kaufmannes bis zu diesem Zeitpunkt zu verwahren. Das Unternehmen wird vom 1. Januar 1919 ab bereits für Rechnung des Verbandes Groß Berlin betrieben.
§ 2. Als Kaufpreis für das Unternehmen als Ganzes verpflichtet sich der Verband Groß Berlin am 1. April 1920 zu zahlen:
an den Inhaber:
a) jeder Aktie von 300 M. je 400 M. 4proz. Schuldverschreibungen des Verbandes Groß Berlin, auf den Inhaber lautend, nebens Zinsscheinen vom 1. Juli 1919 und 21 M. in bar;
b) jeder Aktie von 1 200 M. je 1 600 M. 4proz. Schuldverschreibungen des Verbandes Groß Berlin, auf den Inhaber lautend, nebst Zinsscheinen vom 1. Juli 1919 und 84 M. in bar;
c) jeder Aktie von 1 800 M. je 2 400 M. 4proz. Schuldverschreibungen des Verbandes Groß Berlin, auf den Inhaber lautend, nebst Zinsscheinen vom 1. Juli 1919 und 126 M. in bar.
Die Zahlung erfolgt gegen Übergabe der Aktien der Gesellschaft nebst Dividendenscheinen ab 1. Januar 1919.
§ 3. Der Verband Groß Berlin verpflichtet sich, über die Bestimmungen des § 2 hinaus alsbald nach der Generalversammlung, spätestens aber in der Zeit vom 1. Oktober bis 1. Dezember 1919 den Inhabern der Aktien gegen Übergabe der Aktien nebst Dividendenscheinen ab 1. Januar 1919 die im § 2 genannten Gegenwerte zu verabfolgen.
§ 4. Aus den §§ 2 und 3 sollen die Aktionäre unmittelbar das Recht erwerben, die daselbst für sie ausbedungenen Leistungen zu fordern.
§ 5. Der Verband Groß Berlin verpflichtet sich, die an die Aktionäre auszugebenden Schuldverschreibungen in der Zeit vom 1. Januar 1920 bis zum 31. Dezember 1949 in der Weise zu tilgen, daß in jedem Jahr für die Verzinsung und Tilgung dieser Schuldverschreibungen zusammen ein gleich hoher Betrag

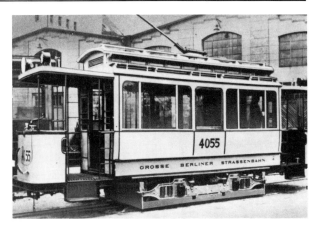

Die Fahrzeugumnummerung zog sich beim Zusammenschluß zur BST über einen längeren Zeitraum hin: Tw Nr. 4055 der BST, 1920 ex GBS Nr. 2406, gebaut 1903; hier bereits in der neuen, hellen Farbgebung, mit neuer Tw-Nr., aber noch unter der Bezeichnung „GBS".
Foto: Sammlung Kubig

aufgewendet wird. Die Tilgung wird durch Auslosung oder durch Ankauf der Schuldverschreibungen bewirkt. Soweit die Tilgung durch Ankauf erfolgt, fällt die Auslosung weg.
§ 6. Der Verband Groß Berlin übernimmt alle Kosten, Steuern und Stempel, die sich aus dem Abschluß dieses Vertrages ergeben."
Damit ist der Verband Besitzer der GBS.

20. 09. 1919
Löschung der Gesellschaft „Große Berliner Straßenbahn A.-G." im Handelsregister. Zugleich wird unter dem Namen „Große Berliner Straßenbahn" der Kommunalbetrieb in das Handelsregister eingetragen.

Betriebsstatistik – Große Berliner Straßenbahn A.-G. (GBS)

		1898	1902	1905	1910	1913	1917
Personen-Tw	–	375	1288	1440	1592	1763	2945[3]
Personen-Bw	–	1086[1]	1264[2]	991	1036	1145	
Gleislänge	km	319,4	484,5	503,0	533,5	588,7	593,7
Wagenkilometer	10^6 km	37,7	67,4	81,0	97,2	106,4	95,6
Beförderte Personen	10^6 Pers	172,0	294,8	350,5	427,4	466,3	622,0
Zahl der Beschäftigten		5014	7329	8449	10569	12540	11062

[1] ex Pfw
[2] davon 469 ex Pfw
[3] Tw + Bw

Wagenparkstatistik – Große Berliner Straßenbahn A.-G. (GBS)

Wagen-nummer	Hersteller mech.	Hersteller elektr.	Baujahr	Sitz-/Stehplätze	Länge mm	Achs-/Drehzapfenabstand mm	Stundenleistung kW	Art der Bremse	Bemerkungen
Triebwagen									
1000	Falk	AEG	1897	28 l/	10 200	1 400/4 600	2 × 24,5	D, E, H	Typ Alt Brandenburg; 1920 an BST Nr. 4400
1094–1143	Köln	AEG	1896	20 l/	7 900	1 800/–	2 × 10	D, E, H	1920 an BST Nr. 3000–3049
1200–1349	Falk	AEG	1897/98	28 l/12	10 200	1 400/4 600	2 × 24,5	D, E, H	Typ Alt Brandenburg; 1920 an BST Nr. 4401–4550
1350–1359	St. L	AEG	1898	21 q/	9 420	1 750/–	2 × 17	E, H	Typ St. Louis; Nr. 1353, 1354, 1359 1920 an BST Nr. 3263–3265, übr. a
1360–1369	Brill	AEG	1900	20 l/	8 600	1 750/–	2 × 24,5	E, H	Typ Brill; Nr. 1368 später geschlossene Plattformen, 1920 an BST Nr. 3266, übr. Nr. an BST Nr. 3055–3063
1370–1505		AEG	1898/99	20 l/	8 300	1 750/–	2 × 17	D, E, H	Typ Alt Berolina; 1920 an BST Nr. 3064–3199
1506–1569		AEG	1899	20 l/	8 300	1 750/–	2 × 17	D, E, H	Typ Neu Berolina; 1920 an BST Nr. 3267–3330
1570–1619	Falk	AEG	1897/98	28 l/12	10 200	1 400/4 600	2 × 24,5	D, E, H	Typ Alt Brandenburg; 1920 an BST Nr. 4551–4600
1620–1739	Falk	AEG	1899/00	28 l/	10 200	1 400/4 600	2 × 24,5	D, E, H	Typ Neu Brandenburg; 1920 an BST Nr. 4601–4720
1740–1751, 1753–1769			1900	20 l/	8 300	1 750/–	2 ×	D, E, H	Typ Neu Berolina, ex Akku-Tw; 1920 an BST Nr. 3200–3228
1752, 1770–1929		AEG	1900	20 l/	8 300	1 750/–	2 × 17	D, E, H	Typ Neu Berolina; 1920 an BST Nr. 3331–3491
1930–2079, 2081–2152, 2153–2180		AEG	1900/01	20 l/	8 300	1 750/–	2 × 24,5	D, E, H	Typ Neu Berolina; 1920 an BST Nr. 3492–3599, 3879, 3600–3739, 1 Wg vorher n. Unfall a; Nr. 2038 bei BST Nr. 3879
2080, 2181–2230, 2700–2849	Bök/Falk	AEG	1901/04	27 q	11 000	1 300/5 500	2 × 24,5	D, E, H	Typ Maximum 27; 9 Fenster; 1920 an BST Nr. 4731–4931
2231–2431		AEG	1901/03	20 l/	8 650	1 750/–	2 × 24,5	D, E, H	Typ Neu Berolina; 1920 an BST Nr. 3880–4080
2432	als Meßwagen M, später M1 besetzt								
2433	Bök	AEG	1904	24 q/	10 650	3 600/3 000	2 × 24,5	D, E, H	Einachs-Drehg.; 1920 an BST Nr. 4084
2850–3166	Falk/Köln/Bres/Got	AEG	1906/12	30 q/	11 000	1 300/5 500	2 × 24,5	D, E, H	Typ Maximum 30; 1920 an BST Nr. 4958–5274

Große Berliner Straßenbahn

noch **Wagenparkstatistik** – Große Berliner Straßenbahn A.-G. (GBS)

Wagen-nummer	Hersteller mech.	Hersteller elektr.	Baujahr	Sitz-/Stehplätze	Länge mm	Achs-/Drehzapfenabstand mm	Stundenleistung kW	Art der Bremse	Bemerkungen
noch *Triebwagen*									
3167, 3169 + 3170, 3173–3226	O & K	AEG	1913	26 q/	10330	3000/–	2 × 39	D, E, H	1920 an BST Serie Nr. 5446–5499
3168, 3171 + 3172	O & K	AEG	1913	26 q/	10350	–/3700	2 × 39,5	D, E, H	Einachs-Drehg.; 1920 an BST Nr. 5443–5445
3227–3228	Han	AEG	1920	23 q/	10000	3000/–	2 × 39,6	D, E, H	Typ Hawa; 1920 an BST Nr. 5500 + 5501
Beiwagen									
1–4, 6, 9	Her		1885/90	20 l/	6800	1900/–	–	H	1896 ex GBPfE Serie Nr. 1"–10"; 1920 an BST Nr. 114–119
10			1877	20 l/	7100	1830/–	–	H	1920 an BST Nr. 120
11	Her		1877	20 l/	6750	1600/–	–	H	1900 ex NBPf Nr. 7; 1920 an BST Nr. 121
14	Her		1877	20 l/	6750	1600/–	–	H	1920 an BST Nr. 122
15	Her		1877	20 l/	6750	1600/–	–	H	1900 ex NBPf Nr. 10; 1920 an BST Nr. 123
17–19	Her		1877	20 l/	7100	1830/–	–	H	1920 an BST Nr. 124–126
20–48	O & K		1912/13	26 q/	10330	3000/–	–	D, So, H	1920 an BST Nr. 1219–1247
51, 52, 54	Steph/Her		1874/77	20 l/	7100	1830/–	–	H	1920 an BST Nr. 127–129
56	Köln		1886	2 × 18 l/	7800	1830/–	–	D, H	Decksitzbw, 6 Fenster; 1920 an BST Nr. 469
58–157	Bök		1902/04	22 q/39	9200	2700/–	–	D, H	Convertible car; 1920 an BST Nr. 1088–1187
158 + 159	Han		1915	24 q/46	9610	3000/–	–	D, H	1920 an BST Nr. 1285 + 1286
160 + 161	Her		1876	20 l/	7100	1830/–	–	H	1896 ex GBPfE Nr. 160 + 161; Nr. 160 1920 a, Nr. 161 an BST Nr. 130
162–171	O & K		1913/14	26 q/	10390	3000/–	–	D, So, H	1920 an BST Nr. 1248–1257
172–175	Han		1915/18	24 q/46	9610	3000/–	–	D, H	1920 an BST Nr. 1287–1290
176	Her		1877	20 l/	7100	1830/–	–	H	1896 ex GBPfE Nr. 176; 1900 zu Bw; 1920 an BST Nr. 131
178	Steph		1877	20 l/	7100	1830/–	–	H	1896 ex GBPfE Nr. 178; 1920 an BST Nr. 132

noch **Wagenparkstatistik** – Große Berliner Straßenbahn A.-G. (GBS)

Wagen-nummer	Hersteller mech.	Hersteller elektr.	Baujahr	Sitz-/Stehplätze	Länge mm	Achs-/Drehzapfenabstand mm	Stundenleistung kW	Art der Bremse	Bemerkungen
noch *Beiwagen*									
180 + 181, 188–190, 194, 197	Brux/ Wö/ Her		1877	20 l/	7100	1830/–	–	H	1896 ex GBPfE Serie Nr. 179–199; 1920 an BST Nr. 133–139
189[II]	Her		1877	20 l/	6750	1600/–	–	H	1900 ex NBPf Nr. 12; 1920 an BST Nr. 136[II]
194[II]	Wö		1883	20 l/	7000	1600/–	–	H	1900 ex NBPf Nr. 2[II]; 1920 a
196			1878		6500	1800/–	–	H	1900 ex NBPf Nr. 28; 1920 a
200 + 201			1893	14 l/		/–	–	H	1900 ex NBPf Nr. 143 + 145; 1920 a
207			1893	14 l/–		/–	–	H	1900 ex NBPf Nr. 150; 1920 an BST Nr. 1
210 + 211			1893	14 l/		/–	–	H	1900 ex NBPf Nr. 155 + 152; 1920 Nr. 211 a, Nr. 210 an BST Nr. 2
214			1893	14 l/		/–	–	H	1900 ex NBPf Nr. 156; 1920 a
215 + 216	Steph		1876	40 l/		/–	–	H	1896 ex GBPfE Nr. 215 + 216; 1900 ex Pfw; 1920 a
217	Steph		1875	2 × 18 l/	7800	1830/–	–	H	Decksitzbw; 1896 ex GBPfE Nr. 147; 1920 an BST Nr. 470
220 + 221	Her		1883	18 l/	7100	1830/–	–	H	1920 an BST Nr. 140 + 141
222–226, 228–230	Her		1877	20 l/	6800	1600/–	–	H	1896 ex GBPfE Nr. 222–226; 228–230; 1 Wg vor 1920 a, übr. 1920 an BST Nr. 142–148
231			1893	14 l/		/–	–	H	1900 ex NBPf Nr. 153; 1920 an BST Nr. 3
233	Her		1877	20 l/	6750	1600/–	–	H	1900 ex NBPf Nr. 9; 1920 an BST Nr. 149
237			1893	14 l/	6000	1600/–	–	H	1900 ex NBPf Nr. 159; 1920 an BST Nr. 4
239 + 240			1878	20 l/	7100	1830/–	–	H	1896 ex GBPfE Nr. 239 + 240; 1900 zu Bw; 1920 an BST Nr. 150 + 151
241			1893	14 l/		/–	–	H	1900 ex NBPf Nr. 160; 1920 a
242	Wö		1883	20 l/	7000	1600/–	–	H	1900 ex NBPf Nr. 3[II]; 1920 an BST Nr. 152
243			1893	14 l/		/–	–	H	1900 ex NBPf Nr. 148; 1920 a
244			1878	20 l/	7100	1830/–	–	H	1896 ex GBPfE Nr. 244; 1920 an BST Nr. 153
246			1893	14 l/		/–	–	H	1900 ex NBPf Nr. 154; 1920 an BST Nr. 5

Große Berliner Straßenbahn 87

noch **Wagenparkstatistik** – Große Berliner Straßenbahn A.-G. (GBS)

Wagen-nummer	Hersteller mech. / elektr.	Baujahr	Sitz-/ Stehplätze	Länge mm	Achs-/ Drehzapfenabstand mm	Stundenleistung kW	Art der Bremse	Bemerkungen
noch *Beiwagen*								
248		1878	20 l/		/–	–	H	1896 ex GBPfE Nr. 248; 1920 a
249		1893	14 l/		/–	–	H	1900 ex NBPf Nr. 157; 1920 a
251–253, 255–268, 270+271	Her	1879	20 l/	6800 7100	1600/– 1830/–	–	H	1896 ex GBPfE Serie Nr. 250–272; 1920 an BST Nr. 154–172
272	Her	1877	20 l/	6750	1600/–	–	H	1900 ex NBPf Nr. 11; 1920 an BST Nr. 173
280		1893	14 l/		/–	–	H	1900 ex NBPf Nr. 72[II]; 1920 an BST Nr. 6
283	Steph	1879	40 l/		/–	–	H	1896 ex GBPfE Nr. 283; 1900 zu Bw; 1920 a
289	Her	1883	38 l/	7800	2500/–	–	H	1920 an BST Nr. 471
294		1893	14 l/		/–	–	H	1900 ex NBPf Nr. 146; 1920 an BST Nr. 7
295		1893	14 l/	6000	1600/–	–	H	1900 ex NBPf Nr. 44[II]; vor 1920 a
296+297		1893	14 l/		/–	–		1900 ex NBPf Nr. 158+140; 1920 Nr. 296 a, Nr. 297 an BST Nr. 8
300		1893	14 l/		/–	–	H	1900 ex NBPf Nr. 147; 1920 a
306		1893	14 l/		/–	–	H	1900 ex NBPf Nr. 141; 1920 an BST Nr. 9
309–317, 319–332	Her	1880	20 l/	6800	1600/–	–	H	1896 ex GBPfE Serie Nr. 309–333; 1900 zu Bw; 1920 an BST Nr. 174–195
334–338		1880	14 ql/	5250	1500/–	–	H	1896 ex GBPfE Nr. 334–338; 1900 zu Bw; um 1920 a
339–341	Her	1880	20 l/	6800	1600/–	–	H	1896 ex GBPfE Serie Nr. 339–343; 1900 zu Bw; 1920 an BST Nr. 196–198
345	Her	1880	38 l/	7800	1830/–	–	H	1920 an BST Nr. 472
349+350	Steph	1880	40 l/	7800	1830/–	–	H	1896 ex GBPfE Nr. 349+350; 1900 zu Bw, 1920 an BST Nr. 473+474
354–369	O & K	1914	26 q/	10330	3000/–	–	D, So, H	1920 an BST Serie Nr. 1258–1284
370–373, 375, 378–380, 383–386, 388–394	Her	1881	20 l/	6800	1600/–	–	H	1896 ex GBPfE Serie Nr. 369–393; 1920 an BST Nr. 199–217
395–405	O & K	1914	26 q/	10330	3000/–	–	D, So, H	1920 an BST Serie Nr. 1258–1284

noch **Wagenparkstatistik** – Große Berliner Straßenbahn A.-G. (GBS)

Wagen-nummer	Hersteller mech.	Hersteller elektr.	Baujahr	Sitz-/Stehplätze	Länge mm	Achs-/Drehzapfenabstand mm	Stundenleistung kW	Art der Bremse	Bemerkungen
noch Beiwagen									
406, 408, 416	Steph		1881	40 l/	7800	1830/–	–	H	1896 ex GBPfE Nr. 406, 408, 416; 1900 zu Bw; 1920 an BST Nr. 475–477
419–423	Her		1881	20 l/	6800	1600/–	–	H	1896 ex GBPfE Nr. 419–423; 1920 an BST Nr. 218–222
424 + 425, 427–435, 437–443	Her		1882	20 l/	6800	1600/–	–	H	1896 ex GBPfE Serie Nr. 424–443; 1920 ab BST Nr. 223–239
444–458			1905/11	24 q/21	8300 9100	1950/– 2600/–	– –	H, D So, H	So/Wi-Bw; 1920 an BST Serie Nr. 914–1087
459–466, 468–470, 472	Her		1883	20 l/	6800	1600/–	–	H	1896 ex GBPfE Serie Nr. 459–472; 1920 an BST Nr. 240–251
473–480			1905/11	24 q/21	8300 9100	1950/– 2600/–	– –	D, H So, H	So/Wi-Bw; 1920 an BST Serie Nr. 914–1087
483 + 484, 486 + 487, 489–493, 495–507, 509, 511–513, 515–532	Her		1884	20 l/	6800	1600/–	–	H	1896 ex GBPfE Serie Nr. 483–532; 1920 an BST Nr. 252–294
533–552			1905/11	24 q/21	8300 9100	1950/– 2600/–	– –	D, H So, H	So/Wi-Bw; 1920 an BST Serie Nr. 914–1087
561–574, 576–586	Her		1885	20 l/	6800	1600/–	–	H	1896 ex GBPfE Nr. 561–586; 1920 an BST Nr. 295–319
587, 589, 591–593, 595 + 596	Her		1885	40/l	7800	1830/–	–	H	1896 ex GBPfE Serie Nr. 587–602; 1920 an BST Serie Nr. 478–488
597 + 598			1905/11	24 q/21	8300 9100	1950/– 2600/–	– –	D, H So, H	So/Wi-Bw; 1920 an BST Serie Nr. 914–1087
599–602	Her		1885	40 l/	7800	1830/–	–	H	1896 ex GBPfE Nr. 599–602; 1920 an BST Serie Nr. 478–488
603–612, 622 + 623			1905/11	24 q/21	8300 9100	1950/– 2600/–	– –	D, H So, H	So/Wi-Bw; 1920 an BST Serie Nr. 914–1087
613–621, 624–628, 630–656	Her		1886	20 l/	6800	1600/–	–	H	1896 ex GBPfE Serie Nr. 613–657; 1920 an BST Serie Nr. 320–360
658 + 659, 663, 667, 671–675	Her		1886	40 l/	7800	1830/–	–	H	1896 ex GBPfE Serie Nr. 658–675; 1920 an BST Serie Nr. 489–495

Große Berliner Straßenbahn

noch **Wagenparkstatistik** – Große Berliner Straßenbahn A.-G. (GBS)

Wagen-nummer	Hersteller mech.	elektr.	Baujahr	Sitz-/Stehplätze	Länge mm	Achs-/Dreh-zapfen-abstand mm	Stunden-leistung kW	Art der Bremse	Bemerkungen

noch *Beiwagen*

Wagen-nummer	Hersteller mech.	elektr.	Baujahr	Sitz-/Stehplätze	Länge mm	Achs-/Dreh-zapfen-abstand mm	Stunden-leistung kW	Art der Bremse	Bemerkungen
676–717			1905/11	24 q/21	8300 9100	1950/– 2600/–	– –	D, H So, H	So/Wi-Bw; 1920 an BST Serie Nr. 914–1087
718, 721, 723 + 724, 730, 732, 735–737, 740 + 741, 744–746	Her		1887	40 l/	7800	1830/–	–	H	1896 ex GBPfE Serie Nr. 718–747; 1900 zu Bw; 1920 zu BST Nr. 496–509
749, 751, 753, 756–758, 761–764, 766	Her		1888	40 l/	7800	1830/–	–	H	1896 ex GBPfE Serie Nr. 748–767; 1900 zu Bw; 1920 an BST Nr. 510–520
769–780, 782–788	Her		1888	20 l/	6800	1600/–	–	H	1896 ex GBPfE Serie Nr. 768–788; 1920 an BST Nr. 361–378
789–808			1905/11	24 q/21	8300/ 9100	1950/– 2600/–	– –	D, H So, H	So/Wi-Bw; 1920 an BST Serie Nr. 914–1087
809–812, 814–819, 821–833	Her		1889	20 l/	6800	1600/–	–	H	1896 ex GBPfE Serie Nr. 809–833; 1920 an BST Nr. 379–401
835 + 836, 838–844, 846, 848–855, 857	Her		1889	40 l/	7000	1850/–	–	H	1896 ex GBPfE Serie Nr. 834–858; 1900 zu Bw; 1920 an BST Nr. 521–538
859 + 860, 863–867, 869–875, 877 + 878, 880, 882	Her		1890	40 l/	7000	1850/–	–	H	1896 ex GBPfE Serie Nr. 859–883; 1900 zu Bw; 1920 an BST Nr. 539–553
884	Her		1889	20 l/	6800	1600/–	–	H	1896 ex GBPfE Nr. 884; 1920 an BST Nr. 402
885, 887–904	Her		1890	20 l/	6800	1600/–	–	H	1896 ex GBPfE Serie Nr. 885–904; 1920 an BST Nr. 403–421
905–929			1905/11	24 q/21	8300 9100	1950/– 2600/–	– –	D, H So, H	So/Wi-Bw; 1920 an BST Serie Nr. 914–1087
930	Her		1890	20 l/	7100	1850/–	–	H	1896 ex GBPfE Nr. 930; 1900 zu Bw; 1920 an BST Nr. 422

noch **Wagenparkstatistik** – Große Berliner Straßenbahn A.-G. (GBS)

Wagen-nummer	Hersteller mech.	Hersteller elektr.	Baujahr	Sitz-/ Stehplätze	Länge mm	Achs-/ Drehzapfen-abstand mm	Stunden-leistung kW	Art der Bremse	Bemerkungen
noch *Beiwagen*									
931–961	Her		1891	18 l/	7100	1830/–	–	D, H	1896 ex GBPfE Nr. 931–961; 1900 zu Bw, Typ Metropol, 6 Fenster; 1920 an BST Nr. 423–452
963, 965, 968, 971, 973	Her		1891	40 l/	7000	1850/–	–	H	1896 ex GBPfE Serie Nr. 962–973; 1900 zu Bw; 1920 an BST Nr. 554–557
974 + 998			1891	32 q/	7200	2400/–	–	D, H	1896 ex GBPfE Nr. 974–998; 1900 zu Sobw; 1920 an BST Nr. 596–620
999			1897	24 q/	8500	1830/–	–	D, H	Sobw; 1920 an BST Nr. 692
1001–1050	Egb		1892/93	18 q/	6160	1600/–	–	D, H	1896 ex GBPfE Nr. 1001–1050; 1900 zu Bw; 1920 an BST Nr. 17–64
1054–1093	Egb		1894/95	18 q/	6160	1600/–	–	D, H	1896 ex GBPfE Nr. 1054–1093; 1900 zu Bw; 1920 an BST Nr. 65–101
1149–1152	Egb		1896	18 q/	6160	1600/–	–	D, H	1896 ex GBPfE Serie Nr. 1149–1153; 1900 zu Bw; 1920 an BST Nr. 102–104
1154–1163	Bök		1902	22 q/39	9200	2600/–	–	D, H	Convertible car; 1920 an BST Nr. 1188–1197
1165			1897	24 q/41	8500	1830/–	–	D, H	Sobw; 1920 an BST Nr. 693
1166–1175	Egb		1896	18 q/	6200	1600/–	–	D, H	1900 ex NBPf Nr. 176–185; 1920 an BST Nr. 105–113; (ohne Nr. 1173, 1924 a)
1176–1195	Falk		1902/03	22 q/39	9200	2600/–	–	D, H	Convertible car; 1920 an BST Nr. 1198–1217
1291–1422	Han		1920	24 q/46	9610	3000/–	–	D, So, H	1920 an BST Nr. 1291–1422
2500–2669			1898/00	24 q/41	7300	2250/–	–	D, H	Sobw; 4 Fenster; 1920 an BST Nr. 694–863
2670–2699			1905/11	24 q/21	8300 9100	1950/– 2600/–	– –	D, H So, H	So/Wi-Bw; 1920 an BST Serie Nr. 914–1087

Neue Berliner Pferdebahn-Gesellschaft (NBPf)

Pferdebahn

Zeittafel

1872
Die Erschließung Weißensees als Vorort Berlins beginnt durch den Verkauf des Gutes Weißensee an G. A. Schön aus Hamburg.

01. 11. 1873
Mit dem Wohnungsbau in Weißensee entsteht das Bedürfnis nach einer regelmäßigen Verkehrsverbindung mit Berlin. Eine 1873 eingerichtete Pferdeomnibuslinie ist den Anforderungen bald nicht mehr gewachsen.

07. 07. 1875
Die preußische Ministerial-Baukommission erteilt dem Admiralitäts-Rat Gäbler und dem Kommissions-Rat Lehmann die Genehmigung zur Anlage einer Pferdebahn vom Alexanderplatz nach Weißensee. Die Stadt Berlin hat zu diesem Zeitpunkt kaum Einfluß auf derartige Genehmigungen, da das öffentliche Straßenland in Berlin dem Fiskus gehört und erst am 01. 01. 1876 in städtisches Eigentum übergeht.

30. 10. 1875
Eine gleichartige Genehmigung wird für die Strecke Alexanderplatz–Friedrichsberg erteilt. (Friedrichsberg ist heute Teil des Stadtbezirkes Friedrichshain, begrenzt etwa durch folgende Straßen: Frankfurter Allee, Gürtelstraße, Weserstraße, Boxhagener Straße, Niederbarnimstraße.)

22. 12. 1875
Das Königliche Polizeipräsidium zu Berlin erteilt die Konzession für die Strecke nach Weißensee.

05. 08. 1876
Die „Neue Berliner Pferdebahn-Gesellschaft" (NBPf) wird gegründet und übernimmt die Konzessionen für die Pferdebahnlinien nach Weißensee und Friedrichsberg.

29. 12. 1876
Die vorläufige Abnahme der Strecke Alexanderplatz–Weißensee erfolgt.

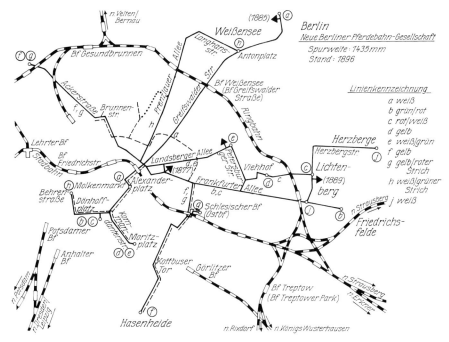

Die erste Serie der beschafften Pfw waren Zweispänner-Auslenkwagen; Serie Nr. 1 – Nr. 6, gebaut 1876, bereits 1877 in Normalwagen als Einspänner umgebaut.

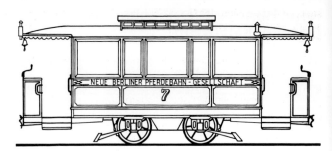

Pfw der Serie Nr. 7 – Nr. 13, gebaut 1877; Zweispänner vom Typ Metropol mit 20 Längssitzen.

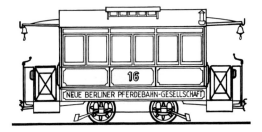

Pfw Serie Nr. 14 – Nr. 18, gebaut 1878, Einspänner vom Typ Mexico.

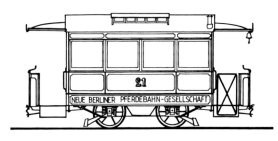

Pfw Serie Nr. 19 – Nr. 24, gebaut 1878; Einspänner mit 14 Längssitzen.

01. 01. 1877

Die Neue Berliner Pferdebahn-Gesellschaft nimmt den Verkehr auf der Strecke Alexanderplatz–Greifswalder Straße–Weißensee, Schloß auf. Die Bahn ist eingleisig ohne Ausweichen angelegt und wird mit Auslenkwagen betrieben. Es handelt sich hierbei um Fahrzeuge, die mit vier spurkranzlosen Rädern versehen sind. Um die Wagen auf den Gleisen zu halten, verfügen sie über ein zusätzliches Führungsrad. Dieses kann angehoben werden, so daß die Wagen gegebenenfalls, z. B. beim Begegnen von Fahrzeugen, das Gleis verlassen und wie Pferdeomnibusse auf der Straße verkehren können. Da die Lenk-, Brems- und Hebeleinrichtungen nur an einem Ende der Wagen angeordnet sind, müssen die Fahrzeuge an den Endstellen gewendet werden. Diese komplizierte Betriebsart bewährt sich nicht. Auch das Anbringen eines zweiten Führungsrades bringt keine wesentlichen Verbesserungen, so daß schon im Eröffnungsjahr die Strecke mit Ausweichen versehen und auf üblichen Pferdebahnbetrieb umgestellt wird. Die Auslenkwagen werden zu normalen Pferdebahnwagen umgebaut.

18. 07. 1878

Die Friedrichsberger Strecke wird auf dem Teilstück Alexanderplatz–Frankfurter Tor (heute etwa Karl-Marx-Allee/Ecke Straße der Pariser Kommune) eröffnet.

1879 – 1882

Die Linie Alexanderplatz–Frankfurter Tor wird etappenweise bis zum Bahnhof Friedrichsberg (Bf Frankfurter Allee) verlängert.

31. 05. 1881

Abschluß eines neuen Zustimmungsvertrags mit Berlin. Dieser enthält u. a. die Verpflichtung zur Anlage einer Linie vom Alexanderplatz durch die Landsberger Straße und Allee (Leninallee), Petersburger Straße (Bersarinstraße) und den Weidenweg zum neuen städtischen Central-Viehhof sowie zur Anlage einer Verbindung dieser Strecke mit der nach Friedrichsberg durch die Thaerstraße. Von 1881 bis 1883 werden diese Strecken etappenweise in Betrieb genommen.

24. 10. 1883

Das Streckennetz der Großen Berliner Pferde-Eisenbahn wird bis zum Alexanderplatz ausgedehnt. Es wird eine Verbindung zwischen den Gleisanlagen der beiden Gesellschaften herge-

Neue Berliner Pferdebahn-Gesellschaft

stellt, und die Linien der Neuen Berliner Pferdebahn-Gesellschaft werden ins Stadtinnere verlängert. Am Ende des Jahres werden folgende Linien betrieben:

weiß: Alexanderplatz–Greifswalder Straße–Weißensee, Depot (Linienlänge 5,5 km),
grün: Molkenmarkt – Alexanderplatz – Große Frankfurter Str. (Karl-Marx-Allee) – Friedrichsberg (Linienlänge 5,5 km),
gelb: Rathaus–Alexanderplatz–Landsberger Allee/Ecke Petersburger Straße (Leninallee/Ecke Bersarinstraße) (Linienlänge 3,2 km),
gelb/roter Strich: Rathaus–Alexanderplatz–Landsberger Allee–Petersburger Straße–Central-Viehhof (Linienlänge 4,9 km),
rot/weiß: Molkenmarkt–Alexanderplatz–Große Frankfurter Straße–Thaerstraße–Central-Viehhof (Linienlänge 4,6 km).

1888–1895
Das Streckennetz der Neuen Berliner Pferdebahn-Gesellschaft wird um Strecken nach dem Gartenplatz, nach Lichtenberg (Dorf), nach Herzberge, nach Friedrichsfelde, nach Weißensee durch die Prenzlauer Straße und Allee und die Langhansstraße sowie durch die Weißenburger Straße (Kollwitzstraße) ausgebaut. Letztgenannte Strecke wird nur durch Linien der Großen Berliner Pferdeeisenbahn bedient.

01. 02. 1894
Die Große Berliner Pferdeeisenbahn übernimmt die Verwaltung der Neuen Berliner Pferdebahn-Gesellschaft.

1896
Am Jahresende werden folgende neun Linien betrieben:

weiß: Molkenmarkt–Alexanderplatz–Greifswalder Straße–Weißensee, Depot (Linienlänge 6,5 km),
grün/rot: Dönhoffplatz–Spittelmarkt–Alexanderplatz–Große Frankfurter Straße–Friedrichsberg bis Gemarkungsgrenze Friedrichsfelde (Linienlänge 7,8 km),
rot/weiß: Dönhoffplatz–Spittelmarkt–Alexanderplatz–Große Frankfurter Straße – Thaerstraße – Central-Viehhof – Lichtenberg, Dorfstraße (Jacques-Duclos-Straße) (Linienlänge 7,4 km),
gelb: Moritzplatz–Oranienplatz–Kommandatenstraße–Spittelmarkt–Alexanderplatz–Landsberger Allee–Petersburger Straße–Central-Viehhof (Linienlänge 7,2 km),
weiß/grün: Moritzplatz–Spittelmarkt–Alexanderplatz–Landsberger Allee/Ecke Petersburger Straße (Linienlänge 5,6 km),
gelb: Müllerstraße/Ecke Gerichtsstraße–Ackerstraße–Rosenthaler Tor (Rosenthaler Platz) – Alexanderplatz –

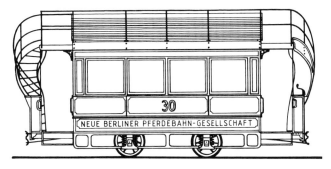

Decksitz-Pfw Serie Nr. 25 – Nr. 39, gebaut 1878/80, mit 34 Längssitzen, davon 16 unten.

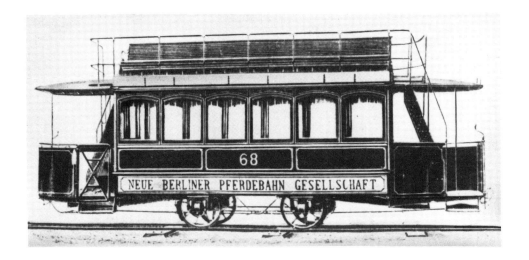

Pfw Nr. 68 der Serie Nr. 62 – Nr. 73, gebaut 1882.
Foto: Sammlung Dr. Bauer

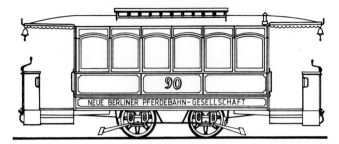

Pfw Serie Nr. 2ᴵᴵ + Nr. 3ᴵᴵ, Nr. 90 – Nr. 96, gebaut 1883; diese Zweispänner Metropolwagen wurden 1886 angekauft.

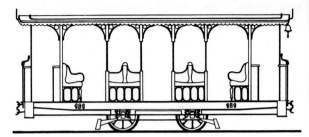

Pfw-Sowg Serie Nr. 176 – Nr. 185, gebaut 1896 in der Hauptwerkstatt der GBPfE.

Große Frankfurter Straße–Andreasstraße–Adalbertstraße–Kottbusser Tor–Hasenheide/Ecke Fichtestraße (Linienlänge 9,9 km),
gelb/roter Strich: Müllerstraße/Ecke Gerichtsstraße–Ackerstraße–Rosenthaler Tor–Alexanderplatz–Große Frankfurter Straße–Andreasstraße–Schlesischer Bahnhof (Ostbahnhof) (Linienlänge 7,0 km),
weiß/grüner Strich: Behrenstraße/Ecke Kanonierstraße (Glinkastraße)–Dönhoffplatz–Spittelmarkt–Molkenmarkt–Alexanderplatz–Prenzlauer Allee–Langhansstraße–Weißensee, Antonplatz (Linienlänge 7,8 km),
weiß: Bf Friedrichsberg–Lichtenberg, Dorfstraße–Herzberge (Linienlänge 3,2 km).

Die Doppelbelegung von Farben ist notwendig, um auf den auch von der Großen Berliner Pferde-Eisenbahn befahrenen Strecken die Parallelführung von Linien gleicher Farbe zu vermeiden.

02. 07. 1897
Abschluß eines Vertrags zwischen der Stadt Berlin einerseits und der Großen Berliner Pferde-Eisenbahn und der Neuen Berliner Pferdebahn-Gesellschaft andererseits. Dieser Vertrag enthält insbesondere Fragen, die die Elektrifizierung des Streckennetzes betreffen. Außerdem werden die Gesellschaften zur Vereinigung verpflichtet.

25. 01. 1898
Die Generalversammlung der Großen Berliner Pferde-Eisenbahn und der Neuen Berliner Pferdebahn-Gesellschaft stimmt dem Vertrag vom 02. 07. 1897 zu. Gleichzeitig wird die Umbenennung der Großen Berliner Pferde-Eisenbahn in Große Berliner Straßenbahn beschlossen.

11. 05. 1899
Auf den Linien Müllerstraße–Schlesischer Bahnhof und Müllerstraße–Hasenheide wird der elektrische Betrieb aufgenommen. Die Fahrzeuge stellt die Große Berliner Straßenbahn.

01. 01. 1900
Die Neue Berliner Pferdebahn-Gesellschaft geht in der Großen Berliner Straßenbahn auf.

Betriebsstatistik — Neue Berliner Pferdebahn-Gesellschaft (NBPf)

		1877	1885	1890	1894	1899
Anzahl der Wagen	—		6	83	127	160	198
Anzahl der Pferde	—			248	646	688	760
Streckenlänge	km		5,5	15,3	19,6	29,8	38,1
Gleislänge	km			24,3	34,1	44,6	72,6
Wagenkilometer	10^3 km			1 502,3	3 940,6	4 656,4	6 574,2
Beförderte Personen	10^3 Pers	419,0	6 155,0	14 076,0	17 068,3	27 641,1

Neue Berliner Pferdebahn-Gesellschaft

Wagenparkstatistik – Neue Berliner Pferdebahn-Gesellschaft (NBPf)

Wagen-nummer	Hersteller	Baujahr	Sitz-/Stehplätze	Länge mm	Achs-abstand mm	Art der Bremse	Bemerkungen
Pferdebahnwagen							
1–6	Ham	1876	14 l/	5800	1500/–	H	Zweispänner, Auslenkwg; 1877 Umb. in Normalwg, Einspänner; 1882 Pfw Nr. 2 + 3 n. Cöpenick Pfw Nr. 1 + 2; übr. um 1900 a
2^{II} + 3^{II}	Wö	1883	20 l/	7000	1600/–	H	Zweispänner Typ „Metropol"; 1886 angekauft, 1900 zu Bw Nr. 194^{II} + 242 (GBS)
7–13	Her	1877	20 l/	6750	1600/–	H	Zweispänner Typ „Metropol"; 1900 Pfw Nr. 7, 9–12 zu Bw Nr. 11, 233, 15, 272, 189^{II} (GBS), übr. a
14–18		1878	14 l/	5250	1500/–	H	Einspänner Typ „Mexico"
19–24		1878	14 l/	5250	1500/–	H	Einspänner
25–39		1878/80	34 l/	6500	1800/–	H	Zweispänner, Decksitzwg; 1900 Pfw Nr. 28 zu Bw Nr. 196 (GBS), übr. a
40–43		1881	14 l/	6000	1600/–	H	Einspänner, 4fenstrig
44–49		1881	14 l/	6100	1600/–	H	Einspänner, 5fenstrig; 1882 Pfw Nr. 44 n. Cöpenick Pfw. Nr. 4
44^{II}		1893	14 l/	6000	1600/–	H	Einspänner; 1900 zu Bw Nr. 295 (GBS)
50		1881	14 l/	6000	1600/–	H	Einspänner, 4fenstrig
51–61		1881	14 l/	6100	1600/–	H	Einspänner, 5fenstrig
62–73		1882	38 l/		/–	H	Zweispänner, Decksitzwg; 1882 Pfw Nr. 72 n. Cöpenick Pfw Nr. 3
72^{II}		1893	14 l/		/–	H	Einspänner; 1900 zu Bw Nr. 280 (GBS)
74 + 75							
76–85	Gru	1873	44 l/	6600	1900/–	H	Zweispänner, Decksitzwg; 1885 ex GBPfE Nr. 1–10; 1900 a
86–89	Wö	1883	40 l/		/–	H	Zweispänner, Decksitzwg; 1886 an BPfE Nr. 74–77 verk.
90–96	Wö	1883	20 l/	7000	1600/–	H	Zweispänner Typ „Metropol"
97–106		1888	38 l/		/–	H	Zweispänner, Decksitzwg
107–139		1888/92	14 l/		/–	H	Einspänner
140–160		1893	14 l/		/–	H	Einspänner; 1900 Pfw Nr. 140, 141, 143, 145–148, 150, 152–160 zu Bw Nr. 297, 306, 200, 201, 294, 300, 243, 207, 211, 231, 246, 210, 214, 249, 296, 237, 241 (GBS)
161–173, 175		1896	14 l/		/–	H	Einspänner
176–185	Eg b	1896	18 q/	6200	1600/–	H	Einspänner, Sowg; gebaut in Hauptwerkstatt der GBPfE; 1900 zu Bw Nr. 1166–1175 (GBS)

Berliner Dampfstraßenbahn-Konsortium (BDK)

- Kurfürstendamm-Gesellschaft
- Berliner Dampfstraßenbahn (Davy, Donath & Co.)
- Wilmersdorf-Schmargendorfer Dampfstraßenbahn (Reymer & Masch)

Dampfstraßenbahn, Pferdebahn

Zeittafel

1884
Die „Kurfürstendamm-Gesellschaft", die sich der Erschließung des Geländes zwischen dem Zoologischen Garten und dem Grunewald widmet, führt auf dem Kurfürstendamm Versuche mit einem Rowanschen Dampftriebwagen durch.

05. 05. 1886
Die durch die Kurfürstendamm-Gesellschaft erbaute Dampfstraßenbahnlinie vom Zoologischen Garten nach Halensee wird eröffnet. Den Betrieb führt die Firma Davy, Donath & Co. mit Dampftriebwagen durch.

1886
Die Firma Davy, Donath & Co. erwirbt zur Weiterführung der von ihr betriebenen Strecke der Kurfürstendamm-Gesellschaft die Konzession für zwei Strecken vom Zoologischen Garten nach Steglitz sowie zur Verlängerung von Halensee in die Nähe des Jagdschlosses Grunewald.

12. 08. 1886
Der Geheime Kanzleisekretär a. D. Stork erhält vom Kreisaus-

Dampftriebwagen Nr. 1, gebaut 1882, mit Sobw am Endpunkt Halensee. Diese Linie führte vom Zoologischen Garten nach Halensee/Jagdschloß Grunewald (nach einer zeitgenössischen Darstellung).
Foto: Sammlung Dr. Bauer

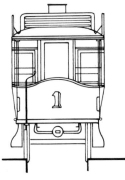 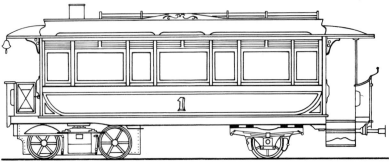

Dampftriebwagen Nr. 1, gebaut 1882 von der Firma P. Herbrand, Köln; das Dampfbogie, Typ A, lieferte die Firma Borsig, Berlin.

schuß Teltow die Genehmigung zur Anlage einer Pferdebahn von Schöneberg nach Wilmersdorf. Diese Konzession geht vor Bauausführung an den Eisenbahn-Bauunternehmer Richard Damm über.

11. 05. 1887
Richard Damm erhält außerdem die Konzession zur Anlage einer Straßenbahn von Wilmersdorf nach Schmargendorf. Diese sowie die Konzession für die Strecke Schöneberg–Wilmersdorf gehen auf die Firma Reymer & Masch über.

10. 09. 1887
Die als „Berliner Dampfstraßenbahn" bezeichnete Verlängerung der Strecke Zoologischer Garten–Halensee bis zum Jagdschloß Grunewald wird durch Davy, Donath & Co. eröffnet.

1887/1888
Die Firma Reymer & Masch erhält durch die Regierung in Potsdam die Genehmigung zur Anlage einer Dampfstraßenbahn von der Zwölf-Apostel-Kirche in der Nähe des Nollendorfplatzes über Schöneberg und Wilmersdorf nach Schmargendorf.

18. 05. 1888
Die „Wilmersdorf-Schmargendorfer Dampfstraßenbahn" (Reymer & Masch) wird auf der genannten Strecke eröffnet.

Die Bahn wird mit Straßenbahnlokomotiven und entsprechenden Beiwagen betrieben.

1888
Infolge wirtschaftlicher Schwierigkeiten ist die Firma Davy, Donath & Co. nicht zur Fertigstellung der genehmigten Strecken in der Lage. Das „Berliner Dampfstraßenbahn-Konsortium" (BDK), bestehend aus der Bank für Handel und Industrie, dem Bankhaus J. Simon Ww. Söhne und dem Unternehmer Hermann Bachstein, übernimmt die in Betrieb und im Bau befindlichen Dampfstraßenbahnen von Davy, Donath & Co.

22. 12. 1888
Das Berliner Dampfstraßenbahn-Konsortium übernimmt auch die Wilmersdorf-Schmargendorfer Dampfstraßenbahn (Reymer & Masch).
Damit befinden sich alle im Westen Berlins gelegenen Dampfstraßenbahnen im Besitz des Konsortiums.

1888–1892
Das Berliner Dampfstraßenbahnkonsortium baut das Netz in den westlichen Berliner Vororten Schöneberg, Wilmersdorf, Schmargendorf, Friedenau, Halensee und Steglitz weiter aus.

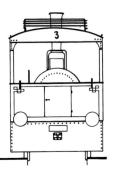
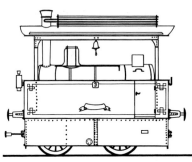
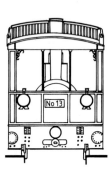
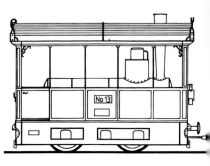

Dampflokomotive Nr. 3 der Serie Nr. 1 – Nr. 6, gebaut 1888, Achsfolge 1 A. (links oben)

Dampflokomotive Nr. 13 der Serie Nr. 10 – Nr. 13, gebaut 1890, Achsfolge B. (oben)

Rowansche Dampftriebwagen wurden vom Berliner Dampfstraßenbahn-Konsortium in verschiedenen Varianten beschafft und erprobt, konnten sich aber um die Jahrhundertwende gegenüber der elektrischen Straßenbahn nicht mehr durchsetzen.
Foto: Sammlung Kubig

Dampftriebwagen Nr. 3, gebaut 1885, aufgenommen 1886.
Foto: Sammlung Kubig

Dampftriebwagen Nr. 25, gebaut 1890.
Foto: Sammlung Kubig

Neben Straßenbahnlokomotiven und Dampftriebwagen kommen teilweise auch Pferdebahnwagen zum Einsatz.

1889
Das Berliner Dampfstraßenbahn-Konsortium übernimmt den Betrieb der schon länger bestehenden Pferdeomnibuslinie Spittelmarkt–Schöneberg, Goltzstraße.

01. 04. 1892
Das gesamte Streckennetz ist ausgebaut. Die zuletzt eröffnete Linie vom Zoologischen Garten durch die Schleswigsche Straße (Uhlandstraße) nach Wilmersdorf, Aue (Wilhelmsaue) wird als Pferdebahn betrieben.
Das Unternehmen ist unwirtschaftlich, da lediglich die westlichen Berliner Vororte untereinander verbunden sind und der direkte Anschluß nach Berlin fehlt. Da innerhalb Berlins Dampfbetrieb nicht zugelassen ist, beantragt das Berliner Dampfstraßenbahn-Konsortium die Genehmigung zur Einführung des elektrischen Betriebs.

12. 03. 1895
Das Königliche Polizeipräsidium zu Berlin erteilt eine vorläufige Genehmigung zur Herstellung einer Strecke vom Nollendorfplatz durch die Kurfürstenstraße, Dennewitzstraße, Flottwellstraße und Linkstraße zum Potsdamer Platz sowie zur Einführung des elektrischen Betriebs. Die Genehmigung durch den Berliner Magistrat wird am 15. 04. 1895 erteilt.

30. 09. 1895
Der Omnibusbetrieb des Berliner Dampfstraßenbahn-Konsortiums auf der Strecke Schöneberg–Spittelmarkt geht auf das „Berliner Fuhrwesen Thien" über, das im November des gleichen Jahres in der „Neuen Berliner Omnibus-A.G." aufgeht.

1896
Das Berliner Dampfstraßenbahn-Konsortium betreibt folgende Linien:
– Nollendorfplatz–Tauentzienstraße–Kurfürstendamm–Halensee–Hubertusallee–Teplitzer Straße–Hagenstraße–Hundekehle (Dampfbetrieb) (Linienlänge 8,2 km),
– Nollendorfplatz–Goltzstraße–Grunewaldstraße–Wilmers-

Dampftriebwagen Nr. 24, gebaut 1889, aufgenommen auf der Linie Nollendorfplatz–Tauentzienstraße–Kurfürstendamm–Hundekehle in der Nähe des Wittenbergplatzes im Jahre 1897. In dieser Zeit unternahm das Berliner Dampfstraßenbahn-Konsortium bereits erste Versuche mit Akku-Tw.
Foto: Sammlung Kubig

dorf, Aue (Wilhelmsaue)–Schmargendorf, Mecklenburgische Straße–Hagenstraße–Hundekehle (Dampfbetrieb) (Linienlänge 7,8 km),
- Zoologischer Garten–Nollendorfplatz–Goltzstraße–Schöneberg, Hauptstraße–Friedenau, Rheinstraße–Steglitz, Schloßstraße (Dampfbetrieb) (Linienlänge 8,2 km),
- Zoologischer Garten–Wilmersdorf, Kaiserallee (Bundesallee)–Friedenau, Rheinstraße (Pferdebahn) (Linienlänge 4,8 km),
- Zoologischer Garten–Uhlandstraße–Wilmersdorf, Aue (Pferdebahn) (Linienlänge 2,7 km).

November 1897
Das Berliner Dampfstraßenbahn-Konsortium unternimmt erste Versuche mit einem Akkumulatortriebwagen. Da der Wagen im April 1898 infolge eines Kurzschlusses ausbrennt, müssen die Versuche eingestellt werden.

1898
Mit allen beteiligten Gemeinden werden neue Zustimmungsverträge abgeschlossen. Sie enthalten die Einführung des elektrischen Betriebs mittels Oberleitung sowie den zweigleisigen Ausbau des Netzes.

01. 10. 1898
Das Berliner Dampfstraßenbahn-Konsortium geht in die „Westliche Berliner Vorortbahn" über, die auch die geplante Elektrifizierung durchführt.

Betriebsstatistik – Berliner Dampfstraßenbahn Konsortium (BDK)

		1890	1893	1896	1898
Anzahl der Pferdebahnwagen	—		20	20	20	20
Anzahl der Pferde	—			41		
Anzahl der Dampftriebwagen	—		30	30	30	28
Anzahl der Dampflokomotiven	—		13	13	13	9
Anzahl der Beiwagen	—		52		50	50
Streckenlänge	km				31,7[1)	
Gleislänge	km					
Wagenkilometer	km					
Beförderte Personen	10³ Pers	2 053,5	2 838,3	3 527,3	4 320,3

[1)] davon Pferdebahn : 7,5 km

Wagenparkstatistik – Berliner Dampfstraßenbahn-Konsortium (BDK)

Wagen-nummer	Hersteller mech. / motor.	Baujahr	Sitz-/ Stehplätze	Länge mm	Achs-/ Drehzapfen- abstand mm	Stunden- leistung kW	Art der Bremse	Bemerkungen
Dampflokomotiven								
1–6	Hoh	1888	–/–				D, H	1888 ex Wilmersdorf–Schmargendorfer-Dampfstrab; Achsfolge 1A; Betriebsgewicht 12,5 t
7 + 8	Wö	1878	–/–				D, H	1888 ex Wilmersdorf–Schmargendorfer-Dampfstrab; Achsfolge B;
9	Wint	1880	–/–				D, H	1888 ex Wilmersdorf–Schmargendorfer-Dampfstrab; Achsfolge B; Betriebsgewicht 8,3 t
10–13	Schwa	1890	–/–				D, H	Achsfolge B; Betriebsgewicht 12,5 t

noch **Wagenparkstatistik** – Berliner Dampfstraßenbahn-Konsortium (BDK)

Wagen-nummer	Hersteller mech.	motor.	Baujahr	Sitz-/ Stehplätze	Länge mm	Achs-/ Dreh- zapfen- abstand mm	Stunden- leistung kW	Art der Bremse	Bemerkungen
Dampftriebwagen									
1 + 2	Her	Bor	1882/85	22 l/8				D, H	1888 ex Wilmersdorf–Schmargendorfer-Dampf-strab; Betriebsgewicht 8 t; Dampfbogie Typ A
3–5	Her	Bor	1885	40 q/7				D, H	1888 ex Wilmersdorf–Schmargendorfer-Dampf-strab; Betriebsgewicht 8,7 t; Dampfbogie Typ A
6	Ringh	Bor	1886	32 q/8				D, H	ab 1888 in Betrieb; Betriebsgewicht 9,3 t; Dampfbogie Typ A
7–10 16–24	Her	Bor	1889	45 l/6				D, H	Betriebsgewicht 12,5 t; Dampfbogie Balancier-Maschinen-Typ B
11–15	Her	Bor	1887/88	35 q/5				D, H	Betriebsgewicht 9,8 t; Dampfbogie Typ AA
25–30	Her	Schwa	1890	32 q/4				D, H	Betriebsgewicht 11 t; Dampfbogie Typ A
31		Schwa		42 q/4				D, H	Dampfbogie Typ B2
Beiwagen									
1–15	Her		1886	36 l/		1 000/5 400	–	D, H	1900 zu WBV Bw Nr. 100–113 (außer Bw Nr. 6)
16–18	Her		1888	48 q/		/–	–	D, H	Sowg; 1900 a
19 + 20, 24–30, 42				28 q/		/–	–	D, H	Sowg; 1888 an Pferdebahn Reims (Frankreich)
21–23	Lud		1887	28 q/		/–	–	D, H	Sowg; bis 1900 a
31–34	Lud		1887	16 l/		/–	–	D, H	auch f. Pferdebahnbetrieb benutzt; bis 1900 a
35 + 36	Weif		1887	16 q+ 12 l/		/–	–	D, H	Nr. 35 bis 1900 a, Nr. 36 zu WBV Bw Nr. 126
40, 42^II, 43–52	Her		1889	30 l/		/–	–	D, H	1900 zu WBV Bw Nr. 114–125
41	Her		1887	40 q/		/–	–	D, H	Sowg, dreiachsig; 1900 zu WBV Bw Nr. 127
219–224	Her		1890	16 l/		/–	–	D, H	bis 1900 a
225–240	Her		1890	16 l/		/–	–	D, H	auch f. Pferdebahn-betrieb benutzt; bis 1900 a

Westliche Berliner Vorortbahn (WBV)

Elektrische Straßenbahn

Zeittafel

25. 06. 1898
Die Aktiengesellschaft „Westliche Berliner Vorortbahn" (WBV) wird gegründet.

01. 10. 1898
Die Westliche Berliner Vorortbahn übernimmt das Berliner Dampfstraßenbahn-Konsortium. Um der Konkurrenz in den westlichen Vororten zu begegnen, erwirbt die Große Berliner Straßenbahn (GBS), die dort ebenfalls Linien betreibt, sämtliche Aktien der WBV. Das Unternehmen verliert damit seine Selbständigkeit und wird von der GBS mitverwaltet. Das Personal für den Betrieb der WBV stellt die GBS.

18. 05. 1899
Auf der Linie Zoologischer Garten–Nollendorfplatz–Steglitz wird der elektrische Betrieb der WBV eröffnet. Diese sowie alle weiteren Strecken werden für Oberleitungsbetrieb mit Stangenstromabnehmern eingerichtet.

01. 10. 1899
Die Neubaustrecke vom Nollendorfplatz zum Potsdamer Platz wird in Betrieb genommen. Der Anschluß in die Berliner Innenstadt ist damit hergestellt.

10. 08. 1900
Das gesamte Streckennetz der WBV mit einer Gleislänge von fast 70 km ist elektrifiziert.

17. 09. 1900
Die WBV erhält durch das Königliche Polizeipräsidium zu Berlin die Genehmigungsurkunde zum Betrieb elektrischer Straßenbahnen bis zum 31. 12. 1949. Ihr Inhalt deckt sich im wesentlichen mit dem der Genehmigung, die der Großen Berliner Straßenbahn am 04. 05. 1900 erteilt wurde.

Tw Nr. 38 der Serie Nr. 1 – Nr. 41, gebaut 1897/1900, und Tw Nr. 1700 der GBS (links); aufgenommen am Nollendorfplatz um 1900.
Foto: Sammlung Dr. Bauer

Westliche Berliner Vorortbahn

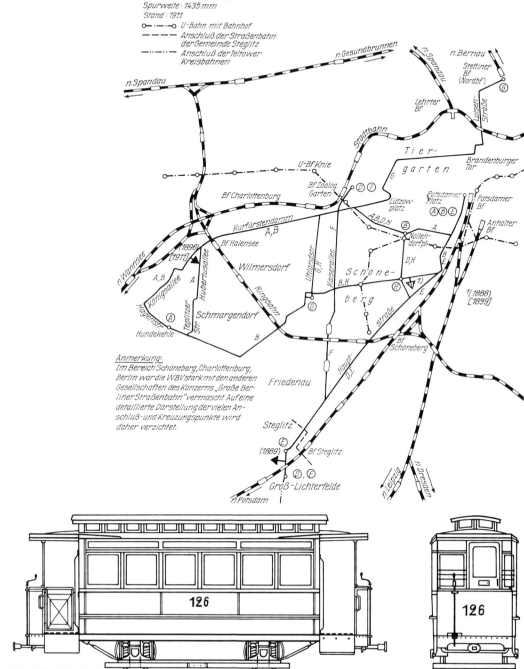

Bw Nr. 126, gebaut 1887 von der Firma Joh. Weifzer, Graz; 1900 von der Berliner Dampfstraßenbahn als Nr. 36 übernommen; dargestellt im umgebauten Zustand vom Jahr 1900; 1920 an BST Nr. 594.

Große Berliner Straßenbahn und ihre Nebenbahnen

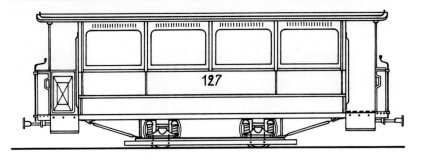
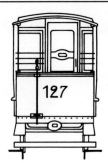

Auch Bw Nr. 127, gebaut 1887, wurde 1900 von der Berliner Dampfstraßenbahn (ex Nr. 41) übernommen und im gleichen Jahr umgebaut.

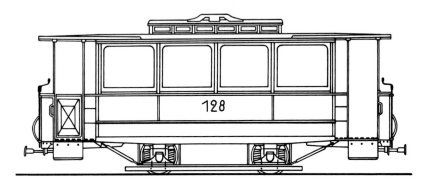
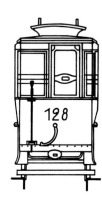

Bw Nr. 128 der Serie Nr. 128 – Nr. 177, gebaut 1899 als Sommerwagen; 1903 Umbau; 1920 an BST Serie Nr. 864 – Nr. 913.

Tw Nr. 63, gebaut 1903, war ein Einzelgänger bei der WBV; 1920 an BST Nr. 3872.

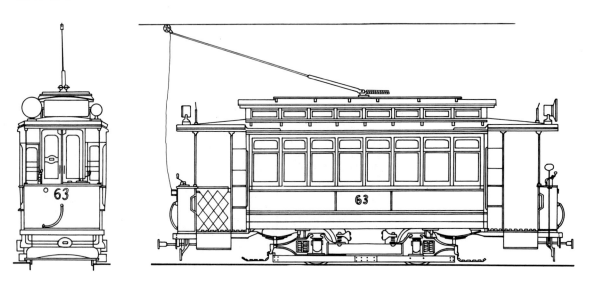

Westliche Berliner Vorortbahn

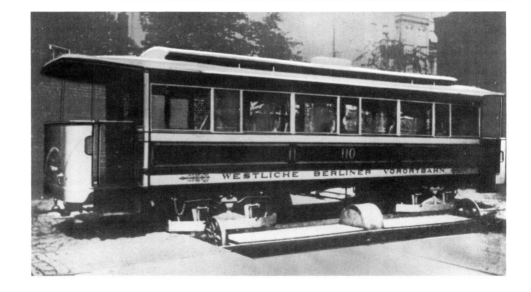

Bw Nr. 110 der Serie Nr. 100 – Nr. 113, 1900 ex Berliner Dampfstraßenbahn-Konsortium Nr. 1 – Nr. 15, gebaut 1886; aufgenommen um 1905 im Straßenbahnbetriebshof Schöneberg, Belziger Straße.
Foto: Sammlung Kirsch

Tw Nr. 31 der Serie Nr. 1 bis Nr. 41 und Nr. 43 – Nr. 62, gebaut 1897/1900; ähnlich dem Typ Neu Berolina der GBS; ab 1920 an BST Serie Nr. 3229 – Nr. 3232, Nr. 3817 – Nr. 3871.
Foto: Sammlung Kubig

06. 05. 1902
Bei der Großen Berliner Straßenbahn und ihren Tochtergesellschaften wird die Linienkennzeichnung mittels farbiger Signalscheiben durch eine solche mittels Zahlen und Buchstaben abgelöst. Die Linien der WBV erhalten die Buchstaben A–M zugeordnet.

01. 09. 1911
Die Westliche Berliner Vorortbahn betreibt folgende Linien:
A Potsdamer Platz–Linkstraße–Flottwellstraße–Dennewitzstraße – Kurfürstenstraße – Nollendorfplatz – Tauentzienstraße – Kurfürstendamm – Bf Halensee – Schleifenfahrt (Königsallee–Hundekehle–Hagenstraße–Teplitzer Straße–Hubertusallee oder umgekehrt) (Linienlänge Potsdamer Platz–Hundekehle 11,0 km bzw. 9,8 km),
B Potsdamer Platz–Linkstraße–Flottwellstraße–Dennewitzstraße–Bülowstraße–Mansteinstraße–Grunewaldstraße–Berliner Straße–Mecklenburgische Straße–Breite Straße–Hundekehlenstraße–Hagenstraße–Hundekehle–Königsallee–Bf Halensee–Kurfürstendamm–Tauentzienstraße–Nollendorfplatz (Linienlänge 17,0 km),
D Groß-Lichterfelde, Händelplatz–Steglitz, Schloßstraße–Rheinstraße–Hauptstraße–Goltzstraße–Nollendorfplatz–Tauentzienstraße–Bf Zoologischer Garten (Linienlänge 8,6 km),
E Steglitz, Schloßstraße–Rheinstraße–Hauptstraße–Bahnstraße (Crellestraße) – Mansteinstraße – Bülowstraße – Dennewitzstraße–Flottwellstraße–Linkstraße–Potsdamer Platz (Linienlänge 7,6 km),
F Groß-Lichterfelde, Händelplatz–Steglitz, Schloßstraße–Kaiserallee (Bundesallee)–Joachimsthaler Straße–Bf Zoologischer Garten (Linienlänge 6,8 km),
G Wilmersdorf, Wilhelmsaue–Uhlandstraße–Kurfürstendamm–Bf Zoologischer Garten–Kurfürstendamm (Budapester Straße)–Lützowplatz–Lichtensteinallee–Großer Stern–Brandenburger Tor–Luisenstraße (Hermann-Matern-Straße)–Invalidenstraße–Stettiner Bahnhof (Nordbahnhof) (Linienlänge 9,0 km),
H Westring: Grunewaldstraße–Goltzstraße–Nollendorfplatz–Tauentzienstraße–Bf Zoologischer Garten–Kurfürstendamm–Uhlandstraße–Berliner Straße–Grunewaldstraße (Linienlänge 7,4 km).

28. 05.1918
Zwischen dem Verband Groß-Berlin einerseits und der Großen Berliner Straßenbahn und ihren Tochtergesellschaften, zu denen auch die WBV gehört, andererseits wird ein neuer Zustimmungsvertrag abgeschlossen. Darin werden die Beziehungen der Straßenbahngesellschaften zu den Städten und Gemeinden des Verbandes einheitlich geregelt (siehe Abschnitt „Große Berliner Straßenbahn A.-G."). Unter anderem ist die endgültige Verschmelzung der Großen Berliner Straßenbahn mit ihren Tochtergesellschaften vorgesehen.

03. 03. 1919
Die Verbandsversammlung des Verbandes Groß-Berlin gibt ihre Zustimmung zur Verschmelzung der Großen Berliner Straßenbahn mit ihren Tochtergesellschaften.

15. 05. 1919
Die Vereinigung der Großen Berliner Straßenbahn mit ihren Tochtergesellschaften wird vollzogen. Die Rechnungsführung wird rückwirkend ab 01. 01. 1918 vereinheitlicht. Die Westliche Berliner Vorortbahn hört damit auf zu existieren.

Tw Nr. 216 der Serie Nr. 201 – Nr. 218, gebaut 1913; aufgenommen 1913 auf Linie D in der Tauentzienstraße; ab 1920 BST Nr. 5293 – Nr. 5322.
Foto: Sammlung Dr. Bauer

Westliche Berliner Vorortbahn

Betriebsstatistik – Westliche Berliner Vorortbahn (WBV)

		1902	1907	1912	1917
Anzahl der Tw		–	63	88	118	118
Anzahl der Bw		–	79	79	79	79
Streckenlänge	km			36,3	41,5
Gleislänge	km	68,0	68,9		84,4
Wagenkilometer	10^3 km	4415,3	7533,2	11757,1	11382,4
Beförderte Personen	10^3 Pers	13230,0	27123,0	46600,0	61500,0

Wagenparkstatistik – Westliche Berliner Vorortbahn (WBV)

Wagen-nummer	Hersteller mech.	Hersteller elektr.	Baujahr	Sitz-/Stehplätze	Länge mm	Achs-/Drehzapfenabstand mm	Stundenleistung kW	Art der Bremse	Bemerkungen
Triebwagen									
1–41, 43–62	Bök	AEG	1897/01	20 l/14	8600	1750/–	2 × 18	E, H	1920 an BST Nr. 3229–3232, 3817–3871
63		AEG	1903	22 q/	9150	2400/–	2 × 24,5	D, E, H	1920 an BST Nr. 3872
42, 64–88	Bök/Falk	AEG	1901/05	27 q/	11000	1300/5500	2 × 24,5	D, E, H	Maximum-Drehg.; 1920 an BST Nr. 4932–4957
89–99, 201–218	Köln/Falk	AEG	1910	30 q/	11000	1300/5500	2 × 22	D, E, H	Maximum-Drehg.; 1920 an BST Nr. 5293–5322
Beiwagen									
100–113	Her		1886	36 l/		1000/5400	–	D, So, H	1900 ex Berl. Dampfstrab Bw Serie Nr. 1–15; 1920 an BST Nr. 568–581
114–125	Her		1889	30 l/	9400	1000/4500	–	D, So, H	1900 ex Berl. Dampfstrab Bw Nr. 40, 42[II], 43–52; 1920 zu BST Nr. 582–593
126	Weif		1887	22 q/	8300	2250/–	–	D, So, H	1900 ex Berl. Dampfstrab Bw Nr. 36; 1920 an BST Nr. 594
127	Her		1887	24 q/	8000	2500/–	–	D, So, H	1900 ex Berl. Dampfstrab Bw Nr. 41; 1920 an BST Nr. 595
128–177	Her		1899	24 q/	8500	1830/–	–	D, So, H	ex Sowg; 1920 an BST Nr. 864–913
178	Bök		1904	18 q/	8600	2500/–	–	D, So, H	1920 an BST Nr. 1218

Südliche Berliner Vorortbahn (SBV)

Elektrische Straßenbahn

Zeittafel

25. 06. 1897
Das „Konsortium der Südlichen Vorortbahn" erhält die staatliche Genehmigung zur Anlage von regelspurigen elektrischen Straßenbahnen in den südlichen Berliner Vororten Schöneberg, Tempelhof, Lankwitz, Britz, Rixdorf (seit 1912 Neukölln) und Treptow sowie in Berlin.

04. 07. 1898
Gründung der Aktiengesellschaft „Südliche Berliner Vorortbahn" (SBV). Sie tritt in die Verträge des Konsortiums der Südlichen Vorortbahn ein. Je 50 % der Aktien besitzen die Große Berliner Straßenbahn und die Gesellschaft für elektrische Unternehmungen in Berlin. Die Linien der SBV führen mit ihrer Eröffnung teilweise über Gleisanlagen der GBS und der anderen Tochtergesellschaften. Auf Teilstrecken des SBV-Netzes, z. B. nach Treptow, verkehren nur Linien der GBS. Das Betriebspersonal sowie die erforderlichen Beiwagen stellt die GBS, die das Unternehmen auch verwaltet. Die Triebwagen der SBV sind in Betriebshöfen der GBS stationiert.

01. 07. 1899
Die Hauptlinie der Gesellschaft, der Südring vom Blücherplatz über Belle-Alliance-Straße, Yorckstraße, Schöneberg, Tempelhof, Britz und Rixdorf zum Blücherplatz, wird als erste Strecke in Betrieb genommen. Sie ist – ebenso wie die anderen Strecken – für Oberleitungsbetrieb mit Stangenstromabnehmern eingerichtet.

Dezember 1900
Das vertragsmäßig zu bauende Streckennetz ist im wesent-

Die Südliche Berliner Vorortbahn besaß 30 Tw eines Typs: zwei davon, u. a. Tw Nr. 18, gebaut 1899, aufgenommen am Bf Rixdorf (Neukölln) im Jahre 1901. Alle Tw wurden 1920 von der BST unter Nr. 3233 bis Nr. 3262 übernommen.
Foto: Sammlung Dr. Bauer

lichen fertiggestellt. Eine Linie (Tempelhof–Lankwitz–Groß-Lichterfelde) muß wegen Schwierigkeiten bei der Kabellegung bis zum 14. 11. 1901 als Pferdebahn betrieben werden. Die erforderlichen Pferde und Wagen stellt die GBS. Da die Linien – insbesondere der südliche Teil des Südrings – zum Teil durch unbebautes Gebiet führen, sind die Betriebsergebnisse nicht gut. Der Südring erhält im Volksmund den Namen „Wüstenbahn". Es verkehren folgende Linien:
- Südring: Rixdorf–Berlin–Schöneberg–Tempelhof–Britz–Rixdorf (Linienlänge 21,1 km).
- Halbring: Rixdorf–Berlin–Schöneberg (Linienlänge 9,6 km),
- Potsdamer Straße/Ecke Eichhornstraße–Schöneberg, General-Pape-Straße (Linienlänge 5,0 km),
- Tempelhof–Südende–Lankwitz–Groß-Lichterfelde (Linienlänge 5,9 km),

06. 05. 1902
Bei der Großen Berliner Straßenbahn und ihren Tochtergesellschaften wird die Linienkennzeichnung durch Zahlen bzw.

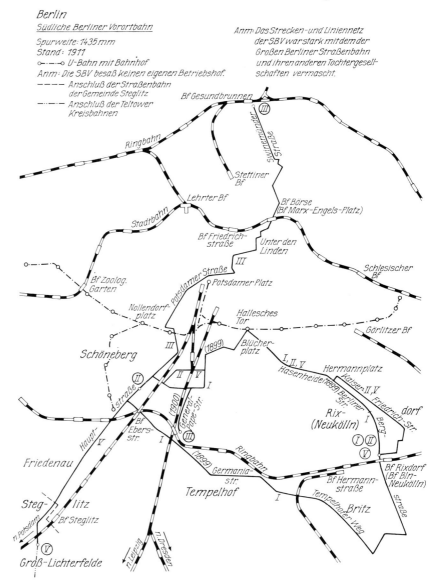

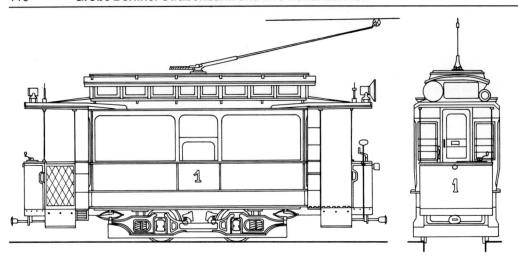

Tw Nr. 1 der Serie Nr. 1 – Nr. 30, gebaut 1899, Typ Berolina.

Buchstaben eingeführt. Die Linien der SBV erhalten die römischen Zahlen I–V.

1910
Sämtliche Aktien der SBV befinden sich im Besitz der GBS.

01. 09. 1911
Die Südliche Berliner Vorortbahn betreibt folgende Linien:

I Südring: Bf Rixdorf (Bf Neukölln)–Bergstraße (Karl-Marx-Straße)–Berliner Straße (Karl-Marx-Straße)–Hermannplatz–Berlin, Hasenheide–Blücherstraße–Blücherplatz–Belle-Alliance-Straße (Mehringdamm)–Yorckstraße–Katzbachstraße–Schöneberg, Kolonnenstraße–Hauptstraße–Tempelhofer Straße–Sachsendamm–Tempelhof, Dorfstraße (Alt-Tempelhof)–Germaniastraße–Britz, Tempelhofer Weg–Dorfstraße (Alt-Britz)–Ringchaussee (Blaschkoallee)–Rudower Straße (Buschkrugallee)–Bf Rixdorf (Linienlänge 20,2 km),

II Bf Rixdorf–Thüringer Straße (Saalestraße)–Richardstraße–Hertzbergstraße–Kaiser-Friedrich-Straße (Sonnenallee)–Hermannplatz–Berlin, Hasenheide–Blücherstraße–Blücherplatz–Belle-Alliance-Straße–Yorckstraße–Katzbachstraße–Monumentenstraße–Schöneberg, Kolonnen-

Der Hermannplatz in Rixdorf (Neukölln) um 1907 mit Tw Nr. 24, gebaut 1899. Tw Nr. 24 befindet sich auf der Fahrt vom Bf Rixdorf nach Schöneberg. Beachtenswert die Gleisverzweigungen im Vordergrund.
Foto: Sammlung Dr. Bauer

straße–Hauptstraße/Ecke Eisenacher Straße (Linienlänge 9,6 km),
III Swinemünder Straße/Ecke Ramlerstraße – Kastanienallee – Rosenthaler Platz – Hackescher Markt – Kastanienwäldchen – Kaiser-Franz-Josef-Platz (Unter den Linden) – Französische Straße – Kanonierstraße (Glinkastraße) – Leipziger Straße – Potsdamer Platz – Potsdamer Straße – Bülowstraße – Mansteinstraße – Bahnstraße (Crellestraße) – Schöneberg, Kolonnenstraße – General-Pape-Straße (Linienlänge 11,7 km),
V Bf Rixdorf – wie Linie II – Schöneberg, Hauptstraße – Rheinstraße – Steglitz, Schloßstraße – Groß-Lichterfelde, Händelplatz (Linienlänge 14,3 km).

1913
Das Streckennetz der SBV wird nach Buckow und Rudow erweitert.

28. 05. 1918
Zwischen dem Verband Groß-Berlin einerseits und der Großen Berliner Straßenbahn und ihren Tochtergesellschaften, zu denen auch die SBV gehört, anderseits wird ein neuer Zustimmungsvertrag abgeschlossen. Darin werden die Beziehungen der Straßenbahngesellschaften zu den Städten und Gemeinden des Verbandes einheitlich geregelt (siehe Abschnitt „Große Berliner Straßenbahn A.-G."). Unter anderem ist die endgültige Verschmelzung der Großen Berliner Straßenbahn mit ihren Tochtergesellschaften vorgesehen.

03. 03. 1919
Die Verbandsversammlung des Verbandes Groß-Berlin gibt ihre Zustimmung zur Verschmelzung der Großen Berliner Straßenbahn mit ihren Tochtergesellschaften.

15. 05. 1919
Die Vereinigung der Großen Berliner Straßenbahn mit ihren Tochtergesellschaften wird vollzogen. Die Rechnungsführung wird rückwirkend ab 01. 01. 1918 vereinheitlicht. Die Südliche Berliner Vorortbahn hört damit auf zu existieren.

Betriebsstatistik – Südliche Berliner Vorortbahn (SBV)

		1900	1906	1912	1917
Anzahl der Tw		–	30	30	30	30
Anzahl der Bw		–	–	–	–
Streckenlänge	km			29,6	37,3
Gleislänge	km	31,4	33,5		58,9
Wagenkilometer	10^3 km	1 605,0	2 373,2	4 607,1	4 054,8
Beförderte Personen	10^3 Pers	3 417,0	4 556,7	13 303,6	17 400,0

Wagenparkstatistik – Südliche Berliner Vorortbahn (SBV)

Wagennummer	Hersteller mech.	Hersteller elektr.	Baujahr	Sitz-/ Stehplätze	Länge mm	Achs-/ Drehzapfenabstand mm	Stundenleistung kW	Art der Bremse	Bemerkungen
Triebwagen									
1–30		AEG	1899	20 l/12	8 400	1 800/–	2 × 24,5	E, H	Typ Neu-Berolina; 1920 an BST Nr. 3233–3262
Beiwagen									
(nicht vorhanden)									

Nordöstliche Berliner Vorortbahn (NöBV)

- Straßenbahn Berlin–Hohenschönhausen der Continentalen Gesellschaft für elektrische Unternehmungen in Nürnberg
- Neue Berliner Straßenbahn Nordost A.G.

Elektrische Straßenbahn

Zeittafel

29. 06./08. 07. 1898
Zwischen der Stadt Berlin und der „Continentalen Gesellschaft für elektrische Unternehmungen" in Nürnberg wird ein Vertrag über die Anlage einer elektrischen Straßenbahn von Berlin nach Hohenschönhausen abgeschlossen.

21. 10. 1899
Die elektrische Straßenbahn Berlin–Hohenschönhausen der Continentalen Gesellschaft wird eröffnet. Die Strecke ist regelspurig und für Oberleitungsbetrieb mit Stangenstromabnehmern eingerichtet. Die Bahn fährt von der Landsberger Straße/Ecke Waßmannstraße (heute etwa Leninplatz/Ecke Mollstraße) durch die Landsberger Straße, Landsberger Allee (Leninallee), Hohenschönhauser Straße, Berliner Straße zur Hauptstraße in Hohenschönhausen. In der Landsberger Straße und Landsberger Allee werden Gleisanlagen der Neuen Berliner Pferdebahn-Gesellschaft (ab 01. 01. 1900 der Großen Berliner Straßenbahn (GBS)) benutzt.

16. 06. 1900
Die Continentale Gesellschaft für elektrische Unternehmungen in Nürnberg erhält durch das Königliche Polizeipräsidium zu Berlin die Genehmigungsurkunde (Konzession) für den Betrieb elektrischer Straßenbahnen bis zum 31. 12. 1949. Ihr Inhalt deckt sich im wesentlichen mit dem der Genehmigung, die der Großen Berliner Straßenbahn am 04. 05. 1900 erteilt wurde. Die Bahn erhält außerdem die Genehmigung zum Gütertransport.

1900
Die Continentale Gesellschaft für elektrische nternehmungen beantragt die Verlängerung ihrer an der Waßmannstraße endenden Linie durch die Kaiser-, Alexander-, Gruner-, Neue Friedrich- (Litten-) und Wallstraße zum Spittelmarkt. Damit soll ein direkter Anschluß Hohenschönhausens an die Innenstadt erreicht werden. Der Antrag wird durch das Polizeipräsidium

Werksaufnahme des Tw Nr. 22 der „Continentalen Gesellschaft für elektrische Unternehmungen" – CGeUN, gebaut 1900; aufgenommen noch ohne Stromabnehmer.
Foto: Sammlung Dr. Bauer

Nordöstliche Berliner Vorortbahn

wegen der geringen Breite der Neuen Friedrichstraße abgelehnt.

10. 12. 1906
Die Straßenbahn Berlin–Hohenschönhausen wird von der „Neuen Berliner Straßenbahn Nordost A.G." übernommen. Diese Gesellschaft betreibt nur diese eine Linie.

1908
In Berlin wird die Linie durch die Waßmannstraße und Elisabethstraße bis zur Landsberger Straße/Ecke Kurze Straße in unmittelbarer Nähe des Alexanderplatzes verlängert. Der schon 1900 angestrebte Anschluß zur Innenstadt ist damit teilweise hergestellt.

03. 05. 1910
Die Neue Berliner Straßenbahn Nordost A. G. wird in „Nordöstliche Berliner Vorortbahn" (NöBV) umbenannt.
Die Große Berliner Straßenbahn (GBS) erwirbt sämtliche Aktien der Neuen Berliner Straßenbahn Nordost A.G. Sie gliedert die Linie in das von ihr und den anderen Nebenbahnen betriebene Netz ein und übernimmt die Verwaltung.

05. 03. 1913
Die Endhaltestelle in Hohenschönhausen wird von der Hauptstraße zur Berliner Straße/Ecke Orankestraße zurückgezogen. Die am 15. 04. 1912 eingerichtete Linie 164 der GBS fährt dafür bis zur Wartenberger Straße in Hohenschönhausen. Die Linie der NöBV erhält die Bezeichnung NO.

Verzwickt ist die Geschichte des Tw Nr. 32 der „Neuen Berliner Straßenbahn Nordost A.G."; 1910 zu Tw Nr. 14 der NöBV; 1920 an BST Nr. 4083 und im Originalzustand bis 1929 im Einsatz.
Foto: Sammlung Kubig

Bw Nr. 30, gebaut 1908; dieser Decksitz-Bw war ein Einzelgänger und wurde 1910 von der NöBV zum Tw umgebaut, ab 1920 erhielt dieser Tw bei der BST die Nr. 4081.
Foto: Sammlung Kubig

Große Berliner Straßenbahn und ihre Nebenbahnen

August 1914
Infolge des Ausbruchs des ersten Weltkrieges wird die Linie NO für einige Monate eingestellt. Ersatz wird durch die Linie 164 der GBS geboten.

28. 05. 1918
Zwischen dem Verband Groß-Berlin einerseits und der Großen Berliner Straßenbahn und ihren Tochtergesellschaften, zu denen auch die NöVB gehört, andererseits wird ein neuer Zustimmungsvertrag abgeschlossen. Darin werden die Beziehungen der Straßenbahngesellschaften zu den Städten und Gemeinden des Verbandes einheitlich geregelt (siehe Abschnitt „Große Berliner Straßenbahn A.-G.").

Unter anderem ist die endgültige Verschmelzung der Großen Berliner Straßenbahn mit ihren Tochtergesellschaften vorgesehen.

03. 03. 1919
Die Verbandsversammlung des Verbandes Groß-Berlin gibt ihre Zustimmung zur Verschmelzung der Großen Berliner Straßenbahn mit ihren Tochtergesellschaften.

15. 05. 1919
Die Vereinigung der Großen Berliner Straßenbahn mit ihren Tochtergesellschaften wird vollzogen. Die Rechnungsführung wird rückwirkend ab 01. 01. 1918 vereinheitlicht. Die Nordöstliche Berliner Vorortbahn hört damit auf zu existieren.

Betriebsstatistik – Continentale Gesellschaft für elektrische Unternehmungen (CGeUN)
Neue Berliner Straßenbahn Nordost A. G. (NBSNAG),
Nordöstliche Berliner Vorortbahn (NöVB)

		1900	1906	1912	1917
Anzahl der Tw		–	8	12	14	14
Anzahl der Bw		–	6	15	18	18
Streckenlänge	km		4,6	4,6	5,8	6,0
Gleislänge	km					10,9
Wagenkilometer	10^3 km		446,4[1)]	560,4	1 051,0	968,2
Beförderte Personen	10^3 Pers		1 241,7	2 447,8	4 220,0	4 835,0

[1)] nur Tw-km

Wagenparkstatistik – Continentale Gesellschaft für elektrische Unternehmungen (1899–1906) – CGeUN
Neue Berliner Straßenbahn Nordost A. G. (1906–1910) – NBS NAG

Wagennummer	Hersteller mech.	Hersteller elektr.	Baujahr	Sitz-/ Stehplätze	Länge mm	Achs-/ Drehzapfenabstand mm	Stundenleistung kW	Art der Bremse	Bemerkungen
Triebwagen									
1–8	Bau		1899	20 l/	7900	2500/–	2 × 17	E, H	CGeUN; 1910 zu NöBV Bw Nr. 41–48
19–23	Bök	AEG	1900	20 l/	8500	1750/–	2 × 17	E, H	CGeUN; 1910 zu NöBV Tw Nr. 1–5
24–27		AEG	1901	20 l/	8600	1750/–	2 × 17	E, H	CGeUN; 1910 zu NöBV Tw Nr. 6–9
Beiwagen									
9–14	MAN		1899	24 q/	8400	2650/–	–	So, H	CGeUN; 1910 zu NöBV Nr. 31–36
15–18			1902	24 q/	8400	2650/–	–	So, H	CGeUN; 1910 zu NöBV Nr. 37–40
28 + 29			1908	24 q/	9200	3000/–	–	So, H	NBS NAG; 1910 zu NöBV Tw Nr. 10 + 11

Nordöstliche Berliner Vorortbahn 115

noch **Wagenparkstatistik** – Continentale Gesellschaft für elektrische Unternehmungen (1899–1906) –
CGeUN – Neue Berliner Straßenbahn Nordost A. G. (1896–1910) - NBSNAG

Wagen-nummer	Hersteller mech.	Hersteller elektr.	Baujahr	Sitz-/Stehplätze	Länge mm	Achs-/Drehzapfenabstand mm	Stundenleistung kW	Art der Bremse	Bemerkungen
noch *Beiwagen*									
30	MAN		1908	24 l/24 q/	9200	3000/–	–	So, H	NBS NAG; Decksitzbw; 1910 zu NöBV Tw Nr. 12
31	MAN		1908	24 q/	8600	3000/–	–	So, H	NBS NAG; 1910 zu NöBV Tw Nr. 13
32	MAN		1909	22 l/	8600	3000/–	–	So, H	NBS NAG; 1910 zu NöBV Tw Nr. 14

Nordöstliche Berliner Vorortbahn (1910–1919) – NöBV

Triebwagen

Wagen-nummer	Hersteller mech.	Hersteller elektr.	Baujahr	Sitz-/Stehplätze	Länge mm	Achs-/Drehzapfenabstand mm	Stundenleistung kW	Art der Bremse	Bemerkungen
1–5	Bök	AEG	1900	20 l/	8500	1750/–	2 × 17	E, H	1910 ex NBS NAG Nr. 19–23; 1920 an BST Nr. 3050–3054
6–9		AEG	1901	20 l/	8600	1750/–	2 × 17	E, H	1910 ex NBS NAG Nr. 24–27; 1920 an BST Nr. 3873–3876
10+11		AEG	1908	24 q/	9200	3000/–	2 × 17	E, H	1910 ex NBS NAG Bw Nr. 28+29; 1920 an BST Nr. 3877+3878
12	MAN	AEG	1908	24 q/	9200	3000/–	2 × 17	E, H	1910 ex NBS NAG Bw Nr. 30; 1920 an BST Nr. 4081
13	MAN	AEG	1908	24 q/	8600	3000/–	2 × 17	E, H	1910 ex NBS NAG Bw Nr. 31; 1920 an BST Nr. 4082
14	MAN	AEG	1908	24 q/	8600	3000/–	2 × 17	E, H	1910 ex NBS NAG Tw Nr. 32; 1920 an BST Nr. 4083
Beiwagen									
31–36	MAN		1899	24 q/	8400	2650/–	–	So, H	1910 ex NBS NAG ex CGeUN Nr. 9–14; 1920 an BST Nr. 674–679
37–40			1902	24 q/	8400	2650/–	–	So, H	1910 ex NBS NAG ex CGeUN Nr. 15–18; 1920 an BST Nr. 680–683
41–48	Bau		1899	20 l/	7900	2250/–	–	D, So, H	1910 ex NBS NAG ex CGeUN Tw. Nr. 1–8; 1920 an BST Nr. 684–691

116 Übrige Straßenbahnbetriebe in den Berliner Stadtgrenzen bis 1920

Berliner Elektrische Straßenbahnen A.-G. (BESTAG)

- Siemens & Halske-Bahn (Siemensbahn)
- Pankower Zweig
- Treptower Zweig

Elektrische Straßenbahn

Zeittafel

Pankower Zweig

1892
Erstmals wird das Projekt einer Pferdeeisenbahn-Verbindung von Pankow nach Gesundbrunnen veröffentlicht. Pankow, damals noch ein selbständiger Vorort, sucht damit eine Verkehrsverbindung nach Berlin.

1893
Die Firma Siemens & Halske, die bereits seit 1881 in Groß-Lichterfelde bei Berlin erfolgreich einen elektrischen Straßenbahnbetrieb unterhält, unterbreitet zum Jahresanfang den zuständigen Stellen ein Angebot für das Projekt einer zweigleisigen regelspurigen Straßenbahn von Pankow nach Gesundbrunnen.

Tw Nr. 1 der Serie Nr. 1 – Nr. 9, gebaut 1895 für den Pankower Zweig, eingesetzt zwischen Pankow–Gesundbrunnen; aufgenommen während der Eröffnungsfahrt; diese Fahrzeuge wurden nicht von der BST übernommen.
Foto: Sammlung Kubig

April 1893
Abschluß eines Vertrags zwischen der Gemeinde Pankow und der Firma Siemens & Halske über den Bau und Betrieb einer elektrischen Straßenbahn. Die Konzession für den Betrieb wird für 50 Jahre erteilt.

Mai 1894
Auf Pankower Gebiet beginnen die Bauarbeiten.

November 1894
Für den Streckenteil auf Berliner Stadtgebiet wird die Baugenehmigung erteilt. Zuvor waren in Berlin Widerstände gegen die Errichtung einer elektrischen Oberleitung zu überwinden.

19. 03. 1895
Der Berliner Polizeipräsident erteilt die Konzession zum Betrieb der Straßenbahnstrecke Pankow–Gesundbrunnen.

10. 09. 1895
Betriebseröffnung der Strecke von der Prinzenallee/Ecke Badstraße – Wollankstraße – Breite Straße (Johannes-R.-Becher-

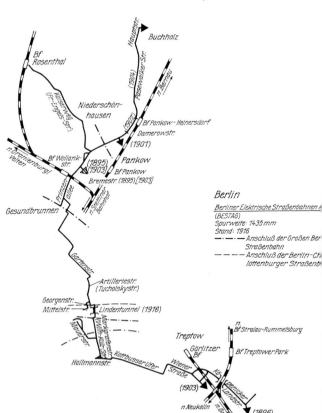

Nur kurzzeitig war der im Jahre 1895 für Budapest gebaute Versuchs-Tw bei der Siemensbahn (BESTAG) im Einsatz; für Probefahrten wurde dieser Tw vornehmlich auf dem nördlichen Zweig eingesetzt.
Foto: Sammlung Kubig

Straße)–Damerowstraße/Ecke Mendelstraße. In der Gegenrichtung verkehrt die Bahn über Breite Straße–Spandauer Straße (Wilhelm-Kuhr-Straße)–Kreuzstraße–Wollankstraße. Die Gesamtlänge beträgt 3,6 km, davon liegen etwa 0,9 km auf damaligem Berliner Stadtgebiet. Diese Strecke von etwa 900 m ist der erste elektrisch betriebene Straßenbahnabschnitt in den alten Berliner Stadtgrenzen. Der Betriebshof befindet sich in der Brehmestraße 21/22. Dort ist auch das Kraftwerk untergebracht. Die Triebwagen haben sog. Siemenssche Schleifbügel und eine elektrische Beleuchtung. Für die Gesamtstrecke werden 15 Minuten Fahrzeit benötigt. Die Wagen verkehren alle 10 Minuten ohne Schaffner. Der Fahrpreis von 10 Pfennig wird in Zahlkästen eingeworfen.

08. 08. 1898
Erteilung der Baugenehmigung für die Strecke Prinzenallee–Oranienburger Straße. Eine zügige Streckenführung mit eigenen Anlagen ist nicht möglich, da die „Große Berliner Straßenbahn" bereits auf durchgehenden Hauptstraßen Gleise zu liegen hat. Es entsteht darum ein Streckenverlauf, der diese Hauptstraßen umgeht.

Die ersten Tw des Treptower Zweiges der BESTAG waren für Ober- und Unterleitungsbetrieb ausgelegt: Tw Nr. 17 und Nr. 30, gebaut 1896, in der Parkstraße (Bulgarische Straße); aufgenommen im Baujahr; 1920 zu BST Serie Nr. 4230 – Nr. 4253.
Foto: Sammlung Dr. Bauer

20. 05. 1899
Inbetriebnahme des Abschnitts Prinzenallee/Ecke Bellermannstraße – Grünthaler Straße – Badstraße – Hochstraße – Hussitenstraße–Feldstraße/Ecke Elsässer Straße (Wilhelm-Pieck-Straße).

01. 07. 1899
Gründung der „Berliner Elektrische Straßenbahnen A.-G.". Diese übernimmt die beiden Linien von der Siemens & Halske A.-G.

08. 08. 1899
Erteilung der Genehmigung für die Strecke Oranienburger Straße–Mittelstraße.

Sotw Nr. 37 der Serie Nr. 31 – Nr. 37, gebaut 1896 von der Aktien-Gesellschaft für Fabrikation von Eisenbahn-Material zu Görlitz für den Treptower Zweig; Sommer-Tw waren eine Seltenheit, und so erhielten auch diese Sotw 1908 geschlossene Wagenkästen; aufgenommen in der Herstellerfirma.
Foto: Sammlung Kubig

Sobw Nr. 48 der Serie Nr. 38 – Nr. 56, gebaut 1896 für den Treptower Zweig; Bw hatten seitliche Einstiege und Quersitze; bei der BST ab 1920 Einnumerierung unter Bw Nr. 1666 – Nr. 1684.
Foto: Sammlung Kubig

Bw Nr. 62 der Serie Nr. 57 – Nr. 66, gebaut 1896, eingesetzt auf dem Treptower Zweig der BESTAG; 1920 an BST unter Nr. 1685 – Nr. 1694.
Foto: Sammlung Kubig

Berliner Elektrische Straßenbahn

Tw Nr. 118 der Serie Nr. 101 – Nr. 132, gebaut 1899 für den Pankower Zweig der BESTAG, ab 1920 unter Nr. 4254 – Nr. 4285 der BST geführt.
Foto: Sammlung Kubig

Bw Nr. 169 der Serie Nr. 150 – Nr. 169, gebaut 1899; eingesetzt auf dem Treptower Zweig der BESTAG; 1920 an BST unter Nr. 1695 – Nr. 1714.
Foto: Sammlung Kubig

Sobw Nr. 210 der Serie Nr. 200 – Nr. 219, gebaut 1899, mit 3 Abteilen und Mittelgang; 1920 an BST unter Nr. 1725 – Nr. 1744; aufgenommen im Baujahr 1899.
Foto: Sammlung Kubig

21. 10. 1899
Inbetriebnahme des Abschnitts Gartenstraße/Ecke Elsässer Straße–Artilleriestraße (Tucholskystraße)–Prinz-Friedrich-Karl-Straße (Geschwister-Scholl-Straße)–Georgenstraße/Ecke Prinz-Louis-Ferdinand-Straße (Planckstraße).

16. 12. 1899
Inbetriebnahme des Abschnitts Georgenstraße/Ecke Prinz-Louis-Ferdinand-Straße–Charlottenstraße–Mittelstraße/Ecke Friedrichstraße.
Die Gesamtlänge der Strecke beträgt jetzt 8,5 km.
Es werden zwei Linien betrieben:
- Pankow, Damerowstraße/Ecke Mendelstraße–Prinzenallee/Ecke Badstraße (Linienlänge 3,6 km),
- Pankow, Damerowstraße/Ecke Mendelstraße–Mittelstraße/Ecke Friedrichstraße (Linienlänge 8,5 km).

1901
Inbetriebnahme eines neuen Betriebshofes in Pankow, Damerowstraße 9–13.

01. 10. 1903
Der alte Betriebshof in der Brehmestraße wird verkauft.

Tw Nr. 117 der Serie Nr. 101 – Nr. 132, gebaut 1899, und Sobw Nr. 205 der Serie Nr. 200 – Nr. 219, gebaut ebenfalls 1899, für den Pankower Zweig der BESTAG; aufgenommen um 1900.
Foto: Sammlung Kubig

1903
Die Stadt Berlin erwirbt bis zu diesem Jahr das gesamte Aktienkapital der BESTAG in einer Höhe von 6 Millionen Mark.

1904
Die Gemeinde Französisch-Buchholz errichtet vom Bahnhof Pankow-Heinersdorf eine regelspurige Pferdeeisenbahn zum Ortskern von Französisch-Buchholz.

08. 05. 1905
Inbetriebnahme der Strecke Pankow, Breite Straße/Ecke Schönholzer Straße–Grabbeallee–Niederschönhausen, Bismarckplatz (Kurt-Fischer-Platz).

10. 05. 1905
Inbetriebnahme der Strecke Niederschönhausen, Bismarckplatz–Kaiserweg (Friedrich-Engels-Straße)/Ecke Platanenstraße.

22. 07. 1907
Die BESTAG schließt mit der Pferde-Eisenbahn Französisch-Buchholz einen Vertrag zur Elektrifizierung und Angliederung dieser Bahn an die BESTAG. Zu diesem Zweck wird ein Verbindungsgleis errichtet.

08. 12. 1907
Beginn des elektrischen Betriebs nach Französisch-Buchholz, Kirche. Es wird eine Linie Prinzenallee/Ecke Badstraße–Buchholz eingerichtet. Gleichzeitig wird die Verbindung der

Berliner Elektrische Straßenbahn

Noch einmal ein Straßenbahnzug mit Sobw: Tw Nr. 5 der Serie Nr. 1 – Nr. 30 des Treptower Zweiges der Siemens & Halske-Bahn, gebaut 1896, und Sobw Nr. 55 der Serie Nr. 38 – Nr. 56, gebaut 1896. Die Sobw wurden 1920 unter Nr. 1666 – Nr. 1684 der BST übernommen; aufgenommen um 1900.
Foto: Sammlung Kubig

ehemals getrennten Strecken zwischen Pankow, Damerowstraße und Bahnhof Pankow-Heinersdorf in Betrieb genommen.

1911
Die Firma Siemens & Halske beendet ihre Arbeit als Betriebsführerin für die BESTAG.

15. 02. 1911
Beginn des durchgehenden Linienverkehrs von Buchholz, Kirche – Mittelstraße/Ecke Friedrichstraße. Der Streckenabschnitt in der Prinzenallee zwischen Bellermannstraße und Badstraße wird nicht mehr benötigt und stillgelegt.

23. 06. 1914
Verlängerung der Strecke von Niederschönhausen nach Bahnhof Rosenthal der Reinickendorf-Rosenthal-Liebenwalder Eisenbahn.

Frühjahr 1915
Es werden folgende Linien betrieben:
– Mittelstraße – Pankow, Damerowstraße (Linienlänge 6,2 km, Fahrzeit 38 min),
– Mittelstraße – Niederschönhausen, Bismarckplatz bzw. Platanenstraße (Linienlänge 6,7 bzw. 7,0 km, Fahrzeit 37 min bzw. 39 min),
– Mittelstraße – Buchholz (Linienlänge 9,2 km, Fahrzeit 52 min),
– Mittelstraße – Bahnhof Rosenthal (Linenlänge 9,0 km, Fahrzeit 46 min).

17. 12. 1916
Mit der Inbetriebnahme des Lindentunnels zwischen Kastanienwäldchen und Lindenoper wird eine Verbindung mit dem Treptower Zweig der BESTAG hergestellt.

Treptower Zweig

Februar 1895
Der Berliner Magistrat erläßt eine Ausschreibung auf Herstellung einer Kleinbahn-Verbindung nach der im Jahre 1896 im Treptower Park stattfindenden Berliner Gewerbeausstellung.

01. 04. 1895
Die Firma Siemens & Halske unterbreitet dem Berliner Magistrat den Entwurf einer elektrischen Straßenbahn von der Behrenstraße in Berlin bis zur Neuen Krugallee in Treptow.

Herbst 1895
Beginn der Bauarbeiten.

15. 04. 1896
Inbetriebnahme der Strecke vom Görlitzer Bahnhof nach Treptow, Rathaus über Wiener Brücke als erster Teilabschnitt.

Übrige Straßenbahnbetriebe in den Berliner Stadtgrenzen bis 1920

Tw Nr. 9 der Serie Nr. 1 – Nr. 30, gebaut 1896, für den Treptower Zweig auf der Strecke Treptow – Hollmannstraße, aufgenommen um 1902.
Foto: Sammlung Kubig

So veränderten die ex Sotw Serie Nr. 31 – Nr. 37 im Jahr 1908 ihr Aussehen: Tw Nr. 32, gebaut 1896, mit geschlossenem Wagenkasten aber noch offener Plattform. Diese Tw wurden bis 1920 verschrottet.
Foto: Sammlung Kubig

Es folgen die Verlängerungen:

15. 05. 1896
Görlitzer Bahnhof–Wiener Straße–Kottbusser Ufer–Hollmannstraße.

13. 07. 1896
Hollmannstraße–Mauerstraße/Ecke Leipziger Straße (Unterleitungsstrecke).

03. 10. 1896
Mauerstraße/Ecke Leipziger Straße–Behrenstraße/Ecke Wilhelmstraße (Unterleitungsstrecke). Die Länge der Unterleitungsstrecke Behrenstraße–Hollmanstraße beträgt 2,1 km, und die Länge der Strecke mittels oberirdischer Stromzuführung beträgt von der Hollmannstraße bis Treptow 7,2 km. Die Gesamtlänge von 9,3 km ist fast durchweg zweigleisig. Der Betriebshof befindet sich in der Köpenicker Landstraße gegenüber der Einmündung der Parkstraße (Bulgarische Straße).

Tw Nr. 137 der vorletzten von der BESTAG beschafften Tw-Serie Nr. 133 – Nr. 140, gebaut 1912, vorgesehen für die Strecke Niederschönhausen–Artilleriestraße; aufgenommen um 1913.
Foto: Sammlung Kubig

Mai 1903
Inbetriebnahme einer weiteren Wagenhalle am Kottbusser Ufer.

1903
Umstellung des Unterleitungsbetriebs zwischen Behrenstraße und Hollmannstraße auf Oberleitungsbetrieb. Wegen der großen Störanfälligkeit der unterirdischen Stromzuführung war dies zwingend erforderlich geworden.

1906
Unter teilweiser Mitbenutzung von Gleisen der Großen Berliner Straßenbahn wird die Endstelle in der Behrenstraße zu einer Gleisschleife ausgebaut. Dabei ist es erforderlich, die Oberleitung für den gemeinsamen Betrieb mit Stangenstromabnehmern der GBS und Schleifbügelstromabnehmern der BESTAG herzurichten.

01. 09. 1911
Inbetriebnahme der Streckenführung Graetzstraße (Karl-Kunger-Straße) – Bouchéstraße in Treptow und Auflassung der Streckenführung Lohmühlenstraße – Schlesischer Busch.

Frühjahr 1915
Folgende Linien werden betrieben:
– Behrenstraße – Treptow, Rathaus (Linienlänge 7,0 km, Fahrzeit 38 min),
– Behrenstraße – Treptow, Graetzstraße (Linienlänge 5,4 km, Fahrzeit 28 min).

17. 12. 1916
Inbetriebnahme des viergleisigen Lindentunnels. Dadurch ist eine linienmäßige Verbindung des Pankower Betriebsteils mit dem Treptower Betriebsteil der BESTAG möglich.

1919
Es verkehren folgende Straßenbahnlinien:
– Behrenstraße/Ecke Mauerstraße – Treptow, Rathaus (Linienlänge 7,0 km, Fahrzeit 41 min),
– Pankow, Mendelstraße – Treptow, Graetzstraße (Linienlänge 10,0 km, Fahrzeit 72 min),

Tw Nr. 220 der Serie Nr. 220 – Nr. 229, gebaut 1916, der letzten von der BESTAG beschafften Tw-Serie mit geschlossenen Plattformen; ab 1920 bei BST Serie Nr. 4286 – Nr. 4295.
Foto: Sammlung Kubig

– Buchholz – Treptow, Graetzstraße (Linienlänge 14,8 km, 87 min Fahrzeit),
– Niederschönhausen, Platanenstraße – Mittelstraße (Linienlänge 6,7 km, Fahrzeit 45 min),
– Bahnhof Rosenthal – Mittelstraße (Linienlänge 9,0 km, Fahrzeit 50 min).

1919
Die Generalversammlung der BESTAG beschließt die Auflösung der Gesellschaft.

20. 09. 1919
Löschung der Gesellschaft im Handelsregister. Die Gesellschaft ist ein kommunaler Betrieb.

Dezember 1920
Übergang des Kommunalbetriebs in die „Berliner Straßenbahn" (BST).

Betriebsstatistik – Berliner Elektrische Straßenbahnen A.-G. (BESTAG)

		1895	1903	1915	1919
Anzahl der Tw		–	9	75	83[1]	74
Anzahl der Bw		–	–	85	79[1]	79
Linienlänge	km	3,6	21,4[2]	43,5[3]	47,5
Gleislänge	km				
Wagenkilometer	km				
Beförderte Personen	Pers				

[1] Gültig für das Jahr 1914
[2] davon Pankower Zweig 12,1 km
[3] davon Pankower Zweig 31,1 km

Wagenparkstatistik – Berliner Elektrische Straßenbahnen A.-G. (BESTAG, Siemens-Bahn)

Wagen-nummer	Hersteller mech.	Hersteller elektr.	Baujahr	Sitz-/Stehplätze	Länge mm	Achs-/Drehzapfenabstand mm	Stundenleistung kW	Art der Bremse	Bemerkungen
Triebwagen									
1–9	Köln	S & H	1895	16 l/		1600/–	2 ×	H	Pankow; 1916 in Nr. 141–149
1–30	Köln	S & H	1896	26 l/	8300	1800/–	2 × 23	E, H	Treptow; Ober- u. Unterleitungsbetrieb; Nr. 3 + 27 verläng. Plattform; 6 Wg bis 1920 a, übr. an BST Nr. 4230–4253
31–37	Gör	S & H	1896	32 q/		/–	2 ×	H	Treptow; Sotw mit 4 offenen Abteilen, seitl. Einstieg; später geschl. Wagenkasten, offene Plattf.; bis 1920 a
101–132	Falk	S & H	1899	18 l/	8000	1800/–	2 × 29	E, H	Pankow; 1920 an BST Nr. 4254–4285
133–140	Falk	S & H	1912	24 q/	11100	1300/5200	2 × 24,5	E, H	Maximum-Drehg.; 10 Fenster; 1920 an BST Nr. 5432–5439
141–149	Köln	S & H	1895	16 l/		1600/–	2 ×	H	1916 ex Pankow Nr. 1–9; bis 1920 a bzw. Atw
220–229	Falk	Siem	1916	21 q/40	10400	3000/–	2 ×	E, H	1920 an BST Nr. 4286–4295
Beiwagen									
38–56	Falk		1896	16 q/	7300	1990/–	–	So, H	Treptow; Sobw mit seitl. Einstiegen; 1920 an BST Nr. 1666–1684
57–66	Falk		1896	16 q/	7300	1900/–	–	So, H	Treptow; 1920 an BST Nr. 1685–1694
67–82	Falk			14 l/		/–	–	H	ex Pfw; bis 1920 a
83–92	Falk		1913	18 k/	9000	2100/–	–	So, H	1920 an BST Nr. 1715–1724
150–169	Falk		1899	16 q/	7800	2200/–	–	So, H	Treptow; 1920 an BST Nr. 1695–1714
170–172			1880	12 l/		/–	–	H	ex Pferdebahn Franz.-Buchholz; bis 1920 a
200–219	Falk		1899	18 q/	8000	2100/–	–	So, H	Pankow; Sobw, 3 Abteile, Mittelgang; 1920 an BST Nr. 1725–1744

Pferdebahn der Gemeinde Französisch-Buchholz

Pferdebahn

Zeittafel

1688
Ansiedlung französischer Glaubensflüchtlinge in Französisch-Buchholz. Der Ort liegt etwa 10 km nördlich des Zentrums von Berlin und heißt seit 1913 nur Buchholz.

um 1860
Zweimal täglich verkehrt ein Pferdeomnibus zum Alexanderplatz in Berlin. In den Wintermonaten wird der Verkehr auf zweimal wöchentlich eingeschränkt.

01. 06. 1877
Mit Eröffnung des Haltepunktes Blankenburg an der Berlin–Stettiner Eisenbahn haben die Einwohner nach einem etwa 2 km langen Fußweg eine regelmäßige Eisenbahnverbindung nach Berlin.

1893
Im Zusammenhang mit der Planung der elektrischen Straßen-

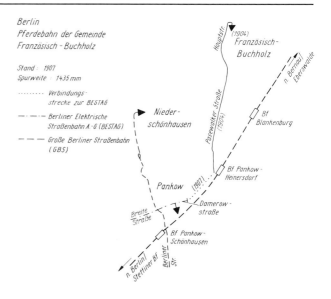

Pfw Nr. 842 der GBS; aufgenommen um 1905 vor dem Depot; die Linienbeschriftung wurde allerdings von einem „Künstler" nachvollzogen.
Foto: Sammlung Dr. Bauer

bahn Gesundbrunnen–Pankow werden Verhandlungen über einen Streckenbau nach Französisch-Buchholz geführt. Das Projekt scheitert an den Kosten. Auch Verhandlungen mit der Großen Berliner Pferde-Eisenbahn führen aus denselben Gründen zu keinem Erfolg.

um 1900
Die Gemeinde entschließt sich, eine eigene Pferdestraßenbahn zu bauen.

Juli 1904
Eröffnung der 3,3 km langen, eingleisigen regelspurigen Strecke von Französisch-Buchholz, Kirche zum Bahnhof Pankow-Heinersdorf an der Vorortstrecke von Bernau nach Berlin. Der Fahrplan richtet sich nach den Abfahrtzeiten der Vorortzüge, als Fahrpreis sind 10 Pfennig zu entrichten.

22. 07. 1907
Die Gemeinde Französisch-Buchholz schließt mit der Berliner Elektrischen Straßenbahnen A.-G. einen Übernahmevertrag, der auch die Elektrifizierung vorsieht.

08. 12. 1907
Aufnahme des elektrischen Betriebs auf der Linie von Französisch-Buchholz, Kirche über Bahnhof Pankow-Heinersdorf und weiter auf der BESTAG-Strecke nach Prinzenallee/Ecke Badstraße. Notwendig war dazu der Bau einer kurzen Verbindungsstrecke vom Bahnhof Pankow-Heinersdorf bis zur Damerowstraße.

Betriebsstatistik – Pferdebahn der Gemeinde Französisch-Buchholz

		1904
Anzahl der Pfw	–	6
Linienlänge	km	3,3
Gleislänge	km	etwa 3,5
Wagenkilometer	km	
Beförderte Personen	Pers	

Wagenparkstatistik – Pferdebahn der Gemeinde Französisch-Buchholz

Wagennummer	Hersteller	Baujahr	Sitz-/Stehplätze	Länge mm	Achsabstand mm	Art der Bremse	Bemerkungen
Pferdebahnwagen							
2 Wg					/–	H	1904 von GBS gebraucht gekauft; bis 1907 a
4 Wg		1880	12 l/		/–	H	gebraucht gekauft; 3 Wg 1907 zu BESTAG Bw Nr. 170–172 übr. a

Berliner Ostbahnen (BO)

- Gesellschaft für den Bau von Untergrundbahnen G. m. b. H.
- Güterbahn Oberschöneweide

Elektrische Straßenbahn

Zeittafel

1891
Fast gleichzeitig mit dem Projekt der Firma Siemens & Halske zur Anlage von Hochbahnen in Berlin, das zum Bau der ersten Berliner Hoch- und Untergrundbahnen führt, legt die „Allgemeine Elektricitäts-Gesellschaft" (AEG) einen Plan für ein Untergrundbahnnetz in Berlin vor. Da der Berliner Magistrat Vorbehalte gegen die Anlage von Unterpflasterbahnen hat, weil die Behinderung von Versorgungsleitungen – insbesondere der Kanalisation – befürchtet wird, sieht der AEG-Plan eine größere Tiefenlage vor. Wegen des schwierigen Baugrundes in Berlin mit seinem hohen Grundwasserspiegel, den Schwemmsand- und Moorgebieten hat der Magistrat Bedenken über die technische Realisierbarkeit des Projekts. Es wird daher von den Behörden vor einer weiteren Entscheidung die Anlage eines Probetunnels in besonders schwierigen Bodenverhältnissen gefordert.

Dezember 1894
Die Genehmigung zur Anlage eines Probetunnels zwischen dem der Stadt Berlin gehörenden Treptower Park und der Halbinsel Stralau unter der Spree hindurch wird erteilt. Die be-

vorstehende Gewerbeausstellung 1896 im Treptower Park sowie Forderungen der Gemeinde Stralau führen dazu, daß eine Straßenbahnverbindung durch den Tunnel vorgesehen wird. Zur Durchführung der Arbeiten wird unter maßgeblicher Beteiligung der AEG die „Gesellschaft für den Bau von Untergrundbahnen G. m. b. H." gegründet.

1895
Im Sommer beginnen Vorarbeiten im Treptower Park. Mit dem eigentlichen Tunnelbau kann noch nicht begonnen werden, da der erforderliche Brustschild noch nicht eingetroffen ist.

Tw Nr. 5 der Serie Nr. 1 – Nr. 14; gebaut 1888 für den Tunnelbetrieb; aufgenommen um 1899. (oben)
Foto: Märkisches Museum, Berlin

Tw Nr. 3 mit Bw hat gerade den Stralauer Tunnelausgang verlassen; links im Hintergrund befinden sich einige Wagen auf den Einfahrtsgleisen zum Betriebshof; aufgenommen um 1902.
Foto: Sammlung Dr. Bauer

Übrige Straßenbahnbetriebe in den Berliner Stadtgrenzen bis 1920

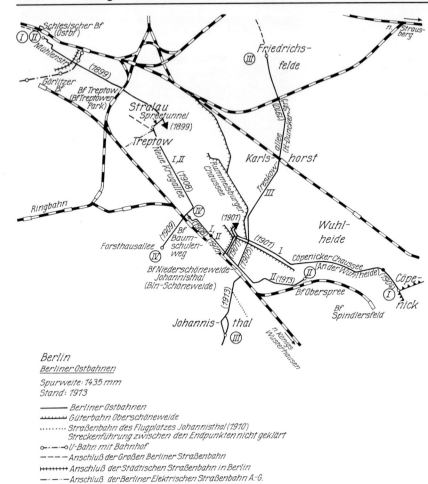

Tw Nr. 4 der Serie Nr. 1 – Nr. 14, gebaut 1899. Diese und die bis 1910 gebauten Fahrzeuge erhielten nach dem Brand des Betriebshofes Stralau, bei dem 5 Fahrzeuge vernichtet wurden, eine um 5 niedrigere Wagennummer. (Seite 129)
Foto: Sammlung Kubig

Berlin
Berliner Ostbahnen
Spurweite: 1435 mm
Stand: 1913

— Berliner Ostbahnen
⊢⊢⊢⊢ Güterbahn Oberschöneweide
.... Straßenbahn des Flugplatzes Johannisthal (1910) Streckenführung zwischen den Endpunkten nicht geklärt
○—·—○ U-Bahn mit Bahnhof
— — — Anschluß der Großen Berliner Straßenbahn
+++++++ Anschluß der Städtischen Straßenbahn in Berlin
—·—·— Anschluß der Berliner Elektrischen Straßenbahn A.-G.
▲▲▲▲▲ Anschluß der Städtischen Straßenbahn Cöpenick

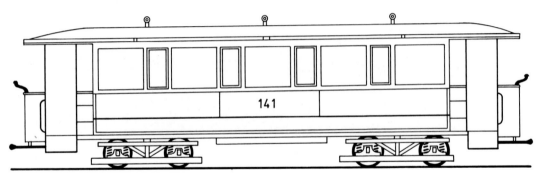

Bw Nr. 141, gebaut 1887; dieser Bw war ehemals im AEG-Werkverkehr eingesetzt und wurde an die Triebwagen der Berliner Ostbahnen angehangen; 1920 zu BST unter Nr. 1473.

Berliner Ostbahnen

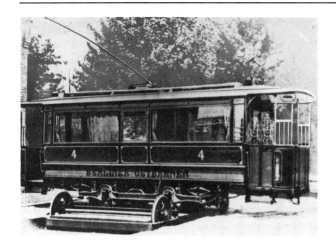

Februar 1896
Die Tunnelarbeiten beginnen auf der Treptower Seite. Erstmalig in Deutschland wird beim Tunnelbau unter einen Flußlauf der Schildvortrieb angewendet. Es wird der nach seinem Erfinder benannte Mackensensche Brustschild verwendet. Die Arbeitsweise läßt sich folgendermaßen beschreiben: Der Brustschild wird mittels Druck in das auszuhebende Erdreich gepreßt. Danach wird das darin befindliche Grundwasser durch Druckluft verdrängt und der dadurch trocken gelegte Sand durch ein System von Druckluftschleusen ins Freie befördert. Schließlich wird der so entstandene Raum mit der Tunnelwandung verkleidet.
Die ursprünglich zur Berliner Gewerbeausstellung geplante Eröffnung kann wegen des verzögerten Baubeginns nicht erfolgen. Bis zum Herbst 1896 wird ein 160 m langes Teilstück des Tunnels fertiggestellt und zur Besichtigung für die Besucher der Gewerbeausstellung freigegeben. Die Bauarbeiten werden unterbrochen.

September 1897
Die Bauarbeiten am Tunnel werden wieder aufgenommen, obwohl mit der Stadt Berlin noch keine Einigung über die künftige Linienführung der Straßenbahn erzielt ist.

Februar 1899
Der Spreetunnel ist fertiggestellt. Er hat eine Länge von 454 m und kreuzt die an dieser Stelle 195 m breite Spree fast rechtwinklig. Bei einem kreisförmigen Querschnitt hat er einen inneren Durchmesser von 3,76 m. Die Tunneldecke liegt teilweise nur 3 m unter der Flußbettsohle. Der tiefste Punkt der Tunnelsohle befindet sich 12 m unter dem mittleren Wasserspiegel der Spree.

1899
Für den Betrieb der geplanten Straßenbahn wird eine Gesellschaft unter dem Namen „Berliner Ostbahnen" (BO) gegründet.

16. 09. 1899
Der Probebetrieb durch den Tunnel wird aufgenommen.

18. 12. 1899
Die Berliner Ostbahnen eröffnen die Straßenbahnstrecke Schlesischer Bahnhof (Ostbahnhof)–Mühlenstraße–Stralauer Allee–Alt-Stralau–Tunnelstraße–Spreetunnel–Treptow, Platz am Spreetunnel. Die Strecke ist regelspurig. Wegen des geringen Tunnelquerschnitts sind die Straßenbahnwagen kleiner

Tw Nr. 30 der Serie Nr. 15 bis Nr. 30, gebaut 1902. Die Tw dieser Serie wurden 1912 in Serie Nr. (10 – Nr. 25) umgenummert; aufgenommen um 1905.
Foto: Sammlung Kubig

als die anderer Unternehmen. Die Triebwagen sind mit Stangenstromabnehmern ausgerüstet.

Da die Tunnelstrecke eingleisig ist, wird ein einfaches Sicherungssystem eingeführt: Den Tunnel darf nur der Wagen befahren, dessen Fahrer im Besitz eines nur in einem Exemplar vorhandenen „Verkehrsstabes" (Signalstabes) ist. Dieser Stab – „Knüppel" genannt – wird vor der Einfahrt in den Tunnel von einem Verkehrsposten übernommen und nach der Durchfahrt zurückgegeben. Er bringt der Bahn den Spitznamen „Knüppelbahn" ein.

22. 09. 1901
Die BO erhalten durch das Königliche Polizeipräsidium zu Berlin die Genehmigungsurkunde zum Betrieb elektrischer Straßenbahnen bis zum 31. 12. 1949. Ihr Inhalt deckt sich im wesentlichen mit dem der Genehmigung, die der Großen Berliner Straßenbahn A.-G. am 04. 05. 1900 erteilt wurde.

1901
Die Gesellschaft für den Bau von Untergrundbahnen erwirbt die Güterbahn Oberschöneweide. Diese war 1890 von der

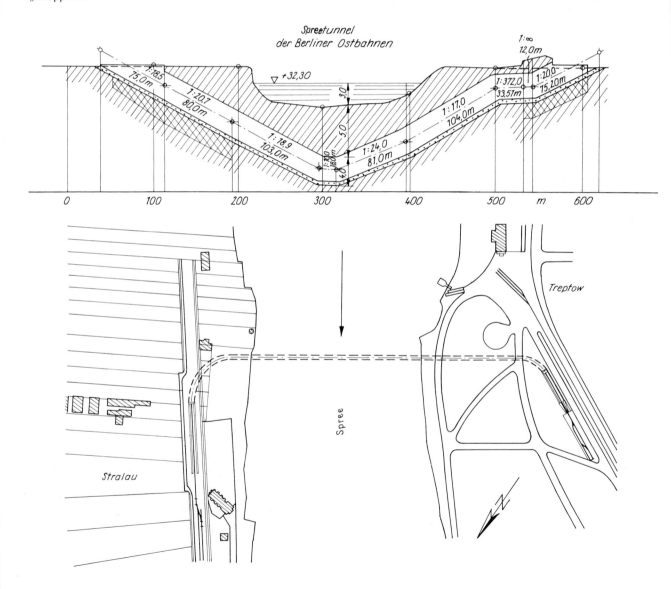

Tw der Serie Nr. (26 bis Nr. 31), gebaut 1910, ab 1920 von der BST unter Tw Nr. 4100 – Nr. 4105 übernommen.

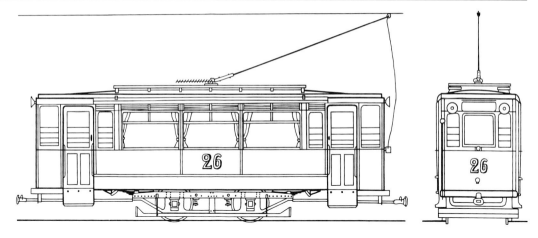

„Grundrenten-Gesellschaft" erbaut worden. Die Grundrenten-Gsellschaft war eine Terrain-Aktiengesellschaft zur Erschließung eines umfangreichen Geländes in Oberschöneweide (begrenzt durch die Spree im Süden und die Wuhlheide im Norden) zur Ansiedlung von Industrieanlagen. Die Bahn begann im Güterbahnhof Niederschöneweide-Johannisthal (Berlin-Schöneweide) und führte zu den Werken in der Wilhelminenhofstraße. Sie war regelspurig und wurde mit Pferden und Zugochsen betrieben (daher der noch heute übliche Spitzname „Bullenbahn"). 1899 wurde ein zweiter Anschluß zur preußischen Staatsbahn im Güterbahnhof Rummelsburg hergestellt. Nach der Übernahme werden die Anlagen elektrifiziert, und der elektrische Betrieb wird am 01. 08. 1901 durch die Berliner Ostbahnen aufgenommen.

15. 08 1901
Zwischen dem Bahnhof Niederschöneweide-Johannisthal und Sadowa, Cöpenicker Grenze (heute etwa Wuhlheide, Alte Försterei) wird eine zweite Strecke der Berliner Ostbahnen eröffnet. Sie hat mit der ersten keine Gleisverbindung.

1901–1904
Die „Allgemeine Electricitäts-Gesellschaft" und die „Accumulatoren- Fabrik-Aktiengesellschaft" führen einen Werkverkehr mit eigenen Fahrzeugen zwischen dem Bahnhof Niederschöneweide-Johannisthal und ihren Werken in der Wilhelminenhofstraße auf den Gleisanlagen der BO durch.

August 1904
Zwischen der Gesellschaft für den Bau von Untergrundbahnen, der AEG und der Gemeinde Johannisthal wird ein Vertrag über die Anlage einer gleislosen elektrischen Bahn (Obus) zwischen dem Bahnhof Niederschöneweide-Johannisthal und Johannisthal abgeschlossen. Der Betrieb wird im November 1904 mit einem Wagen aufgenommen. Die zu geringe Motor-

leistung und die unausgereifte Wagenkonstruktion führen im Februar 1905 zur Einstellung des Betriebs und Ersatz durch eine Pferdeomnibusverbindung.

03. 12. 1904
Die Oberschöneweider Strecke wird bis Cöpenick, Linden-/Ecke Bahnhofstraße verlängert. Hier besteht Anschluß zur „Städtischen Straßenbahn Cöpenick". Eine Gleisverbindung wird allerdings nicht hergestellt.

Noch einmal Tw Nr. (11), 1912 ex Tw Nr. 30, gebaut 1902, aufgenommen um 1918.
Foto: Sammlung Kubig

Tw Nr. 36, gebaut 1912, bei der Ausfahrt aus dem Tunnel in Richtung Schlesischer Bahnhof.
Foto: Sammlung Kubig

1905–1908
Schrittweise wird eine Verbindung zwischen Schöneweide und Treptow, Platz am Spreetunnel über Berliner Straße (Schnellerstraße), Bahnhof Baumschulenweg und Neue Krugallee hergestellt.

22. 06. 1909
Die beiden Linien der Berliner Ostbahnen werden zu einer durchgehenden Ost-West-Verbindung von Cöpenick zum Schlesischen Bahnhof vereinigt.

1909–1913
Das Netz der BO wird durch Strecken zur Forsthausallee in Baumschulenweg, nach Friedrichsfelde, Oberspree und Johannisthal erweitert.

1912
Bei einem Brand im Straßenbahndepot Stralau der Berliner Ostbahnen werden fünf Triebwagen total zerstört.

01. 05. 1913
Bei den Berliner Ostbahnen lösen Liniennummern die Kennzeichnung durch farbige Laternen ab.

Es verkehren folgende Linien:
I   Schlesischer Bahnhof (Ostbahnhof)–Mühlenstraße–Stralauer Allee–Alt-Stralau–Tunnelstraße–Spreetunnel–Alt-Treptow–Neue Krugallee–Bf Baumschulenweg–Berliner Straße (Schnellerstraße)–Bf Niederschöneweide–Johan-

Tw Nr. 37 der Serie Nr. 32 bis Nr. 41, gebaut 1912; diese Tunnel-Tw wurden 1920 von der BST unter Nr. 4106 – Nr. 4115 übernommen; aufgenommen um 1913.
Foto: Sammlung Kubig

Berliner Ostbahnen

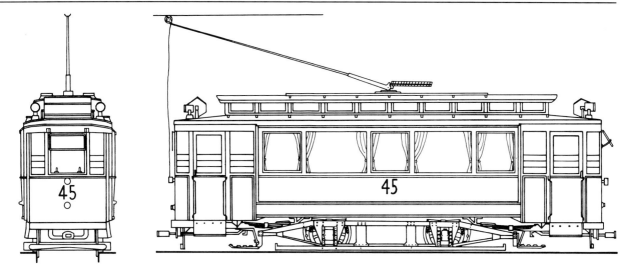

nisthal (Bf Berlin-Schöneweide)–Brückenstraße–Wilhelminenhofstraße–Cöpenicker Straße (An der Wuhlheide)–Cöpenick, Lindenstraße/Ecke Bahnhofstraße (Linienlänge 14,5 km),
II Schlesischer Bahnhof–weiter wie Linie I–Bf Niederschöneweide–Johannisthal–Grünauer Straße–Berliner Straße–Bf Oberspree (Linienlänge 11,6 km),
III Friedrichsfelde, Kirche – Treskowallee (Am Tierpark, Hermann-Duncker-Straße) – Karlshorster Chaussee (Hermann-Duncker-Straße) – Brückenstraße – Bf Niederschöneweide – Johannisthal – Bahnstraße (Sterndamm) – Johannisthal (Linienlänge 8,1 km),
IV Bf Baumschulenweg – Baumschulenstraße/Ecke Forsthausallee (Linienlänge 1,1 km).

Eine geplante Verlängerung der in Johannisthal endenden Linie nach Rudow wird wegen des Ausbruchs des ersten Weltkriegs nicht mehr ausgeführt.

Juni 1918
Zwischen dem Verband Groß-Berlin und den Berliner Ostbahnen wird ein neuer Zustimmungsvertrag abgeschlossen. Darin werden die Beziehungen der BO zu den Gemeinden und Städten des Verbandes einheitlich geregelt. Der Inhalt des Vertrages entspricht dem des Verbandes mit der Großen Berliner Straßenbahn A.-G. vom 28. 05. 1918.

08. 09. 1919
Wenige Wochen nach dem Kauf der Großen Berliner Straßenbahn durch den Verband Groß-Berlin erwirbt dieser auch die Berliner Ostbahnen für 6,45 Millionen Mark.

01. 05. 1920
Die Berliner Ostbahnen werden der Berliner Straßenbahn als Betriebsteil angegliedert.

Tw der Serie Nr. 42 – Nr. 46, gebaut 1914; ab 1920 an BST Serie Nr. 4116 – Nr. 4120.

Tw Nr. 4105, 1920 ex Nr. 31 der BO; das Befahren des Tunnels war nur dem Fahrer gestattet, der im Besitz des Signalstabes war – hier überreicht der Standposten gerade dem in den Tunnel einfahrenden Fahrer den Signalstab – eine arbeitsaufwendige, aber sichere Methode.
Foto: Sammlung Dr. Bauer

Übrige Straßenbahnbetriebe in den Berliner Stadtgrenzen bis 1920

Betriebsstatistik – Berliner Ostbahnen (BO)

		1900	1905	1910	1916
Anzahl der Tw		–	14	31	37	46
Anzahl der Bw		–	17	20	34	52
Anzahl der Lokomotiven		–	–	3	4
Anzahl der Gtw		–	–	1	1	1
Streckenlänge[1])	km		4,8	11,7	17,2	26,1
Gleislänge	km					48,0
Wagenkilometer	10^3 km	408,9[2])	584,2[3])	1457,7	2061,0
Beförderte Personen	10^3 Pers	1574,5	2502,1[3])	5200,0	9825,0

[1]) ohne Güterbahn (Länge der Güterbahn Oberschöneweide etwa 13 km)
[2]) nur Tw-km
[3]) nur Strecke Schlesischer Bahnhof – Treptow

Wagenparkstatistik – Berliner Ostbahnen (BO)

Wagen-nummer	Hersteller mech.	Hersteller elektr.	Baujahr	Sitz-/ Stehplätze	Länge mm	Achs-/ Drehzapfenabstand mm	Stundenleistung kW	Art der Bremse	Bemerkungen
Triebwagen									
1–14 (1–9)	Köln	AEG	1899	20 l/14	8000	1800/–	2 × 25	E, H	Tunneltw; 1912 5 Wg verbrannt; übr. 1912 in Nr.(1–9); 1920 an BST Nr. 4085–4093
15–30 (10–25)	Köln	AEG	1902	20 l/14	8000	1800/–	2 × 25	E, H	Tunneltw; 1912 in Nr. (10–25); 1916/19 Nr. 13–21, 23 in Bw Nr. 13–21, 23; übr. 1920 an BST Nr. 4094–4099
31–36 (26–31)	Bre	AEG	1910	18 q/	8200	1800/–	2 ×24,5	E, H	Tunneltw; 1912 in Nr. (26–31); 1920 an BST Nr. 4100–4105
32–41	Köln	AEG	1912	18 q/	8100	2100/–	2 × 22,4	E, H	Tunneltw; 1920 an BST Nr. 4106–4115
42–46	Köln	AEG	1914	21 q/38	10160	2800/–	2 ×	E, H	1920 an BST Nr. 4116–4120
148–152	Köln	AEG	1914	21 q/38	10160	2800/–	2 × 35	E, H	1919 ex Bw Nr. 148–152; 1920 an BST Nr. 4121–4125

Berliner Ostbahnen

noch **Wagenparkstatistik** Berliner Ostbahnen (BO)

Wagen-nummer	Hersteller mech.	Hersteller elektr.	Baujahr	Sitz-/Stehplätze	Länge mm	Achs-/Drehzapfenabstand mm	Stundenleistung kW	Art der Bremse	Bemerkungen
Beiwagen									
13–21, 23	Köln		1902	20 l/	8400	1800/–	–	So, H	Tunnelbw; 1916/19 ex Tw Nr. 13–21, 23; 1920 an BST Nr. 1423–1432
101–105	Köln		1899	20 l	7700	2000/–	–	So, H	Tunnelbw; 1920 an BST Nr. 1433–1437
106–117	Köln		1899	24 q/	8300	2500/–	–	So, H	Tunnelbw; 1920 an BST Nr. 1438–1449
118–124	Köln		1904	24 q/	9100	2440/–	–	So, H	Tunnelbw; 1920 an BST Nr. 1450–1456
125–132	Köln		1908	24 q/34	8400	2500/–	–	So, H	Tunnelbw; 1920 an BST Nr. 1457–1464
133–140	Köln		1910	24 q/34	8400	2500/–	–	So, H	Tunnelbw; 1920 an BST Nr. 1465–1472
141			1887	36 l/	12000	1400/6000	–	So, H	1904 ex AEG-Werkswg Nr. 1; 1920 an BST Nr. 1473
142			1888	36 ql/	12000	1400/6000	–	So, H	1904 ex Dampfstraßenbahn Lichterfelde–Stahnsdorf Nr. 6; 1920 an BST Nr. 1474
143–147	Köln		1914	21 q/42	10160	2800/–	–	So, H	1920 an BST Nr. 1475–1479
148–152	Köln		1914	21 q/42	10160	2800/–	–	So, H	1919 in Tw Nr. 148–152

Übrige Straßenbahnbetriebe in den Berliner Stadtgrenzen bis 1920

Flachbahn der Gesellschaft für elektrische Hoch- und Untergrundbahnen (Flb)

- Warschauer Brücke–Zentralviehhof (1. Flachbahn)
- Warschauer Brücke–Wagnerplatz (2. Flachbahn)

Tw Nr. 5 der Serie Nr. 1 – Nr. 8, gebaut 1901; die Tw dieses Typs wurden nicht von der BSTB übernommen, sondern bereits 1928 ausgemustert.
Foto: Sammlung Kubig

Elektrische Straßenbahn

Zeittafel

13. 04. 1897
Unter maßgeblicher Beteiligung der Firma Siemens & Halske wird die „Gesellschaft für elektrische Hoch- und Untergrundbahnen in Berlin" (Hochbahngesellschaft) gegründet. Die Gesellschaft tritt in die Rechte und Pflichten ein, die Siemens & Halske mit der Konzessionierung einer Hochbahn von der Warschauer Brücke zum Zoologischen Garten und zum Potsdamer Platz erhalten hatte. Als Ergänzung der Hochbahn ist eine Straßenbahn – „Flachbahn" genannt – von der Warschauer Brücke zum Zentral-Viehhof geplant.

01. 10. 1901
Noch vor der Eröffnung der Hochbahn wird die Flachbahnstrecke von der Warschauer Brücke durch die Warschauer Straße, Petersburger Straße (Bersarinstraße) und Thaerstraße zur Eldenaer Straße/Ecke Liebigstraße (Zentral-Viehhof) eröffnet. Am Viehhof besteht Anschluß an das Netz der Großen Berliner Straßenbahn. Die Strecke ist in Regelspur angelegt. Die Triebwagen sind mit dem Siemensschen Lyrabügel ausgerüstet.

Bw Nr. 26 der Serie Nr. 21 bis Nr. 27, gebaut 1901; diese Bw wurden 1928 ausgemustert oder zu Salzwagen umgebaut.
Foto: Sammlung Kubig

Flachbahn der Hochbahngesellschaft 137

Berlin
Flachbahn der Hochbahngesellschaft
Spurweite: 1435 mm
Stand: 1973
─────── Erste Flachbahn (1901-1909), dann SSB
─────── Zweite Flachbahn (1910-1928)
○─·─·─○ U-Bahn mit Bahnhof

─ ─ ─ Anschluß der Großen Berliner Straßenbahn
═══ Mitbenutzung der Anlagen der GBS
─··─ Anschluß der Städtischen Straßenbahnen in Berlin

Tw Nr. 12 der Serie Nr. 11 + Nr. 12, gebaut 1899, 1925 ex Breslau (Wrocław/VR Polen); nach reichlich einjährigem Betriebseinsatz wurden beide Tw verschrottet.
Foto: Sammlung Dr. Bauer

18. 02. 1902
Die Hochbahn wird zwischen dem Stralauer Tor und dem Potsdamer Platz eröffnet. Am 17. 08. 1902 wird der Anschluß zur Flachbahn durch die Inbetriebnahme des Streckenstückes Stralauer Tor–Warschauer Brücke hergestellt. Es besteht ein Tarifverbund, der es ermöglicht, Fahrscheine für den Übergang von der Flachbahn zur Hochbahn und umgekehrt zu lösen.

28. 10. 1909
Die Stadtverordnetenversammlung von Berlin beschließt, die Flachbahn für 700 000 M aufzukaufen, um die Linien der Städtischen Straßenbahnen in Berlin bis zur Warschauer Brücke verlängern zu können. Der Hochbahngesellschaft wird als Ersatz die Anlage einer neuen Straßenbahnstrecke von der Warschauer Straße nach Lichtenberg-Friedrichsberg gestattet.

01. 01. 1910
Die neue Flachbahnstrecke durch die Warschauer Straße, Revaler Straße, Libauer Straße, Wühlischstraße, Holteistraße, Weichselstraße und Scharnweberstraße zur Gürtelstraße wird eröffnet. Vom gleichen Tage an verkehren die Wagen der

Tw Nr. 5 der ersten von der Flb beschafften Tw Serie Nr. 1 – Nr. 8, gebaut 1901, aufgenommen um 1902.
Foto: Sammlung Kubig

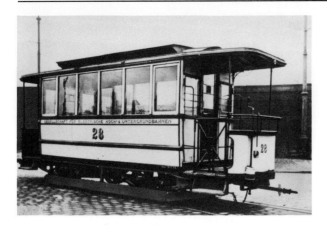

Bw Nr. 28, gebaut 1899, 1925 ex Breslau (nach anderen Angaben ex Düsseldorf), wurde bereits 1927 ausgemustert.
Foto: Sammlung Kubig

Tw der Serie Nr. 13 – Nr. 17, gebaut 1926; 1928 an BSTB Nr. 4361 bis Nr. 4365.

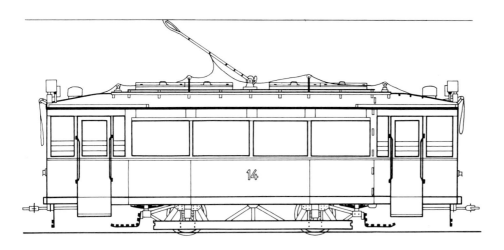
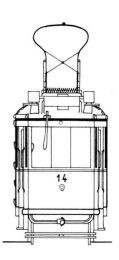

Bw Nr. 32, gebaut 1926; aufgenommen im Anlieferungszustand; ab 1928 bei BSTB Nr. 1233.
Foto: Sammlung Kubig

Flachbahn der Hochbahngesellschaft

Städtischen Straßenbahnen in Berlin unter Beibehaltung des Übergangstarifs zur Hochbahn über die alte Flachbahnstrecke. Die Fahrzeuge der Flachbahn werden auf der neuen Strecke zur Gürtelstraße weiterhin eingesetzt.

01. 07. 1913
Die Flachbahn wird, unter Mitbenutzung von Gleisanlagen der Großen Berliner Straßenbahn in der Möllendorffstraße (Jacques-Duclos-Straße), durch die Normannenstraße zum Wagnerplatz (Roedeliusplatz) verlängert.

01. 03. 1927
Infolge der Einführung des Einheitstarifs für Straßenbahn, Omnibus und Hoch- und Untergrundbahn wird die Flachbahnlinie als Linie 90 bezeichnet.

01. 04. 1928
Die Flachbahn wird durch die „Berliner Straßenbahn-Betriebs-G.m.b.H." übernommen. Damit ist die letzte selbständige innerstädtische Straßenbahn vollständig in das Berliner Straßenbahnnetz integriert.

Betriebsstatistik – Flachbahn der Gesellschaft für elektrische Hoch- und Untergrundbahnen (Flb)

		1902	1906	1909	1910	1913	1920	1927
Anzahl der Tw	–	8	10	10	10	10	10	17
Anzahl der Bw	–	7	7	7	7	7	7	18
Streckenlänge	–	2,2	2,2	2,2	2,3	3,2	3,2	3,2
Gleislänge	km							
Wagenkilometer	10^3 km		473,9	425,1	339,4	513,0		
Beförderte Personen	10^3 Pers	1 200,0	3 792,3	3 974,2	1 526,5	2 451,6		6 133,3

Wagenparkstatistik – Flachbahn der Gesellschaft für elektrische Hoch- und Untergrundbahnen (Flb)

Wagen-nummer	Hersteller mech.	Hersteller elektr.	Baujahr	Sitz-/Stehplätze	Länge mm	Achs-/Drehzapfen-abstand mm	Stunden-leistung kW	Art der Bremse	Bemerkungen
Triebwagen									
1–8	Falk	Siem	1901	18 l/	8 000	1 800/–	2 × 29	E, H	1928 a
9 + 10	Falk	Siem	1905	18 l/		1 800/–	2 × 29	E, H	1928 a
11 + 12			1899			/–		H	1925 ex Breslau (Wrocław/VR Polen); 1927 a
13–17	O & K		1926	12 l/12 q/34	9 900	3 000/–	2 × 34	E, H	1928 an BSTB Nr. 4361–4365
Beiwagen									
21–27	Falk		1901	14 l/18	7 800	2 200/–	–	So, H	1928 zu Abw bzw. a
28 + 29						/–	–	H	1925 ex Breslau (Wrocław/VR Polen); 1927 a
30–38	O & K		1926	12 l/12 q/40	9 800	2 150/–	–	So, H	1928 an BSTB Nr. 1231[II]–1239[II]

Städtische Straßenbahnen in Berlin (SSB)

Elektrische Straßenbahn

Zeittafel

05./18. 04. 1895
Durch Beschluß der Stadtverordnetenversammlung von Berlin wird eine gemischte, nicht ständige Deputation eingesetzt, die sich mit den Berliner Nahverkehrsproblemen befassen soll.

18. 11./03. 12. 1896
Die nicht ständige Deputation wird in die „Städtische Verkehrs-Deputation" umgewandelt. Zu dieser Zeit steht die Straßenbahn an einem entscheidenden Wendepunkt in ihrer Geschichte – die Elektrifizierung steht auf der Tagesordnung. Mit der Großen Berliner Pferdeeisenbahn und der Neuen Berliner Pferdebahn-Gesellschaft werden Verhandlungen geführt, die am 02. 07. 1897/19. 01. 1898 zum Abschluß des sogenannten „Umwandlungsvertrages" führen. Dieser regelt vor allem die mit der Elektrifizierung zusammenhängenden Fragen. Der Vertrag gestattet den Gesellschaften den Betrieb elektrischer Straßenbahnen auf den der Stadt Berlin gehörenden Straßen bis zum 31. 12. 1919.

1897
Die Verkehrs-Deputation erarbeitet einen Plan für die weitere

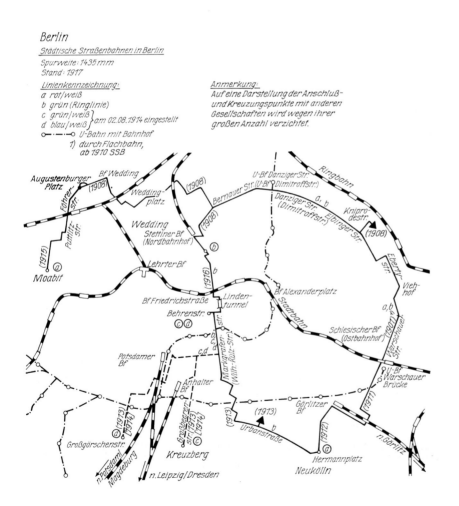

Städtische Straßenbahnen in Berlin

Tw Nr. 1, gebaut 1908, aufgenommen während der Eröffnungsfahrt.
Foto: Sammlung Kubig

Ausgestaltung des Berliner Straßenbahnnetzes und schreibt ihn öffentlich aus.
Günstige Angebote gehen u. a. von der Großen Berliner Straßenbahn (GBS) – der Nachfolgerin der Großen Berliner Pferdeeisenbahn – und der Continentalen Gesellschaft für elektrische Unternehmungen in Nürnberg ein. Es kommt zu Verhandlungen mit der Continentalen Gesellschaft. Durch die Stadt werden Garantien dafür gefordert, daß das neue Unternehmen seine Unabhängigkeit von der GBS behält. Diese Garantien werden für notwendig erachtet, da zu dieser Zeit die GBS beginnt, andere Gesellschaften aufzukaufen (Westliche Berliner Vorortbahn, Südliche Berliner Vorortbahn, Berlin-Charlottenburger Straßenbahn), um sich eine Monopolstellung zu verschaffen. Die Stadt Berlin sieht dadurch ihren zukünftigen Verhandlungsspielraum mit der GBS eingeengt.

04. 10. 1899
Die Verkehrs-Deputation empfiehlt den städtischen Behörden,

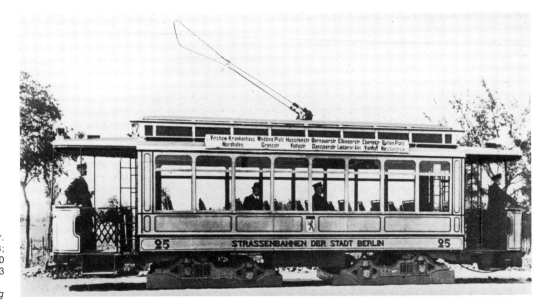

Tw Nr. 25 der Serie Nr. 1 – Nr. 28, gebaut 1908; Typ Maximum 8A; 1920 an BST Serie Nr. 5323 – Nr. 5349.
Foto: Sammlung Kubig

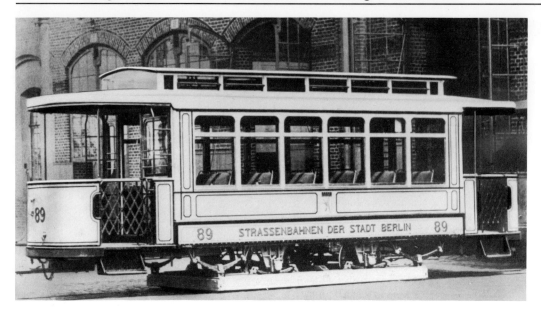

Bw Nr. 89 der Serie Nr. 78–Nr. 89, gebaut 1910, 1913 in Nr. 167 bis Nr. 178; 1920 an BST Nr. 1654 – Nr. 1665.
Foto: Sammlung Kubig

„in Zukunft neue Straßenbahnlinien grundsätzlich nur für Rechnung der Stadtgemeinde bauen und betreiben zu lassen". Dieser Empfehlung war die Weigerung der Continentalen Gesellschaft für elektrische Unternehmungen in Nürnberg vorausgegangen, die geforderten Garantien zu geben. Stattdessen war sogar bekannt geworden, daß die Continentale Gesellschaft mit den hinter der GBS stehenden Finanz- und Elektrizitätsgesellschaften Fusionsverhandlungen führte.

18. 10. 1900
Die Stadtverordnetenversammlung beschließt – wie von der Verkehrs-Deputation vorgeschlagen –, einen eigenen Straßenbahnbetrieb aufzubauen. Verschiedene Ereignisse wirken bestimmend auf diesen Beschluß ein. Als wichtigstes ist die Erteilung der staatlichen Konzession für die GBS bis zum 31. 12. 1949 anzusehen. Die Stadt, die ihre Zustimmung in dem Umwandlungsvertrag von 1897/98 nur bis zum 31. 12. 1919 erteilt hatte, sieht dadurch ihre Interessen der GBS gegenüber gefährdet. Es wird beschlossen, zunächst drei Linien zu bauen:
1. Zoologischer Garten–Ufer des Landwehrkanals–Mariannenstraße–Manteuffelstraße–Küstriner Platz (Franz-Mehring-Platz)–Landsberger Tor (Leninplatz/Ecke Friedenstraße),
2. Dresdener Straße–Alexandrinenstraße–Kottbusser Tor–Planufer (in obige Linie einmündend),
3. Seestraße – Torfstraße – Haidestraße – Reichstagsufer – Eiserne Brücke.

Das Projekt wird bald darauf um vier weitere Linien ergänzt:
4. Potsdamer Straße–Hafenplatz–Dönhoffplatz,
5. Neustädtische Kirchstraße–Dönhoffplatz mit Überschreitung der Straße Unter den Linden,
6. Stettiner Bahnhof (Nordbahnhof)–Danziger Straße (Dimitroffstraße)–Petersburger Straße (Bersarinstraße)–Warschauer Brücke,
7. Wedding – Danziger Straße – Petersburger Straße – Warschauer Brücke.

April 1901
Der deutsche Kaiser und preußische König untersagt die Anlage einer weiteren Lindenkreuzung neben der, die östlich der Oper für die GBS besteht. Die Stadt versucht, trotzdem die grundsätzliche Genehmigung ihrer Strecken unter Ausklammerung der Lindenkreuzung zu erhalten.

16. 10. 1902
Der Polizeipräsident von Berlin teilt in Absprache mit der Königlichen Eisenbahndirektion (KED) Berlin – der zuständigen Aufsichtsbehörde – der Verkehrs-Deputation mit, daß gegen die Ausführung der Nordstrecken (Stettiner Bahnhof–Warschauer Brücke und Wedding–Warschauer Brücke) keine Bedenken erhoben werden. Dagegen werden die innerstädtischen Linien nicht befürwortet. Sie liegen weitgehend in einem bereits durch den Verkehr stark belasteten und erschlossenen Gebiet.
Die Stadt entwickelt erste Projekte für die Anlage eines Lindentunnels an der Stelle der bisherigen Lindenkreuzung. Es ist beabsichtigt, den Tunnel durch die Stadt zu bauen und zur Mitbenutzung für andere Gesellschaften zuzulassen.

Tw Nr. 235 der Serie Nr. 201 – Nr. 235, gebaut 1913; 1920 an BST Nr. 5386 – Nr. 5420.
Foto: Sammlung Kubig

1903
Das städtische Straßenbahnprojekt wird neben den beiden Nordlinien um drei Südlinien erweitert:
– Großgörschenstraße–Dönhoffplatz,
– Kreuzberg–Dönhoffplatz,
– Hermannplatz–Dönhoffplatz.
Das Projekt wird 1904 dem Polizeipräsidenten zur Erteilung der staatlichen Genehmigung vorgelegt.
In mehrjährigen Verhandlungen zwischen dem Polizeipräsidium, der KED Berlin und der Verkehrs-Deputation wird es in einzelnen Punkten geändert.
Das Linientunnelprojekt kann vorläufig nicht weiter verfolgt werden, da der Neubau des Opernhauses geplant ist und nicht durch die Tunnelanlage behindert werden soll.

24. 10. 1906
Durch Königliche Kabinettsorder wird die Genehmigung für die städtischen Straßenbahnlinien erteilt. Da mit der GBS keine Einigung über die Mitbenutzung ihrer Gleisanlagen für die Südstrecken zustandekommt, wird beschlossen, zunächst nur die Nordstrecken zwischen Weddingplatz bzw. Stettiner Bahnhof und Elbinger Straße/Ecke Landsberger Allee (Dimitroffstraße/Ecke Leninallee) auszuführen.

10. 01. 1907
Der Polizeipräsident erteilt die Bauerlaubnis für die beiden Nordstrecken. Sie wird am 31. 10. 1907 durch die Erlaubnis zum Bau der Verlängerungsstrecken vom Weddingplatz zum Virchow-Krankenhaus und von der Landsberger Allee durch die Ebertystraße zum Zentral-Viehhof ergänzt.

Blick in das Innere des Tw Nr. 211, gebaut 1913; die 24 Quersitze konnten je nach Fahrtrichtung umgelegt werden.
Foto: Sammlung Kubig

Übrige Straßenbahnbetriebe in den Berliner Stadtgrenzen bis 1920

November 1907
Die Bauarbeiten beginnen.

01. 07. 1908
Die „Städtischen Straßenbahnen in Berlin" (SSB) eröffnen den Betrieb auf den Linien Weddingplatz–Landsberger Allee und Stettiner Bahnhof–Landsberger Allee. Am 19. 08. 1908 folgen die Ergänzungsstrecken zum Virchow-Krankenhaus und zum Zentral-Viehhof. Die Triebwagen sind mit Bügelstromabnehmern ausgerüstet und tragen die Aufschrift „Straßenbahnen der Stadt Berlin".

Straßenbahnzug auf der Linie Virchow-Krankenhaus/Augustenburger Platz – Hermannplatz, aufgenommen im Jahr 1913.
Foto: Sammlung Kubig

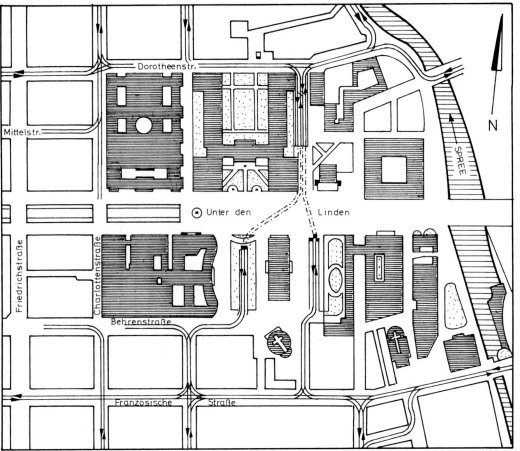

Lageplan des 1914/16 erbauten Lindentunnels. Die Beschaffenheit der angrenzenden Weichenverbindungen an den Kuppelendstellen der Straßenbahn in der Mittel-, Charlotten- und Behrenstraße ist bisher nicht bekannt.

28. 10. 1909
Die Stadtverordnetenversammlung von Berlin beschließt, die Flachbahnstrecke Zentral-Viehhof–Warschauer Brücke der Gesellschaft für elektrische Hoch- und Untergrundbahnen in Berlin zu erwerben, um die städtischen Linien verlängern zu können.

01. 01. 1910
Die Flachbahnstrecke wird von den Städtischen Straßenbahnen übernommen. Vom gleichen Tage an verkehren beide Linien bis zur Warschauer Brücke. Schrittweise wird die Strecke bis 1912 zum Hermannplatz verlängert.

18. 08. 1911
Nach langwierigen Verhandlungen kommt es zum Abschluß eines neuen Zustimmungsvertrages zwischen der GBS und der Stadt Berlin, der die rund ein Jahrzehnt währenden Streitigkeiten weitgehend beseitigt. Der Bau der Südlinien kann begonnen werden, da die GBS die Mitbenutzung ihrer Anlagen nun zuläßt. Der Endpunkt in der Innenstadt wird zur Behrenstraße/Ecke Charlottenstraße verlegt.

Der geplante Lindentunnel ist inzwischen prinzipiell ausführbar, da der Opernhausneubau an anderer Stelle vorgesehen ist. Das Projekt muß jedoch in verschiedenen Punkten geändert werden.

Nach Erbauung des Lindentunnels sollen die Südlinien zu Nord-Süd-Durchmesserlinien verlängert werden. Zu diesem Zweck werden Streckenneubauten im Norden der Stadt geplant, u. a. von der Christianiastraße (Osloer Straße) nach Moabit. Ferner ist ein Straßenbahntunnel vor dem Brandenburger Tor vorgesehen, der aber nie gebaut wird.

Nordrampe des Lindentunnels; links die Singakademie (Maxim-Gorki-Theater), rechts der Erweiterungsbau der Universität, aufgenommen um 1917.
Foto: Stadtarchiv Berlin

Übrige Straßenbahnbetriebe in den Berliner Stadtgrenzen bis 1920

August 1912
Der Polizeipräsident erteilt seine prinzipielle Zustimmung zur Anlage des Lindentunnels. Die weiteren notwendigen Verhandlungen sowie die Erarbeitung der detaillierten Pläne lassen den Baubeginn erst zwei Jahre später zu.

1913
Im Laufe des Jahres werden nach und nach die drei Südstrecken eröffnet. Am Ende des Jahres betreiben die Städtischen Straßenbahnen in Berlin folgende Linien:
rot/weiß:.
Virchow-Krankenhaus (Augustenburger Platz) – Triftstraße – Tegeler Straße – Am Nordhafen – Sellerstraße – Schulzendorfer Straße – Hussitenstraße – Voltastraße – Wattstraße – Bernauer Straße – Eberswalder Straße – Danziger Straße (Dimitroffstraße) – Elbinger Straße (Dimitroffstraße) – Landsberger Allee (Leninallee) – Ebertystraße – Thaerstraße – Petersburger Straße (Bersarinstraße) – Warschauer Straße – Oberbaumbrücke – Görlitzer Bahnhof – Friedelstraße – Hermannplatz (Linienlänge 15,3 km),
grün:
Stettiner Bahnhof, Borsigstraße – Invalidenstraße – Gartenstraße – Bernauer Straße – Eberswalder Straße – Danziger Straße – Elbinger Straße – Landsberger Allee – Ebertystraße – Thaerstraße – Petersburger Straße – Warschauer Straße – Oberbaumbrücke – Görlitzer Bahnhof – Friedelstraße – Hermannplatz – Urbanstraße – Johanniterstraße – Alexandrinenstraße – Markgrafenstraße (Wilhelm-Külz-Straße) – Behrenstraße/Ecke Charlottenstraße (Linienlänge 17,3 km),

Die südliche Ausfahrt des Lindentunnels auf dem heutigen August-Bebel-Platz. Links die „Kommode" (ehem. Alte Bibliothek), rechts das Opernhaus, im Hintergrund die Universität.
Foto: Stadtarchiv Berlin

Städtische Straßenbahnen in Berlin 147

grün/weiß:
Kreuzberg, Großbeerenstraße–Hedemannstraße–Wilhelmstraße–Zimmerstraße–Markgrafenstraße–Behrenstraße/Ecke Charlottenstraße (Linienlänge 3,7 km),
blau/weiß:
Großgörschenstraße – Steinmetzstraße – Kurfürstenstraße – Dennewitzstraße–Flottwellstraße–Köthener Straße–Potsdamer Platz–Albrechtstraße (Niederkirchnerstraße)–Zimmerstraße–Markgrafenstraße–Behrenstraße/Ecke Charlottenstraße (Linienlänge 4,8 km).
Die beiden letztgenannten Linien sind wegen der Kürze und

Tw Nr. 3685[II], gebaut 1899, im umgebauten Zustand von 1931, in der nordöstlichen Einfahrt des Lindentunnels; aufgenommen um 1935.
Foto: Sammlung Kubig

Die südliche Ausfahrt des Lindentunnels zwischen Opernhaus (links) und Prinzessinnenpalais (heute Operncafé).
Foto: Stadtarchiv Berlin

der Konkurrenz, besonders durch den „Sechseromnibus", wenig gewinnbringend.

02. 08. 1914
Infolge des Ausbruchs des ersten Weltkrieges wird ein Großteil des Fahrpersonals einberufen. Die Linien „grün/weiß" und „blau/weiß" werden ersatzlos eingestellt. Auf den beiden anderen Linien wird der Zugfolgeabstand erweitert. Durch die Ausbildung von Schaffnerinnen und Fahrerinnen kann der Verkehr später wieder etwas verdichtet werden. Der Betrieb auf den Südlinien wird allerdings nicht wieder aufgenommen.

07. 09. 1914
Die Bauarbeiten am Lindentunnel beginnen. Nördlich der Straße Unter den Linden ist der Tunnel viergleisig zwischen der Universität und der Neuen Wache (Mahnmal für die Opfer des Faschismus und Militarismus). Er teilt sich unter den „Linden" in zwei zweigleisige Tunnel. Der östliche Zweig verläuft fast geradlinig und endet östlich der Oper, der westliche Zweig führt in einer Gegenkurve zum Platz zwischen der Oper und der „Kommode" (ehemalige Königliche Bibliothek). Die Gesamtlänge des östlichen Tunnels einschließlich der Rampen beträgt 354 m, die des westlichen 389 m.

In Verhandlungen zwischen der Stadt Berlin und der GBS war festgelegt worden, daß der östliche Tunnel den Linien der GBS vorbehalten sein sollte, der westliche vorwiegend den Linien der SSB und der Berliner Elektrischen Straßenbahnen A.-G. (BESTAG). Einige GBS-Linien sollten allerdings auch den westlichen Tunnel benutzen.

Die gesamte Tunnelanlage ist für 120 Straßenbahnzüge je Stunde und Richtung konzipiert. Wegen des Krieges und der nachfolgenden Entwicklung wird der Tunnel zu keiner Zeit seines Bestehens voll ausgelastet.

01. 05. 1915
Die Erweiterungsstrecken im Norden sind im wesentlichen fertiggestellt. Infolge Materialmangels ist es nur teilweise möglich, auch die Oberleitung herzustellen. Da außerdem nicht ausreichend betriebsfähige Fahrzeuge vorhanden sind und Mangel an Personal herrscht, kann nur ein kurzes Streckenstück vom Virchow-Krankenhaus nach Alt-Moabit als Verlängerung der Linie „rot/weiß" in Betrieb genommen werden.

17. 12. 1916
Die SSB und die BESTAG nehmen den Verkehr durch den Lindentunnel, der eine Woche zuvor formell eröffnet worden ist, auf. Die Linien der Großen Berliner Straßenbahn verkehren ab 19. 12. 1916 durch den Tunnel.

Die SSB betreiben jetzt folgende Linien:
rot/weiß:
Alt-Moabit/Ecke Ottostraße–Oldenburger Straße–Wiclefstraße – Wilhelmshavener Straße – Birkenstraße – Putlitzstraße–Föhrer Straße–Augustenburger Platz–weiter wie 1913 zum Hermannplatz (Linienlänge 17,6 km),
grün:
Städtischer Ostring: Stettiner Bahnhof–weiter wie 1913 bis zur Behrenstraße–Lindentunnel–Universitätsstraße–Prinz-Friedrich-Karl-Straße (Geschwister-Scholl-Straße)–Artilleriestraße (Tucholskystraße)–Elsässer Straße (Wilhelm-Pieck-Straße)–Borsigstraße–Stettiner Bahnhof (Linienlänge 19,8 km).

13. 12. 1920
Aus der Vereinigung der bisher noch selbständigen Straßenbahnbetriebe in Groß-Berlin entsteht die „Berliner Straßenbahn", in der auch die Städtischen Straßenbahnen in Berlin aufgehen.

Betriebsstatistik – Städtische Straßenbahnen in Berlin (SSB)

		1908[1]	1911[2]	1913[2]	1917[2]
Anzahl der Tw		–	28	54	100	100
Anzahl der Bw		–	12	50	78	78
Streckenlänge	km	10,4	13,8	22,0	31,2
Gleislänge	km	22,6	31,0	49,4	69,5
Wagenkilometer	10^3 km	1 010,5	4 041,4	5 956,8	5 296,2
Beförderte Personen	10^3 Pers	5 769,7	22 007,0	27 944,0	39 996,6

[1]) vom 01. 07. 1908–31. 03. 1909
[2]) Das Geschäftsjahr ging jewells vom 01. 04. bis zum 31. 03. des folgenden Jahres.

Wagenparkstatistik – Städtische Straßenbahnen in Berlin (SSB)

Wagen-nummer	Hersteller mech.	Hersteller elektr.	Baujahr	Sitz-/ Stehplätze	Länge mm	Achs-/ Drehzapfen-abstand mm	Stundenleistung kW	Art der Bremse	Bemerkungen
Triebwagen									
1–28	Falk	Siem	1908	24 q/	11 100	1 300/5 200	2 × 24	D, E, H	Typ 8A Maximum; 1920 an BST Nr. 4399, 5323–5349
29–33	Adf	Siem	1919	24 q/	11 100	1 300/5 200	2 × 24	D, E, H	Typ 8C; halb geschl. Plattf.; 1920 an BST Nr. 5427–5431
34–38	Falk	Siem	1919	24 q/	11 100	1 300/5 200	2 × 24	D, E, H	Typ 8C; halb geschl. Plattf.; 1920 an BST Nr. 5421–5425
39–41	Falk	Siem	1919	24 q/	11 100	1 300/5 200	2 × 24	D, E, H	Typ 8C; halb geschl. Plattf.; 1920 an BST Nr. 4394–4396
42–49	Falk	Siem	1909	24 q/	11 100	1 300/5 200	2 × 24	D, E, H	Typ 8A; 1920 an BST Nr. 5350–5357
50 + 51	Falk	Siem	1919	24 k/	11 100	1 300/5 200	2 × 24	D, E, H	Typ 8C Maximum; halb geschl. Plattf.; 1920 an BST Nr. 4397 + 4398
60–77	Falk	Siem	1910	24 k/	11 100	1 300/5 200	2 × 24	D, E, H	Typ 8B; 1920 an BST Nr. 5358–5426
90–100	Falk	Siem	1912	24 k/	11 100	1 300/5 200	2 × 24	D, E, H	Typ 8B; 1920 an BST Nr. 5375–5385
201–235	LHW	Siem	1913	24 k/	11 100	1 300/5 200	2 × 24	D, E, H	Typ 8B; 1920 an BST Nr. 5386–5420
Beiwagen									
29–40, 41, 50–59	Falk		1908/09	18 q/	9 000	1 900/–	–	D, H	Typ 6; 1913 in Nr. 144–166
78–89	Falk		1910	18 q/	9 000	1 900/–	–	D, H	Typ 6B; 1913 in Nr. 167–178
101–115	Falk		1911	18 q/	9 000	1 900/–	–	D, H	Typ 6B; 1920 an BST Nr. 1588–1602
116–143	Falk		1913	18 q/	9 000	1 900/–	–	D, H	Typ 8B; 1920 an BST 1603–1630
144–155	Falk		1908	18 q/	9 000	1 900/–	–	D, H	Typ 6; 1913 ex Nr. 29–40; 1920 an BST Nr. 1631–1642
156–166	Falk		1909	18 q/	9 000	1 900/–	–	D, H	Typ 6; 1913 ex Nr. 41, 50–59; 1920 an BST Nr. 1654–1665
167–178	Falk		1910	18 q/	9 000	1 900/–	–	D, H	Typ 6B; 1913 ex Nr. 78–89; 1920 an BST Nr. 1654–1665

Elektrische Straßenbahn Groß-Lichterfelde–Lankwitz–Steglitz–Südende (ESGL)

- Electrische Eisenbahn in Groß-Lichterfelde

Berlin
Elektrische Straßenbahn Groß-Lichterfelde–
Lankwitz–Steglitz–Südende
Spurweite: 1000 mm
Stand: 1895

⊥⊥⊥⊥⊥⊥⊥ ursprüngliche Streckenführung von 1881–1892

········· Anschluß der Dampf-Straßenbahn Groß-Lichterfelde–
Seehof–Teltow–Stahnsdorf
—·—·— Anschluß der Berliner Dampfstraßenbahn-Konsortiums

Elektrische Straßenbahn

Zeittafel

31. 05. 1879
Werner Siemens führt auf der Berliner Gewerbeausstellung die erste funktionsfähige elektrische Lokomotive vor. Auf einem 300 m langen Rundkurs werden bis zum 30. 09. 1879 mit einem von dieser Lokomotive gezogenen Wagenzug 86 398 Personen befördert.
Der Strom (150 V Gleichspannung) wird durch eine zwischen den Fahrschienen hochkant liegende Stromschiene zugeführt.

1880
Siemens legt dem Königlichen Polizeipräsidium zu Berlin und dem Berliner Magistrat ein Projekt zur Anlage einer elektrischen Hochbahn im Verlauf der Friedrichstraße vor. Das Vorhaben stößt sowohl bei den Behörden als auch bei den Anwohnern auf Widerstand und wird abgelehnt. Siemens entschließt

Die elektrische „Eisenbahn" in Lichterfelde bei Berlin, nach einer zeitgenössischen Darstellung von H. Lüders.
Foto: Sammlung Dr. Bauer

Teltower Kreisbahnen 151

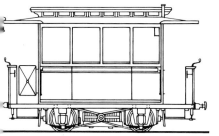

Der erste Straßenbahntriebwagen der Welt, gebaut 1881 von Siemens & Halske; eingesetzt ab 18. Mai 1881; 1906 von der Teltower Kreisbahn übernommen.

Die erste elektrische Straßenbahn der Welt wurde 1881 mit zwei dieser Wagen in Betrieb genommen; Spannung 180 V; Stromzuführung über die Schienen.
Foto: Sammlung Kubig

sich, seine erste „richtige" elektrische Bahn außerhalb Berlins anzulegen.

16. 05. 1881
In Groß-Lichterfelde bei Berlin wird zwischen dem Anhalter Bahnhof (Berlin-Lichterfelde Ost) und der „Haupt-Kadetten-Anstalt" in der Zehlendorfer Straße (Finckensteinallee) die erste dem öffentlichen Verkehr dienende elektrische Bahn der Welt, die „Electrische Eisenbahn in Groß-Lichterfelde", eröffnet. Siemens selbst betrachtete sie als eine „von ihren Säulen und Trägern herabgenommene Hochbahn".
Die 2,45 km lange Strecke ist in 1 000 mm Spurweite auf der Trasse der ehemaligen Materialtransportbahn zur Kadettenanstalt angelegt. Der Strom wird mittels der zwei durch Holzschwellen gegeneinander isolierte Fahrschienen zugeführt. Die Spannung beträgt 180 V. Zur Verfügung steht zunächst ein Wagen, später kommt ein zweiter hinzu.
Die Wegübergänge werden später stromlos gemacht, da Pferde mehrmals schmerzhafte Bekanntschaft mit dem elektrischen Strom machen. Infolge der unbefriedigenden Isolierung treten besonders bei feuchtem Wetter erhebliche Spannungsverluste auf. Das führt dazu, daß man die Stromversorgung abschaltet, wenn sich kein Wagen auf der Strecke befindet. Insgesamt wird jedoch – trotz der Mängel der Stromzuführung – die Brauchbarkeit des elektrischen Antriebs im öffentlichen Verkehr nachdrücklich bewiesen.

1887
Ein Teil der Strecke wird versuchsweise mit einer einpoligen Oberleitung versehen. Als Stromabnehmer wendet man einen vom Siemens-Mitarbeiter Reichel konstruierten Doppelbügelstromabnehmer, aus dem später der Lyrabügel entwickelt wird, an. Der Doppelbügel ist gefedert und wird von einem schräg zur Oberleitung auf dem Dach auf Gummiklötzen montierten Gestell getragen. An der Übergangsstelle wird automatisch von Ober- auf Unterleitung umgeschaltet.

Tw Nr. 3 der Serie Nr. 1 – Nr. 16, gebaut 1890; 1 000 mm Spurweite, aus „Sicherheitsgründen" waren die Fahrgestelle seitlich verkleidet; aufgenommen um 1891.
Foto: Sammlung Kubig

Parade der Tw der ESGL: Tw Nr. 14, Nr. 15 und Nr. 10, gebaut 1890, in der Nähe des Bf Steglitz; aufgenommen um 1900.
Foto: Sammlung Kubig

Tw Nr. 14 der Serie Nr. 1 – Nr. 16, gebaut 1890, für den Schmalspurbetrieb (Lichterfelde Ost), links einer der ersten Obusse.
Foto: Sammlung Kubig

Teltower Kreisbahnen 153

Sobw Nr. 1, gebaut 1905, später wurden die Seitenwände geschlossen; 1921 an BST Nr. 1765.
Foto: Sammlung Kubig

13. 08. 1890
Die Strecke wird von der Kadettenanstalt zum Potsdamer Bahnhof in Groß-Lichterfelde (Berlin-Lichterfelde West) verlängert. Diese neue Strecke ist für Oberleitungsbetrieb eingerichtet.

1892
Ein Teil der alten Strecke vom Anhalter Bahnhof in Groß-Lichterfelde zur Kadettenanstalt muß aufgegeben werden, da das Gelände anderweitig genutzt werden soll. Es wird daher eine neue, in Straßen liegende Verbindung geschaffen. Die gesamte Strecke wird mit Oberleitung versehen. Die Spannung wird auf 500 V erhöht, so daß die alten Triebwagen nicht weiter benutzt werden können. Die neuen Triebwagen sind mit dem Lyrabügelstromabnehmer ausgerüstet.

1895
Es werden neue Srecken nach Steglitz, Südende, und Lank-

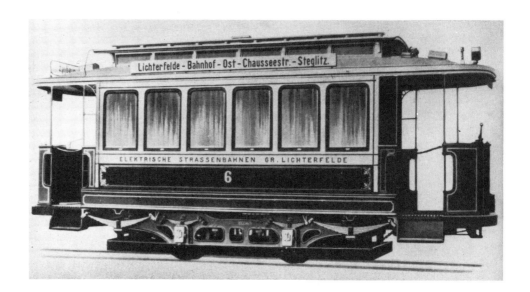

Tw Nr. 6^{II}, gebaut 1905, noch für die „Elektrische Straßenbahn Groß-Lichterfelde", wurde 1906 von den TKB übernommen.
Foto: Sammlung Kubig

Straßenbahnunternehmen in den ehemaligen Berliner Vororten

witz eröffnet. Die Bahn führt jetzt den Namen „Elektrische Straßenbahn Groß-Lichterfelde–Lankwitz–Steglitz–Südende".

Es werden folgende Linien betrieben:

(a) Groß-Lichterfelde, Anhalter Bahnhof (Berlin-Lichterfelde Ost) – Jungfernstieg – Wilhelmstraße (Königsberger Straße)–Zehlendorfer Straße (Finckensteinallee)–Kadettenanstalt–Paulinenstraße–Sternstraße (Kadettenweg)– Hans-Sachs-Straße–Groß-Lichterfelde, Potsdamer Bahnhof (Berlin-Lichterfelde West) (Linienlänge 3,6 km),
(b) Groß-Lichterfelde, Anhalter Bahnhof–Jungfernstieg– Boothstraße–Berliner Straße (Ostpreußendamm)–Albrechtstraße–Bf Steglitz (Linienlänge 4,9 km),
(c) Groß-Lichterfelde, Anhalter Bahnhof–Jungfernstieg–Wilhelmstraße–Chausseestraße (Hindenburgdamm)–Schützenstraße–Bf Steglitz (Linienlänge 4,9 km),
(d) Bf Steglitz–Albrechtstraße–Steglitzer Straße (Steglitzer Damm)–Bf Südende (Linienlänge 2,3 km).

01. 04. 1906
Der Kreis Teltow erwirbt für 1 450 000 M von der Firma Siemens & Halske die „Elektrische Straßenbahn Groß-Lichterfelde–Lankwitz–Steglitz–Südende" und gründet die „Teltower Kreisbahnen".

Betriebsstatistik – Elektrische Straßenbahn Groß-Lichterfelde–Lankwitz–Steglitz–Südende (ESGL)

		1882	1889	1896	1905
Anzahl der Tw		–	2[1]	2[1]	13	16
Anzahl der Bw		–	–	–	1	3
Streckenlänge	km	2,4	3,6	12,7	12,7
Gleislänge	km				16,4
Wagenkilometer	km				
Beförderte Personen	Pers				

[1]) Stromzuführung über Fahrschienen

Wagenparkstatistik – Elektrische Straßenbahn Groß-Lichterfelde (ESGL)

Wagen-nummer	Hersteller mech.	elektr.	Baujahr	Sitz-/Stehplätze	Länge mm	Achs-/Drehzapfenabstand mm	Stundenleistung kW	Art der Bremse	Bemerkungen
Triebwagen									
1–16	Köln	Siem	1890	16 l/12	6350	1600/–	1 × 12	H	Lichterfelde-Ost, 1 000 mm Spur; 1906 an TKB Nr. 1–16
Beiwagen									
1 + 3			1905	12 q/	6250	1850/–	–	So, H	Sobw; später geschl. Wagenkästen u. offene Plattform.; 1921 an BST Nr. 1765 + 1767
2	Köln		1890	16 l/18	7500	1600/–	–	So, H	1921 an BST Nr. 1766

Aktien-Gesellschaft Dampfstraßenbahn Groß-Lichterfelde – Seehof – Teltow – Stahnsdorf

Dampfstraßenbahn

Zeittafel

1887
Unter maßgeblicher Beteiligung des Bahnunternehmers Hermann Bachstein wird die „Aktien-Gesellschaft Dampfstraßenbahn Groß-Lichterfelde – Seehof – Teltow – Stahnsdorf" gegründet.

01. 07. 1888
Die etwa 5 km lange Strecke vom Anhalter Bahnhof in Groß-Lichterfelde (Berlin-Lichterfelde Ost) nach Teltow wird eröffnet. Der Verkehr auf der eingleisigen regelspurigen Strecke, die auch dem Güterverkehr dient, wird mit Dampflokomotiven und Dampftriebwagen abgewickelt. Den Betrieb führt das „Berliner Dampfstraßenbahn-Konsortium". Der erste gedruckte Fahrplan stammt vom 08. 07. 1888.

Ein lokbespannter Zug der Dampfstraßenbahn Groß-Lichterfelde – Seehof – Teltow – Stahnsdorf; aufgenommen im Jahre 1888 in Teltow.
Foto: Sammlung Kubig

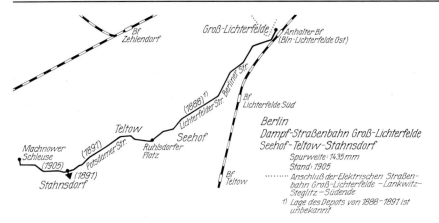

Dampflokomotive Nr. 2, gebaut 1888; eingesetzt auf dem Stahnsdorfer Streckenteil
Foto: Sammlung Kubig

Dampftriebwagen der Serie Nr. 1 + Nr. 2, gebaut 1887; aufgenommen um 1890.
Foto: Sammlung Kubig

Bw Nr. 4 der Dampfstraßenbahn Groß-Lichterfelde – Seehof – Teltow, gebaut 1887 von der Firma Gebrüder Hofmann & Co, Breslau, mit 40 Sitzplätzen.

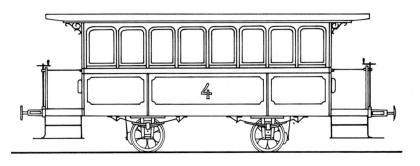
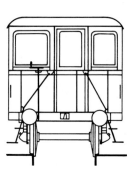

Teltower Kreisbahnen 157

Dampftriebwagen Nr. 2 der Dampfstraßenbahn Groß-Lichterfelde – Seehof – Teltow, gebaut 1887 von der Firma Gebr. Hofmann & Co, Breslau; die Dampfmaschine wurde bei Borsig, Berlin, hergestellt; Dampf-Tw mit 49 Sitzplätzen und Gepäckabteil.

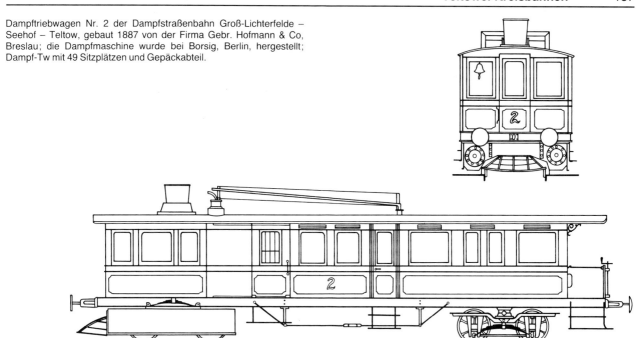

Bw Nr. 7 der Serie Nr. 7 + Nr. 8, gebaut 1906; 1907 für elektrischen Betrieb umgebaut, ab 1909 im Betriebsteil Alt-Glienicke der Teltower Kreisbahnen, ab 1921 an BST Nr. 1763. (unten)
Foto: Sammlung Kirsch

Straßenbahnunternehmen in den ehemaligen Berliner Vororten

31. 05. 1891
Die Dampfstraßenbahnstrecke wird bis Stahnsdorf (Alter Bahnhof) verlängert.

1898
Da das Berliner Dampfstraßenbahn-Konsortium durch die Westliche Berliner Vorortbahn übernommen wird, geht die Betriebsführung der Bahn nach Stahnsdorf auf die „Centralverwaltung für Sekundärbahnen (H. Bachstein)" über.

01. 10. 1905
Mit der Eröffnung des 1,4 km langen Abschnitts Stahnsdorf–Machnower Schleuse erreicht die Dampfstraßenbahn ihre größte Ausdehnung von etwa 10 km zwischen Groß-Lichterfelde und Machnower Schleuse.

01. 04. 1906
Die Dampfstraßenbahn wird für 850 000 M an den Kreis Teltow verkauft, der die „Teltower Kreisbahnen" gründet.

Wagenparkstatistik – Aktien-Gesellschaft Dampfstraßenbahn Groß-Lichterfelde–Seehof–Teltow–Stahnsdorf

Wagen-nummer	Hersteller mech.	Hersteller motor.	Baujahr	Sitz-/Stehplätze	Länge mm	Achs-/Drehzapfenabstand mm	Stundenleistung kW	Art der Bremse	Bemerkungen
Dampftriebwagen									
1 + 2	Bres	Bor	1887	49 q/	14 850	1 300/8 900		D, H	Rowanscher Dampf-Tw mit Gepäckabteil; Achsabstand im Dampfbogie 1 830 mm; 1907 an Uetersener Eisenbahn
Beiwagen									
3 + 4	Bres		1887	40 q/	7 650	3 600/–	–	H	Verbleib unbek.
6			1881	36 q/	12 000	1 400/6 000	–	H	1904 an BO Nr. 142
7 + 8	Falk		1901	34 q/		/	–	H	1907 Umb. für elektr. Betrieb; (TKB Bw Nr. 7 + 8)

Betriebsstatistik – Aktien-Gesellschaft Dampfstraßenbahn Groß-Lichterfelde–Seehof–Teltow–Stahnsdorf

		1892	1905
Anzahl der Dampf-Tw	–	2	2
Anzahl der Bw	–	4	4
Spezialfahrzeuge	–	1	1
Anzahl der Dampflokomotiven		3	3
Streckenlänge	km	8,6	10,0
Gleislänge	km		
Wagenkilometer	km		
Beförderte Personen	Pers		

Teltower Kreisbahnen (TKB)

- Betriebsleitung Lichterfelde (1 000 mm Spurweite)
- Betriebsbüro Stahnsdorf (1 435 mm Spurweite)
- Betriebsleitung Alt-Glienicke (1 435 mm Spurweite)

Elektrische Straßenbahn

Zeittafel

01. 04. 1906
Der Kreis Teltow erwirbt die „Elektrische Straßenbahn Groß-Lichterfelde–Lankwitz–Steglitz–Südende" und die „Aktien-Gesellschaft Dampfstraßenbahn Groß-Lichterfelde–Seehof–Teltow–Stahnsdorf" und gründet die „Teltower Kreisbahnen" (TKB). Der Umbau der Dampfstraßenbahn auf elektrischen Betrieb wird beschlossen. Wegen der unterschiedlichen Spurweiten sind die „Betriebsleitung Lichterfelde" (Schmalspur) und das „Betriebsbüro Stahnsdorf" (Regelspur) relativ unabhängig voneinander.

30. 03. 1907
Auf der ehemaligen Dampfstraßenbahn Groß-Lichterfelde–Machnower Schleuse wird der elektrische Betrieb aufgenommen. Die Triebwagen sind mit Bügelstromabnehmern ausgerüstet. Die Dampflokomotiven dienen weiterhin dem Güterverkehr, die Dampftriebwagen werden verkauft. Eine geplante Verlängerung der Strecke nach Potsdam kommt nicht zustande.

01. 04. 1909
Die Teltower Kreisbahnen übernehmen die Betriebsführung der Straßenbahn der Gemeinde Steglitz (Grunewaldbahn).

05. 06. 1909
Weitab vom übrigen Netz richten die Teltower Kreisbahnen eine eingleisige regelspurige Strecke zwischen dem Bahnhof Adlershof = Alt-Glienicke und Alt-Glienicke/Kirche ein. Damit entsteht als dritter Betriebsteil der TKB die „Betriebsleitung Alt-Glienicke". In Adlershof besteht ab 19. 12. 1912 eine Gleisver-

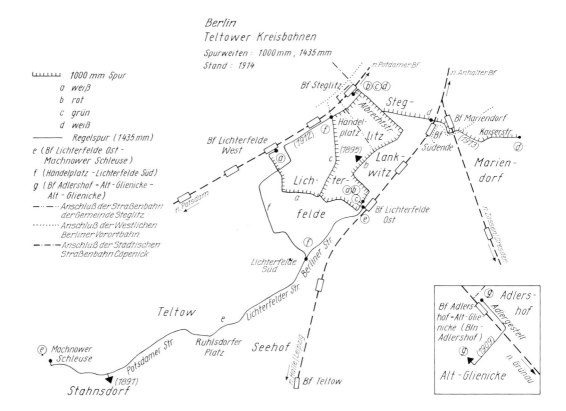

bindung zur „Städtischen Straßenbahn Cöpenick", die aber linienmäßig nicht genutzt wird. Sie dient der Überführung der TKB-Fahrzeuge, die in der Werkstatt der Cöpenicker Straßenbahn gewartet werden.

21. 07. 1909
Der mit Dampflokomotiven durchgeführte Güterverkehr auf der ehemaligen Dampfstraßenbahnstrecke wird durch die Teltower Industriebahn G. m. b. H. übernommen.

02. 11. 1912
Eine neue regelspurige Linie der Teltower Kreisbahnen zwischen dem Händelplatz in Berlin-Lichterfelde West und der Berliner Straße (Ostpreußendamm) in Lichterfelde Süd, wo Anschluß an die existierende Regelspurstrecke besteht, wird eröffnet.

03. 04. 1913
Die schmalspurige Linie Bf Steglitz–Bf Südende wird bis zur Chausseestraße (Mariendorfer Damm) in Mariendorf verlängert. Es werden dabei am Bahnhof Mariendorf Gleisanlagen der Südlichen Berliner Vorortbahn unter Einlegung einer dritten Schiene für die 1000-mm-Spur mitbenutzt. Die Teltower Kreisbahnen betreiben folgende Linien:

Schmalspur:
(a) weiß: Bf Lichterfelde Ost – Jungfernstieg – Wilhelmstraße (Königsberger Straße) – Zehlendorfer Straße (Finckensteinallee) – Paulinenstraße – Sternstraße (Kadettenweg) – Hans-Sachs-Straße – Bf Lichterfelde West (Linienlänge 3,6 km),
(b) rot: Bf Lichterfelde Ost – Jungfernstieg – Boothstraße – Berliner Straße (Ostpreußendamm) – Albrechtstraße – Bf Steglitz (Linienlänge 4,9 km),
(c) grün: Bf Lichterfelde Ost – Jungfernstieg – Wilhelmstraße – Chausseestraße (Hindenburgdamm) – Schützenstraße – Bf Steglitz (Linienlänge 4,9 km),
(d) weiß: Bf Steglitz – Albrechtstraße – Steglitzer Straße (Steglitzer Damm) – Bf Südende – Bf Mariendorf – Ringstraße – Kaiserstraße – Chausseestraße (Mariendorfer Damm) (Linienlänge 4,6 km);

Regelspur:
(e) Bf Lichterfelde Ost – Bismarckstraße (Morgensternstraße) – Berliner Straße (Ostpreußendamm) – Seehof, Lichterfelder Straße (Philipp-Müller-Allee) – Teltow, Ruhlsdorfer Platz – Potsdamer Straße – Stahnsdorf – Machnower Schleuse (Linienlänge 10,0 km),
(f) Lichterfelde West, Händelplatz – Steglitzer Straße (Gardeschützenweg) – Drakestraße – Ringstraße – Carstenn-

Tw Nr. 5^{II} der Serie Nr. 1^{II} bis Nr. 6^{II} der regelspurigen Strecke Machnower Schleuse–Lichterfelde Ost, gebaut 1906.
Foto: Sammlung Kubig

Tw Nr. 53, gebaut 1909; eingesetzt auf der Strecke Alt-Glienicke–Bahnhof Adlershof.
Foto: Sammlung Kubig

straße–Luzerner Straße–Appenzeller Straße–Wismarer Straße–Lichterfelde Süd, Berliner Straße (Hindenburgdamm) (Linienlänge 5,3 km),
(g) Bf Adlershof = Alt-Glienicke–Adlergestell–Cöpenicker Straße–Alt-Glienicke, Kirche (Linienlänge 2,3 km).

01. 10. 1920
Groß-Berlin wird gegründet. Dadurch kommen Gebiete des Kreises Teltow zu Berlin, und der überwiegende Teil des Streckennetzes der Teltower Kreisbahnen liegt auf Berliner Territorium.
Lediglich die ehemalige Dampfstraßenbahnstrecke überschreitet die Berliner Gemarkungsgrenze.

16. 04. 1921
Berlin erwirbt vom Kreis Teltow die Teltower Kreisbahnen und gliedert sie gemeinsam mit der Grundewaldbahn der „Berliner Straßenbahn" an.

Bw Nr. 76, gebaut 1910, aufgenommen am Bf Adlershof um 1913, 1921 an BST Nr. 1762.
Foto: Sammlung Kubig

Straßenbahnunternehmen in den ehemaligen Berliner Vororten

Tw Nr. 31, gebaut 1905; 1912 von 1000 mm Spurweite auf Regelspur umgebaut für die Linie Händelplatz – Lichterfelde Süd, ex Elektrische Straßenbahn Groß-Lichterfelde Nr. 11; aufgenommen um 1915.
Foto: Sammlung Kubig

Wagenparkstatistik – Teltower Kreisbahnen (TKB)

Wagen-nummer	Hersteller mech.	Hersteller elektr.	Baujahr	Sitz-/Stehplätze	Länge mm	Achs-/Drehzapfenabstand mm	Stundenleistung kW	Art der Bremse	Bemerkungen
Triebwagen									
ohne Nr.	S & H	S & H	1881	12 l/	4380	1800/–	1 ×	H	erste Strab d. Welt; Lichterfelde Ost; 1000 mm Spur; 150 V Gleichsp. über Schienen; ab 1887 Oberleitung; um 1900 a
1–16	Köln	Siem	1890	16 l/12	6350	1600/–	1 × 12	H	1906 ex ESGL Nr. 1–16; Lichterfelde Ost; 1000 mm Spur; 1912 Nr. 5, 11–13 Regelspur und in Nr. 30–33; Nr. 7–10, 14–16 1921 an BST Nr. 4321 + 4322, 4326–4330; übr. bis 1921 a
1^II–6^II	Falk	Siem	1905	24 q/30	9200	2200/–	2 × 28	E, H	Stahnsdorf, Regelspur; 1921 an BST Nr. 4315–4320
17	Köln	Siem	1898	16 l/12	7000	1600/–	2 × 18	E, H	1921 an BST Nr. 4331

noch **Wagenparkstatistik** – Teltower Kreisbahnen (TKB)

Wagen-nummer	Hersteller mech.	Hersteller elektr.	Baujahr	Sitz-/Stehplätze	Länge mm	Achs-/Drehzapfenabstand mm	Stundenleistung kW	Art der Bremse	Bemerkungen
noch *Triebwagen*									
18–21	Falk	Siem	1903	18 q/16	7800	1800/–	2 × 18	E, H	Lichterfelde Ost; 1 000 mm Spur; 1921 an BST Nr. 4332–4335
22–29	Falk	Siem	1913	18 q/20	8550	1800/–	2 × 18	E, H	Lichterfelde Ost; 1 000 mm Spur; 1921 an BST Nr. 4336 + 4337 geschl. Plattf.
30–33	Falk	Siem	1905	18 q/16	7850	1800/–	2 × 18	E, H	Lichterfelde Süd; Regelspur; 1912 ex Nr. 5, 11–13; 1921 an BST Nr. 4336–4343; Nr. 4344–4347 geschl. Plattf.
51–53	Falk	Siem	1909	18 q/16	7600	1750/–	2 ×	E, H	Alt-Glienicke; Regelspur; 1921 an BST Nr. 4323–4325
Beiwagen									
7 + 8	Falk		1906	36 q/	11 800	1450/5500	–	So, H	Stahnsdorf; Regelspur; ab 1909 Alt-Glienicke; 1921 an BST Nr. 1763 + 1764
9–16			1907	24 q/	8500	3200/–	–	So, H	1921 an BST Nr. 1754–1761; 1927 in Nr. 1493[II]–1500[II]

Betriebsstatistik – Teltower Kreisbahnen (TKB)

		1907	1911	1914
Anzahl der Tw		–	22	31	34
Anzahl der Bw		–	8	11	14
Streckenlänge	km	22,7	25,0	32,2
Gleislänge	km			
Wagenkilometer	10^3 km		448,4[1]	
Beförderte Personen	10^3 Pers		1 082,1[1]	

[1] nur für die Linie Lichterfelde Ost – Machnower Schleuse

Cöpenicker Pferdeeisenbahn

Pferdebahn

Zeittafel

23. 10. 1842
Eröffnung der Berlin-Frankfurter Eisenbahn. Der Bahnhof Cöpenick liegt 1,8 km vom Zentrum Cöpenicks, dem Schloßplatz, entfernt.

1876
Von Erkner aus wird nach Berlin ein Vorortverkehr eingerichtet. Acht Züge fahren täglich nach Berlin.

Oktober 1882
Zwischen Schloßplatz und Bahnhof wird eine eingleisige, von der Stadt erbaute Pferdeeisenbahn in Betrieb genommen. Sie ist 1,8 km lang und in Regelspur gebaut.
Für eine Pachtsumme von 1500,– Mark jährlich betreibt der Fuhrunternehmer Neuendorf die Bahn. Der Fahrpreis beträgt für die ganze Strecke 10 Pfennig für Erwachsene und 5 Pfennig für Kinder. Die Fahrzeit beträgt 17 Minuten.

01. 04. 1892
Zwischen Spindlersfeld und Niederschöneweide-Johannisthal wird eine eingleisige Eisenbahnstrecke in Betrieb genommen. Cöpenick erhält damit einen zweiten Eisenbahnanschluß.

1895
Die Pferdeeisenbahnstrecke wird zweigleisig ausgebaut. Die Firma Vehring & Wächter übernimmt den Pachtvertrag.

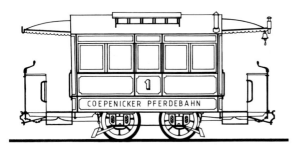

Pfw Nr. 1, gebaut 1876; 1882 von der Neuen Berliner Pferdebahn-Gesellschaft (ex Pfw Nr. 2) angekauft; diese ehemaligen Auslenkwagen hatten 14 Sitzplätze.

Pfw Nr. 3, gebaut 1882; dieser Decksitz-Pfw wurde 1882 von der Neuen Berliner Pferdebahn-Gesellschaft (ex Pfw Nr. 72) angekauft; Sitzplätze: oben 20, unten 18.

Pfw Nr. 4, gebaut 1881; 1882 ex Pfw Nr. 44 der Neuen Berliner Pferdebahn-Gesellschaft, 1902 in Pfw Nr. 2^{II}.

Pfw Nr. 5 der Serie Nr. 5 – Nr. 7, gebaut 1884; 1901 von der Großen Berliner Pferde-Eisenbahn A.-G. Serie Nr. 533 – Nr. 560 angekauft; Pfw Nr. 7 wurde 1903 in Pfw Nr. 3^{II} umgenummert und noch im gleichen Jahr zu Bw Nr. 11, übrige 1903 zu Bw Nr. 12 und Nr. 13.

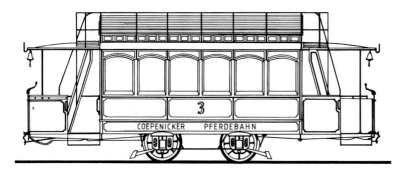

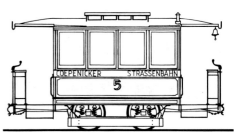

Cöpenicker Straßenbahn

Pfw Nr. 4, gebaut 1881; aufgenommen im Jahre 1890 auf dem Schloßplatz
Foto: Sammlung Kubig

Ein letztes Mal wurden alle Pferdebahnreserven aufgestellt: Pfw Nr. 3^{II}, gebaut 1884; Pfw Nr. 2^{II}, gebaut 1881, und Pfw Nr. 5, gebaut 1884; aufgenommen am 3. August 1903, dem Tag der Umstellung auf elektrischen Betrieb, am Schloßplatz.
Foto: Märkisches Museum, Berlin

15. 08. 1901
Die Eröffnung der elektrischen Straßenbahnlinie der Berliner Ostbahnen von der Cöpenicker Stadtgrenze zum Bahnhof Niederschöneweide-Johannisthal regt auch in Cöpenick den Gedanken zu einer Elektrifizierung der Pferdebahn an.

17. 05. 1903
Eine private Omnibusgesellschaft eröffnet zwischen Spindlersfeld und Müggelheim einen Linienverkehr mit Pferdeomnibussen.
Bereits im August wird der Betrieb wieder eingestellt.

11. 08. 1903
Mit der Eröffnung des elektrischen Straßenbahnbetriebs auf der Pferdebahnstrecke wird die Cöpenicker Pferdeeisenbahn in „Städtische Straßenbahn Cöpenick" umbenannt.

Netzplan siehe S. 171 (Abschnitt „Städtische Straßenbahn Cöpenick")

Betriebsstatistik – Cöpenicker Pferdeeisenbahn

		1882	1895	1903
Anzahl Pfw	–	4	4	7
Anzahl der Pferde	–			
Streckenlänge	km	1,8	1,8	1,8
Gleislänge	km	etwa 1,9	etwa 3,7	etwa 3,7
Wagenkilometer	km			
Beförderte Personen	Pers			

Wagenparkstatistik – Cöpenicker Pferdeeisenbahn

Wagennummer	Hersteller	Baujahr	Sitz-/Stehplätze	Länge mm	Achsabstand mm	Art der Bremse	Bemerkungen
Pferdebahnwagen							
1 + 2	Ham	1876	14 l/	5800	1500/-	H	Einspänner; 1882 ex NBPf Pfw Nr. 2 + 3; Pfw Nr. 2 1901 a; Pfw Nr. 1 1903 a
2^{II}		1881	14 l/	6000	1500/-	H	Einspänner; 1902 ex Pfw Nr. 4; 1903 a
3	Her	1882	38 l/	8300	1850/-	H	Zweispänner, Decksitzwg; 1882 ex NBPf Pfw Nr. 72; 1902 in Pfw Nr. 4^{II}
3^{II}	Her	1884	12 l/	4900	1300/-	H	Einspänner; 1903 ex Pfw Nr. 7; 1903 in Bw Nr. 11
4		1881	14 l/	6000	1500/-	H	Einspänner; 1882 ex NBPf Pfw Nr. 44; 1902 in Pfw Nr. 2^{II}
4^{II}	Her	1882	38 l/	8300	1850/-	H	Zweispänner, Decksitzwg; 1902 ex Pfw Nr. 3; 1903 a
5–7	Her	1884	12 l/	4900	1300/-	H	Einspänner; 1901 ex GBPfE Pfw Serie Nr. 533–560; 1903 Nr. 5 + 6 in Bw Nr. 12 + 13; Pfw Nr. 7 in Pfw Nr. 3^{II}

Friedrichshagener Straßenbahn

Pferdebahn, Dampfstraßenbahn

Zeittafel

1890
Friedrichshagen wird Kurort und hat 8 000 Einwohner.

1891
Der Ing. Georg von Kreyfeld aus Halle (Saale) gründet die Gesellschaft „Friedrichshagener Straßenbahn von Kreyfeld & Co.".

April 1891
Baubeginn zwischen Bahnhof Friedrichshagen durch die Friedrichstraße (Bölschestraße) zum Restaurant „Bellevue" am Ufer des Müggelsees. Die Länge beträgt 1,5 km, die Spurweite 1 000 mm.

15. 05. 1891
Inbetriebnahme der Bahn. In den Sommermonaten wird sie als Dampfstraßenbahn und im Winter als Pferdestraßenbahn betrieben.

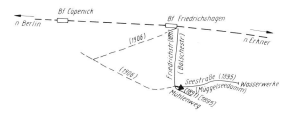

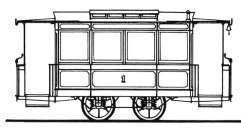

Pfw Nr. 1, gebaut 1880; um 1890/91 gebraucht gekauft.

Pfw Nr. 1 der Serie Nr. 1 bis Nr. 3, gebaut 1880 von der Firma P. Herbrand, Köln; 1906 wurden diese Pfw ausgemustert; aufgenommen um 1895 am Bahnhof Friedrichshagen.
Foto: Sammlung Dr. Bauer

Straßenbahnunternehmen in den ehemaligen Berliner Vororten

Dampfstraßenbahnlokomotive AUGUSTE, gebaut 1892, wurde bereits 1894 außer Betrieb gesetzt und später verkauft.
Foto: Sammlung Dr. Bauer

Das Depot befindet sich in der Seestraße (Müggelseedamm). Der Fahrplan orientiert sich an den Abfahrtzeiten der Vorortzüge im Bahnhof Friedrichshagen.

Juli 1894
Einstellung des Dampfstraßenbahnbetriebs.

Herbst 1894
Die Gemeinde Friedrichshagen kauft die Pferdestraßenbahn auf.

01. 01. 1895
Durch die Seestraße wird eine eingleisige Streckenverlängerung bis zu den Wasserwerken in Betrieb genommen. In der Friedrichstraße wird die Strecke zweigleisig ausgebaut. Die Streckenlänge beträgt jetzt 2,35 km, davon sind 1,1 km eingleisig.

1906
Die Stadt Cöpenick kauft die Pferdebahnstrecke auf. Sie wird auf Regelspur umgespurt und elektrifiziert.

Dezember 1906
Inbetriebnahme von Verbindungsstrecken über Hirschgarten zwischen Cöpenick und Friedrichshagen und Aufnahme des elektrischen Betriebs.

So-Pfw Nr. 6, gebaut 1890, und ein weiterer Pfw der Serie Nr. 4 bis Nr. 6 in Friedrichshagen/Friedrichstraße (heute Bölschestraße), vom Bahnhof aus gesehen aufgenommen; um 1900.
Foto: Sammlung Kubig

Cöpenicker Straßenbahn

Wagenparkstatistik – Friedrichshagener Straßenbahn

Wagen-nummer	Hersteller	Baujahr	Sitz-/Stehplätze	Länge mm	Achs-abstand mm	Art der Bremse	Bemerkungen
Pferdebahnwagen							
1–3	Her	1880	14 l/		/–	H	Inbetriebnahme 1891, gebraucht gekauft; Einspänner; 1906 a
4–6	Her	1890	28 q/		/–	H	Inbetriebnahme 1891; Einspänner; Sowg; 1906 a
7	Her	1898	20 l/		/–	H	Zweispänner; Metropolwg; 1906 an Cöpenicker Straßenbahn Nr. 40
Dampflokomotiven							
Helene	Hoh	1892	–/–				Achsfolge A1; 1894 außer Betrieb gesetzt; 1902 an Holländische Straßenbahn-Betriebs-Ges. verkauft
Auguste	Hoh	1892	–/–				Achsfolge A1; 1904 an Holländische Straßenbahn-Betriebs-Ges. verkauft
Georg	Hoh	1893	–/–				Achsfolge A1; 1907 an Holländische Straßenbahn-Betriebs-Ges. verkauft

Beiwagen
Es wurden die Pfw benutzt.

Betriebsstatistik – Friedrichshagener Straßenbahn

		1891	1894	1898
Anzahl Pfw		–	6	7
Anzahl Dampflokomotiven		–	3	
Streckenlänge	km	1,5	1,5	2,35
Gleislänge	km	etwa 1,7	etwa 1,7	etwa 3,8
Wagenkilometer	km			
Beförderte Personen	Pers			

Städtische Straßenbahn Cöpenick

Elektrische Straßenbahn

Zeittafel

11. 08. 1903
Zwischen dem Bahnhof Cöpenick und dem neuerbauten Depot in der Marienstraße (Wendenschloßstraße) wird der elektrische Betrieb aufgenommen. Zwischen Bahnhof und Schloßplatz endet damit der Pferdebahnbetrieb. Im Tagesdurchschnitt werden 2 200 Personen befördert.

02. 10. 1903
Inbetriebnahme der Teilstrecke Marienhain in der heutigen Wendenschloßstraße bis Wendenschloß, Gellertstraße.
Inbetriebnahme der Strecke vom Schloßplatz zum Bahnhof Spindlersfeld.

28. 12. 1903
Zwischen Wendenschloß, Gellertstraße und Schillerstraße wird das restliche Stück der Strecke nach Wendenschloß in Betrieb genommen.

1904
Nach dem Sommerfahrplan werden folgende Linien betrieben:
weiße Linie: Bf Cöpenick–Wendenschloß
(Linienlänge 6,0 km),

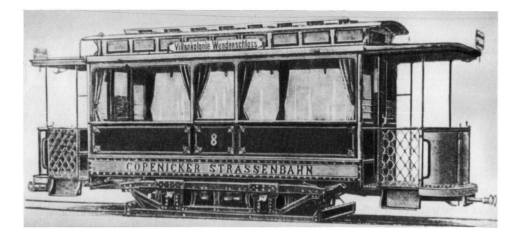

Tw Nr. 8 der Serie Nr. 1 bis Nr. 10, gebaut 1903, aufgenommen kurz vor der Inbetriebnahme.
Foto: Sammlung Kubig

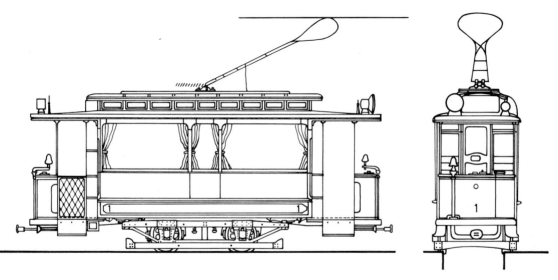

Tw der Serie Nr. 1 – Nr. 10, Nr. 24, Nr. 37, gebaut 1903/07.

Cöpenicker Straßenbahn

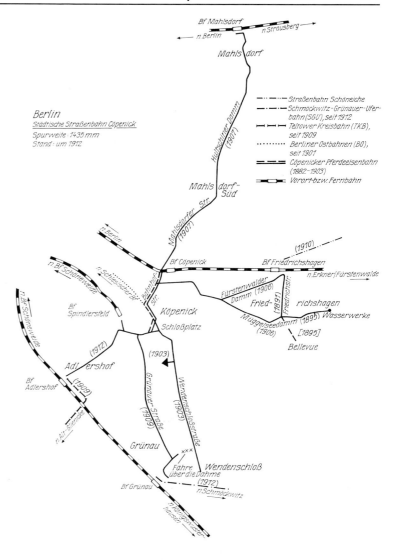

grüne Linie: Bf Cöpenick–Marienstraße (Depot)
(Linienlänge 3,0 km),
rote Linie: Bf Cöpenick–Bf Spindlersfeld
(Linienlänge 3,0 km),
weiße Linie: Bf Spindlersfeld–Wendenschloß
(Linienlänge 5,0 km),
weiße Linie: Bf Spindlersfeld–Marienstraße (Depot)
(Linienlänge 2,4 km).

03. 12. 1904
Die Strecke der Berliner Ostbahnen wird auf Cöpenicker Stadtgebiet bis zur Bahnhofstraße/Ecke Lindenstraße verlängert. Eine Gleisverbindung zur Cöpenicker Straßenbahn wird nicht hergestellt.

1906
Ankauf der Friedrichshagener Straßenbahn, Umspurung auf Regelspur und Bau von Verbindungsstrecken.

16. 12. 1906
Der elektrische Straßenbahnbetrieb zwischen Cöpenick und Friedrichshagen wird aufgenommen.

10. 05. 1907
Eröffnung der eingleisigen Straßenbahnstrecke vom Bahnhof Cöpenick zum Bahnhof Mahlsdorf an der Ostbahn.

Straßenbahnunternehmen in den ehemaligen Berliner Vororten

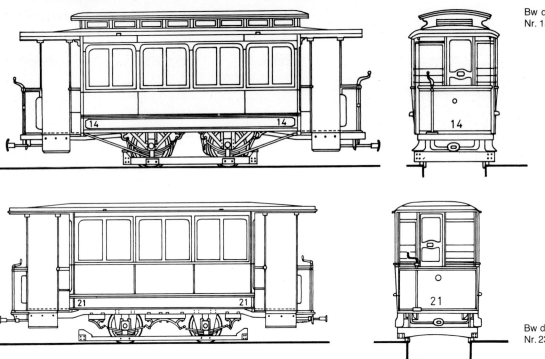

Bw der Serie Nr. 14 + Nr. 15, gebaut 1903.

Bw der Serie Nr. 16 bis Nr. 23, gebaut 1903/06.

Parade der Straßenbahnfahrer vor ihren Fahrzeugen: u.a. Tw Nr. 7 in Richtung Bf Cöpenick; die Linie 2 fährt in Richtung Kolonie Mahlsdorf, und der linke Tw Nr. 2 fährt in Richtung Villenkolonie Wendenschloß; aufgenommen um 1908.
Foto: Sammlung Kubig

Cöpenicker Straßenbahn 173

Bw Nr. 39 der Serie Nr. 38 + Nr. 39, gebaut 1908; 1920 an BST Nr. 1568.
Foto: Sammlung Kubig

Tw Nr. 37 der Serie Nr. 24 – Nr. 37, gebaut 1907; 1920 an BST Serie Nr. 4201 – Nr. 4214.
Foto: Sammlung Kubig

Straßenbahnzug der Städtischen Straßenbahn Cöpenick mit Tw Nr. 35 und Bw Nr. 39.
Foto: Sammlung Kubig

Tw Nr. 52 der Serie Nr. 49 – Nr. 56, gebaut 1913 bei Firma G. Lindner, Ammendorf; 1920 an BST Serie Nr. 4215 – Nr. 4222.
Foto: Sammlung Dr. Bauer

... und so sah es im Inneren des Tw Nr. 52 mit 18 Quersitzen aus.
Foto: Sammlung Dr. Bauer

Tw Nr. 50 der Serie Nr. 49 – Nr. 56, gebaut 1913; bei BST ab 1920 Serie Nr. 4215 – Nr. 4222 mit sechs schmalen Fenstern.

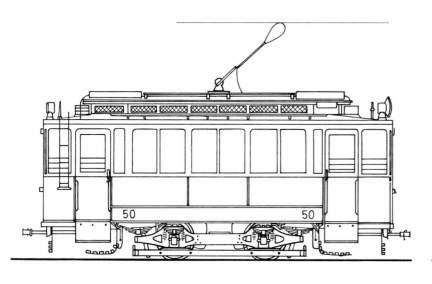
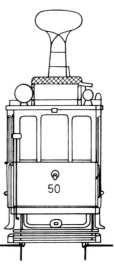

Cöpenicker Straßenbahn

04. 11. 1908
Eröffnung der Strecke vom Cöllnischen Platz in Cöpenick bis zur Gemeindegrenze von Grünau.

11. 06. 1909
Inbetriebnahme der Verlängerung von der Gemeindegrenze Grünau bis zum Staatsbahnhof Grünau (Bahnhof Berlin-Grünau).

19. 12. 1912
Die Strecke vom Bahnhof Spindlersfeld zum Bahnhof Adlershof wird eröffnet.
Zwischen der Städtischen Straßenbahn Cöpenick und den Teltower Kreisbahnen (TKB) wird eine Verbindung eingerichtet, da die Cöpenicker Straßenbahn die Fahrzeuge der TKB, die auf der regelspurigen Strecke Bahnhof Adlershof–Alt-Glienicke eingesetzt sind, wartet.

1914
Es verkehren folgende Straßenbahnlinien:
Linie 1: Bf Mahlsdorf–Wendenschloß (Linienlänge 13,6 km),
Linie 2: Bf Cöpenick–Bf Grünau (Linienlänge 7,0 km),
Linie 3: werktags von der Marienstraße (Depot)–Bf Spindlersfeld (Linienlänge 3,0 km), sonntags von Wendenschloß–Bf Adlershof (Linienlänge 7,6 km),
Linie 4: Bf Friedrichshagen–Wasserwerke Friedrichshagen (Linienlänge 1,6 km),
Linie 5: Mahlsdorf Süd–Bf Adlershof (Linienlänge 8,2 km),
Linie 6: Marienstraße (Depot)–Bf Friedrichshagen (Linienlänge 5,8 km),
Linie 7: Bf Spindlersfeld–Bf Friedrichshagen (Linienlänge 5,8 km),
Linie 10: Bf Cöpenick – Marienstraße (Depot) – Wendenschloß (Linienlänge 6,0 km),
Pendellinie: Bf Grünau–Fähre nach Wendenschloß (Linienlänge 0,9 km).

1918
Die Stadt Cöpenick und der Zweckverband Groß-Berlin schließen einen Straßenbahnvertrag, der dem Verband das Erwerbsrecht für die Cöpenicker Straßenbahn zuspricht.
Die Stadt Cöpenick verpflichtet sich, bei einer entstehenden Nachfrage, eingleisige Strecken zweigleisig auszubauen.

01. 10. 1920
Inkrafttreten des Gesetzes über die Stadt Groß-Berlin. Cöpenik wird Zentrum eines neuen Stadtbezirkes in Groß-Berlin. Die Städtische Straßenbahn Cöpenick wird von der Großen Berliner Straßenbahn als kommunaler Betrieb übernommen und geht wenig später in der „Berliner Straßenbahn" (BST) auf.

Betriebsstatistik – Städtische Straßenbahn Cöpenick

		1903[1]	1908[1]	1913[1]
Anzahl der Tw		–	10	24	32
Anzahl der Bw		–	5	16	24
Linienlänge	km	6,5	22,6	27,4
Gleislänge	km	13,6	35,7	45,8
Wagenkilometer	10^3 km	148,1	1021,0	1772,2
Beförderte Personen	10^3 Pers	524,5	3712,0	6308,7

[1] jeweils gültig für das Geschäftsjahr vom 1. 4. bis 31. 3. des Folgejahres

Wagenparkstatistik – Städtische Straßenbahn Cöpenick

Wagen-nummer	Hersteller mech.	Hersteller elektr.	Baujahr	Sitz-/Stehplätze	Länge mm	Achs-/Drehzapfenabstand mm	Stundenleistung kW	Art der Bremse	Bemerkungen
Triebwagen									
1–10	Köln	AEG	1903	20 l/14	8100	1800/–	2 × 25	E, H	1920 an BST Nr. 4191–4200
24–37	Köln	AEG	1906/08	20 l/14	8100	1800/–	2 × 25	E, H	1920 an BST Nr. 4201–4214
49–56	Adf		1913	18 q/	8100	1800/–	2 × 15	E, H	1920 an BST Nr. 4215–4222
Beiwagen									
11–13	Her		1884	12 l/8	6000	1600/–	–	So, H	1903 ex Pfw Nr. 3[II], 5, 6; 1920 an BST Nr. 1554–1556
14 + 15	Köln		1903	20 l/	7850	1950/–	–	So, H	1920 an BST Nr. 1557 + 1558
16 + 17	Köln		1903	18 l/	7000	1700/–	–	So, H	1920 an BST Nr. 1559 + 1560
18–23	Köln		1906	18 l/	7400	1850/–	–	So, H	1920 an BST Nr. 1561–1566
38 + 39	Köln		1908	18 l/	7400	1700/–	–	So, H	1920 an BST Nr. 1567 + 1568
40	Köln		1898	18 l/	7300	1850/–	–	So, H	1906 ex Pfw Friedrichshagen Nr. 7; 1920 an BST Nr. 1569
41–46	Köln		1912	18 l/	7000	1900/–	–	So, H	1920 an BST Nr. 1570–1575
47 + 48	Adf		1913	18 q/	7200	2100/–	–	So, H	1920 an BST Nr. 1576 + 1577

Spandauer Straßenbahn (Simmel, Matzky & Müller)

Pferdebahn

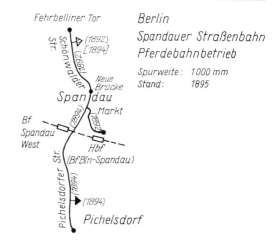

Berlin
Spandauer Straßenbahn
Pferdebahnbetrieb
Spurweite: 1000 mm
Stand: 1895

Zeittafel

06. 09. 1876
Dem Magistrat von Spandau wird von einem Ackerbürger der Stadt ein Angebot zur Anlage einer Pferdebahn von Spandau nach Pichelsdorf gemacht. Da detaillierte Pläne nicht eingereicht werden, erteilt der Magistrat keine Genehmigung. Aus dem gleichen Grund wird ein Antrag vom 25. 10. 1885 abgelehnt.

März 1892
Die Stadtverordnetenversammlung von Spandau, das inzwischen 40 000 Einwohner zählt, beschließt, einem Konsortium Spandauer Geschäftsleute die Genehmigung zur Anlage einer Pferdebahn vom Hauptbahnhof (Bf Berlin-Spandau) zum Fehrbelliner Tor und nach Pichelsdorf zu erteilen.

26. 04. 1892
Die „Spandauer Straßenbahn (Simmel, Matzky & Müller)" wird gegründet.

Mai 1892
Der Bahnbau beginnt.

05. 06. 1892
Das erste Teilstück der in 1000 mm Spurweite angelegten, zweigleisigen Pferdebahn wird eröffnet. Die Bahn verkehrt von der Neuen Brücke am Nordrand der Spandauer Altstadt durch die Schönwalder Straße zum Fehrbelliner Tor. Drei Wochen später wird die Verbindung von der Neuen Brücke durch die Altstadt zum Hauptbahnhof in Betrieb genommen.

1894
Die Spandauer Straßenbahn wird durch die „Allgemeine Deutsche Kleinbahn-Gesellschaft" übernommen. Diese beschließt die Einführung des elektrischen Betriebs, ist aber verpflichtet,

Pfw Nr. 15, gebaut 1892, während der Eröffnungsfahrt auf der am 5. Juni 1892 in Betrieb genommenen ersten Strecke von der Neuen Brücke zum Fehrbelliner Tor.
Foto: Sammlung Kubig

178 Straßenbahnunternehmen in den ehemaligen Berliner Vororten

So-Pfw Nr. 2, gebaut 1892 von der Firma P. Herbrand, Köln.
Foto: Sammlung Kubig

die Linie nach Pichelsdorf noch 1894 fertigzustellen. Diese Linie wird daher auch als Pferdebahn eingerichtet.

25. 06. 1894
Die Linie nach Pichelsdorf wird eröffnet. Sie beginnt zunächst südlich der Lehrter und Hamburger Eisenbahn. Auf der Verlängerung zum Hauptbahnhof wird der Verkehr am 01. 09.1894 aufgenommen, nachdem die Kreuzung mit der Eisenbahn fertiggestellt worden ist.

August 1895
Die Arbeiten zur Elektrifizierung der Spandauer Straßenbahn werden durch die „Allgemeine Elektricitäts-Gesellschaft" (AEG) begonnen.

17. 03. 1896
Nach erfolgreichen Versuchsfahrten mit elektrischen Triebwagen verkehrt an diesem Tage die Pferdebahn in Spandau zum letzten Mal.

Betriebsstatistik – Spandauer Straßenbahn (SpS)–Pferdebahn

		1895
Anzahl der Pfw	–	20
Anzahl der Pferde	–	
Streckenlänge	km	5,9
Gleislänge	km	
Beförderte Personen	Pers	

Wagenparkstatistik – Spandauer Straßenbahn (SpS) – Pferdebahn

Wagen-nummer	Hersteller	Baujahr	Sitz-/ Stehplätze	Länge mm	Achs-abstand mm	Art der Bremse	Bemerkungen

Pferdebahnwagen
Außer der Angabe, daß im Jahre 1895 20 Pfw vorhanden waren, ist über den Wagenpark und dessen Verbleib nichts bekannt.

Spandauer Straßenbahn (SpS)

Elektrische Straßenbahn

Zeittafel

24. 12. 1895
Bei der Spandauer Straßenbahn finden erste Probefahrten mit einem elektrischen Triebwagen statt.

18. 03. 1896
Die Spandauer Straßenbahn eröffnet auf ihren Linien den elektrischen Betrieb. Die Triebwagen sind mit Stangenstromabnehmern ausgerüstet. Die Pferdebahnwagen werden zum Teil als Beiwagen weiter verwendet.

01. 04. 1896
Eine neue Linie vom Hauptbahnhof (Bf Berlin-Spandau) zum Schützenhaus, einer Gaststätte, wird eröffnet.

04. 03. 1899
Die „Allgemeine Elektricitäts-Gesellschaft", die das Spandauer Netz elektrifiziert hat, erwirbt die Spandauer Straßenbahn. Das Streckennetz wird in den folgenden Jahren zum Stadtpark und nach Hakenfelde (1904) erweitert.

1903
Die Spandauer Straßenbahn betreibt folgende Linien:
- weiß: Hauptbahnhof (Bf Berlin-Spandau) – Altstadt – Schönwalder Straße – Fehrbelliner Tor – Stadtpark (Linienlänge 3,7 km),
- grün: Hauptbahnhof – Altstadt – Neuendorfer Straße – Schützenhaus (später bis Hakenfelde verlängert) (Linienlänge 2,3 km),
- rot: Hauptbahnhof – Altstadt – Klosterstraße – Pichelsdorfer Straße – Pichelsdorf (Linienlänge 4,0 km).

1906/07
Die Spandauer Straßenbahn wird auf Regelspur umgebaut, um einen späteren Übergang auf andere Straßenbahnstrecken im Berliner Raum zu ermöglichen. Eine neue Regelspurstrecke zum Spandauer Bock wird am 01. 07. 1906 eröffnet. Hier besteht Anschluß an die Berlin-Charlottenburger Straßenbahn (BChSt), allerdings vorerst ohne Gleisverbindung.
Die schmalspurigen Fahrzeuge werden umgespurt, so daß sie weiterhin eingesetzt werden können.

01. 10. 1908
Die am Stadtpark endende Strecke wird bis zum Johannisstift, das seinen Sitz wegen des Baus des Westhafens von Plötzensee nach Spandau verlegt hat, verlängert.

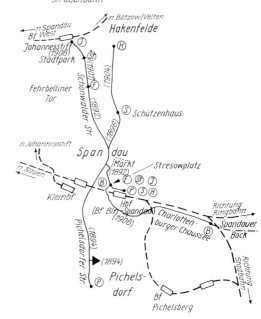

Tw der Serie Nr. 65 – Nr. 69, gebaut 1906, vorgesehen für die Linie P: Pichelsdorf – Markt – Bahnhof; 1920 an BST Nr. 4126 – Nr. 4130.
Foto: Sammlung Kubig

01. 07. 1909
Die Spandauer Straßenbahn geht durch Kauf in den Besitz der Stadt Spandau über. Die Linienkennzeichnung durch Farben wird um diese Zeit durch Buchstabenkennzeichnung abgelöst. Es verkehren folgende Linien:
B Stresowplatz – Grunewaldstraße – Ruhlebener Straße – Charlottenburger Chaussee–Spandauer Bock (Linienlänge 3,7 km),
F Hauptbahnhof (Bf Berlin-Spandau)–Altstadt–Schönwalder Straße–Fehrbelliner Tor (Linienlänge 2,9 km),
St Hauptbahnhof–Altstadt–Schönwalder Straße–Fehrbelliner Tor–Stadtpark (Linienlänge 3,7 km),
J Hauptbahnhof–Altstadt–Schönwalder Straße–Fehrbelliner Tor–Stadtpark–Johannisstift (Linienlänge 4,6 km),
P Hauptbahnhof – Altstadt – Klosterstraße – Pichelsdorfer Straße–Pichelsdorf (Linienlänge 4,0 km),

Reger Straßenbahnverkehr auf der Charlottenbrücke um 1895, u. a. mit Tw Nr. 24 und Nr. 30, gebaut 1896.
Foto: Märkisches Museum, Berlin

Tw Nr. 77 (links) und Tw Nr. 94; aufgenommen im Jahre 1912 in Spandau/Breite Straße.
Foto: Sammlung Kubig

H Hauptbahnhof – Altstadt – Neuendorfer Straße – Schützenhaus (Linienlänge 2,3 km), Hauptbahnhof – Altstadt – Neuendorfer Straße – Schützenhaus – Hakenfelde (Linienlänge 4,2 km),
S Hauptbahnhof – Altstadt – Neuendorfer Straße – Schützenhaus (Linienlänge 2,3 km).

01. 04. 1910
Die Spandauer Straßenbahn übernimmt die Betriebsführung der „Elektrischen Straßenbahn Spandau – Nonnendamm G.m.b.H." und gliedert sie als Linie N ihrem Betrieb an.

01. 10. 1914
Die „Elektrische Straßenbahn Spandau – Nonnendamm G.m.b.H." wird vollständig von der Spandauer Straßenbahn übernommen.

13. 05. 1917
Über die inzwischen hergestellte Gleisverbindung am Spandauer Bock verkehren Linien der Berlin-Charlottenburger Straßenbahn bis nach Spandau. Sie vermitteln insbesondere den Verkehr zu den Rüstungsfabriken in Spandau. Die Nonnendammlinie wird über Anlagen der Berlin-Charlottenburger Straßenbahn bis zum Bahnhof Jungfernheide verlängert.
Da auch die Linien der BChSt durch Buchstaben gekennzeichnet sind, erhalten die Linien der Spandauer Straßenbahn Nummern: Linie J wird Linie 1, Linie St wird Linie 2, Linie H wird Linie 3, Linie P wird Linie 4, Linie N wird Linie 5 bei gleichzeitiger Verlängerung bis Bf Jungfernheide.
Die kurzen Verstärkungslinien F und S waren schon vorher eingestellt worden.

Neu eingerichtet wird Linie 6: Bf Spandau West – Schützenhaus. Die Linie B wird eingestellt; den Verkehr übernehmen die nach Spandau betriebenen Linien N, P und R der BChSt.

Tw Nr. 88 der Serie Nr. 78 – Nr. 94, gebaut 1908/09; 1920 an BST Serie Nr. 4139 – Nr. 4155; aufgenommen um 1915.
Foto: Sammlung Kubig

01. 10. 1920
Durch die Eingemeindung Spandaus in Groß-Berlin wird die Spandauer Straßenbahn Berliner Eigentum.

08. 12. 1920
Die Spandauer Straßenbahn wird in den Kommunalbetrieb „Große Berliner Straßenbahn" eingegliedert.

Tw der Serie Nr. 117 – Nr. 119, gebaut 1914; 1917 ex Kaiserslautern Nr. 9 – Nr. 11; 1920 an BST Serie Nr. 4178 – Nr. 4180.
Foto: Sammlung Kubig

Straßenbahnunternehmen in den ehemaligen Berliner Vororten

Straßenbahnzug, bestehend aus Tw Nr. 101, gebaut 1911, Bw Nr. 188 und einem weiteren Bw der Serie Nr. 187 – Nr. 195, gebaut 1910; 1914 wurden die Tw und Bw von der Straßenbahn Spandau-Nonnendamm übernommen.
Foto: Sammlung Dr. Bauer

Betriebsstatistik – Spandauer Straßenbahn (SpS)
Elektrische Straßenbahn

		1900	1904	1909	1914
Anzahl der Tw		–	24	24	43	56
Anzahl der Bw		–	20	26	42	66
Streckenlänge	km		6,7	9,6	14,2	22,2
Gleislänge	km		13,7			
Wagenkilometer	km					
Beförderte Personen	10^3 Pers	1 955,0				

Wagenparkstatistik – Spandauer Straßenbahn (SpS) – Elektrische Straßenbahn

Wagen-nummer	Hersteller		Baujahr	Sitz-/Stehplätze	Länge mm	Achs-/Drehzapfenabstand mm	Stundenleistung kW	Art der Bremse	Bemerkungen
	mech.	elektr.							
Triebwagen									
21 – 44	Köln		1896	16 l/	6300	1 500/–		E, H	1906 zu Bw Nr. 41 – 64 (Regelspur)
65 – 69	O & K	AEG	1906	18 q/16	7750	1 800/–	2 × 29	E, H	1920 an BST Nr. 4126 – 4130
70 – 77	Köln	AEG	1906/08	18 q/16	7750	1 900/–	2 × 22,4	E, H	1920 an BST Nr. 4131 – 4138
78 – 94	O & K	AEG	1908/09	18 q/16	7750	1 800/–	2 × 22,4	E, H	1920 an BST Nr. 4139 – 4155
95 – 100		AEG	1908/09	18 q/16	7850	1 800/–	2 × 29	E, H	1914 ex Spa.-Nonn.

noch **Wagenparkstatistik** – Spandauer Straßenbahn (SpS) – Elektrische Straßenbahn

Wagen-nummer	Hersteller mech.	elektr.	Baujahr	Sitz-/ Stehplätze	Länge mm	Achs-/ Drehzapfenabstand mm	Stundenleistung kW	Art der Bremse	Bemerkungen
noch *Triebwagen*									
101–107	Köln	AEG	1911	18 q/16	7750	1800/–	2 × 29	E, H	Nr. 1–6; 1920 an BST Nr. 4156–4161 1914 ex Spa.-Nonn. Nr. 7–13; 1920 an BST Nr. 4162–4168
108–116	O & K	AEG	1911	18 q/16	7550	1800/–	2 × 29	E, H	1920 an BST Nr. 4169–4177
117–119	Wis	AEG	1914/16	18 q/	8100	1800/–	2 × 36	E, H	1917 ex Kaiserslautern Nr. 9–11; 1920 an BST Nr. 4178–4180
120–123				18 q/		1800/–		E, H	gebraucht gekauft; 1920 an BST Nr. 4181–4184
124–129	MAN	Ffm	1908	18 q/13	7500	1800/–	2 × 34	E, H	1915 ex Schwerin Nr. 1, 2, 13, 17, 20, 21; 1920 an BST Nr. 4185–4190
Beiwagen									
1–6	Köln		1896	18 q/	7450	1900/–	–	H	1920 an BST Nr. 1480–1485
7	Köln		1896	18 q/	7450	1900/–	–	H	1907 ex 1000 mm-Spur; 1920 an BST Nr. 1486
8–13			1908	24 q/42	9220	3000/–	–	So, H	1914 ex Spa.-Nonn. Nr. 19–24; 1920 an BST Nr. 1487–1492
14–19	Köln		1894	18 q/	7400	1800/–	–	H	1907 ex 1000 mm-Spur; 1920 an BST Nr. 1493–1498
20–29			1904	18 q/	7400	1800/–	–	So, H	1920 an BST Nr. 1499–1508
30–40	O & K		1911	18 q/	7300	1800/–	–	So, H	1920 an BST Serie Nr. 1509–1516
41–64	Köln		1896	16 l/	6300	1500/–	–		1906 ex Tw Nr. 21–44 (1000 mm-Spur); 1920 an BST Nr. 1533–1553
181–186	Han		1910	18 q/22	7800	1800/–	–	So, H	1915 ex Schwerin Nr. 37–42; 1920 an BST Nr. 1517–1522
187–195	O & K		1910/11	24 q/42	9680	3000/–	–	So, H	1914 ex Spa.-Nonn. Nr. 24–32; 1920 an BST Nr. 1523–1531

Elektrische Straßenbahn Spandau – Nonnendamm (SpN)

Elektrische Straßenbahn

Zeittafel

30. 09. 1908
In Spandau nimmt ein zweites Straßenbahnunternehmen, die „Elektrische Straßenbahn Spandau–Nonnendamm" der Siemens & Halske A. G., den Betrieb zwischen Breite Straße/Ecke Havelstraße über Haselhorst zum Nonnendamm (Nonnendammallee)/Ecke Reißstraße auf. Die Firma Siemens & Halske schafft damit eine regelmäßige Verkehrsverbindung zu ihren neuen Werken am Nonnendamm. Das Gebiet, in dem zu gleicher Zeit eine Wohnsiedlung entsteht, erhält 1914 den Namen „Siemensstadt".
Die Triebwagen sind mit Stangenstromabnehmern – eine Seltenheit bei Siemensbahnen – ausgerüstet, um einen Übergang auf das Netz der Spandauer Straßenbahn zu ermöglichen.
Der seit dem 23. 03. 1908 aufgenommene Güterverkehr auf Teilstrecken der Nonnendammbahn wird später als Werkverkehr von Siemens & Halske weitergeführt.

April 1909
In Spandau wird eine Gleisverbindung zur Spandauer Straßenbahn hergestellt. Die Wagen der Nonnendammbahn verkehren in einer Schleifenfahrt zum Markt.

01. 07. 1909
Die Nonnendammbahn wird eine eigene Gesellschaft unter dem Namen „Elektrische Straßenbahn Spandau–Nonnendamm G. m. b. H.".

01. 10. 1909
Die Stadt Spandau erwirbt für 463 000 Mark sämtliche Anteile der „Elektrischen Straßenbahn Spandau–Nonnendamm G. m. b. H.". Die Linie erhält die Bezeichnung N.

01. 04. 1910
Die Spandauer Straßenbahn übernimmt die Betriebsführung der Nonnendammbahn.

1911/12
Die Nonnendammbahn erfährt geringfügige Erweiterungen

Tw Nr. 5 der Serie Nr. 1 – Nr. 6, gebaut 1908/09; 1914 an Spandauer Straßenbahn, Serie Nr. 95 bis Nr. 100.
Foto: Sammlung Kirsch

Spandauer Straßenbahn

Bw Nr. 20, gebaut 1908; 1914 an Spandauer Straßenbahn, Serie Nr. 8 – Nr. 13.
Foto: Sammlung Kirsch

Betriebsstatistik – Elektrische Straßenbahn Spandau – Nonnendamm (SpN)

		1909	1913
Anzahl der Tw		–	6	13
Anzahl der Bw		–	6	15
Streckenlänge	km	5,5	6,5
Gleislänge	km		
Wagenkilometer	km		
Beförderte Personen	Pers		

durch Neubaustrecken zum Bahnhof Fürstenbrunn (Siemensstadt-Fürstenbrunn), zum Bahnhof Spandau West und nach Gartenfeld.
Die Linie N verkehrt zwischen den Bahnhöfen Fürstenbrunn und Spandau West; Gartenfeld wird durch eine Einsatzlinie vom Bahnhof Fürstenbrunn aus bedient.

09. 06. 1914
Die Nonnendammbahn erhält vor dem Siemens-Verwaltungsgebäude einen Anschluß zur Berlin-Charlottenburger Straßenbahn.

01. 10. 1914
Die „Elektrische Straßenbahn-Nonnendamm G.m.b.H." geht durch Löschung der G.m.b.H. im Handelsregister vollständig in der Spandauer Straßenbahn auf.

Wagenparkstatistik – Elektrische Straßenbahn Spandau – Nonnendamm (SpN)

Wagen-nummer	Hersteller mech.	Hersteller elektr.	Baujahr	Sitz-/Stehplätze	Länge mm	Achs-/Drehzapfen-abstand mm	Stunden-leistung kW	Art der Bremse	Bemerkungen
Triebwagen									
1–6		AEG	1908/09	18 q/16	7850	1800/–	2 × 29	D, E, H	1914 an SpS Nr. 95–100
7–13	O & K	AEG	1911	18 q/16	7750	1800/–	2 × 29	D, E, H	1914 an SpS Nr. 101–107
Beiwagen									
19–24			1908	24 q/42	9220	3000/–	–	D, So, H	1914 an SpS Nr. 8–13
54–32	O & K		1910/11	24 q/42	9680	3000/–	–	D, So, H	1914 an SpS Nr. 187–195

Straßenbahn der Gemeinde Steglitz (Grunewaldbahn – GWB)

Elektrische Straßenbahn

Zeittafel

1902
Die Gemeindevertretung von Steglitz (seit 1912 Berlin-Steglitz) beschäftigt sich mit der Einrichtung einer regelmäßigen Verkehrsverbindung von Steglitz über Dahlem zum Grunewald. Nachdem auch Überlegungen zur Anlage einer Obusstrecke angestellt worden sind, beschließt die Gemeindevertretung, den Bau einer elektrischen Straßenbahn auf Gemeindekosten ausführen zu lassen. Verhandlungen mit der Westlichen Berliner Vorortbahn, die in Steglitz bereits Straßenbahnlinien betreibt, verlaufen ergebnislos.

1905
Am 14. 04./14. 07. wird mit Siemens & Halske ein Vertrag über den Bau einer elektrischen regelspurigen Straßenbahn vom Bahnhof Steglitz durch die Grunewaldstraße und die Königin-Luise-Straße zum Grunewald abgeschlossen. Die Firma Siemens & Halske ist aufgrund des Vertrags zur Betriebsführung bis zum 31. 03. 1909 verpflichtet.

03. 12. 1905
Nach der einen Tag zuvor stattgefundenen landespolizeilichen

Tw Nr. 2 der Serie Nr. 1 – Nr. 5, gebaut 1905 bei Falkenried, Hamburg; ab 1921 bei BST Serie Nr. 4306 – Nr. 4310.
Foto: Sammlung Kubig

Abnahme wird die Straßenbahn der Gemeinde Steglitz eröffnet. Die Triebwagen sind für Oberleitungsbetrieb mit Siemens' schem Lyrabügel eingerichtet. Allgemein bekannt wird die Bahn unter dem Namen „Grunewaldbahn". Neben der Westlichen Berliner Vorortbahn und der schmalspurigen Elektrischen Straßenbahn Groß-Lichterfelde – Lankwitz – Steglitz – Südende gibt es damit ein drittes Straßenbahnunternehmen in der Gemeinde Steglitz.

01. 04. 1909
Da der Betriebsvertrag mit Siemens & Halske nicht verlängert wird, überträgt die Gemeinde Steglitz den aus der Elektrischen Straßenbahn Groß-Lichterfelde – Lankwitz – Steglitz – Südende hervorgegangenen Teltower Kreisbahnen die Betriebsführung.

17. 08. 1912
Die „Grunewaldbahn" wird in südöstlicher Richtung vom Bahnhof Steglitz durch die Birkbuschstraße zur Siemensstraße verlängert. Zur gleichen Zeit wird der alte Betriebshof in der Parallelstraße (Kuhligkshofstraße) geschlossen und ein neuer in der Birkbuschstraße eröffnet.

01. 10. 1920
Durch die Gründung der Stadtgemeinde Groß-Berlin wird die

Ein Straßenbahnzug der Grunewaldbahn: Tw Nr. 2, gebaut 1905, und Bw Nr. 11, gebaut 1905.
Foto: Sammlung Kubig

Straßenbahn der Gemeinde Steglitz

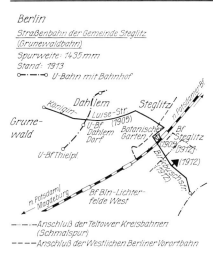

Berlin
Straßenbahn der Gemeinde Steglitz
(Grunewaldbahn)
Spurweite: 1435 mm
Stand: 1913

Tw Nr. 1, gebaut 1905, und Bw Nr. 14, gebaut 1905; aufgenommen in Dahlem am Grunewaldgatter um 1906.
Foto: Sammlung Kubig

"Grunewaldbahn" Berliner Eigentum. Da die dem Kreis Teltow gehörenden Teltower Kreisbahnen den Betrieb führen, kann die Bahn nicht sofort in die Berliner Straßenbahn, die in diesem Jahr aus dem Zusammenschluß der Berliner Straßenbahnbetriebe hervorgeht, eingegliedert werden.

16. 04. 1921
Zusammen mit den Teltower Kreisbahnen wird die Grunewaldbahn durch die Berliner Straßenbahn übernommen.

Innenansicht des Tw Nr. 9, gebaut 1912.
Foto: Sammlung Dr. Bauer

Tw Nr. 9, gebaut 1912 bei der Firma G. Lindner, Ammendorf; 1921 an BST Nr. 4314.
Foto: Sammlung Dr. Bauer

Straßenbahnunternehmen in den ehemaligen Berliner Vororten

Bw Nr. 18 der Serie Nr. 17 – Nr. 199 gebaut 1912; Werksaufnahme der Firma Busch, Bautzen; 1921 bei BST Nr. 1751 – Nr. 1753.
Foto: Sammlung Dr. Bauer

Betriebsstatistik – Grunewaldbahn (GWB)

		1906	1916
Anzahl der Tw		–	5	9
Anzahl der Bw		–	6	9
Spezialwagen		–	2	2
Streckenlänge	km		3,2	5,1
Gleislänge	km			
Wagenkilometer	km			
Beförderte Personen	Pers			

Wagenparkstatistik – Grunewaldbahn (GWB)

Wagen-nummer	Hersteller mech.	elektr.	Baujahr	Sitz-/ Stehplätze	Länge mm	Achs-/ Drehzapfen- abstand mm	Stunden- leistung kW	Art der Bremse	Bemerkungen
Triebwagen									
1–5	Falk	Siem	1905	18 q/	7850	1800/–	2 × 23	E, H	1921 an BST Nr. 4306–4310
6–9	Adf	Siem	1912	24 q/	9680	2800/–	2 × 39,6	E, H	1921 an BST Nr. 4311–4314
Beiwagen									
11–14	Bau		1905	24 q/	8300	3200/–	–	So, H	1921 an BST Nr. 1745–1748
15+16			1910	24 q/	8300	3200/–	–	So, H	1921 an BST Nr. 1749+1750
17–19	Bau		1912	24 q/	8300	3200/–	–	So, H	1921 an BST Nr. 1751–1753

Straßenbahn des Flugplatzes Johannisthal

Pferdebahn

Zeittafel

07. 08. 1910
Zwischen dem Bahnhof Niederschöneweide-Johannisthal (Berlin-Schöneweide) und dem Eingang des Flugplatzes Johannisthal in der Waldstraße wird durch die „Deutsche Straßenbahn-Bau- und Betriebs-Gesellschaft" eine Pferdebahn in Betrieb genommen. Sie verkehrt nur bei Flugveranstaltungen. So bedeutungslos die Bahn an sich ist, bietet sie doch in einer Beziehung etwas Besonders: Sie ist die letzte Pferdebahn, die in den Grenzen des späteren Groß-Berlin verkehrt.

Oktober 1910
Die Straßenbahn des Flugplatzes Johannisthal wird nach wenigen Wochen Betriebsdauer stillgelegt.

Netzplan: siehe unter „Berliner Ostbahnen (BO)"

Anmerkung:
Zur Betriebs- und Wagenparkstatistik liegen bisher keine Angaben vor, ebenso fehlen Bilddokumente der nur wenige Wochen existierenden letzten Pferdebahn in den Grenzen von Berlin.

Schmöckwitz-Grünauer Uferbahn (SGU)

Benzolstraßenbahn, Elektrische Straßenbahn

Zeittafel

1902
Durch die Gemeinde Schmöckwitz und die örtliche Forst-Innung wird das Projekt einer Straßenbahnverbindung zwischen Grünau und Schmöckwitz erwogen. Bis zum Baubeginn Anfang 1911 vergeht noch fast ein Jahrzehnt.

01.10.1911
Die regelspurigen Gleisanlagen zwischen dem Staatsbahnhof Grünau und Schmöckwitz über Karolinenhof sind fertiggestellt. Durch Proteste der Gemeinde Grünau muß auf eine Oberleitung verzichtet werden, da sie das Landschaftsgebiet störe. Daher entscheidet man sich für eine Benzolbahn. Die Eröffnung wird auf das folgende Frühjahr verschoben, da im Winter nur ein geringes Verkehrsaufkommen erwartet wird.

09. 03. 1912
Die als „Schmöckwitz-Grünauer Uferbahn (SGU)" bezeichnete Strecke wird feierlich eröffnet. Eigentümerin der Bahn ist die Gemeinde Schmöckwitz, die Betriebsführung obliegt der „Continentalen Eisenbahn-Bau-und-Betriebs-Gesellschaft" in Frankfurt (Main).
Die noch heute bestehende Strecke verläuft zum großen Teil

Benzol-Tw Nr. 2, gebaut 1912; diese Benzol-Tw waren bei der Schmöckwitz-Grünauer Uferbahn nur vom März 1912 bis Juli 1912 im Einsatz und wurden durch elektrische Tw abgelöst.
Foto: Sammlung Kubig

Straßenbahnunternehmen in den ehemaligen Berliner Vororten

längs des Ufers des Langen Sees. Sie zählt zu den landschaftlich schönsten Straßenbahnstrecken Berlins.
Am Bahnhof Grünau besteht Anschluß an die Vorortbahn nach Berlin sowie an die Linie 2 der Städtischen Straßenbahn Cöpenick.

30.05.1912
Die Benzoltriebwagen erweisen sich für den starken Verkehr als völlig ungeeignet. Es wird daher durch die AEG mit dem Bau der Oberleitung begonnen.

25.07.1912
Mit vier geliehenen Triebwagen der Großen Berliner Straßenbahn, die auf Bügelstromabnehmer (Siemenssche Lyrabügel) umgerüstet worden sind, wird der elektrische Betrieb aufgenommen. Die Straßenbahn Cuxhaven erwirbt die Benzoltriebwagen.
Wegen des starken Verkehrsaufkommens verkehren die Triebwagen teilweise mit zwei großen vierachsigen Beiwagen.

1913
Die neuen elektrischen Triebwagen der Waggonfabrik Gottfried Lindner A.G. aus Ammendorf bei Halle (Saale) werden in Betrieb genommen.

Tw der Serie Nr. 1 – Nr. 5, gebaut 1913; 1925 an BSTB Serie Nr. 4351 bis Nr. 4355. (Seite 191, oben)

Benzol-Tw der Serie Nr. 1 – Nr. 3, gebaut 1914; diese 2,5 m breiten Tw mit 22 Quersitzen wurden 1914 nach Cuxhaven verkauft.

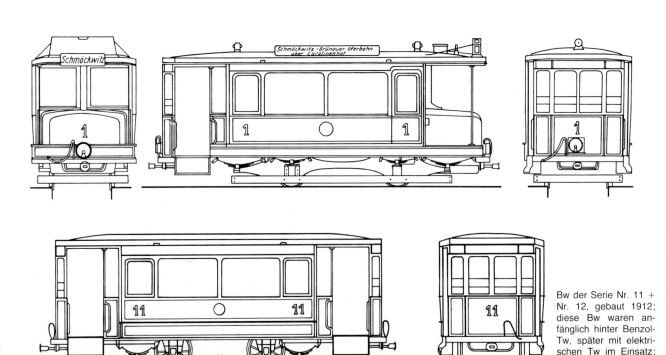

Bw der Serie Nr. 11 + Nr. 12, gebaut 1912; diese Bw waren anfänglich hinter Benzol-Tw, später mit elektrischen Tw im Einsatz; Fahrzeugbreite 2500 mm.

Schmöckwitz-Grünauer Uferbahn

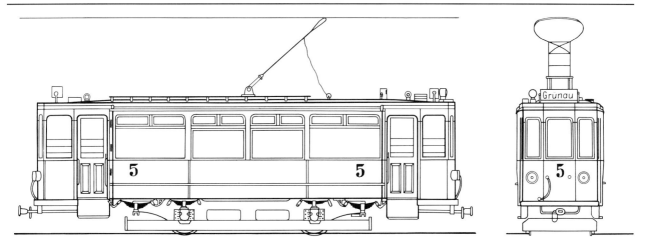

01. 05. 1914
Die Betriebsführung übernimmt die „Aktiengesellschaft für Bahn-Bau und -Betrieb, Frankfurt (Main)".

01. 10. 1920
Durch die Eingemeindung von Schmöckwitz nach Groß-Berlin wird die SGU Berliner Eigentum. Aufgrund des Betriebsführungsvertrags mit der Aktiengesellschaft für Bahn-Bau und -Betrieb kann sie jedoch nicht sofort in das Netz der Berliner Straßenbahn, die in diesem Jahr aus dem Zusammenschluß der Berliner Straßenbahnbetriebe hervorgeht, übernommen werden.

01.10.1924
Die Betriebsführung der Uferbahn wird von der Berliner Verkehrs-G.m.b.H., einer Tochtergesellschaft der Berliner Straßenbahn-Betriebs-G.m.b.H., übernommen.

20.10.1924
Die Uferbahn erhält die Liniennummer 186.

01.03.1925
Die Schmöckwitz-Grünauer Uferbahn wird von der Berliner Straßenbahn-Betriebs-G.m.b.H. übernommen.

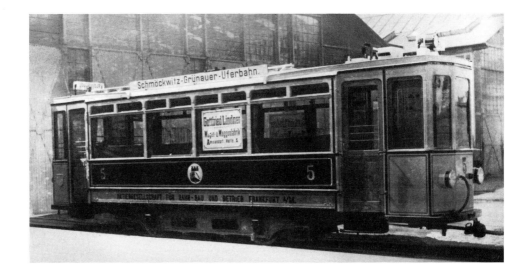

Tw Nr. 5, gebaut 1913, der letzte der fünf Tw der Schmöckwitz-Grünauer Uferbahn; aufgenommen bei der Auslieferung in Ammendorf.
Foto: Sammlung Dr. Bauer

192 Straßenbahnunternehmen in den ehemaligen Berliner Vororten

Bw Nr. 24 der Serie Nr. 23 + Nr. 24, gebaut 1913; diese vierachsigen Bw waren für den elektrischen Betrieb vorgesehen; 1925 an BSTB Serie Nr. 1545 + Nr. 1546.
Foto: Sammlung Kubig

Betriebsstatistik – Schmöckwitz-Grünauer Uferbahn (SGU)

		1912	1916
Anzahl an Benzol-Tw	–	3	–
Anzahl der Tw	–	–	5
Anzahl der Bw	–	6	6
Streckenlänge	km	7,8	7,8
Gleislänge	km		
Wagenkilometer	km		
Beförderte Personen	Pers		

Straßenbahnzug der Schmöckwitz-Grünauer Uferbahn mit Tw Nr. 5, gebaut 1913, und Bw Nr. 21 + Nr. 22, gebaut 1913; 1925 an BSTB Bw Nr. 1543 + Nr. 1544.
Foto: Sammlung Kubig

Schmöckwitz-Grünauer Uferbahn

Wagenparkstatistik – Schmöckwitz – Grünauer Uferbahn (SGU) – Benzolbetrieb

Wagen-nummer	Hersteller mech.	Hersteller motor.	Baujahr	Sitz-/Stehplätze	Länge mm	Achs-/Drehzapfenabstand mm	Stundenleistung kW	Art der Bremse	Bemerkungen
Benzoltriebwagen									
1–3	Köln	Deutz[1]	1912	22 q/	7600	2500/–	1 × 22	D, H	[1]) Hersteller des betriebstechnischen Teiles; Juli 1912 abgestellt; 1914 n. Cuxhaven verk.
Beiwagen									
s. unter elektrische Bw									

Wagenparkstatistik – Schmöckwitz – Grünauer Uferbahn (SGU) – Elektrischer Betrieb

Wagen-nummer	Hersteller mech.	Hersteller elektr.	Baujahr	Sitz-/Stehplätze	Länge mm	Achs-/Drehzapfenabstand mm	Stundenleistung kW	Art der Bremse	Bemerkungen
Triebwagen									
1–5	Adf	AEG	1913	24 q/	10000	3000/–	2 ×	D, H	1925 an BSTB Nr. 4351–4355; Nr. 4351 jedoch nicht übernommen.
Beiwagen									
11 + 12			1912	18 ql/	7700	2200/–	–	D, H	1925 an BSTB Nr. 1541[II] + 1542[II]
21 + 22	Bre		1912	48 q/	12300	1400/6600	–	D, H	1925 an BSTB Nr. 1543[II] + 1544[II]
23 + 24	Bre		1912	32 q/30	12300	1100/6500	–	D, H	später geschl. Plattf.; 1925 an BSTB Nr. 1545[II] + 1546[II]

Straßenbahn der Gemeinde Heiligensee an der Havel (SGH)

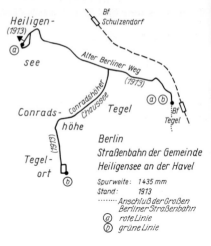

Elektrische Straßenbahn

Zeittafel

um 1912
Die Gemeinde Heiligensee an der Havel liegt abseits der Verkehrsströme. Es existiert lediglich eine Pferdeomnibusverbindung zum Bahnhof Heiligensee an der Kremmener Bahn, der über 2 km vom Dorf entfernt liegt. Eine Straßenbahnverbindung über Tegelort und Hakenfelde nach Spandau scheitert an der fehlenden Havelbrücke. Andererseits lehnt auch die Große Berliner Straßenbahn eine Verlängerung ihrer in Tegel endenden Linien nach Heiligensee ab, da ihr eine solche Strecke nicht gewinnbringend erscheint. Daher entschließt sich die Ge-

29. Mai 1913: Eröffnung der Straßenbahn der Gemeinde Heiligensee mit Tw Nr. 5, gebaut 1913; aufgenommen in Heiligensee.
Foto: Sammlung Dr. Bauer

Straßenbahn der Gemeinde Heiligensee an der Havel

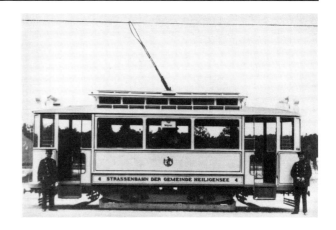

Tw Nr. 4 der Serie Nr. 1 – Nr. 7, gebaut 1913; 1920 an BSTB Serie Nr. 4223–Nr. 4229.
Foto: Sammlung Kubig

meinde, den Bau einer Straßenbahnverbindung nach Tegel auf eigene Kosten ausführen zu lassen.

29.05.1913
Die elektrische „Straßenbahn der Gemeinde Heiligensee an der Havel" wird eröffnet. Es existieren zwei Linien:

rot: Tegel, Schloßstraße–Karolinenstraße–Alter Berliner Weg (Heiligenseestraße)–Heiligensee (Linienlänge 6,3 km),
grün: Tegel, Schloßstraße–Karolinenstraße–Alter Berliner Weg–Conradshöher Chaussee–Conradshöhe, Habichtstraße–Eichenallee (Friederikenstraße)–Tegelort (Linienlänge 6,8 km).

Die Strecke ist regelspurig und für Oberleitungsbetrieb mit Bügelstromabnehmern eingerichtet. In Tegel besteht Anschluß an die Große Berliner Straßenbahn.

01.10.1920
Durch die Eingemeindung Heiligensees in Groß-Berlin wird die Gemeindestraßenbahn Berliner Eigentum.

03.12.1920
Die Straßenbahn der Gemeinde Heiligensee an der Havel wird in den Kommunalbetrieb der Großen Berliner Straßenbahn eingegliedert.

Betriebsstatistik – Straßenbahn der Gemeinde Heiligensee (SGH)

		1913	1919
Anzahl der Tw		–	6	7
Anzahl der Bw		–	6	10
Streckenlänge	km		10,9	10,9
Gleislänge	km			
Wagenkilometer	km			
Beförderte Personen	Pers			

Wagenparkstatistik – Straßenbahn der Gemeinde Heiligensee (SGH)

Wagennummer	Hersteller mech.	Hersteller elektr.	Baujahr	Sitz-/Stehplätze	Länge mm	Achs-/Drehzapfenabstand mm	Stundenleistung kW	Art der Bremse	Bemerkungen
Triebwagen									
1–7	MAN	AEG	1913/14	18 q/	8350	1800/–	2 × 36,5	E, H	1920 an BST Nr. 4223–4229
Beiwagen									
21–26	MAN		1913	18 q/	7850	2700/–	–	So, H	1920 an BST Nr. 1578–1583
27–30	Adf		1914	24 q/38	9400	3000/–	–	So, H	1920 an BST Nr. 1584–1587

Kleinbahn Spandau-West–Hennigsdorf (Straßenbahnlinie 120)

Benzolbetrieb, Elektrische Straßenbahn

Zeittafel

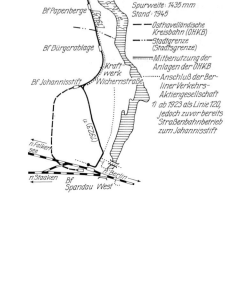

Juni 1922
Zwischen Spandau, seit Bildung der Einheitsgemeinde Groß-Berlin im Jahre 1920 auch Stadtbezirk, und dem AEG-Lokomotivwerk Hennigsdorf (VEB Lokomotivbau-Elektrotechnische Werke „Hans Beimler", Hennigsdorf), an der Vorortstrecke von Berlin nach Velten gelegen, besteht eine unzureichende Verkehrsverbindung. Diese ist nur mit einem großen Umweg über den Bf Gesundbrunnen möglich. Eine direkte und geringere Zeit beanspruchende Bahnverbindung soll den in Spandau wohnenden Arbeitern eine bessere Verkehrsmöglichkeit schaffen.

Die AEG beantragt beim Regierungspräsidenten in Potsdam die Inbetriebnahme einer Kleinbahn von Spandau-West nach Hennigsdorf.

Die Strecke setzt sich aus folgenden drei Anteilen zusammen:
– Straßenbahnstrecke vom Bf Spandau-West über Seegefelder Straße – Schönewalder Straße – Schönwalder Allee – Johannisstift der Berliner Straßenbahn (BST) (4,3 km),
– Streckenabschnitt zwischen dem Bf Johannisstift und dem Bf Nieder-Neuendorf über die Stationen Bürgerablage und Papenberge der Osthavelländischen Kreisbahn (5,5 km) und
– ungenutztes Ladegleis sowie Streckenverlängerung bis zur Rathenaustraße in Hennigsdorf (2,5 km).

1922
Zum Jahresende wird eine vorläufige Genehmigung erteilt.

Benzol-Tw Nr. 6001 + Nr. 6002, gebaut 1922; 1925 in Nr. 8001 + Nr. 8002.

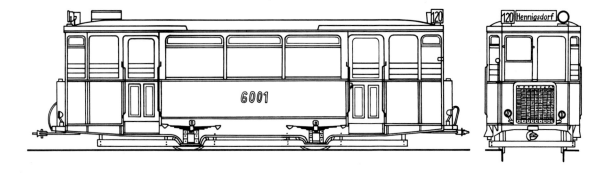

Kleinbahn Spandau-West–Hennigsdorf

Benzol-Tw Nr. 6001, gebaut 1922, Bw Nr. 1526 + Nr. 1530; aufgenommen um 1922.
Foto: Sammlung Dr. Bauer

08.01.1923
Auf der 12,3 km langen Strecke wird durch die Berliner Straßenbahn als Betriebsführerin der planmäßige Linienverkehr aufgenommen. Die AEG stellt zwei Benzoltriebwagen. Beiwagen kommen von der ehemaligen Spandauer Straßenbahn. Die Fahrzeit beträgt 40 Minuten. Gegenüber dem übrigen Berliner Straßenbahntarif wird ein gesonderter Entfernungstarif angewendet, der im Laufe der Zeit mehrmals geändert wird. Einem Berliner Prinzip folgend, nach dem zwei Straßenbahnlinien mit einem über längere Strecken gemeinsamen Linienverlauf eine um 100 verschiedene Nummer erhalten, wird für die neue Linie die Nummer 120 vergeben.
Den Bedingungen einer Eisenbahnstrecke entsprechend mußten die Fahrzeuge umgerüstet werden. Sie erhielten Eisenbahnsignalmittel und breitere Radreifen (Eisenbahn 135 mm, Berliner Straßenbahn 80 mm und Linie 120 96 mm). Die Kleinbahnstrecke zwischen Johannisstift und Nieder-Neuendorf darf mit einer Höchstgeschwindigkeit von 40 km/h befahren werden. An einen Benzoltriebwagen dürfen maximal 2 Beiwagen angehängt werden.

10.09.1923
Die Berliner Straßenbahn-Betriebs-G.m.b.H. wird Betriebsführerin.

1924
Täglich gibt es 8 Fahrten.

1925
Die AEG stellt einen weiteren Benzoltriebwagen in Dienst.

1928
Die Fahrzeit wird von 40 Minuten auf 33 Minuten verkürzt. Der Ausflugsverkehr nimmt an den Sonntagen stark zu.

01.01.1929
Die Berliner Verkehrs-Aktiengesellschaft (BVG) wird Betriebsführerin.

Juni 1929
Die BVG schließt mit der Osthavelländischen Kreisbahn einen Vertrag über die Elektrifizierung der von ihr benutzten Strecke.

11.11.1929
Aufnahme des elektrischen Betriebs. Vom regelspurigen Teil der ehemaligen Teltower Kreisbahnen werden 6 Triebwagen für den Betrieb auf Linie 120 umgerüstet. Sie erhalten Scherenstromabnehmer und Radsätze mit breiteren Bandagen. Die Anzahl der Fahrten wird von täglich 13 auf 21 erhöht. Die Fahrzeit beträgt 33 Minuten.

1929
Der Streckenabschnitt Nieder-Neuendorf–Hennigsdorf/Rathenaustraße geht auf die BVG über. Zugleich geht die Konzession in die Hände der BVG über.

23.07.1931
Die Verlängerung der Strecke von der Rathenaustraße zum Bf Hennigsdorf wird in Betrieb genommen. Die Fahrzeit erhöht sich auf 35 Minuten, die Betriebslänge auf 13,2 km.

1933/1934
Anzahl der Fahrten: werktags 15, sonntags 18.

1936
Werktags: 16 Fahrten

01.09.1944
Einführung des 20-Pfennig-Tarifs der BVG auf der Linie 120.

25.01.1945
Die Linie 120 verkehrt nur noch zwischen Johannisstift und Hennigsdorf.

April 1945
Der Betrieb wird eingestellt und nicht wieder aufgenommen.

Benzol-Tw Nr. 6003, gebaut 1925, im Anlieferungszustand; wagenbaulich ähnelt dieser Tw dem Typ T 24 der BSTB.
Foto: Sammlung Dr. Bauer

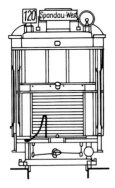
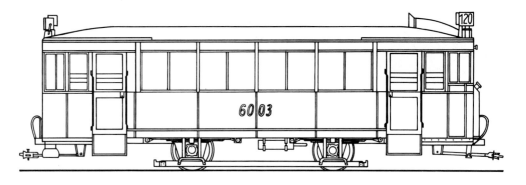

Benzol-Tw Nr. 6003, gebaut 1925, noch 1925 in Nr. 8003; wegen der einseitigen Anordnung des Antriebsmotors war die Achsanordnung asymmetrisch.

Benzol-Tw Nr. 8001, gebaut 1922; 1929 an Osthavelländische Kreisbahnen verkauft.
Foto: Sammlung Kubig

Kleinbahn Spandau-West–Hennigsdorf

Zur Zeit der Umstellung vom Benzolbetrieb auf elektrischen Oberleitungsbetrieb: Tw Nr. 4318, gebaut 1906, 1921 ex Teltower Kreisbahnen/Stahnsdorfer Zweig; Benzol-Tw Serie Nr. 8001 + Nr. 8002, gebaut 1922, und Benzol-Tw Nr. 8003, gebaut 1925.
Foto: Sammlung Kubig

Tw der Serie Nr. 4315 – Nr. 4320, gebaut 1906, auf der Linie 120 (Spandau West–Hennigsdorf) eingesetzt; im Gegensatz zu anderen Wagen der BSTB mit Scherenstromabnehmer, Schiebetüren, Hupe, Läutewerk und Signalstützen für Schlußscheiben ausgerüstet.

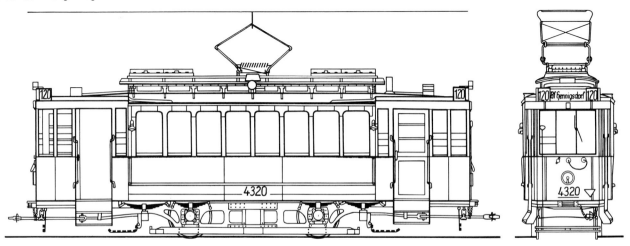

Straßenbahnunternehmen in den ehemaligen Berliner Vororten

Straßenbahnzug der Linie 120 mit Tw Nr. 4318, gebaut 1906, umgebaut 1929, und Bw Nr. 1236, gebaut 1926.
Foto: Sammlung Kubig

Betriebsstatistik – Linie 120

Angaben über Wagenkilometer und beförderte Personen liegen nicht vor, da die Betriebsführung anfänglich der AEG unterlag und später von der BST und ihren Nachfolgern nicht gesondert ausgewiesen wurde.

Wagenparkstatistik – Kleinbahn Spandau-West – Hennigsdorf (Linie 120) – Benzolbetrieb

Wagen-nummer	Hersteller mech. / motor.	Baujahr	Sitz-/ Stehplätze	Länge mm	Achs-/ Drehzapfenabstand mm	Stundenleistung kW	Art der Bremse	Bemerkungen
Benzoltriebwagen								
6001 + 6002, 8001 + 8002	LHW / NAG/AEG	1922	15 q/		/–	1 × 51	D, H	1925 in Nr. 8001 + 8002; 1929 an Osthavelländische Kreisbahn verk.
6003, 8003	Dess / NAG/AEG	1925	12 l/12 q/		/–	1 × 51	D, H	1925 in Nr. 8003; 1929 an Osthavelländische Kreisbahn verk.

Kleinbahn Spandau-West–Hennigsdorf

noch **Wagenparkstatistik** – Kleinbahn Spandau-West – Hennigsdorf (Linie 120)

Wagen-nummer	Hersteller mech.	Hersteller elektr.	Baujahr	Sitz-/Stehplätze	Länge mm	Achs-/Drehzapfenabstand mm	Stundenleistung kW	Art der Bremse	Bemerkungen
Beiwagen									
1526, 1529–1531	O & K		1910	24 q/42	9680	3000/–	–	D, H	Bw der BSTB; 1920 ex SpS Nr. 190, 193–195

Wagenparkstatistik – Kleinbahn Spandau-West – Hennigsdorf (Linie 120) – Elektrischer Betrieb

Wagen-nummer	Hersteller mech.	Hersteller motor.	Baujahr	Sitz-/Stehplätze	Länge mm	Achs-/Drehzapfenabstand mm	Stundenleistung kW	Art der Bremse	Bemerkungen
Triebwagen									
4315–4320	Falk		1905	24 q/30	10230	3000/–	2 × 40	E, H	Tw der BSTB; 1921 ex TKB Nr. 1[II]–6[II]
4166	Köln		1911	18 q/16	7750	1800/–	2 × 29	E, H	Tw der BSTB; 1920 ex SpS Nr. 105
Beiwagen									
1482[II]–1485[II]	O & K		(1927)	24 q/42	9680	3000/–	–	So, H	1927 Umb.; ex BST Nr. 1531, 1526, 1529, 1530
1236[II]–1239[II]	O & K		1926	12 l/12 q/40	9800	3000/–	–	So, H	1928 ex Flb Nr. 35 + 38; 1938 umgeb.

Anmerkung: Alle Tw und Bw waren mit 96 mm breiten Bandagen versehen und mit großen, rot beleuchteten Schlußleuchten ausgerüstet. Die Tw besaßen Scherenstromabnehmer, Signalhorn und elektrisch betriebene Dachglocken.

Einheitlicher Straßenbahnbetrieb (1919–1949)

- Große Berliner Straßenbahn (GBS als Kommunalbetrieb) 1919–1920
- Berliner Straßenbahn (BST) 1920–1923
- Berliner Straßenbahn-Betriebs-G.m.b.H. (BSTB) 1923–1929
- Berliner Verkehrs-Aktiengesellschaft (BVG) 1929–1938
- Berliner Verkehrsbetriebe (BVG) 1938–1949

Elektrische Straßenbahn

Zeittafel

20. 09. 1919
Als kommunaler Straßenbahnbetrieb wird die „Große Berliner Straßenbahn" in das Handelsregister eingetragen.

01. 05. 1920
Die Berliner Ostbahnen (BO) werden verwaltungsmäßig vollständig in die Große Berliner Straßenbahn eingegliedert.

01. 10. 1920
Als Folge der Gründung der Einheitsgemeinde Groß-Berlin löst sich der Zweckverband auf. Zur Großen Berliner Straßenbahn kommen die kommunalen Straßenbahnbetriebe von Spandau und Köpenick.

13. 12. 1920
Die Städtischen Straßenbahnen in Berlin (SSB) gehen in der Großen Berliner Straßenbahn (GBS) auf. Der neue Name des Straßenbahnbetriebs lautet „Berliner Straßenbahn".

16. 04. 1921
Die Teltower Kreisbahnen und die Straßenbahn der Gemeinde Steglitz (Grundewaldbahn) werden von der Berliner Straßenbahn übernommen.
Der Wagenpark setzt sich aus unterschiedlichen Fahrzeugtypen mit einer großen technischen Vielfalt zusammen. Es wurden übernommen:

Straßenbahnbetrieb	Tw	Bw
Große Berliner Straßenbahn	1806	1117
bestellt von der Großen Berliner Straßenbahn	100	132
Berlin-Charlottenburger Straßenbahn	105	76
Westliche Berliner Vorortbahn	116	79
Südliche Berliner Vorortbahn	30	–
Nordöstliche Berliner Vorortbahn	14	18
Berliner Ostbahnen	41	57
Spandauer Straßenbahn	65	74
Cöpenicker Straßenbahn	32	24
Straßenbahn der Gemeinde Heiligensee	7	10
Städtische Straßenbahnen in Berlin	115	78
Berliner Elektrische Straßenbahnen	74	79
bestellt von Berliner Elektrische Straßenbahn	10	
Grunewaldbahn	9	9
Teltower Kreisbahnen	33	14
	2557	1767

Tw der Serie Nr. 5315 – Nr. 5437, gebaut 1910; Tw Nr. 5366 1920 ex Städtische Straßenbahnen in Berlin (SSB) Nr. 68.

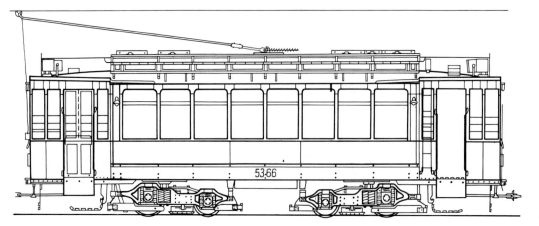
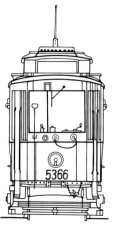

Elektrische Straßenbahn 203

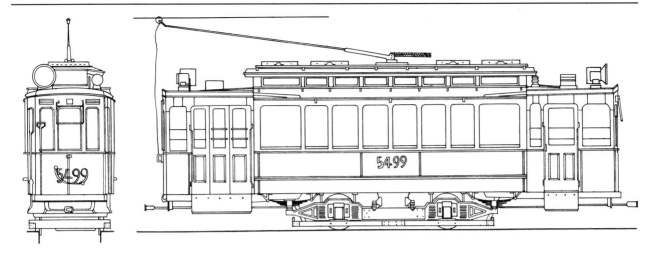

Die Fahrzeuge werden in ein einheitliches Nummernschema eingeordnet, das im Prinzip bis zur Einführung der EDV-Nummern ab 1970 gültig ist. Die Beiwagen erhalten die Nummern 1 bis 2999 und die Triebwagen die Nummern ab 3000.

1921

Da die ehemalige Große Berliner Straßenbahn ihre Triebwagen mit Rollenstromabnehmern ausgerüstet hatte und der überwiegende Teil dieser Triebwagen auch den Hauptanteil im neuen Straßenbahnbetrieb bildet, werden die Triebwagen, die mit dem Siemens'schen Schleifbügel ausgerüstet sind, auf Stangenstromabnehmer umgerüstet. Nur die Triebwagen der Teltower Kreisbahnen, die eine Spurweite von 1 000 mm haben, erhalten keinen neuen Stromabnehmer. Rund 250 Fahrzeuge sind bis 1922 von diesem Umbau betroffen. Im selben Jahr beginnt auch die Umrüstung aller Trieb- und Beiwagen auf die Albertkupplung. Bisher waren verschiedene Systeme in Gebrauch, so u. a. die Flacheisenkupplung, Vierkantkupplung und Rundeisenkupplung.

Die Vereinheitlichung des Wagenparks beginnt. Aus größeren Beiwagenserien werden Triebwagen umgerüstet, so z. B. aus den zweiachsigen Beiwagen der Berliner Elektrischen Straßenbahnen und der Städtischen Straßenbahn in Berlin. Es sind dies die Triebwagen der Serie Nr. 3212 – Nr. 3299. In den fol-

Tw Nr. 5499 der Serie Nr. 5496 – Nr. 5499, gebaut 1913; 1920 ex GBS Serie Nr. 3223 – Nr. 3226. (oben)

Bw Nr. 1453 der Serie Nr. 1450 – Nr. 1456, gebaut 1904; 1920 ex BO Nr. 121, diese BW wurden im Jahr 1930 ausgemustert.
Foto: Sammlung Kubig

Einheitlicher Straßenbahnbetrieb

Tw der Serie Nr. 5500 – Nr. 5602 nach dem Umbau 1929 (größere Plattformen). (Seite 205, oben)

Tw Nr. 5539 der Serie Nr. 5500 – Nr. 5602, gebaut 1920/21, in seiner ursprünglichen Form.
Foto: Sammlung Kubig

genden Jahren werden offene Perrons an Trieb- und Beiwagen geschlossen. Die letzten offenen Triebwagen werden bis 1935 ausgemustert. Die Kurzschlußbremse hat sich bewährt, die Druckluftbremsen werden ausgebaut. Die Einführung einer einheitlichen Farbgebung zeigt auch nach außen die Zusammengehörigkeit der Straßenbahnen.

08. 09. 1923
Letzter Betriebstag der „Berliner Straßenbahn". Insbesondere die Inflation führt zu einem Ruin der Berliner Straßenbahn.

09. 09. 1923
Straßenbahnloser Tag in Berlin.

10. 09. 1923
Die „Berliner Straßenbahn-Betriebs-G.m.b.H." beginnt mit 31 Linien ihren Betrieb. Der Prozeß der Erneuerung des Wagenparks wird fortgesetzt.
Folgende Linien werden betrieben (Anm.: Gegenüberstellung der früheren und jetzigen Straßen-, Platz- und Bahnhofsbezeichnungen siehe Tab. 2, S. 46/47):

Linie 1 **Stadtring**:
Hallesches Tor–Potsdamer Platz–Brandenburger Tor–Dorotheenstraße–Luisenstraße–Karlstraße–Oranienburger Tor–Invalidenstraße – Rosenthaler Tor – Lothringer Straße – Königstor – Strausberger Straße – Andreasstraße – Cöpenicker Straße–Prinzenstraße–Hallesches Tor (Linienlänge 14,1 km),

Linie 3 **Großer Ring**:
Pallasstraße–Goltzstraße–Grunewaldstraße–Brandenburgische Straße–Wilmersdorfer Straße–Schloßbrücke–Osnabrücker Straße – Beusselstraße – Turmstraße – Rathenower Straße – Weddingplatz – Nettelbeckplatz – Gerichtstraße – Ackerstraße – Rosenthaler Tor – Münzstraße – Alexanderplatz – Kaiserstraße (zurück über Kleine Frankfurter Straße–Landsberger Straße)–Große Frankfurter Straße–Andreasstraße–Adalbertstraße–Admiralstraße–Grimmstraße–Fichtestraße–Gneisenaustraße – Yorckstraße – Pallasstraße (Linienlänge 28,0 km),

Linie 4 **Ost-West Ring**:
Hallesches Tor – Potsdamer Platz – Lützowstraße – Großer Stern–Lessingstraße–Stromstraße–Perleberger Straße–Sellerstraße–Grenzstraße–Hussitenstraße–Voltastraße–Strelitzer Straße – Bernauer Straße – Elbinger Straße – Warschauer Straße–Wrangelstraße–Taborstraße–Görlitzer Ufer–Wiener Straße–Grünauer Straße–Reichenberger Straße–Pannierstraße–Kaiser-Friedrich-Straße–Hermannplatz–Hasenheide – Blücherstraße – Blücherplatz – Hallesches Tor (Linienlänge 25,5 km),

Linie 7 **Westring**:
Hardenbergstraße–Joachimstaler Straße–Kurfürstendamm–Uhlandstraße–Grunewaldstraße–Goltzstraße–Maaßenstraße – Kleiststraße – Tauentzienstraße – Hardenbergstraße (Linienlänge 7.4 km),

Elektrische Straßenbahn

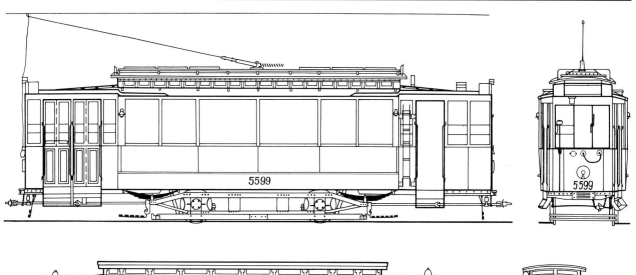

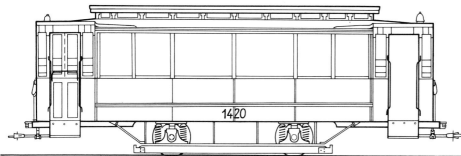 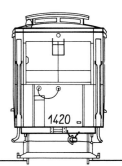

Bw der Serie Nr. 1285 – Nr. 1422, gebaut 1921.

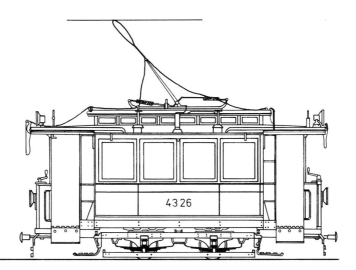 

Tw Nr. 4326, gebaut 1890, 1921 ex TKB Nr. 9; 1925 zu Bw Nr. 1550[II] umgebaut.

Elektrische Straßenbahn 207

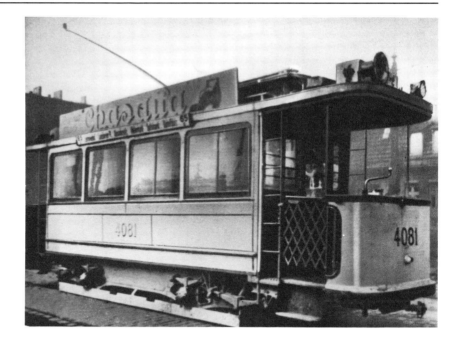

Vom Decksitz-Bw zum Tw: Tw Nr. 4081, gebaut 1908 als Decksitz-Bw, Nr. 30 der Neuen Berliner Straßenbahn Nordost A. G.; 1910 zur NöBV Tw Nr. 12; 1920 zu BST Tw Nr. 4081; 1929 ausgemustert.
Foto: Sammlung Kubig

Tw Nr. 4794 nach dem Umbau von 1922; 1927 in Nr. 5206[II]; aufgenommen im Jahre 1923.
Foto: Sammlung Kubig

Einheitlicher Straßenbahnbetrieb

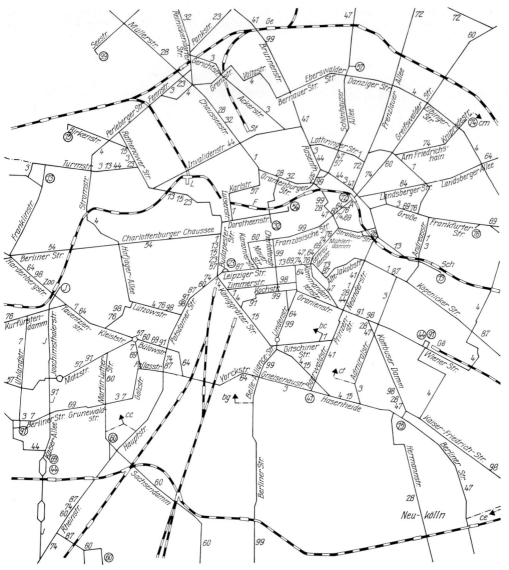

Elektrische Straßenbahn 209

Tw Nr. 3185 der Serie Nr. 3064–Nr. 3199, gebaut 1898; 1920 ex GBS Serie Nr. 1370–Nr. 1505; aufgenommen in Charlottenburg/ Am Knie um 1923.
Foto: Märkisches Museum, Berlin

Potsdamer Platz um 1923 mit Blick in die Leipziger Straße.
Foto: Märkisches Museum, Berlin

Einheitlicher Straßenbahnbetrieb

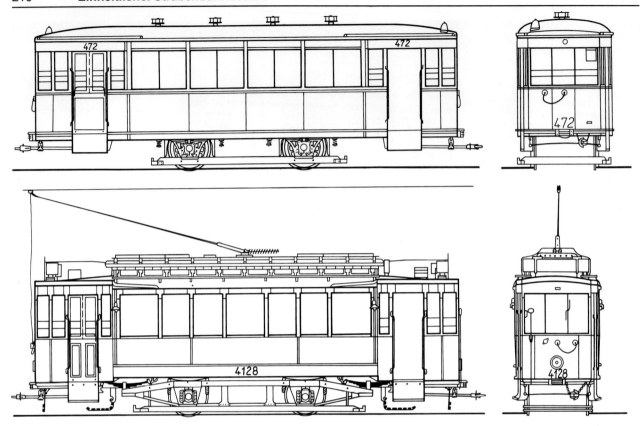

Tw der Serie Nr. 4116 – Nr. 4125, Nr. 4126[II] – Nr. 4130[II]; 1924 aus Bw umgebaut.

Tw Nr. 4128[II], gebaut 1914, 1924 ex Bw Nr. 1477; 1920 ex BO Nr. 145; aufgenommen um 1930.
Foto: Sammlung Kubig

Bw der Serie Nr. 1^{II} – Nr. 500^{II}, gebaut 1924; es handelt sich um die erste Großserie der von der BSTB beschafften Neubau-Bw. (Seite 210, oben)

Bw Nr. 561^{II} der Serie Nr. 501^{II} – Nr. 800^{II}, gebaut 1925/26 bei WUMAG, Görlitz und G. Lindner, Ammendorf.
Foto: Sammlung Dr. Bauer

Linie 13: Moabit, Gotzkowskystraße–Turmstraße–Rathenower Straße–Fürst-Bismarck-Straße–Reichstagsplatz–Brandenburger Tor–Potsdamer Platz–Leipziger Straße–Seydelstraße–Alte und Neue Jakobstraße–Brückenstraße–Holzmarktstraße–Breslauer Straße–Am Schlesischen Bahnhof–Schlesischer Bahnhof (Linienlänge etwa 10,0 km),

Linie 15: Moabit, Bremer Straße–Birkenstraße–Rathenower Straße–Fürst-Bismarck-Straße–Reichstagsplatz–Hallesches Tor – Blücherplatz – Blücherstraße – Hasenheide – Hermannplatz (Linienlänge 12,4 km),

Linie 23: Pankow, Damerowstraße–Breite Straße–Wilhelm-Kuhr-Straße – Kreuzstraße (zurück über Wollankstraße) – Wolankstraße – Prinzenallee – Pankstraße – Nettelbeckplatz – Weddingplatz – Perleberger Straße – Rathenower Straße – Fürst-Bismarck-Straße–Reichstagsplatz–Brandenburger Tor – Leipziger Platz und
Pankow, Damerowstraße – Prenzlauer Chaussee – Hauptstraße – Buchholz, Kirche (Gesamtlänge 15,3 km) sowie Niederschönhausen, Platanenstraße – Kaiserweg – Grabbeallee – Kreuzstraße – Pankow, Kreuzstraße (Linienlänge etwa 1,5 km),

Linie 28: Tegel, Hauptstraße–Treskowstraße–Schlieperstraße–Berliner Straße–Scharnweberstraße–Müllerstraße–Chausseestraße–Oranienburger Straße–Große Präsidentenstraße–Hackescher Markt–Rosenstraße–Spandauer Straße–Stralsunder Straße–An der Stralauer Brücke–Jannowitzbrücke–Neanderstraße–Moritzplatz–Oranienstraße–Dresdener Straße–Kottbusser Straße–Kottbusser Damm–Hermannplatz–Wißmannstraße–Karlsgartenstraße–Hermannstraße–Chausseestraße–Britz, Rathaus (Linienlänge 28,3 km),

Linie 32: Reinickendorf, Rathaus – Pankower Allee – Reinikkendorfer Straße – Müllerstraße – Chausseestraße – Oranienburger Straße – Artilleriestraße – Prinz-Friedrich-Karl-Straße – Georgenstraße – Prinz-Louis-Ferdinand-Straße – Charlottenstraße/Ecke Unter den Linden (Linienlänge 6,0 km),

Innenansicht des Fahrgastraumes Bw Nr. 561^{II} mit 12 Längs- und 12 Quersitzen, gebaut 1925 von der Firma Lindner, Ammendorf.
Foto: Sammlung Dr. Bauer

Linie 41: Reinickendorf, Rathaus – Hauptstraße – Residenzstraße – Schwedenstraße – Badstraße – Brunnenstraße – Rosenthaler Straße – Münzstraße – Alexanderplatz – Alexanderstraße – Jannowitzbrücke – Neanderstraße – Moritzplatz – Baerwaldstraße/Ecke Gneisenaustraße (Linienlänge 11,7 km),

Linie 44: Görlitzer Bahnhof – Wiener Straße – Oranienstraße – Moritzplatz – Neanderstraße – Jannowitzbrücke – Alexanderstraße – Alexanderplatz – Münzstraße – Rosenthaler Straße – Invalidenstraße – Rathenower Straße – Turmstraße – Beusselstraße – Alt-Moabit – Franklinstraße – Knie – Berliner Straße – Wilmersdorfer Straße – Brandenburgische Straße – Augustastraße – Am Seepark – Schrammstraße – Hildegardstraße – Kaiserallee – Wilmersdorf, Kaiserplatz (Linienlänge 21,9 km),

Linie 47: Nordend – Kaiser-Wilhelm-Straße – Schloßstraße – Berliner Straße – Schönhauser Allee – Neue Schönhauser Straße – Hackescher Markt – Rosenstraße – Spandauer Straße

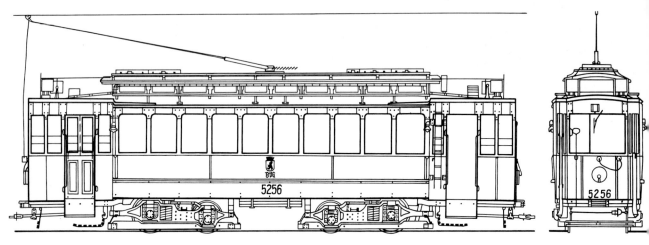

Tw der Serie Nr. 5207[II] – Nr. 5314[II], gebaut 1907/12, im ersten Umbauzustand von 1925/26.

Tw Nr. 5222[II]; in dem ersten Umbauzustand von 1925 verkehrten diese Wagen bis 1952.
Foto: Sammlung Kubig

Elektrische Straßenbahn 213

In der Tauentzienstraße: Tw Nr. 3319, Tw Nr. 5275 auf Linie 64; rechts Bw Nr. 1979 auf Linie 79.
Foto: Märkisches Museum, Berlin

Bw der Serie Nr. 1221[II] – Nr. 1230[II], gebaut 1913, bei BVG Typ BF-13/25, nach dem Umbau im Jahre 1925.

–Mühlendamm–Gertraudenstraße–Spittelmarkt–Beuthstraße –Kommandantenstraße – Moritzplatz – Oranienstraße – Dresdener Straße – Kottbusser Straße – Kottbusser Damm – Hermannplatz – Berliner Straße – Bergstraße – Britz, Rudower Straße/Ecke Jahnstraße und
Britz, Rudower Straße – Ecke Jahnstraße – Rudow (Gesamtlinienlänge 21,9 km),

Linie 54: Kupfergraben – Dorotheenstraße – Brandenburger Tor – Charlottenburger Chaussee – Knie – Berliner Straße – Spandauer Straße – Spandauer Berg – Charlottenburger

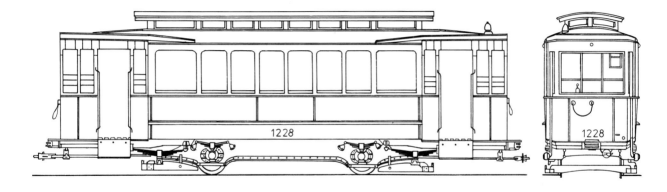

Einheitlicher Straßenbahnbetrieb

Reger Verkehr auch in der Leipziger Straße im Jahre 1925, dem Zeitpunkt der Umlackierung der Fahrzeuge, die Leipziger Straße mit Blick in Richtung Spittelmarkt.
Foto: Märkisches Museum, Berlin

Chaussee – Grunewaldstraße – Stresowplatz – Charlottenbrücke – Breite Straße – Spandau, Markt sowie
Spandau, Markt – Potsdamer Straße – Neuendorfstraße – Hakenfelde (Einmannwagen), (Gesamtlinienlänge 25,8 km),

Linie 57: Pappelallee/Ecke Schönhauser Allee – Veteranenstraße – Chausseestraße – Karlstraße – Brandenburger Tor – Potsdamer Straße – Motzstraße – Güntzelstraße – Wilmerdorf, Emser Platz sowie
Wilmersdorf, Emser Platz – Roseneck (Einmannwagen), (Gesamtlinienlänge 16,6 km),

Linie 60: Weißensee, Schloß – Berliner Allee – Greifswalder Straße – Neue Königstraße – Alexanderplatz – Königstraße – Französische Straße – Mauerstraße – Leipziger Straße – Potsdamer Straße – Bülowstraße – Motzstraße – Martin-Luther-Straße – Coburger Straße – Hauptstraße – Rheinstraße – Saarstraße – Beckerstraße – Rubensstraße/Ecke Canovastraße sowie
Schöneberg, Mühlenstraße – Tempelhofer Straße – Sachsendamm – Alboinstraße – Eythstraße – Lindenhof (Einmannwagen), (Gesamtlinienlänge 17,4 km),

Linie 64: Hohenschönhausen, Degnerstraße – Berliner Straße – Hohenschönhausener Straße – Landsberger Allee – Landsberger Straße – Alexanderplatz – Königstraße – Spandauer Straße – Mühlendamm – Gertraudenstraße – Spittelmarkt – Leipziger Straße – Jerusalemer Straße – Lindenstraße – Hallesches Tor – Belle-Alliance-Straße – Yorckstraße – Bülowstraße – Kleiststraße – Tauentzienstraße – Hardenbergstraße – Knie – Bismarckstraße – Sophie-Charlotte-Platz sowie
Sophie-Charlotte-Platz – Kaiserdamm – Heerstraße – Bahnhof Heerstraße (Einmannwagen), (Gesamtlinienlänge 15,4 km),

Linie 69: Lichtenberg, Frankfurter Allee/Ecke Hubertusstraße – Frankfurter Allee – Große Frankfurter Straße – Kleine Frankfurter Straße – Landsberger Straße – Alexanderplatz – Königstraße – Spandauer Straße – Mühlendamm – Gertraudenstraße – Spittelmarkt – Leipziger Straße – Potsdamer Straße – Bülowstraße – Maaßenstraße – Goltzstraße – Grunewaldstraße – Kaiserallee – Wilmersdorf, Kaiserplatz sowie
Friedrichsfelde, Kirche – Schloßstraße – Berliner Straße – Lichtenberg, Frankfurter Allee/Ecke Hubertusstraße (Gesamtlinienlänge 18,2 km),

Linie 72: Weißensee, Antonplatz – Langhansstraße – Gustav-Adolf-Straße – Prenzlauer Allee – Prenzlauer Straße – Alexanderplatz sowie
Heinersdorf, Kirche – Berliner Straße – Am Steinberg – Prenzlauer Promenade – Prenzlauer Straße – Alexanderplatz (Gesamtlinienlänge 7,3 km),

Linie 74: Kniprodestraße/Ecke Elbinger Straße – Kniprodestraße – Am Friedrichshain – Neue Königstraße – Alexanderplatz – Königstraße – Spandauer Straße – Mühlendamm – Gertraudenstraße – Spittelmarkt – Leipziger Straße – Potsdamer Straße – Hauptstraße – Rheinstraße – Schloßstraße – Hindenburgdamm – Lichterfelde, Händelplatz (Linienlänge 13,8 km),

Elektrische Straßenbahn

Linie 76: .Lichtenberg, Viktoriaplatz – Türrschmidtstraße – Marktstraße – Boxhagener Straße – Frankfurter Allee/Ecke Königsberger Straße (Einmannwagen) sowie
Bahnhof Frankfurter Allee – Frankfurter Allee – Große Frankfurter Straße – Kleine Frankfurter Straße – Landsberger Straße – Alexanderplatz – Königstraße – Spandauer Straße – Mühlendamm – Gertraudenstraße – Spittelmarkt – Leipziger Straße – Tauentzienstraße – Kurfürstendamm – Hobrechtstraße – Halensee, Hobrechtstraße (Gesamtlinienlänge 20,2 km),

Linie 83: Bahnhof Mahlsdorf – Bahnhofstraße – Köpenicker Allee – Mahlsdorfer Straße – Lindenstraße – Schloßstraße – Grünstraße – Müggelheimer Straße – Wendenschloßstraße – Rückertstraße – Wendenschloß (Linienlänge 12,3 km),

Linie 84: Alt-Glienicke, Kirche – Köpenicker Straße – Adlergestell – Bismarckstraße – Berliner Straße – Lange Brücke – Schloßstraße – Lindenstraße – Bahnhofstraße – Kaiser-Wilhelm-Straße – Berliner Straße – Köpenicker Straße – Friedrichstraße – Seestraße – Friedrichshagen, Wasserwerk (Linienlänge 12,2 km),

Linie 87: Steglitz, Stadtpark – Bismarckstraße – Saarstraße – Rheinstraße – Hauptstraße – Potsdamer Straße – Leipziger Straße – Spittelmarkt – Seydelstraße – Alte Jakobstraße – Neue Jakobstraße – Köpenicker Straße – Schlesische Straße – Treptower Chaussee – Neue Krugallee – Baumschulenstraße – Glanzstraße – Berliner Straße – Brückenstraße – Edisonstraße – Wilhelminenhofstraße – Ostendstraße – Köpenicker Straße – Köpenick, Lindenstraße (Linienlänge 23,4 km),

Linie 91: Görlitzer Bahnhof – Wiener Straße – Oranienstraße – Kochstraße – Wilhelmstraße – Anhalter Straße – Königgrätzer Straße – Potsdamer Platz – Potsdamer Straße – Bülowstraße – Motzstraße – Trautenaustraße – Güntzelstraße – Uhlandstraße – Wilmersdorf, Wilhelmsaue (Linienlänge 14,4 km),

Linie 98: Neukölln, Venusplatz – Sonnenallee – Kottbuser Damm – Kottbuser Straße – Dresdener Straße – Oranienstraße – Jerusalemer Straße – Zimmerstraße – Prinz-Albrecht-Straße – Königgrätzer Straße – Potsdamer Straße – Lützowstraße – Schillstraße – Kleiststraße – Tauentzienstraße – Hardenbergstraße – Berliner Straße – Luisenplatz – Tauroggener

... und noch einmal die Leipziger Straße mit Blick in Richtung Westen: im Vordergrund Tw Nr. 3333 der Serie Nr. 3300 – Nr. 3355, gebaut 1927.
Foto: Stadtarchiv Berlin

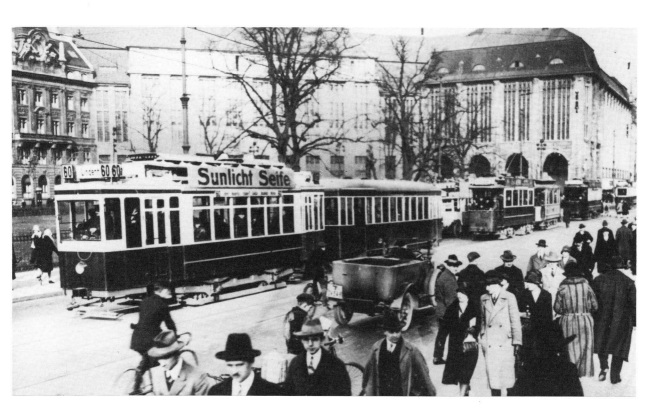

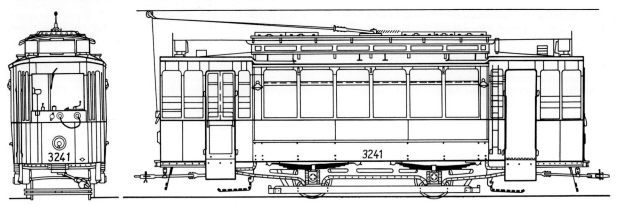

Tw Nr. 3241[II], gebaut 1910, im Zustand von 1927.

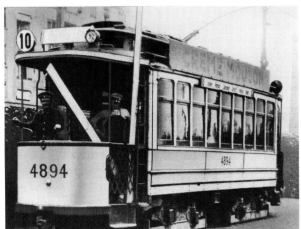

Tw Nr. 4894 der Serie Nr. 4795 – Nr. 4931, gebaut 1904, 1920 ex GBS Serie Nr. 2713 – Nr. 2849.
Foto: Sammlung Kubig

Tw der Serien Nr. 5443 – Nr. 5448, Nr. 5450 – Nr. 5495, Nr. 5605 bis Nr. 5658, gebaut 1913/14, Umbau 1925/29.

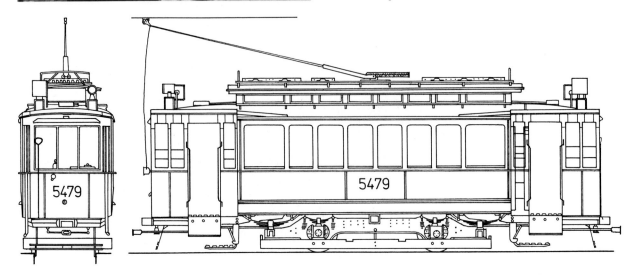

Straße–Osnabrücker Straße–Tegeler Weg–Siemensdamm–Nonnendammallee–Schwarzer Weg–Gartenfelder Straße–Berliner Chaussee–Havelstraße–Potsdamer Straße–Klosterstraße–Pichelsdorf (Linienlänge 26,6 km),

Linie 99: Seestraße/Ecke Amrumer Straße – Seestraße – Exerzierstraße – Badstraße – Brunnenstraße – Rosenthaler Straße – Hackescher Markt – Rosenstraße – Spandauer Straße – Königstraße – Französische Straße – Charlottenstraße–Kochstraße–Markgrafenstraße–Lindenstraße–Hallesches Tor–Belle-Alliance-Straße–Berliner Straße–Chausseestraße–Mariendorf, Lichtenrader Chaussee (Linienlänge 17,7 km) sowie

Reinickendorf, Pankower Allee–Pankower Allee–Provinzstraße–Drontheimer Straße–Badstraße–weiter wie oben bis Mariendorf, Lichtenrader Chaussee (Linienlänge 15,8 km),

Linie 120: Spandau West–Hennigsdorf (Linienlänge 12,3 km),

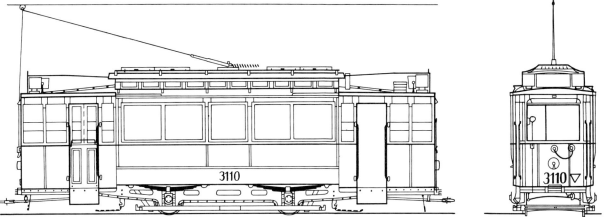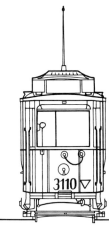

Tw der Serie Nr. 3050 – Nr. 3211, 1922/24 aus Berolina-Wagen aufgebaut.

Tw Nr. 3191, 1922/24 aus Berolina-Wagen bei NAG aufgebaut.
Foto: Sammlung Kubig

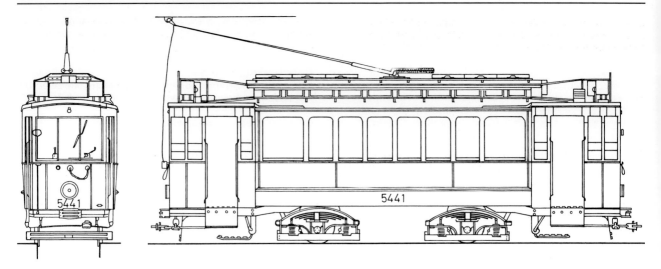

Linie M: Bahnhof Steglitz–Kuhligkshofstraße–Albrechtstraße–Mariendorfer Straße–Steglitzer Straße–Ringstraße–Mariendorf, Kaiserstraße/Ecke Chausseestraße (Linienlänge 4,7 km),

Linie LH: Bahnhof Steglitz–Berlinickestraße–Mittelstraße–Schützenstraße – Hindenburgdamm – Wilhelmstraße – Jungfernstieg – Bahnhof Lichterfelde Ost (Linienlänge 9,4 km),

Linie J: Bahnhof Zoologischer Garten–Joachimsthaler Straße–Kaiserallee–Schloßstraße–Lichterfelde, Unter den Eichen (Linienlänge 12,2 km),

Tw Nr. 5441 der Serie Nr. 5440 – Nr. 5442, gebaut 1913, mit Einachsdrehgestellen, Typ TF 13/25 S im umgebauten Zustand von 1925.

Tw Nr. 5498 der Serie Nr. 5496 – Nr. 5499, gebaut 1913, Typ TF 13/25 S im umgebauten Zustand von 1925.

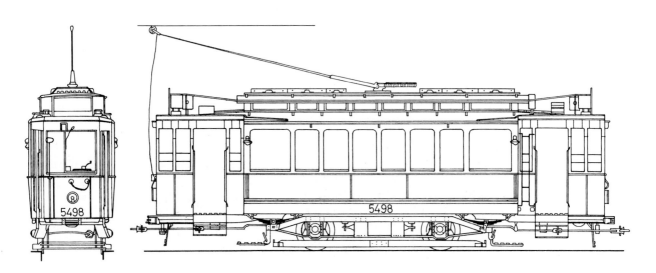

Linie Z: Bahnhof Lichterfelde Ost–Jungfernstieg–Bismarckstraße–Berliner Straße–Lichterfelder Straße–Lindenstraße–Potsdamer Straße–Stahnsdorf (Linienlänge 8,0 km).

1924/1926
Die ersten Triebwagen und Beiwagen einer großen Serie werden in Dienst gestellt. Mit 501 Triebwagen (später Typ T 24) und 803 Beiwagen (später Typen B 24 und B 25) wird die größte bis heute gelieferte Serie eines Straßenbahnfahrzeugtyps von einem Straßenbahnbetrieb in Dienst gestellt.

01. 03. 1925
Die BSTB übernimmt die Schmöckwitz-Grünauer Uferbahn (SGU).

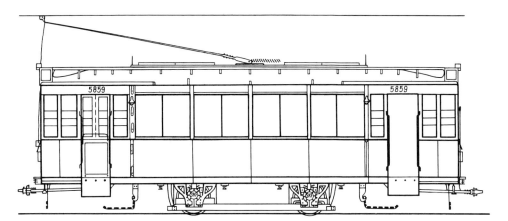
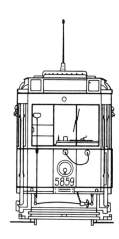

Tw der Serie Nr. 5701 – Nr. 6200, gebaut 1924/26; zusammen mit den 500 Bw (Typ B 24) waren dies die größten Fahrzeugserien, die die BSTB innerhalb kurzer Zeit beschaffte.

Tw Nr. 6061, gebaut 1926; Typ T24 war der lange Zeit typische Tw in Berlin; aufgenommen um 1935.
Foto: Sammlung Kubig

Einheitlicher Straßenbahnbetrieb

1925
Inbetriebnahme der Strecke in der Müggelheimer Straße bis Krankenhaus Köpenick.

01. 03. 1927
Einführung eines Einheitstarifs auf den drei Verkehrsmittelarten der BSTB – Straßenbahn, U-Bahn und Omnibus.

1927
Als letzte große Serie vor dem zweiten Weltkrieg werden 300 Mitteleinstieg-Triebwagen mit Schützensteuerung in Auftrag gegeben.

01. 04. 1928
Die BSTB übernimmt die letzte selbständig bestehende innerstädtische Straßenbahnlinie, es ist die Linie 90 der Flachbahn der Hochbahngesellschaft.

30. 11. 1928
Gründung der „Berliner Vorbereitungs-A.-G. für Verkehrsvereinheitlichung".

08. 12. 1928
Umbenennung der „Berliner Vorbereitungs-A.-G. für Verkehrsvereinheitlichung" in „Berliner Verkehrs-Aktiengesellschaft" (BVG).

1928
Die Betriebsleistungen bei der Straßenbahn betragen 170,1 Millionen Wagenkilometer, beim Omnibus dagegen nur 36,7 Millionen Wagenkilometer; die Anzahl der beförderten Personen beträgt bei der Straßenbahn 899 Millionen Fahrgäste, beim Omnibus dagegen 233 Millionen.

01. 01. 1929
Die BVG nimmt ihren Betrieb auf. Straßenbahn, Omnibus und U-Bahn werden in Berlin einheitlich verwaltet. Die Berliner Stadt-, Ring- und Vorortbahnen werden weiterhin von der Deutschen Reichsbahn-Gesellschaft betrieben.

Juni 1929
Beginn der Lieferung der 1927 von der BSTB in Auftrag gegebenen Mitteleinstieg-Triebwagen. Gleichzeitig erhält die BVG zwei Großraum-Gelenkzüge (Glw Nr. 6211 + Nr. 6212), die in der Ausführung denen für Dresden (Glw Nr. 2502) und Leipzig (Glw Nr. 1400) gleichen.

11. 11. 1929
Einstellung des Benzolbetriebs auf der Linie 120 von Spandau-West nach Hennigsdorf.

1929
Der Berliner Nahverkehr weist eine steigende Tendenz auf; die neugegründete BVG paßt sich dem Bedarf an. So wird das Liniennetz der Straßenbahn in diesem Jahr um vier Linien mit insgesamt 74,5 km Linienlänge erweitert; weitere Linien werden um insgesamt 17 km verlängert. Das Streckennetz beträgt somit etwa 643 km, die Linienlänge der nunmehr 93 betriebenen Linien beträgt 1 686 km. Der Fahrzeugbestand beträgt etwa 4 000 Triebwagen und Beiwagen. Bei der Straßenbahn sind etwa 14 400 Personen beschäftigt.
Vom Omnibus werden zusätzlich 35 Linien mit 338 km Linien-

Tw der Serie Nr. 6201 bis Nr. 6210, gebaut 1926; für Einsatz als Doppeltriebwagen hatten die Tw trotz Zweirichtungsbetrieb nur einen Fahrerstand; nach Umbau 1932 als Einrichtungswagen eingesetzt.
Foto: Sammlung Kubig

Elektrische Straßenbahn

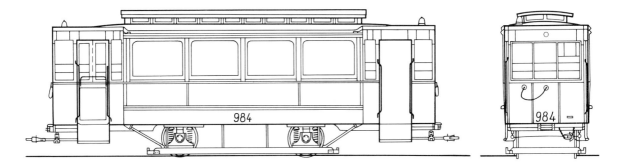

Bw der Serie Nr. 914 – Nr. 1087, gebaut 1906/11, nach dem ersten Umbau (geschlossene Plattformen) im Jahre 1927.

Potsdamer Platz im Jahre 1927: aus der Königgrätzer Straße kommt ein Straßenbahnzug mit Tw der Serie Nr. 5500 – Nr. 5602 und Bw der Serie Nr. 1 – Nr. 500.
Foto: Märkisches Museum, Berlin

länge betrieben. Erforderlich dafür sind 638 Fahrzeuge und 4500 Personen Belegschaft. An Straßenbahnfahrzeugen sind im einzelnen vorhanden:

1 876 Triebwagen,
1 807 Beiwagen,
 315 Arbeitstriebwagen,
 292 Arbeitsbeiwagen und Loren,

die in 20 Betriebshöfen stationiert sind.
Inbetriebnahme der Strecke Friedrichshagen—Rahnsdorf.

Jan. 1930
Die 300 Mitteleinstieg-Triebwagen (sog. „Schützenwagen") der Bauart 1927 werden aus technischen Gründen aus dem Verkehr gezogen.

15. 02. 1930
Die noch vorhandenen Schmalspurstrecken der ehemaligen Teltower Kreisbahnen (1 000 mm) werden nach fast 50jähriger Betriebszeit auf Omnibusbetrieb umgestellt; in Berlin werden somit nur noch Regelspurstrecken betrieben.

01. 09. 1930
Als neuer Straßenbahnbetriebshof wird der in Charlottenburg, Königin-Elisabeth-Straße eröffnet.

Okt. 1930
Es werden folgende Straßenbahnlinien betrieben: (Anmerkung: Gegenüberstellung der früheren und jetzigen Straßen-, Platz- und Bahnhofsbezeichnungen siehe Tab. 2, S. 46/47):

Linie 1 **Stadtring:**
Hallesches Tor–Moritzplatz–Schlesischer Bahnhof–Königstor–Rosenthaler Platz–Oranienburger Tor–Brandenburger Tor–Potsdamer Platz–Hallesches Tor (Linienlänge 14,4 km),

Linie 2 **Bahnhofsring:**
Görlitzer Bahnhof–Schlesischer Bahnhof–Königstor–Rosenthaler Platz–Stettiner Bahnhof–Dorotheenstraße–Bahnhof Friedrichstraße–Brandenburger Tor–Potsdamer Bahnhof–Anhalter Bahnhof–Jerusalemkirche–Kottbuser Tor–Görlitzer Bahnhof (Linienlänge 16,2 km),

Linie 3 **Großer Ring:**
Belle-Alliance-Straße–Kottbuser Tor–Schlesischer Bahnhof–Alexanderplatz–Rosenthaler Platz–Weddingplatz–Turmstraße/Ecke Huttenstraße–Kantstraße–Kaiserallee–Winterfeldtplatz–Belle-Alliance-Straße (Linienlänge 28,0 km),

Linie 4 **Ost-West-Ring:**
Hermannplatz–Görlitzer Bahnhof–Warschauer Brücke–Baltenplatz–Elbinger Straße/Ecke Kniprodestraße–Danziger Straße/Ecke Schönhauser Allee–Weddingplatz–Augustenburger Platz–Stromstraße/Ecke Turmstraße–Lützowplatz–Potsdamer Bahnhof–Hallesches Tor–Hermannplatz (Linienlänge 26,1 km),

Linie 5: Treptow, Elsenstraße–Warschauer Brücke–Baltenplatz–Elbinger Straße/Ecke Kniprodestraße–Danziger Straße/Ecke Schönhauser Allee – Badstraße/Ecke Uferstraße – Augustenburger Platz – Turmstraße/Ecke Stromstraße – Knie – Nollendorfplatz – Blücherplatz – Hermannplatz (Linienlänge 30,4 km),

Linie 6 **Südring:**
Wartburgplatz–Tempelhof, Dorfstraße/Ecke Berliner Straße–Germaniastraße/Ecke Gottlieb-Dunkel-Straße–Britz, Buschkrug–Bahnhof Neukölln–Treptow, Elsenstraße/Am Treptower Park–Köpenicker Straße/Ecke Brückenstraße–Alexanderplatz–Stettiner Bahnhof–Kriminalgericht–Turmstraße/Ecke Beusselstraße–Wilhelmplatz–Bahnhof Zoologischer Garten–Wartburgplatz (Linienlänge 35,0 km),

Linie 7 **Westring:**
Martin-Luther-Straße–Nollendorfplatz–Bahnhof Zoologischer Garten–Uhlandstraße/Ecke Berliner Straße–Martin-Luther-Straße (Linienlänge 7,5 km),

Linie 8: Seestraße, Westhafen – Seestraße/Ecke Müllerstraße – Christianiastraße/Ecke Prinzenallee – Bornholmer Straße/Ecke Schönhauser Allee–Weißensee, Antonplatz – Weißenseer Weg/Ecke Hohenschönhauser Straße–Bahnhof Frankfurter Allee–Warschauer Straße/Ecke Frankfurter Allee–Warschauer Brücke–Schlesisches Tor (Linienlänge 18,9 km),

Linie 9 **Ostring:**
Hermannplatz–Görlitzer Bahnhof–Warschauer Brücke–Baltenplatz–Elbinger Straße/Ecke Kniprodestraße–Danziger Straße/Ecke Schönhauser Allee–Stettiner Bahnhof–Hedwigskirche–Hallesches Tor–Hermannplatz (Linienlänge 18,7 km),

Straßenbahnzug, bestehend aus Tw Nr. 3252[II] nach dem Umbau von 1924 und Bw der Serie Nr. 1 – Nr. 500; aufgenommen um 1926 in der Leipziger Straße. (Seite 223, oben)
Foto: Stadtarchiv Berlin

Tw Nr. 5354, gebaut 1909; 1920 ex SSB Serie Nr. 42 – Nr. 49 und Tw der Serie Nr. 5315 – Nr. 5437 (links) um 1926 am Leipziger Platz. (Seite 223, unten)
Foto: Stadtarchiv Berlin

Elektrische Straßenbahn 223

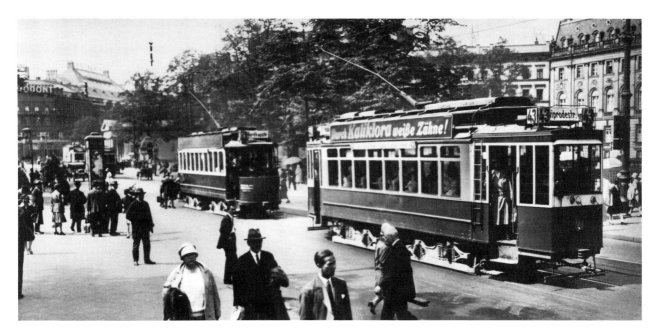

Bei der Firma Christoph & Unmack, Niesky, versandfertiger Tw der Serie Nr. 3401^{II}–3594^{II}, gebaut 1927.
Foto: Sammlung Dr. Bauer

Innenansicht des mit Polstersitzen ausgerüsteten Mitteleinstieg-Tw der Serie Nr. 3401^{II}–3594^{II}, gebaut 1927.
Foto: Sammlung Dr. Bauer

Linie 12: Siemensstadt – Bahnhof Jungfernheide – Turmstraße/Ecke Gotzkowskystraße – Kriminalgericht – Friedrichstraße/Ecke Karlstraße – Hedwigskirche – Kottbusser Tor – Reichenberger Straße/Ecke Grünauer Straße–Neukölln, Berliner Straße/Ecke Jägerstraße–Köllnische Allee (Linienlänge 20,1 km),

Linie 13: Großkraftwerk Klingenberg–Karlshorster Straße–Rominter Straße/Ecke Warschauer Straße–Andreasplatz–Spittelmarkt–Potsdamer Platz/Voßstraße–Kriminalgericht–Gotzkowskystraße/Ecke Turmstraße (Linienlänge 15,9 km),

Linie 14: Gotzkowskystraße/Ecke Turmstraße–Kriminalgericht–Brandenburger Tor–Potsdamer Platz/Voßstraße–Hallesches Tor–Marheinekeplatz–Schwiebusser Straße (Linienlänge 8,6 km),

Linie 15: Wilhelmsruh, Schulstraße/Ecke Exerzierstraße–Augustenburger Platz–Lehrter Bahnhof–Potsdamer Platz/Voßstraße–Hallesches Tor–Hermannplatz–Bahnhof Neukölln–Gottlieb-Dunkel-Straße–Neuer Gemeindekirchhof Neukölln (Linienlänge 21,8 km),

Linie 115: Bremer Straße/Ecke Birkenstraße–Lehrter Bahnhof–Potsdamer Platz/Voßstraße–Hallesches Tor–Hermannplatz–Bahnhof Neukölln–Britz, Buschkrug–Buckow-Ost, Städtisches Krankenhaus Neukölln (Linienlänge 15,3 km),

Linie 16: Lichtenberg, Lückstraße–Karlshorster Straße–Frankfurter Allee/Ecke Thaerstraße–Andreasplatz–Spittelmarkt–Potsdamer Platz/Voßstraße–Kriminalgericht–Gotzkowskystraße/Ecke Turmstraße (Linienlänge 14,6 km),

Linie 17: Weißensee, Schloß – Bornholmer Straße/Ecke Schönhauser Allee–Christianiastraße/Ecke Prinzenallee–Seestraße/Ecke Müllerstraße–Turmstraße/Ecke Beusselstraße–Hansaplatz–Wittenbergplatz–Kaiserplatz–Steglitz, Rathaus–Lichterfelde, Händelplatz (Linienlänge 23,0 km),

Linie 19: Schwedenstraße/Ecke Badstraße–Weddingplatz–Stromstraße/Ecke Turmstraße–Hansaplatz–Lützowplatz–Nollendorfplatz–Goltzstraße/Ecke Grunewaldstraße–Schöneberg, Belziger Straße (Linienlänge 10,7 km),

Linie 119: Niederschönhausen, Friedensplatz–Schönholz–Badstraße/Ecke Pankstraße–Weddingplatz–Stromstraße/Ecke Turmstraße–Hansaplatz–Lützowplatz–Wartburgplatz–Friedenau, Kaisereiche–Schöneberg, Thorwaldsenstraße/Auguste-Viktoria-Krankenhaus (Linienlänge 17,5 km),

Linie 21: Britz, Rathaus–Hermannstraße/Ecke Steinmetzstraße–Hermannplatz–Urbanstraße–Hallesches Tor–Potsdamer Platz/Voßstraße–Lehrter Bahnhof–Turmstraße/Ecke Beusselstraße – Beusselstraße, Westhafen (Linienlänge 14,9 km),

Linie 23: Rosenthal–Niederschönhausen, Bismarckplatz–Wollankstraße/Ecke Florastraße–Prinzenallee/Ecke Badstraße–Weddingplatz–Kriminalgericht–Brandenburger Tor–Potsdamer Platz/Voßstraße–Lützowstraße/Ecke Potsdamer Straße – Schöneberg, Kaiser-Wilhelm-Platz – Gotenstraße/Ecke Torgauer Straße (Linienlänge 17,8 km),

Linie 24: Buchholz–Pankow, Kirche–Prinzenallee/Ecke Badstraße – Stettiner Bahnhof – Brandenburger Tor – Anhalter Bahnhof (Linienlänge 14,9 km),

Linie 25: Reinickendorf-West, Sportplatz–Müllerstraße/Ecke Londoner Straße–Müllerstraße/Ecke Seestraße–Weddingplatz–Oranienburger Tor–Brandenburger Tor–Potsdamer Platz–Kreuzberg–Bahnhof Tempelhof–Berliner Straße/Ecke Friedrich-Karl-Straße–Mariendorf, Rennbahn (Linienlänge 19,4 km),

Linie 27: Britz, Rathaus–Hermannstraße/Ecke Steinmetzstraße – Hermannplatz – Moritzplatz – Spittelmarkt – Hackescher Markt–Oranienburger Tor–Weddingplatz–Scharnweberstraße/Ecke Berliner Straße–Tegel (Linienlänge 20,8 km),

Linie 28: Tegelort–Tegel, Hauptstraße–Scharnweberstraße/Ecke Berliner Straße–Weddingplatz–Oranienburger Tor–Hackescher Markt – Rathaus – Moritzplatz (Linienlänge 21,8 km),

Linie 128: Heiligensee–Tegel, Hauptstraße–weiter wie Linie 28 bis Moritzplatz (Linienlänge 21,0 km),

Linie 29: Tegel–Scharnweberstraße/Ecke Berliner Straße–Müllerstraße/Ecke Seestraße–Weddingplatz–Stettiner Bahnhof–Rosenthaler Platz–Alexanderplatz–Moritzplatz–Hermannplatz–Britz, Rathaus–Buckow (Linienlänge 24,8 km),

Linie 32: Reinickendorf, Teichstraße–Residenzstraße/Ecke Pankower Allee–Weddingplatz–Oranienburger Tor–Hedwigskirche–Köllnischer Fischmarkt–Moritzplatz–Kottbusser Tor–Hermannplatz–Hermannstraße/Ecke Steinmetzstraße–Britz, Germaniapromenade (Linienlänge 17,0 km),

Linie 35: Reinickendorf, Teichstraße–weiter wie Linie 32 bis Hedwigskirche–Dönhoffplatz–Hallesches Tor–Bahnhof Tempelhof–Tempelhof, Kaiserin-Augusta-Straße (Linienlänge 15,0 km),

Linie 38: Schönholz–Badstraße/Ecke Pankstraße–Brunnenstraße/Ecke Demminer Straße–Rosenthaler Platz–Rathaus–Spittelmarkt–Dönhoffplatz (Linienlänge 8,6 km),

Linie 40: Grünthaler Straße/Ecke Bornholmer Straße–Swinemünder Straße/Ecke Ramlerstraße–Rosenthaler Platz–Hedwigskirche–Potsdamer Platz/Linkstraße–Potsdamer Straße/Ecke Pallasstraße–Schöneberg, Hauptstraße–Friedenau,

Tw Nr. 3302[III] der Serie Nr. 3300[III] – Nr. 3355, gebaut 1927; Mitteleinstieg-Tw mit Zugsteuerung und selbsttätiger mechanischer Bremse.
Foto: Sammlung Dr. Bauer

Bw Nr. 1768, gebaut als Tw im Jahre 1905; 1925 zu Bw ex Tw Nr. 4347[II] und bereits 1930 ausgemustert; hier noch mit der Firmenbezeichnung „Berliner Straßenbahn".
Foto: Sammlung Kubig

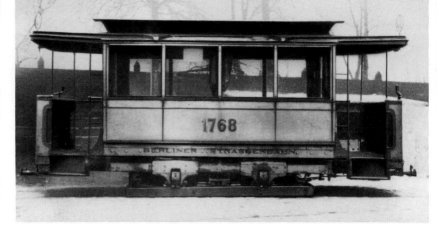

Stirnansicht des Tw Nr. 3521[II], gebaut 1927; deutlich erkennbar sind die Steckdosen für die Kabelkupplung zur Mehrfachsteuerung. (links unten)
Foto: Sammlung Dr. Bauer

Bw Nr. 1767, gebaut 1905; 1921 ex ESGL Nr. 3 (Sobw); diese kleinen, zweifenstrigen Bw wurden 1930 ausgemustert. (rechts unten)
Foto: Sammlung Kubig

Kaisereiche–Steglitz, Rathaus–Lichterfelde-West, Dahlemer Weg (Linienlänge 17,7 km),

Linie 41: Tegel–Scharnweberstraße/Ecke Berliner Straße–Reinickendorf, Rathaus–Badstraße/Ecke Uferstraße–Rosenthaler Platz–Alexanderplatz–Moritzplatz–Kreuzbergstraße/Ecke Katzbachstraße–General-Pape-Straße (Linienlänge 22,6 km),

Linie 43: Hohenschönhausen, Falkenberger Straße–Landsberger Allee/Ecke Elbinger Straße–Landsberger Platz–Alexanderplatz–Hedwigskirche–Potsdamer Platz/Linkstraße–Potsdamer Straße/Ecke Pallasstraße–Schöneberg, Hauptstraße/Ecke Mühlenstraße–Friedenau, Kaisereiche–Steglitz, Rathaus–Dahlem (Linienlänge 21,6 km),

Linie 44: Görlitzer Bahnhof–Moritzplatz–Alexanderplatz–

Elektrische Straßenbahn

Rosenthaler Platz–Stettiner Bahnhof–Kriminalgericht–Gotzkowskybrücke–Knie–Wilmersdorfer Straße/Ecke Kantstraße–Kaiserplatz–Bahnhof Steglitz–Birkbuschstraße/Ecke Siemensstraße (Linienlänge 23,2 km),

Linie 45: Pankow, Clausthaler Straße–Florastraße–Pankstraße/Ecke Badstraße – Weddingplatz – Turmstraße/Ecke Stromstraße–Knie–Wilmersdorfer Straße/Ecke Kantstraße–Fehrbelliner Platz–Kaiserplatz–Steglitz, Rathaus–Lichterfelde, Händelplatz (Linienlänge 20,7 km),

Linie 47: Pankow, Bürgerpark–Pankow, Kirche–Bahnhof Schönhauser Allee–Hackescher Markt–Spittelmarkt–Moritzplatz–Hermannplatz–Bahnhof Neukölln–Buschkrug–Neuköllner Krankenhaus–Rudow (Linienlänge 21,5 km),

Linie 48: Niederschönhausen, Nordend–Pankow, Breite Straße–Bahnhof Schönhauser Allee–Hackescher Markt–Spittelmarkt – Moritzplatz – Hermannplatz – Bahnhof Neukölln–Britz, Buschkrug–Buckow-Ost, Städtisches Krankenhaus Neukölln (Linienlänge 19,7 km),

Linie 148: Grünthaler Straße/Ecke Bornholmer Straße–Rosenthaler Platz–Spittelmarkt–Moritzplatz–Hermannplatz–Bahnhof Kaiser-Friedrich-Straße–Neukölln, Köllnische Heide, Schulenburgpark (Linienlänge 12,9 km),

Linie 49: Niederschönhausen, Blankenburger Straße–Pankow, Breite Straße–Bahnhof Schönhauser Allee–Schönhauser Tor–Alexanderplatz–Moritzplatz–Görlitzer Bahnhof (Linienlänge 12,2 km),

Linie 51: Nordend, Schillerstraße–Pankow, Breite Straße–Bahnhof Schönhauser Allee–Stettiner Bahnhof–Potsdamer Platz–Nollendorfplatz–Bayerischer Platz–Uhlandstraße–Bahnhof Schmargendorf–Grunewald, Roseneck (Linienlänge 21,3 km),

Linie 53: Charlottenburg, Reichskanzlerplatz–Amtsgericht–

Leipziger Platz, Ende der 20er Jahre.
Foto: Sammlung Bethge

Einheitlicher Straßenbahnbetrieb

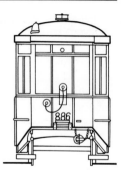

Savignyplatz–Nollendorfplatz–Potsdamer Platz/Linkstraße–Hedwigskirche–Alexanderplatz–Landsberger Platz–Roederplatz–Lichtenberg, Gudrunstraße (Linienlänge 20,2 km),

Linie 54: Spandau, Hakenfelde–Spandau, Markt–Spandauer Bock–Spandauer Straße/Straßenbahnhof–Knie–Bahnhof Zoologischer Garten–Nollendorfplatz–Potsdamer Platz/Linkstraße–Leipziger Straße/Ecke Charlottenstraße–Schloßplatz–Hackescher Markt–Schönhauser Tor–Weißenburger Straße/Ecke Danziger Straße (Linienlänge 24,1 km),

Linie 154: Spandau, Johannisstift–Spandau, Markt–Spandauer Bock–Spandauer Straße/Straßenbahnhof–Knie–Bahnhof Zoologischer Garten–Nollendorfplatz–Bahnhof Yorckstraße – Blücherplatz – Kottbusser Tor – Schlesisches Tor – Warschauer Straße/Ecke Frankfurter Allee–Bahnhof Frankfurter Allee (Linien 26,4 km),

Tw Nr. 5545 der Serie Nr. 5502 – Nr. 5602, gebaut 1921; aufgenommen um 1928 auf Linie 95: Bf Cöpenick – Belziger Straße. (oben)
Foto: Sammlung Kubig

Bw Nr. 1458 der Serie Nr. 1457 – Nr. 1464, gebaut 1908; 1920 ex BO Serie Nr. 125 – Nr. 132; aufgenommen kurz vor der Aussonderung im Jahre 1930.
Foto: Sammlung Kubig

Elektrische Straßenbahn 229

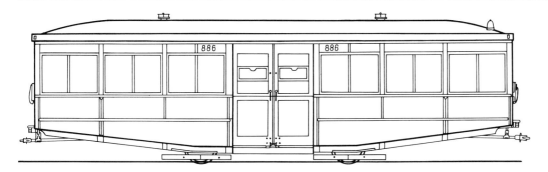

Bw der Serie Nr. 881[II] – Nr. 900[II], gebaut 1928/30.

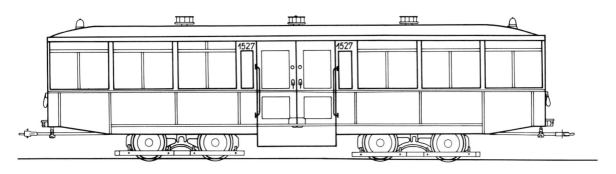

Bw der Serie Nr. 1501[II] – Nr. 1550[II], gebaut 1928/29.

Mitteleinstieg-Bw Nr. 869[II] der Serie Nr. 851[II] – Nr. 880[II], gebaut 1928/30; aufgenommen um 1930 auf Linie 88 in der Leipziger Straße.
Foto: Sammlung Kubig

Einheitlicher Straßenbahnbetrieb

Tw Nr. 4229 der Serie Nr. 4223–Nr. 4229, gebaut 1913; 1920 ex Heiligensee Nr. 1 – Nr. 7, aufgenommen auf Linie 84: Altglienicke – Müggelsee, um 1928. Die Tw wurden ab 1929 Atw.
Foto: Sammlung Kubig

Decksitz-Bw Nr. 2021, gebaut 1889; 1926 ex Serie Nr. 521 – Nr. 538; im Zustand der Aussonderung im Jahre 1928.

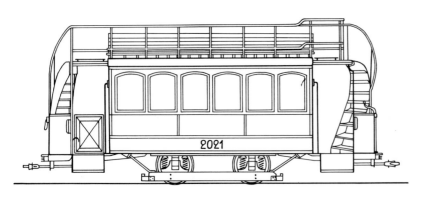
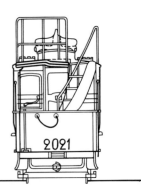
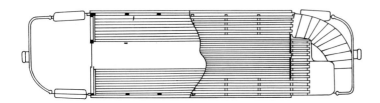

Elektrische Straßenbahn 231

Tw Nr. 6204 der Serie Nr. 6201 – Nr. 6210, gebaut 1926; aufgenommen im Anlieferungszustand.
Foto: Sammlung Kubig

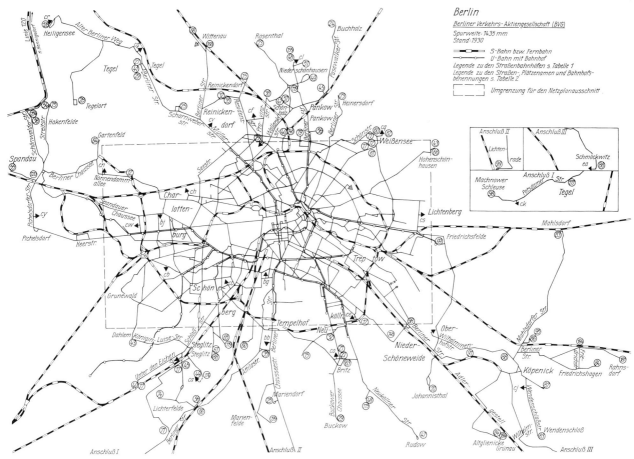

Einheitlicher Straßenbahnbetrieb

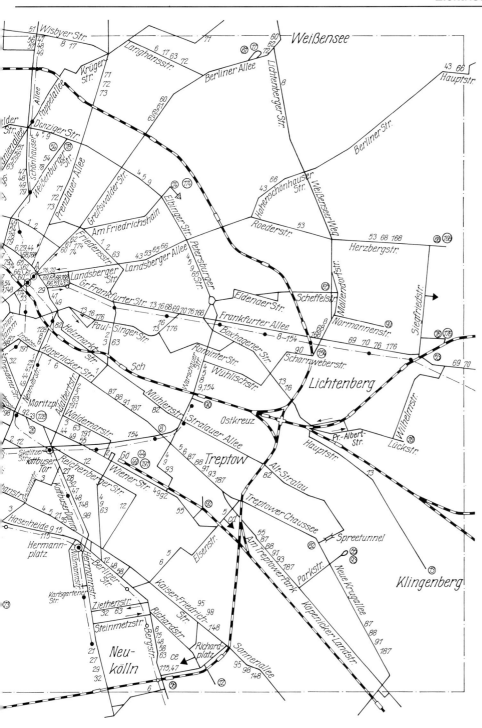

Einheitlicher Straßenbahnbetrieb

Die Potsdamer Brücke im Jahre 1930; im Mittelpunkt ein Straßenbahnzug der Linie 72.
Foto: Märkisches Museum, Berlin

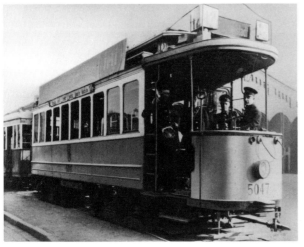

Tw Nr. 5047^{II} der Serie Nr. 4958^{II} – Nr. 5205^{II}, gebaut 1906/12; 1927 ex Nr. 5250; 1920 ex GBS Nr. 3142; aufgenommen um 1930 im Straßenbahnbetriebshof Rixdorf (Neukölln), Cannerstraße; Fahrzeuge dieses Typs waren bis 1936 im Einsatz.
Foto: Sammlung Kubig

Tw Nr. 5719, gebaut 1924, mit Bw Nr. 567[II], gebaut 1925, auf Linie 44; um 1930.
Foto: Sammlung Kubig

Linie 55: Spandau West, Nauener Straße – Markt – Haselhorst – Siemensstadt – Bahnhof Jungfernheide – Wilhelmplatz – Bahnhof Zoologischer Garten – Lützowplatz – Potsdamer Bahnhof – Jerusalemkirche – Moritzplatz – Görlitzer Bahnhof – Treptow, Elsenstraße – Treptow, Rathaus (Linienlänge 26,6 km),

Linie 56: Pankow, Lindenpromenade – Bahnhof Schönhauser Allee – Zionskirchplatz – Stettiner Bahnhof – Kriminalgericht – Hansaplatz – Wittenbergplatz – Kaiserplatz – Steglitz, Rathaus – Händelplatz – Hindenburgdamm, Wiesenbaude – Bahnhof Lichterfelde-Ost (Linienlänge 21,8 km),

Linie 57: Grunewald, Roseneck – Fehrbelliner Platz – Nollendorfplatz – Potsdamer Platz/Voßstraße – Brandenburger Tor – Stettiner Bahnhof – Zionskirchplatz – Bahnhof Schönhauser Allee – Pankow, Kirche – Pankow, Bürgerpark (Linienlänge 18,2 km),

Linie 58: Spandau, Stadtpark – Markt – Pichelsdorf – Bahnhof Heerstraße – Sophie-Charlotte-Platz – Bahnhof Zoologischer Garten – Nollendorfplatz – Bülowstraße/Ecke Mansteinstraße – Yorckstraße/Ecke Belle-Alliance-Straße – Hermannplatz – Bahnhof Neukölln (Linienlänge 25,0 km),

Linie 60: Weißensee, Rennbahnstraße – Greifswalder Straße/Ecke Danziger Straße – Alexanderplatz – Hedwigskirche – Potsdamer Platz – Nollendorfplatz – Wartburgplatz – Lindenhof (Linienlänge 17,9 km),

Linie 61: Weißensee, Schloß – Greifswalder Straße/Ecke Danziger Straße – Alexanderplatz – Hedwigskirche – Potsdamer Platz – Pallasstraße – Schöneberg, Mühlenstraße – Kaiserreiche – Steglitz, Stadtpark (Linienlänge 16,5 km),

Linie 62: Weißensee, Rennbahnstraße – Greifswalder Straße/Ecke Danziger Straße – Alexanderplatz – Spittelmarkt – Anhalter Bahnhof – Prager Platz – Olivaer Platz – Bahnhof Charlottenburg (Linienlänge 17,6 km),

Linie 63: Wiebestraße/Ecke Huttenstraße – Kriminalgericht – Stettiner Bahnhof – Schönhauser Allee/Ecke Pappelallee – Weißensee, Antonplatz – Königstor – Andreasplatz – Görlitzer Bahnhof – Neukölln, Berliner Straße/Ecke Jägerstraße – Britz, Rathaus (Linienlänge 25,0 km),

Linie 64: Gartenfeld – Siemensstadt – Bahnhof Jungfernheide – Wilhelmplatz – Bahnhof Zoologischer Garten – Nollendorfplatz – Bahnhof Yorckstraße – Hallesches Tor – Dönhoffplatz (Linienlänge 18,7 km),

Linie 65: Lichtenberg, Scheffelstraße – Landsberger Allee/Ecke Elbinger Straße – Landsberger Platz – Alexanderplatz – Spittelmarkt – Potsdamer Platz – Potsdamer Straße/Ecke Pallasstraße–Schöneberg, Hauptstraße/Ecke Mühlenstraße–Schöneberg, Thorwaldsenstraße, Auguste-Viktoria-Krankenhaus (Linienlänge 15,3 km),

Linie 66: Hohenschönhausen, Falkenberger Straße–Landsberger Allee/Ecke Elbinger Straße–Landsberger Platz–Alexanderplatz–Spittelmarkt–Hallesches Tor–Belle-Alliance-Straße/Ecke Dreibundstraße–Bahnhof Tempelhof–Berliner Straße/Ecke Friedrich-Karl-Straße–Bahnhof Südende–Lankwitz, Kaiser-Wilhelm-Straße/Ecke Viktoriastraße–Lichterfelde, Kranoldplatz (Linienlänge 22,0 km),

Linie 68: Bahnhof Waidmannslust–Wittenau, Nordbahnhof–Heilanstalt Wittenau–Müllerstraße/Ecke Seestraße–Weddingplatz–Stettiner Bahnhof–Rosenthaler Platz–Alexanderplatz–Strausberger Platz–Bahnhof Frankfurter Allee–Roederplatz–Lichtenberg, Irrenanstalt Herzberge (Linienlänge 21,2 km),

Linie 168: Wittenau, Nordbahnhof – Heilanstalt Wittenau – weiter wie Linie 68 bis Lichtenberg, Irrenanstalt Herzberge (Linienlänge 19,3 km),

Linie 69: Friedrichsfelde, Kirche–Bahnhof Frankfurter Allee–Alexanderplatz–Spittelmarkt–Potsdamer Platz–Nollendorfplatz–Bayerischer Platz–Friedenau, Südwestkorso (Linienlänge 18,4 km),

Linie 70: Johannisthal – Königsplatz – Bahnhof Karlshorst –

Der Spittelmarkt im Jahre 1931 mit Straßenbahnzügen der Linien 13, 47 und 69 und mit einem Doppelstock-Omnibus auf Linie 16.
Foto: Märkisches Museum, Berlin

Elektrische Straßenbahn

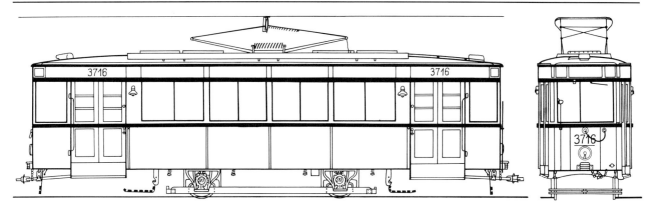

Tw der Serie Nr. 3701^{II}–Nr. 3760^{II}, 1933/34 aus Berolina-Wagen umgebaut; 14 Wagen waren bei der BVB bis zum Jahre 1963 im Einsatz.

Friedrichsfelde–Bahnhof Lichtenberg–Friedrichsfelde–Bahnhof Frankfurter Allee–Strausberger Platz–Alexanderplatz–Behrenstraße/Ecke Kanonierstraße (Linienlänge 18,1 km),

Linie 71: Weißensee, Rennbahnstraße – Mirbachplatz – Prenzlauer Promenade – Prenzlauer Allee/Ecke Danziger Straße – Alexanderplatz – Hedwigskirche – Potsdamer Platz/Linkstraße – Potsdamer Straße/Ecke Pallasstraße – Schöneberg, Hauptstraße/Ecke Mühlenstraße – Friedenau, Kaisereiche – Steglitz, Rathaus – Lichterfelde, Händelplatz – Drakestraße – Friedrichsplatz – Rütliplatz – Lichterfelde-Süd, Eugen-Kleine-Brücke (Linienlänge 23,2 km),

Linie 72: Weißensee, Rennbahnstraße–Antonplatz–Prenzlauer Allee/Ecke Danziger Straße–Alexanderplatz–Hedwigskirche–Potsdamer Platz/Linkstraße–Lützowplatz–Savignyplatz–Reichskanzlerplatz (Linienlänge 19,3 km),

Linie 73: Heinersdorf–Prenzlauer Promenade–Prenzlauer Allee/Ecke Danziger Straße–Alexanderplatz–Dönhoffplatz–Hallesches Tor–Belle-Alliance-Straße/Ecke Dreibundstraße–Tempelhof, Flughafen (Linienlänge 13,6 km),

Linie 74: Kniprodestraße/Ecke Elbinger Straße–Königstor–Alexanderplatz–Spittelmarkt–Potsdamer Platz–Potsdamer Straße/Ecke Pallasstraße–Schöneberg, Mühlenstraße–Kaisereiche–Steglitz, Rathaus–Lichterfelde, Händelplatz–Lichterfelde, Zehlendorfer Straße (Linienlänge 17,2 km),

Tw Nr. 3702^{II} der Serie Nr. 3701^{II}–Nr. 3760^{II}; die im Jahre 1899 gebauten Tw wurden 1933 durch die NAG umgebaut; aufgenommen um 1934.
Foto: Sammlung Kubig

Linie 174: Kniprodestraße/Ecke Elbinger Straße–weiter wie Linie 74 bis Steglitz, Rathaus–Birkbuschstraße/Ecke Siemensstraße (Linienlänge 15,5 km),

Linie 75: Hakenfelde–Spandau, Markt–Pichelsdorf–Reichskanzlerplatz–Sophie-Charlotte-Platz–Knie–Großer Stern–Brandenburger Tor–Kupfergraben (Linienlänge 20,5 km),

Linie 76: Lichtenberg, Gudrunstraße–Lückstraße–Frankfurter Allee/Ecke Thaerstraße–Alexanderplatz/Grunerstraße–Spittelmarkt–Potsdamer Platz/Linkstraße–Lützowplatz–Kurfürstendamm/Ecke Uhlandstraße – Bahnhof Halensee – Roseneck – Hundekehle (Linienlänge 21,8 km),

Linie 176: Lichtenberg, Gudrunstraße – Bahnhof Frankfurter Allee – Thaerstraße – Andreasplatz – Spittelmarkt – Potsdamer Platz – Lützowplatz – Uhlandstraße – Bahnhof Halensee – Hundekehle (Linienlänge 18,9 km),

Linie 77: Charlottenburg, Wilhelmplatz – Savignyplatz – Kaiserallee/Ecke Trautenaustraße – Kaiserplatz – Steglitz, Rathaus – Lichterfelde-West, Dahlemer Weg (Linienlänge 11,4 km),

Linie 177: Bahnhof Zoologischer Garten – Kaiserallee/Ecke Trautenaustraße – Kaiserplatz – Steglitz, Rathaus – Lichterfelde, Händelplatz – Lichterfelde, Steglitzer Straße/Ecke Drakestraße – Friedrichplatz – Rütliplatz – Lichterfelde-Süd, Wismarer Straße/Ecke Berliner Straße – Teltow, Schützenplatz – Lindenstraße (Linienlänge 15,9 km),

Linie 78: Grunewald, Roseneck – Bahnhof Halensee – Kantstraße – Wilhelmplatz – Großer Stern – Brandenburger Tor – Kupfergraben – Hackescher Markt – Schönhauser Tor – Weißenburger Straße/Ecke Danziger Straße (Linienlänge 15,6 km),

Linie 79: Bahnhof Halensee – Uhlandstraße – Lützowplatz – Potsdamer Platz – Hedwigskirche – Hackescher Markt – Schönhauser Tor – Bahnhof Schönhauser Allee – Nordkapstraße/Ecke Driesener Straße (Linienlänge 14,7 km),

Linie 82: Dönhoffplatz – Molkenmarkt – Schlesischer Bahnhof – Stralauer Allee/Ecke Warschauer Straße – Stralau, Kirche – Spreetunnel – Treptow, Platz am Spreetunnel (in Stralau, Kirche muß umgestiegen werden); (Linienlänge 7,8 km),

Linie 83: Wendenschloß – Wendenschloßstraße/Straßenbahnhof – Lindenstraße – Bahnhof Köpenick – Mahlsdorf-Süd – Bürgerwäldchen – Bahnhof Mahlsdorf (Linienlänge 12,1 km),

Linie 84: Altglienicke, Straße am Falkenberg/Ecke Preußenstraße – Bahnhof Adlershof – Köllnischer Platz – Bahnhofstraße/Ecke Kaiser-Wilhelm-Straße – Bahnhof Friedrichshagen – Fähre – Müggelsee, Wasserwerk (Linienlänge 13,5 km),

Linie 184: Altglienicke – weiter wie Linie 84 bis Fähre – Bahnhof Friedrichshagen (Linienlänge 12,4 km),

Linie 86: Schmöckwitz – Karolinenhof – Freibad Grünau – Bahnhof Grünau – Köllnischer Platz – Köpenick, Hirtestraße (Linienlänge 14,2 km),

Linie 87: Köpenick, Krankenhaus – Lindenstraße – Wasserwerk – Bahnhof Niederschöneweide – Bahnhof Baumschulenweg – Treptow, Platz am Spreetunnel – Schlesisches Tor – Spittelmarkt – Behrenstraße (Linienlänge 19,3 km),

Linie 187: Rahnsdorf – Bahnhof Friedrichshagen – Köpenick, Lindenstraße/Ecke Bahnhofstraße – weiter wie Linie 87 bis Behrenstraße (Linienlänge 25,8 km),

Gelenk-Tw Nr. 6211 der Serie Nr. 6211 + Nr. 6212, gebaut 1929; eine Besonderheit war der Kardanantrieb; aufgenommen vor dem Umbau im Jahre 1938.
Foto: Sammlung Kubig

Elektrische Straßenbahn

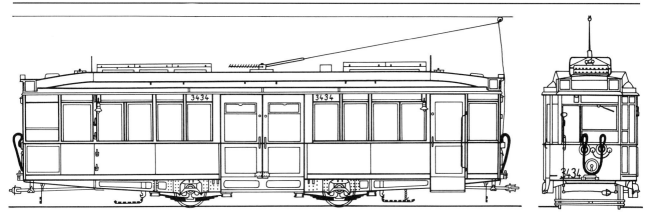

Tw Nr. 3434^{II} der Serie Nr. 3401^{II} – Nr. 3594^{II}, gebaut 1927; im Zustand von 1936 nach dem Umbau auf Zweifachsteuerung.

Linie 88: Köpenick, Lindenstraße–Oberschöneweide, Königsplatz–Bahnhof Baumschulenweg–Bahnhof Treptow–Köpenicker Straße/Ecke Brückenstraße–Spittelmarkt–Potsdamer Platz/Linkstraße–Potsdamer Straße/Ecke Mühlenstraße–Friedenau, Kaisereiche–Steglitz, Stadtpark (Linienlänge 25,3 km),

Linie 90: Lichtenberg, Wagnerplatz–Gürtelstraße/Ecke Frankfurter Allee–Wühlischplatz–Warschauer Brücke, Hochbahnanschluß (Linienlänge 3,8 km),

Linie 91: Bahnhof Oberspree–Bahnhof Niederschöneweide–Bahnhof Baumschulenweg–Am Treptower Park/Ecke Elsenstraße–Schlesisches Tor–Köpenicker Straße/Ecke Brückenstraße – Spittelmarkt – Potsdamer Platz – Nollendorfplatz – Prager Platz–Uhlandstraße/Ecke Berliner Straße–Bahnhof Halensee (Linienlänge 22,5 km),

Linie 191: Grunewald, Roseneck–Bahnhof Schmargendorf–Prager Platz – Nollendorfplatz – Potsdamer Platz – Spittelmarkt–Köpenicker Straße/Ecke Brückenstraße–Görlitzer Bahnhof (Linienlänge 14,2 km),

Linie 92: Treptow, Grätzstraße/Ecke Bouchéstraße–Görlitzer Bahnhof – Jerusalemkirche – Anhalter Bahnhof – Nollendorfplatz – Wittenbergplatz – Fehrbelliner Platz – Grunewald, Roseneck (Linienlänge 14,1 km),

Linie 93: Treptow, Rathaus–Elsenstraße–Görlitzer Bahnhof–Moritzplatz–Jerusalemkirche–Anhalter Bahnhof–Lützowplatz–Savignyplatz–Amtsgericht Charlottenburg- Reichskanzlerplatz (Linienlänge 17,4 km),

Linie 95: Schöneberg, Belziger Straße–Katzbachstraße/Ecke Kreuzbergstraße–Blücherplatz–Hermannplatz–Bahnhof Kaiser-Friedrich-Straße–Bahnhof Baumschulenweg–Bahnhof Niederschöneweide–Oberschöneweide, Wasserwerk–Köpenick, Lindenstraße–Köpenick, Hirtestraße (Linienlänge 21,6 km),

Linie 96: Behrenstraße/Ecke Markgrafenstraße–Hallesches Tor – Hohenzollernkorso/Ecke Dreibundstraße – Tempelhof, Manteuffelstraße/Ecke Dorfstraße – Attilaplatz – Lankwitz, Kaiser-Wilhelm-Straße/Ecke Viktoriastraße–Bahnhof Lichterfelde-Ost – Lichterfelde-Süd, Berliner Straße/Ecke Lindenstraße – Teltow, Schützenplatz – Stahnsdorf – Machnower Schleuse (Linienlänge 22,0 km),

Linie: 98 Bahnhof Baumschulenweg – Schulenburgpark–Hermannplatz–Kottbusser Tor–Jerusalemkirche–Potsdamer Bahnhof–Lützowplatz–Hansaplatz–Alt-Moabit/Ecke Ottostraße (Linienlänge 16,3 km),

Linie 99: Seestraße/Ecke Togostraße–Badstraße/Ecke Uferstraße–Rosenthaler Platz–Hedwigskirche–Hallesches Tor–Bahnhof Tempelhof–Berliner Straße/Ecke Friedrich-Karl-Straße–Mariendorf, Trabrennbahn–Bahnhof Lichtenrade (Linienlänge 23,9 km),

Linie 199: Niederschönhausen, Nordend – Friedensplatz–Florastraße–Prinzenallee/Ecke Badstraße–Rosenthaler Platz – Hedwigskirche – Hallesches Tor–Bahnhof Tempelhof–Berliner Straße/Ecke Friedrich-Karl-Straße – Mariendorf, Dorfstraße – Marienfelde (Linienlänge 21,8 km),

Linie 120: Bahnhof Spandau-West–Spandau, Markt–Schönwalder Straße – Johannisstift – Bürgerablage – Papenberge – Nieder-Neuendorf–Hennigsdorf (Linienlänge 12,3 km),

Einheitlicher Straßenbahnbetrieb

1930
Umfangreiche Streckenverlegung und Linienumleitung im Bereich Alexanderplatz und Jannowitzbrücke infolge des U-Bahn-Baues.

15. 02. 1932
Einstellung des Straßenbahnbetriebs durch den ersten Berliner Unterwassertunnel zwischen Stralau und Treptow.

1933
Die ersten umgebauten Schützenwagen werden in Betrieb genommen. Mit Hilfe einer reinen Starkstromschaltung können zwei elektrisch verbundene Triebwagen wie ein Solo-Triebwagen geschaltet werden (sog. Zwillings- oder Verbundtriebwagen).
Ende 1933 beträgt die Streckenlänge bei der Straßenbahn etwa 624 km; es verkehren 72 Straßenbahnlinien. Zum Bestand gehören 3238 Straßenbahnfahrzeuge.

31. 10. 1934
Zwischen Brandenburger Tor und Knie (Ernst-Reuter-Platz) wird auf der Charlottenburger Chaussee (Straße des 17. Juni) der Straßenbahnbetrieb eingestellt. Es handelt sich dabei um ein großes Teilstück der ersten Berliner Pferde-Eisenbahnstrecke, die 1865 eröffnet wurde.

1935
Zum Jahresbeginn wird die Paketbeförderung für die Post eingestellt.

Es beginnt die Umlackierung des Wagenparks von gelb/weiß in den bis in die 80er Jahre bei den Reko- und Großraumwagen verwendeten elfenbeinfarbigen Anstrich.

August 1936
Anläßlich der Olympischen Spiele werden zusätzliche Straßenbahnlinien eingerichtet. Den Reichskanzlerplatz (Theodor-Heuss-Platz) in der Nähe der Wettkampfstätten überqueren je Stunde und Richtung bis zu 70 Straßenbahnzüge (Dreiwagenzüge).

1936
Die letzten Straßenbahnwagen mit offenen Plattformen werden aus dem Verkehr gezogen (Maximumwagen).

01. 01. 1938
Die BVG wird ein Eigenbetrieb der Stadt Berlin. Ihr Name lautet jetzt: „Berliner Verkehrs-Betriebe (BVG)".

01. 09. 1939
Mit Kriegsbeginn beginnt die Ausbildung von Straßenbahnschaffnerinnen. Der Mangel an Arbeitskräften wird voerst durch Dienstverpflichtete ausgeglichen.

12. 08. 1940
Betriebsaufnahme auf der Straßenbahnstrecke Rudow–Schönefeld. Von einem Lieferauftrag an eine Danziger Waggonfabrik für die Warschauer Straßenbahn übernimmt die BVG bis einschließlich 1942 18 Beiwagen und 60 Triebwagen.

Tw Nr. 4355, gebaut 1913; 1925 ex Schmöckwitz-Grünauer Uferbahn (SGU) Nr. 5; aufgenommen um 1935.
Foto: Sammlung Kubig

1940/45
Die Straßenbahn übernimmt, bedingt durch die Einschränkung des Kraftfahrzeugverkehrs, Gütertransporte. Zu einer Reihe von Güterbahnhöfen der Deutschen Reichsbahn-Gesellschaft und zu den Wasserstraßen werden neue Gleisverbindungen gebaut bzw. in bestehende Gleisverbindungen Anschluß- und Umsetzgleise eingebaut.

03. 03. 1941
Durch Wegfall von Haltestellen wird die Fahrzeit verringert. Diese Maßnahme soll den Fahrzeugmehrbedarf durch Erhöhung der Zahl der Umläufe ausgleichen, führt aber zur thermischen Überlastung der Fahrmotoren. Um dies zu vermeiden, werden verkehrsorganisatorische Maßnahmen zum Einsatz der Triebwagen eingeführt:

ohne Zeichen unter der Wagennummer: kann dauernd zwei Beiwagen mitführen,

ein blauer Strich unter der Wagennummer: kann nur für zwei Stunden zwei Beiwagen mitführen,

ein roter Strich unter der Wagennummer: kann nur einen Beiwagen mitführen,

zwei rote Striche unter der Wagennummer: Verbot über das Mitführen von Beiwagen.

1943
20 Beiwagen des Einheitsstraßenbahnwagentyps werden in Berlin unter der Typenbezeichnung BF 42 eingesetzt (Wagennummer 1601–1605, 1616–1630).

01. 09. 1944
Für alle drei Verkehrsmittel der BVG wird ein einheitlicher Tarif von 20 Pfennig für eine Einzelfahrt eingeführt. Bisher galt:
– für Straßenbahn und U-Bahn: Teilstreckenfahrschein 10 Pfennig; Fahrschein für die ganze Strecke mit Umsteigeberechtigung 25 Pfennig;
– für Omnibus: Teilstreckenfahrschein 15 Pfennig; Fahrschein für die ganze Strecke ohne Umsteigeberechtigung 25 Pfennig.

23. 04. 1945
Einstellung des Straßenbahnverkehrs infolge der Kriegshandlungen. Von den knapp 3000 Trieb- und Beiwagen sind nur noch etwa 23,5 % betriebsfähig. Die Oberleitung ist nahezu vollständig gestört. Ebenso sind die Gleisanlagen stark, die Betriebshöfe in Treptow, Spandau, Schöneberg und Kreuzberg vollständig zerstört. Die Hauptwerkstatt ist ebenfalls zu $^4/_5$ zerstört.

28. 04. 1945
Wiederaufbaubefehl Nr. 1 des sowjetischen Stadtkommandanten, Oberst Bersarin:
...
„4. Alle kommunalen Betriebe, ..., städtische Verkehrsmittel (Untergrund- und Hochbahn, Straßenbahn und Trolleybus); ... haben ihre Arbeit zur Versorgung der Bevölkerung wieder aufzunehmen. Arbeiter und Angestellte der oben genannten Betriebe haben an ihren Arbeitsplätzen zu verbleiben und ihre Pflichten weiter zu erfüllen."

20. 05. 1945
Als erste Straßenbahnlinien verkehren wieder:
Linie 28: Tegelort–Tegel,
Linie 128: Heiligensee–Tegel,
Linie 87: Treptow–Bahnhof Schöneweide.

Von den 794 betriebsfähigen Straßenbahnfahrzeugen gelangen nur 14 zum Einsatz.

31. 12. 1945
50 Straßenbahnlinien verkehren bereits wieder. Von den inzwischen 1171 betriebsfähigen Straßenbahnfahrzeugen gelangen 818 auf einer Linienlänge von 328,3 km zum Einsatz. Täglich werden wieder über 1 Million Fahrgäste befördert.

20. 03. 1949
In Berlin-West gilt nur noch die DM-West als Zahlungsmittel. An den Sektorengrenzen wechseln deshalb auf den durchgehenden Linien die Schaffner.

31. 07. 1949
Unmittelbar vor der Verwaltungstrennung verkehren folgende Straßenbahnlinien:

Linie 1 **Stadtring:** Rosenthaler Platz–Rosenthaler Straße–Weinmeisterstraße–Münzstraße–Memhardstraße–Alexanderplatz–Alexanderstraße–Jacobystraße–Stalinallee (zurück über Stalinallee–Leninallee–Alexanderplatz)–Andreasstraße–Schillingbrücke–Köpenicker Straße–Neanderstraße–Prinzenstraße–Gitschiner Straße–Hallesches Tor–Stresemannstraße–Ebertstraße–Sommerstraße–Clara-Zetkin-Straße–Am Weidendamm–Friedrichstraße–Chausseestraße–Invalidenstraße–Brunnenstraße–Rosenthaler Platz (Linienlänge 15,0 km),

Linie 2: Sandkrugbrücke–Invalidenstraße–Rathenower Straße–Turmstraße–Gotzkowskystraße–Franklinstraße–Marchstraße–Hardenbergstraße–Breitscheidplatz–Tauentzienstraße–Kleiststraße–Bülowstraße–Mansteinstraße (Linienlänge 10,1 km),

Einheitlicher Straßenbahnbetrieb

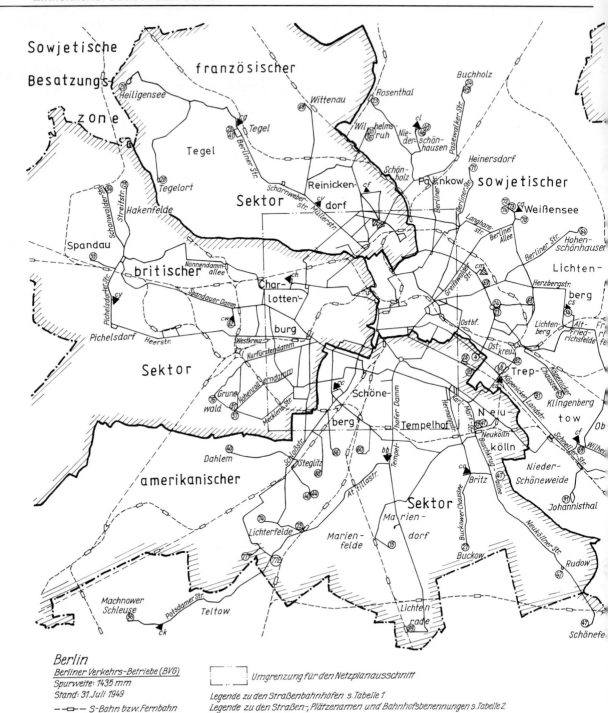

Elektrische Straßenbahn

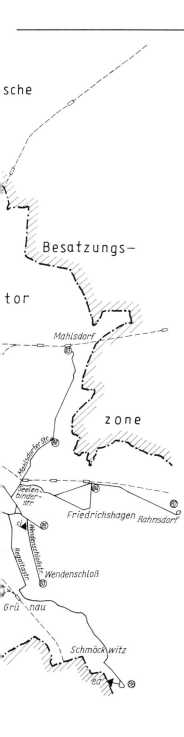

Bw Nr. 1206II der Serie Nr. 1203II – Nr. 1206II, gebaut 1921; in Berlin gaben diese Bw nur eine Gastrolle: 1940 ex Kreis Mettmanner Straßenbahn, 1942 nach Posen (Poznan/VR Polen).
Foto: Sammlung Kubig

Tw Nr. 3801II, gebaut 1927; im Jahre 1934 Umbau auf Einfachsteuerung und 1942 Umbau zu ER mit Fahrgastfluß; am 30. 1. 1944 ist der Tw Kriegshandlungen zum Opfer gefallen.
Foto: Sammlung Kubig

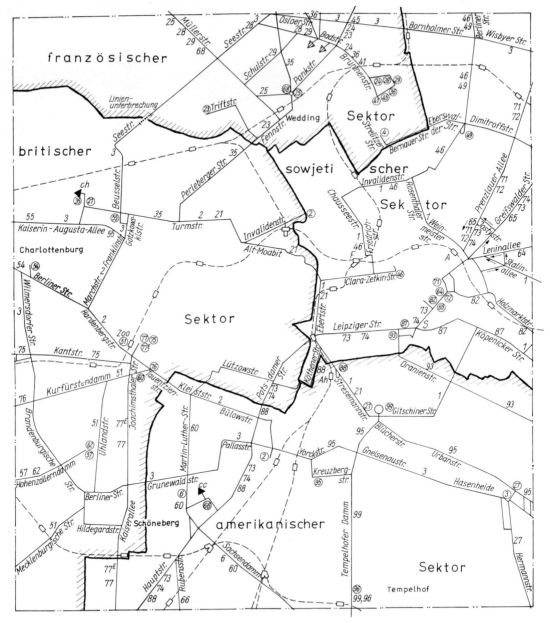

Elektrische Straßenbahn 245

Tw Nr. 3924^II der Serie Nr. 3901^II – Nr. 3960^II, gebaut 1940; aufgenommen im Anlieferungszustand im Betriebshof Müllerstraße; 1945 nach Warschau abgegeben.
Foto: Sammlung Kubig

Tw der Serie Nr. 3901^II – Nr. 3960^II, gebaut 1940, im Auftrag der Stadt Warschau; 9 Tw wurden KV; die restlichen im August 1945 nach Warschau abgegeben.

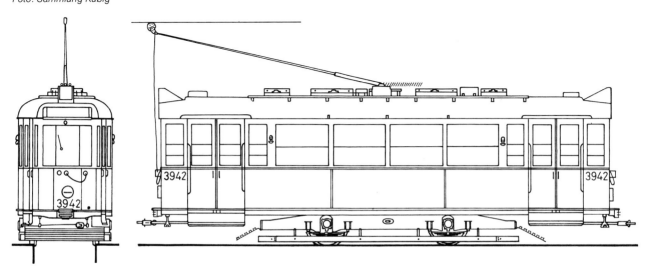

Einheitlicher Straßenbahnbetrieb

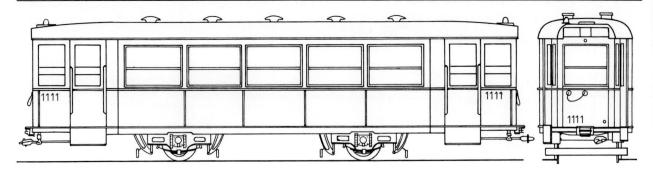

Bw Serie Nr. 1101''–Nr. 1118'', gebaut 1940 im Auftrag der Stadt Warschau. Gemeinsam mit den Tw Serie Nr. 3901'' ÷ Nr. 3960'' wurden sie im August 1945 nach Warschau abgegeben.

Linie 3 (verkehrt in zwei Teilen, da die Seestraßenbrücke zerstört ist):
Hermannplatz, Hobrechtstraße – Sonnenallee – Hermannplatz – Hasenheide (zurück: Hasenheide – Karl-Marx-Straße – Hobrechtstraße) – Gneisenaustraße – Yorckstraße – Goebenstraße – Pallasstraße – Goltzstraße – Grunewaldstraße – Berliner Straße – Brandenburgische Straße – Wilmersdorfer Straße – Berliner Straße – Luisenplatz – Tauroggener Straße – Osnabrücker Straße – Kaiserin-Augusta-Allee – Alt-Moabit – Gotzkowskystraße – Turmstraße – Beusselstraße – Seestraße und Seestraße – Osloer Straße – Bornholmer Straße – Wisbyer Straße – Gustav-Adolf-Straße – Langhansstraße – Berliner Allee – Lichtenberger Weg – Möllendorfstraße – Gürtelstraße – Scharnweberstraße – Weichselstraße – Holteistraße – Wühlischstraße – Kopernikusstraße – Warschauer Straße – Falkensteinstraße – Schlesische Straße – Treptower Chaussee – Am Treptower Park – Elsenstraße (Gesamtlinienlänge 38,4 km),

Linie 4: Bernauer Straße/Ecke Strelitzer Straße – Eberswalder Straße – Danziger Straße – Elbinger Straße – Petersburger Straße – Warschauer Straße – Falckensteinstraße – Schlesische Straße – Schlesisches Tor (Linienlänge 7,8 km),

Linie 6: Schöneberg, Wartburgplatz – Martin-Luther-Straße – Dominicusstraße – Sachsendamm – Schöneberger Straße – Dorfstraße – Germaniastraße – Gottlieb-Dunkel-Straße – Mariendorfer Weg – Herthastraße – Knesebeckstraße – Karl-Marx-Straße – Erkstraße – Wildenbruchstraße – Harzer Straße – Elsenstraße (Linienlänge 13,5 km),

Linie 13: Bersarinplatz – Bersarinstraße – Warschauer Straße – Boxhagener Straße – Marktstraße – Karlshorster Straße – Hauptstraße – Köpenicker Chaussee – Kraftwerk Klingenberg (Linienlänge 5,2 km),

Linie 15: Bahnhof Neukölln – Thüringer Straße – Karl-Marx-Straße – Knesebeckstraße – Herthastraße – Mariendorfer Weg – Gottlieb-Dunkel-Straße – Rixdorfer Straße – Dorfstraße – Großbeerenstraße – Daimlerstraße (Linienlänge 8,8 km),

Linie 21: Moabit, Wiebestraße – Huttenstraße – Turmstraße – Rathenowstraße – Alt-Moabit – Brandenburger Tor – Ebertstraße – Potsdamer Platz – Stresemannstraße – Hallesches Ufer – Hallesches Tor (Linienlänge 8,6 km),

Linie 23: Bahnhof Rosenthal – Quickborner Straße – Friedrich-Engels-Straße – Grabbeallee – Schönholzer Straße – Wollankstraße – Prinzenallee – Pankstraße – Reinickendorfer Straße – Fennstraße – Tegeler Straße – Triftstraße – Augustenburger Platz (Linienlänge 9,8 km),

Linie 24: Buchholz, Kirche – Hauptstraße – Berliner Straße – Pasewalkstraße – Prenzlauer Chaussee – Damerowstraße – Pankow, Breite Straße – Wollankstraße – Prinzenallee – Badstraße – Brunnenstraße – Ramlerstraße – Swinemünder Straße – Rügener Straße (Linienlänge 9,6 km),

Linie 25: Tegel, Alt Tegel – Treskowstraße – Schlieperstraße – Berliner Straße – Seidelstraße – Scharnweberstraße – Müllerstraße – Gerichtstraße – Nettelbeckstraße (Linienlänge 9,0 km),

Linie 27: Buckow-West, Chausseestraße/Ecke Alt Buckow – Buckower Damm – Britzer Damm – Hermannstraße – Hermannplatz – Sonnenallee – Hobrechtstraße – Hermannplatz (Linienlänge 8,8 km),

Linie 28: Tegelort, Kurze Straße – Moltkestraße – Jörsstraße – Bismarckstraße – Eichenallee – Eichelhäherstraße – Schloßstraße – Berliner Straße – Seidelstraße – Scharnweberstraße – Müllerstraße – Seestraße – Exerzierstraße – Badstraße – Brunnenstraße – Ramlerstraße – Rügener Straße (Linienlänge 17,0 km),

Linie 29: Heiligensee, Alt-Heiligensee – Kirschallee – Karolinenstraße – Schloßstraße – Berliner Straße – Seidelstraße –

Elektrische Straßenbahn

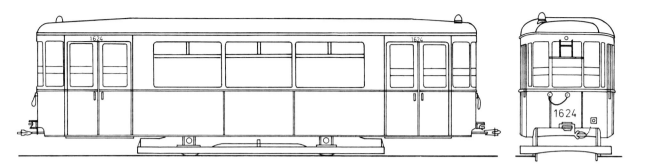

Bw Serie Nr. 1601^{II} – Nr. 1630^{II}, gebaut 1942, BVG Typ BF 42, Bw Nr. 1606 – Nr. 1615, wurden noch 1942 nach Hannover Nr. 1047 bis Nr. 1056 abgegeben.

Scharnweberstraße – Müllerstraße – Schulstraße – Exerzierstraße – Badstraße – Brunnenstraße – Ramlerstraße – Swinemünder Straße – Rügener Straße (Linienlänge 18,0 km),

Linie 35: Wilhelmsruh, Hauptstraße–Kopenhagener Straße–Residenzstraße–Marktstraße–Reinickendorfer Straße–Fennstraße–Perleberger Straße–Stromstraße–Turmstraße–Huttenstraße–Wiebestraße–Moabit, Wiebestraße (Linienlänge 9,8 km),

Linie 36: Wilhelmsruh, Hauptstraße – Kopenhagener Straße – Residenzstraße – Schwedenstraße – Badstraße – Brunnenstraße – Ramlerstraße – Swinemünder Straße (Linienlänge 5,8 km)

Linie 40: Steglitz, Birkbuschstraße/Ecke Siemensstraße – Kuhligshofstraße – Albrechtstraße – Grunewaldstraße – Clayallee/Ecke Königin-Luise-Straße (Linienlänge 3,8 km),

Linie 41: Tegel, Alt Tegel – Treskowstraße – Schlieperstraße – Berliner Straße – Seidelstraße – Scharnweberstraße – Berliner Straße – Humboldtstraße – Hauptstraße – Residenzstraße – Schwedenstraße–Badstraße–Brunnenstraße–Ramlerstraße – Swinemünder Straße – Rügener Straße (Linienlänge 12,0 km),

Linie 45: Nordend – Dietzgenstraße – Kurt-Fischer-Straße – Grabbeallee – Schönholzer Straße – Wollankstraße – Prinzenallee – Badstraße – Brunnenstraße – Ramlerstraße – Swinemünder Straße – Rügener Straße (1949 wieder eingestellt), (Linienlänge 3,8 km),

Linie 46: Nordend – Dietzgenstraße – Kurt-Fischerstraße – Grabbeallee – Schönholzer Straße – Breite Straße – Berliner Straße – Schönhauser Allee – Kastanienallee – Veteranenstraße – Invalidenstraße – Chausseestraße – Friedrichstraße – Am Weidendamm–Planckstraße–Dorotheenstraße–Am Kupfergraben (Linienlänge 11,8 km),

Linie 47 (verkehrt in drei Teilabschnitten):
– Schönefeld, Mittelstraße–Altglienicker Chaussee–Waltersdorfer Chaussee–Rudow, Bahnhofstraße,
– Rudow, Bahnhofstraße–Neuköllner Straße–Rudower Straße–Buschkrugallee–Britz, Schulenburgbrücke,
– Britz, Schulenburgbrücke–Buschkrugallee–Karl-Marx-Straße–Thüringer Straße–Bahnhof Neukölln, Thüringer Straße (Linienlänge 11,8 km),

Linie 49: Buchholz, Kirche–Hauptstraße–Berliner Straße–Pasewalker Straße–Prenzlauer Chaussee–Damerowstraße–Breite Straße–Berliner Straße–Schönhauser Allee–U-Bahnhof Danziger Straße (Linienlänge 8,0 km),

Linie 51: Roseneck, Teplitzer Straße/Ecke Hagenstraße–Hundekehlestraße–Breite Straße–Mecklenburgische Straße–Blissestraße – Berliner Straße – Uhlandstraße – Kurfürstendamm–Joachimsthaler Straße–Hardenbergstraße–Breitscheidplatz–Bahnhof Zoologischer Garten (Linienlänge 8,8 km),

Linie 54: Spandau, Johannisstift–Schönwalder Allee–Neuendorfer Straße–Carl-Schurz-Straße–Spandau, Markt–Breite Straße – Charlottenstraße – Grunewaldstraße – Ruhlebener Straße – Charlottenburger Chaussee – Spandauer Damm – Berliner Straße–Richard-Wagner-Platz – Wintersteinstraße (Linienlänge 12,8 km),

Linie 55: Spandau, Nauener Straße – Seegefelder Straße – Carl-Schurz-Straße – Spandau, Markt – Breite Straße – Am Juliusturm–Gartenfelder Straße–Paulsternstraße–Nonnendammallee–Reisstraße–Tegeler Weg–Osnabrücker Straße – Kaiserin-Augusta-Allee – Wiebestraße – Moabit, Zwinglistraße (Linienlänge 15,0 km),

Einheitlicher Straßenbahnbetrieb

Linie 57: Roseneck, Hohenzollerndamm/Ecke Königsmarckstraße–Güntzelstraße–Wilmersdorf, Emser Platz (Linienlänge 3,8 km),

Linie 60: Lindenhof – Eythstraße – Alboinstraße – Sachsendamm – Dominicusstraße – Wartburgplatz – Martin-Luther-Straße – Kleiststraße – Tauentzienstraße – Breitscheidplatz – Kurfürstendamm (Linienlänge 7,6 km),

Linie 62: Königin-Elisabeth-Straße – Ecke Kaiserdamm – Spandauer Berg – Schloßstraße – Suarezstraße – Kantstraße – Kaiser-Friedrich-Straße – Stuttgarter Platz – Wilmersdorfer Straße – Brandenburgische Straße – Hohenzollerndamm – Güntzelstraße – Emser Platz – (Linienlänge 7,0 km),

Linie 64: Hohenschönhausen, Falkenberger Straße–Wartenberger Straße–Hauptstraße–Berliner Straße–Hohenschönhauser Straße–Oderbruchstraße–Landsberger Allee–Landsberger Straße–Alexanderplatz–Königstraße–Spandauer Straße–Stralauer Straße–Jüdenstraße (Linienlänge 9,0 km),

Linie 65: Lichtenberg, Scheffelstraße/Ecke Möllendorfstraße–Eldenaer Straße–Liebigstraße–Weidenweg–Bersarinstraße–Dimitroffstraße – Greifswalder Straße – Neue Königstraße – Jostystraße–Prenzlauer Straße–Alexanderplatz (zurück: Neue Königstraße)–Königstraße–Spandauer Straße–Stralauer Straße–Jüdenstraße (Linienlänge 8,0 km),

Linie 66: Friedenau, Thorwaldsenstraße–Rubensstraße–Schöneberg, Hauptstraße–Eisenacher Straße–Belziger Straße (Linienlänge 3,8 km),

Linie 68: Bahnhof Wittenau Nordbahn–Cyklopstraße–Oranienburger Straße–Berliner Straße–Scharnweberstraße–Müllerstraße – Nettelbeckplatz – (zurück: Gerichtsstraße – Reinickendorfer Straße–Fennstraße–Müllerstraße), (Linienlänge 8,0 km),

Linie 69: Oberschöneweide, Edisonstraße/Ecke Wilhelminenhofstraße – Treskowallee – Schloßstraße – Alt-Friedrichsfelde – Frankfurter Allee – Siegfriedstraße – Herzbergstraße – Roederstraße – Landsberger Allee/Ecke Elbinger Straße (Linienlänge 5,0 km),

Linie 71: Heinersdorf, Romain-Rolland-Straße/Ecke Helgestraße–Berliner Straße–Am Steinberg–Prenzlauer Promenade–Prenzlauer Allee–Prenzlauer Straße–Alexanderplatz – (zurück: Neue Königstraße–Jostystraße)–Königstraße–Spandauer Straße–Stralauer Straße–Jüdenstraße (Linienlänge 7,4 km),

Linie 72: Weißensee, Rennbahnstraße–Berliner Allee–Weißensee, Antonplatz–Langhansstraße–Gustav-Adolf-Straße–Prenzlauer Allee–Prenzlauer Straße–Alexanderplatz (zurück: Neue Königstraße–Jostystraße–Prenzlauer Allee)–Königstraße–Spandauer Straße–Stralauer Straße–Jüdenstraße (Linienlänge 9,0 km),

Tw Nr. 4365 der Serie Nr. 4361 – Nr. 4365, gebaut 1926; 1928 ex Flb Serie Nr. 13 – Nr. 17; aufgenommen um 1943.
Foto: Sammlung Kubig

Bw Nr. 1499[II] der Serie Nr. 1493[II] – Nr. 1500[II], gebaut 1910; 1921 ex TKB Serie Nr. 9 – Nr. 16; aufgenommen um 1946.
Foto: Sammlung Kubig

Linie 73: Weißensee, Rennbahnstraße–Berliner Allee–Greifswalder Straße–Neue Königstraße–Jostystraße–Prenzlauer Straße–Alexanderplatz (zurück: Alexanderplatz–Neue Königstraße)–Königstraße–Spandauer Straße–Mühlendamm–Spittelmarkt–Leipziger Straße–Potsdamer Straße–Schöneberg, Hauptstraße–Rheinstraße–Steglitz, Schloßstraße–Hindenburgdamm–Giesensdorfer Straße–Wilhelmstraße–Jungfernstieg–Bahnhof Lichterfelde-Ost (Linienlänge 22,5 km),

Linie 74: Weißensee, Rennbahnstraße–weiter wie Linie 73 bis Hindenburgdamm – Finckensteinallee (Linienlänge 22,0 km),

Linie 75: Hakenfelde–Niederneuendorfer Allee–Streitstraße – Neuendorfer Straße – Klosterstraße – Pichelsdorfer Straße –Heerstraße–Reichskanzlerplatz–Masurenallee– Neue Kantstraße – Kantstraße – Joachimsthaler Straße – Hardenbergstraße–Bahnhof Zoologischer Garten (Linienlänge 17,0 km),

Linie 76: Breitscheidplatz–Hardenbergstraße–Joachimsthaler Straße–Kurfürstendamm–Hubertusallee–Hubertusbader Straße–Teplitzer Straße–Hagenplatz–Grunewald, Bismarckplatz (Linienlänge 6,5 km),

Linie 77: Lichterfelde-Süd, Goerzallee/Ecke Darser Straße–Goerzallee–Appenzeller Straße–Luzerner Straße–Carstennstraße–Ringstraße–Drakestraße–Gardeschützenweg–Hindenburgdamm – Schloßallee – Kaiserallee – Joachimsthaler Straße–Bahnhof Zoologischer Garten, Hardenbergstraße/Ecke Fasanenstraße (Linienlänge 21,0 km),

Linie 77[E]: Lichterfelde, Lindenstraße – Wismarer Straße – Appenzeller Straße – Luzerner Straße – Carstennstraße – Ringstraße – Drakestraße – Gardeschützenweg–Hindenburgdamm – Schloßstraße – Kaiserallee – Johannisthaler Straße – Bf Zoologischer Garten (Linienlänge 13,4 km),

Linie 82: Alt-Stralau – Stralauer Allee – Mühlenstraße – Fruchtstraße – Am Schlesischen Bahnhof – Breslauer Straße – Holzmarktstraße–Alexanderplatz–Schicklerstraße–Stralauer Straße–Molkenmarkt–Mühlendamm–Breite Straße (Linienlänge 7,0 km),

Linie 83: Bahnhof Mahlsdorf–Mahlsdorfer Straße–Bahnhofstraße–Lindenstraße–Alt-Köpenick–Müggelheimer Straße–Wendenschloßstraße–Wendenschloß (Linienlänge 6,8 km),

Linie 84: Bahnhof Friedrichshagen – Fürstenwalder Damm – Müggelseedamm – Bellevuestraße – Seelenbinderstraße – Bahnhofstraße – Lindenstraße – Alt-Köpenick – Oberspreestraße – Bismarckstraße – Adlergestell – Köpenicker Straße – Adlershof, Oppenbrücke (Linienlänge 10,0 km),

Linie 86: Mahlsdorf-Süd, Hubertus – Mahlsdorfer Straße – Bahnhofstraße–Lindenstraße–Alt-Köpenick–Grünauer Straße–Bahnhof Grünau–Adlergestell–Grünauer Forst– Regattastraße–Karolinenhof–Vetschauer Allee–Berliner Straße–Alt-Schmöckwitz (Linienlänge 15,0 km),

Linie 87: Dönhoffplatz – Spittelmarkt – Wallstraße – Inselstraße – Köpenicker Straße – Schlesische Straße – Treptower Chaussee–Am Treptower Park–Köpenicker Landstraße–Schnellerstraße–Karlshorster Straße–Stubenrauchbrücke–

Siemensstraße – Wilhelminenhofstraße – Köpenick, Bahnhofstraße – Seelenbinderstraße – Müggelseedamm – Bölschestraße – Bahnhof Friedrichshagen – Rahnsdorfer Mühle (Linienlänge 20,2 km),

Linie 88: Steglitz, Stadtpark – Bismarckstraße – Knausstraße – Saarstraße – Rheinstraße – Hauptstraße – Potsdamer Straße – Lützowstraße – Flottwellstraße – Schöneberger Ufer – Köthener Straße – Stresemannstraße – Anhalter Bahnhof (Linienlänge 9,8 km),

Linie 93: Dönhoffplatz – Krausenstraße – Jerusalmer Straße – Oranienstraße – Wiener Straße – Wiener Brücke (Linienlänge 8,0 km),

Linie 95: Köpenick, Krankenhaus – Müggelheimer Damm – Kietzer Straße – Lindenstraße – An der Wuhlheide – Wilhelminenhofstraße – Siemensstraße – Stubenrauchbrücke – Karlshorster Straße – Schnellerstraße – Köpenicker Landstraße – Baumschulenstraße – Sonnenallee – Urbanstraße – Blücherstraße – Mehringdamm – Yorckstraße – Katzbachstraße – Kreuzbergstraße (Linienlänge 21,0 km),

Linie 96: Bahnhof Tempelhof-Berliner Straße – Friedrich-Karl-Straße – Attilastraße – Kaiser-Wilhelm-Straße – Lankwitzer Straße – Kranoldplatz – Bismarckstraße – Lichterfelde, Berliner Straße – Stadtgrenze – Lichterfelder Straße – Teltow, Ruhlsdorfer Platz – Potsdamer Straße – Hauptstraße – Wannseestraße – Machnower Schleuse (Linienlänge 18,0 km),

Linie 99: Bahnhof Lichtenrade – Bahnhofstraße – Goltzstraße – Berliner Straße – Lichtenrader Chaussee – Chausseestraße – Mehringplatz (Linienlänge 14,8 km).

01. 08. 1949
Vollzug der Verwaltungstrennung.
Beginn der Arbeit der BVG im demokratischen Sektor von Berlin (sog. sowjetischer Sektor von Berlin).

Bw Nr. 1030, hier noch im Umbauzustand von 1927; aufgenommen um 1948 beim Umsetzen auf Linie 87E am Endpunkt Treptow.
Foto: Sammlung Kubig

Elektrische Straßenbahn 251

Betriebsstatistik – Einheitlicher Straßenbahnbetrieb 1919–1949

		1920	1925	1929	1935	1938	1942	1944
Personen-Tw		–	2523[1]	2136	2164	1758	1557	1617	1445
Personen-Bw		–	1753[1]	1753	1812	1327	1266	1284	1185
Gleislänge	km		580	643[2]	578	573	567	552
Linienanzahl	–		89	89	76	71	82	78
Wagenkilometer	10^6 km		149,2	177,9	128,2	133,0	138,4	93,7
Beförderte Personen	10^6 Pers	732,1	725,4	929,1	551,0	629,9	917,7	678,2

[1]) aus Wagenparklisten errechnet (nicht amtlich)
[2]) gültig für das Jahr 1930

Wagenparkstatistik – Berliner Straßenbahn (1920–1923),
Berliner Straßenbahn-Betriebs-G.m.b.H. (1923–1929),
Berliner Verkehrs-Aktiengesellschaft/Berliner Verkehrsbetriebe (1929–1949)

Wagen-nummer	Hersteller mech.	Hersteller elektr.	Baujahr	Sitz-/Stehplätze	Länge mm	Achs-/Drehzapfenabstand mm	Stundenleistung kW	Art der Bremse	Bemerkungen
Triebwagen									
3000–3049	Köln	AEG	1896	20 l/12	7900	1800/–	2 × 15	D, H	1920 ex GBS Nr. 1094–1143; 1925 tw. Atw, übr. a
3050–3054	Bök	AEG	1900	20 l/12	8550	1750/–	2 × 18	E, H	1920 ex NöBV Nr. 1–5; 1924 Nr. 3050 + 3052 Atw, übr. bis 1930 a
3050–3211		AEG	1899/01	20 l/35	9660	2800/–	2 × 33,5	E, H	1923 bei NAG Umb. aus Wg der Serien Nr. 3050–3739; 1930 z. T. zu Atw; 1975 ex Atw Nr. A 118 zu hist. Wg. Nr. 3110
3055–3063	Brill	AEG	1900		8600	1750/–	2 × 24,5	E, H	1920 ex GBS Nr. 1360–1367, 1369; bis 1925 a
3064–3199		AEG	1898	20 l/12	8300	1750/–	2 × 18	E, H	1920 ex GBS Nr. 1370–1505; 1925 tw. zu Atw und Bw; übr. a
3102[II]	Falk	AEG	1910	21 q/41	10010	2800/–	2 × 33,5	E, H	1924 Umb. durch NAG aus Bw Nr. 1665; 1927 in Nr. 3213
3212, 3214–3216	Falk	AEG	1913	21 q/41	10010	2800/–	2 × 33,5	E, H	1927 ex Nr. 3300–3303; Nr. 3216 zu BVG-0

Einheitlicher Straßenbahnbetrieb

noch **Wagenparkstatistik** – Berliner Straßenbahn (1920–1923),
Berliner Straßenbahn-Betriebs-G.m.b.H. (1923–1929),
Berliner Verkehrs-Aktiengesellschaft/Berliner Verkehrsbetriebe (1929–1949)

Wagen-nummer	Hersteller mech.	Hersteller elektr.	Baujahr	Sitz-/Stehplätze	Länge mm	Achs-/Drehzapfenabstand mm	Stundenleistung kW	Art der Bremse	Bemerkungen
noch Triebwagen									
3213	Falk	AEG	1910	21 q/41	10010	2800/–	2 × 33,5	E, H	1927 ex Nr. 3102[II]
3217–3219, 3220[II]–3228[II]	Falk	AEG	1908	21 q/41	10010	2800/–	2 × 33,5	E, H	1927 ex Nr. 3304[II]–3315[II]; Nr. 3219, 3224[I], 3225[II] zu BVG-0
3200–3228		AEG	1900	20 l/	8300	1750/–	2 ×	E, H	1920 ex GBS Nr. 1740–1751, 1753–1769; 1923 tw. Atw, übr. a
3229	Bök	AEG	1897	20 l/14	8600	1750/–	2 × 18	E, H	1920 ex WBV Nr. 5; 1925 a
3229[II]–3239[II]	Falk	AEG	1909	21 q/41	10010	2800/–	2 × 33,5	E, H	1927 ex Nr. 3316[II]–3326[II]; 1933 Nr. 3231[II] ER; Nr. 3234[II] zu BVG-0
3230–3232	Bök	AEG	1899	20 l/14	8600	1750/–	2 × 18	E, H	1920 ex WBV Nr. 6–8; 1925 a
3233–3262		AEG	1899	20 l/12	8400	1800/–	2 × 24,5	E, H	1920 ex SBV Nr. 1–30; bis 1925 a
3240[II]–3250[II]	Falk	AEG	1910	21 q/41	10010	2800/–	2 × 33,5	E, H	1927 ex Nr. 3327[II]–3337[II]; Nr. 3243[II] zu BVG-0
3251[II]–3260[II]	NAG	AEG	(1924)	21 q/41	10010	2800/–	2 × 33,5	E, H	1924 Umb. aus Bw Nr. 1715–1724; Nr. 3257[II], 3260[II] zu BVG-0
3261[II]–3275[II]	Falk	AEG	1911	21 q/41	10010	2800/–	2 × 33,5	E, H	1924 Umb. durch NAG aus Bw Nr. 1588–1602; Nr. 3264[II], 3265[II] zu BVG-0
3263–3265	St. L	AEG	1900		9420	1750/–	2 × 24,5	E, H	1920 ex GBS Nr. 1353, 1354, 1359, 1928 Atw
3266	Brill	AEG	1900		8600	1750/–	2 × 24,5	E, H	1920 ex GBS Nr. 1368; 1925 in Nr. 3395, 1927 a
3267–3330		AEG	1899	20 l/12	8300	1750/–	2 × 18	E, H	1920 ex GBS Nr. 1506–1569; bis 1930 a
3267[II]–3303[II]	Falk	AEG	1913	21 q/41	10010	2800/–	2 × 33,5	E, H	1924 Umb. aus Bw Nr. 1603–1630 durch NAG; 1927 Nr. 3300[II]–3303[II] in Nr. 3212, 3214–3216; Nr. 3282[II], 3286[II], 3287[II], 3296[II]–3298[II] zu BVG-0
3304[II]–3315[II]	Falk	AEG	1908	21 q/41	10010	2800/–	2 × 33,5	E, H	1924 Umb. aus Bw Nr. 1631–1642 durch NAG; 1927 in Nr. 3217–3228[II]
3316[II]–3326[II]	Falk	AEG	1909	21 q/41	10010	2800/–	2 × 33,5	E, H	1924 Umb. aus Bw Nr. 1643–1653 durch NAG; 1927 in Nr. 3229[II]–3239[II]

Elektrische Straßenbahn

noch **Wagenparkstatistik** – Berliner Straßenbahn (1920–1923),
Berliner Straßenbahn-Betriebs-G.m.b.H. (1923–1929)
Berliner Verkehrs-Aktiengesellschaft/Berliner Verkehrsbetriebe (1929–1949)

Wagen-nummer	Hersteller mech.	Hersteller elektr.	Baujahr	Sitz-/Stehplätze	Länge mm	Achs-/Drehzapfenabstand mm	Stundenleistung kW	Art der Bremse	Bemerkungen
noch *Triebwagen*									
3327[II]–3337[II]	Falk	AEG	1910	21q/41	10010	2800/–	2 × 33,5	E, H	1924 Umb. aus Bw Nr. 1954–1964 durch NAG; 1927 in Nr. 3240[II]–3250[II]
3331		AEG	1900	20l/14	8300	1750/–	2 × 23	E, H	1920 ex GBS Nr. 1752; 1930 a
3332–3491		AEG	1900	20l/14	8400	1750/–	2 × 23	E, H	1920 ex GBS Nr. 1770–1929; bis 1927 a
3300[III]–3355	Gör	AEG	1927	30q/40	11200	3500/–	2 × 40	E, H	1933 Umb. von Schützensteuerung auf Zweifachsteuerung; 9 Wg zu BVG-0
3401[II]–3594[II]	Nies	AEG	1927	28q/40	11200	3500/–	2 × 40	E, H	1936 Umb. von Schützensteuerung auf Zweifachsteuerung; 40 Wg zu BVG-0
3492–3640		AEG	1900/01	20l/	8650	1750/–	2 × 23	E, H	1920 ex GBS Nr. 1930–2037, 2039–2079; 1925 tw. Atw; übr. 1929 a
3600[II]		AEG	1899	19q/13l/32	10540	2800/–	2 × 33,5	E, H	1931 Prototyp f. die Umbauten durch NAG; zu BVG-0
3601[II]–3700[II]		AEG	1899	19q/13l/32	11000	3200/–	2 × 33,5	E, H	1931 Umb. durch NAG; 36 Wg zu BVG-0
3641–3739		AEG	1901	20l/	8650	1750/–	2 × 23	E, H	1920 ex GBS Nr. 2081–2151, 2153–2180; 1925 tw. Atw, übr. 1929 a
3701[II]–3760[II]		AEG	1899	12l/12q/40	11000	3200/–	2 × 33,5	E, H	1933 Umb. durch NAG; 14 Wg zu BVG-0
3740–3799	Dess	Siem	1899	20l/	8400	1750/–	2 × 23	E, H	1920 ex BChSt Nr. 230–289; 1929 a
3800		Siem	1897	20l/	8400	1750/–	2 × 23	E, H	1920 ex BChSt Nr. 290; 1925 a
3801		Siem	1895	20l/	8500	1750/–	2 × 23	E, H	1920 ex BChSt Nr. 291; 1925 a
3801[II]	Düss	AEG	1927	28q/42	11200	3500/–	2 × 40	E, H	1934 Umb. auf Einfachsteuerung; 1942 ER; 1944 KV
3802–3816		AEG	1902	20l/	8600	1750/–	2 × 23	E, H	1920 ex BChSt Nr. 299–316; Nr. 3802 Atw, übr. 1929 a
3802[II]–3850[II]	Düss	AEG	1927	28q/42	11200	3500/–	2 × 40	E, H	1934 Umb. auf Einfachsteuerung; 22 Wg zu BVG-0
3817–3820		AEG	1899/00	20l/	8600	1750/–	2 × 23	E, H	1920 ex WBV Nr. 1–4; 1924 Atw

noch **Wagenparkstatistik** – Berliner Straßenbahn (1920–1923),
  Berliner Straßenbahn-Betriebs-G.m.b.H. (1923–1929),
  Berliner Verkehrs-Aktiengesellschaft/Berliner Verkehrsbetriebe (1929–1949)

Wagen-nummer	Hersteller mech.	Hersteller elektr.	Baujahr	Sitz-/Stehplätze	Länge mm	Achs-/Drehzapfen-abstand mm	Stundenleistung kW	Art der Bremse	Bemerkungen

noch *Triebwagen*

Wagen-nummer	mech.	elektr.	Baujahr	Sitz-/Stehplätze	Länge mm	Achs-/Drehzapfenabstand mm	kW	Bremse	Bemerkungen
3821–3871		AEG	1899/00	20 l/	8600	1750/–	2 × 23	E, H	1920 ex WBV Nr. 9–27, 29–41, 43–59, 61 + 62; tw. zu Atw, übr. 1929 a
3872		AEG	1903	24 q/	9150	2400/–	2 × 23	D, H	1920 ex WBV Nr. 63; 1929 a
3873–3876		AEG	1901	20 l/	8600	1750/–	2 × 23	E, H	1920 ex NöBV Nr. 6–9; Nr. Nr. 3873 1925 in Bw Nr. 1855, übr. 1929 a
3877 + 3878	MAN	AEG	1908	24 q/	9200	3000/–	2 × 24,5	E, H	1920 ex NöBV Nr. 10 + 11; Nr. 3877 1929 Atw, Nr. 3878 a
3879		AEG	1901	20 l/	8650	1750/–	2 × 23	D, H	1920 ex GBS Nr. 2038; 1929 a
3880–4080		AEG	1901/03	20 l/	8650	1750/–	2 × 23	D, H	1920 ex GBS Nr. 2231–2431; 1923 tw. bei NAG umg.; übr. a bzw. Atw
3901[II]–3960[II]	Dan/Köh		1940	12 l/12 q/40	11030	3200/–	2 × 54	E, H	Nr. 3956[II] KV; übr. 1945 n. Warschau
4081–4083	MAN	AEG	1908/09	24 q/	9200/8600	3000/–	2 × 17	E, H	1920 ex NöBV Nr. 12–14; 1929 a
4084	Bök	AEG	1904	24 q/34	10200	3750/–	2 × 39	E, H	1920 ex GBS Nr. 2433; 1925 geschl. Plattf.; 1927 in Nr. 5439[II]
4085–4093	Köln	AEG	1899	20 l/14	8000	1800/–	2 × 25	E, H	1920 ex BO Nr. (1–9); 1925 in Bw Nr. 1475, 1476, 1856–1862
4094–4099	Köln	AEG	1902	20 l/14	8000	1800/–	2 × 24,5	E, H	1920 ex BO Nr. (10–12, 22, 24, 25); 1925 in Bw Nr. 1863–1867
4100–4105	Bre	AEG	1910	18 q/	8200	1800/–	2 × 24,5	E, H	1920 ex BO Nr. 26–31; 1933 a
4106–4115	Köln	AEG	1912	18 q/	8100	2100/–	2 × 22,4	E, H	1920 ex BO Nr. 32–41; ab 1932 Atw; Atw Nr. G 209 ex Nr. 4115 als historischer Wg vorgesehen
4116–4125	Köln	AEG	1914	21 q/38	10160	2800/–	2 × 39,6	E, H	1920 ex BO Nr. 42–46, 148–152; 7 Wg zu BVG-0
4126–4130	O&K	AEG	1906	18 q/16	7550	1800/–	2 × 29	E, H	1920 ex SpS Nr. 65–69; 1924 a
4126[II]–4130[II]	Köln	AEG	1914	21 q/38	10160	2800/–	2 × 39,6	E, H	1924 ex Bw Nr. 1475–1497; 3 Wg zu BVG-0

Elektrische Straßenbahn   255

noch **Wagenparkstatistik** – Berliner Straßenbahn (1920–1923),
　　　　　　　　　　　　Berliner Straßenbahn-Betriebs-G.m.b.H. (1923–1929),
　　　　　　　　　　　　Berliner Verkehrs-Aktiengesellschaft/Berliner Verkehrsbetriebe (1929–1949)

Wagen-nummer	Hersteller mech.	Hersteller elektr.	Baujahr	Sitz-/Stehplätze	Länge mm	Achs-/Drehzapfenabstand mm	Stundenleistung kW	Art der Bremse	Bemerkungen

noch *Triebwagen*

Wagen-nummer	Hersteller mech.	Hersteller elektr.	Baujahr	Sitz-/Stehplätze	Länge mm	Achs-/Drehzapfenabstand mm	Stundenleistung kW	Art der Bremse	Bemerkungen
4131–4138	Köln	AEG	1906/08	18q/16	7750	1900/–	2 × 22,4	E, H	1920 ex SpS Nr. 70–77; 1925 a
4139–4141	O&K	AEG	1908	18q/16	7750	1800/–	2 × 22,4	E, H	1920 ex SpS Nr. 78–80; 1925 a
4142–4155	O&K	AEG	1909	18q/16	7750	1800/–	2 × 22,4	E, H	1920 ex SpS Nr. 81–94; 1925 in Bw Nr. 1809–1822
4156–4161		AEG	1908	18q/16	7850	1800/–	2 × 29	E, H	1920 ex SpS Nr. 95–100; 1929 a
4162–4168	Köln	AEG	1911	18q/16	7750	1800/–	2 × 29	E, H	1920 ex SpS Nr. 101–107; 1929 a
4169–4177	O&K	AEG	1911	18q/16	7550	1800/–	2 × 29	E, H	1920 ex SpS Nr. 108–116; bis 1925 a
4178–4180	Wis	AEG	1914	18q/16	8100	1800/–	2 × 36	E, H	1920 ex SpS Nr. 117–119; 1929 zu Atw
4181–4184				18q/		1800/–	2 ×		1920 ex SpS Nr. 120–123; 1923 a
4185–4190	MAN	Ffm	1908	18q/13	7500	1800/–	2 × 34	E, H	1920 ex SpS Nr. 124–129; 1923 a
4191–4200	Köln	AEG	1903	20l/14	8100	1800/–	2 × 25	E, H	1920 ex Cöp Nr. 1–10; 1924 Nr. 4191–4195 in Bw Nr. 1823–1827, Nr. 4196 + 4197 in Bw Nr. 1769+1770, Nr. 4198–4200 zu Bw Nr. 1828–1830
4201–4214	Köln	AEG	1906/08	20l/14	8100	1800/–	2 × 25	E, H	1920 ex Cöp Nr. 24–37; 1924 Nr. 4208 Atw, übr. zu Bw Nr. 1831, 1833–1835, 1837–1840 und in Serie Nr. 1769–1774
4215–4222	Adf	AEG	1913	18q/	8100	1800/–	2 × 15	E, H	1920 ex Cöp Nr. 49–56; 1929 zu Atw
4223–4229	MAN	AEG	1913	18q/	8350	1800/–	2 × 36,5	E, H	1920 ex SGH Nr. 1–7; 1929 zu Atw
4230–4253	Köln	Siem	1896	26l/	8300	1800/–	2 × 23	E, H	1920 ex BESTAG Serie Nr. 1–30; 1924 Nr. 4246 zu Bw Nr. 1775, übr. 1925 a
4254–4285	Falk	Siem	1899	18l/	8000	1800/–	2 × 29	E, H	1920 ex BESTAG Nr. 101–132; 1924 in Bw Nr. 1777–1808
4286–4295	Falk	Siem	1916	21q/40	10400	3000/–	2 × 37	E, H	1920 ex BESTAG Nr. 220–229; 1924 geschl. Plattf.; 2 Wg zu BVG-0
4296–4305	Falk	Siem	1921	21q/40	10400	3000/–	2 × 37	E, H	7 Wg zu BVG-0

noch **Wagenparkstatistik** – Berliner Straßenbahn (1920–1923),
Berliner Straßenbahn-Betriebs-G.m.b.H. (1923–1929),
Berliner Verkehrs-Aktiengesellschaft/Berliner Verkehrsbetriebe (1929–1949)

Wagen-nummer	Hersteller mech.	Hersteller elektr.	Baujahr	Sitz-/Stehplätze	Länge mm	Achs-/Drehzapfenabstand mm	Stundenleistung kW	Art der Bremse	Bemerkungen
noch *Triebwagen*									
4306–4310	Falk	Siem	1905	18q/16	7850	1800/–	2 × 23	E, H	1921 ex GWB Nr. 4, 5, 1–3; 1924 in 1000 mm Spur Nr. 4344[II]–4348[II]
4311–4314	Adf	Siem	1912	24q/38	9780	2800/–	2 × 39,6	E, H	1921 ex GWB Nr. 6–9, Verbl. unbek.
4315–4320	Falk	Siem	1906	24q/44	10230	3000/–	2 × 40	E, H	1921 ex TKB Nr. 1[II]–6[II]; 1929 bei NAG für Linie 120 umgeb.
4321+4322	Köln	Siem	1894	16l/12	6350	1600/–	2 × 15	E, H	1921 ex TKB Nr. 7+8; 1925 Atw
4323–4325	Falk	Siem	1907	18q/16	7600	1750/–	2 × 15	E, H	1921 ex TKB Nr. 51–53; 1925 in Bw Nr. 1841–1843
4326+4327	Köln	Siem	1890	16l/12	6350	1600/–	2 × 15	E, H	1921 ex TKB Nr. 9+10; 1925 in Bw Nr. 1550[II], 1552[II]
4328	Falk	Siem	1903	18q/16	7800	1800/–	2 × 18	E, H	1921 ex TKB Nr. 14[II]; 1930 a
4329+4330	Köln	Siem	1890	16l/12	6350	1600/–	2 × 18	E, H	1921 ex TKB Nr. 15+16; 1925 Tw Nr. 4329 in Bw Nr. 1551[II]; Nr. 4330 1930 a
4331	Köln	Siem	1898	16l/12	7000	1600/–	2 × 18	E, H	1921 ex TKB Nr. 17; 1930 Atw
4332–4335	Falk	Siem	1903	18q/16	7800	1800/–	2 × 18	E, H	1921 ex TKB Nr. 18–21; 1930 a
4336–4343	Falk	Siem	1913	18q/20	8550	1800/–	2 × 18	E, H	1921 ex TKB Nr. 22–29; 1925 Nr. 4336+4337 geschl. Plattform; 1930 a
4344–4347	Köln	Siem	1894	16l/12	7500	1600/–	2 × 15	E, H	1921 ex TKB Nr. 30–33; 1930 a
4344[II]–4348[II]	Falk	Siem	1905	18q/16	7850	1800/–	2 × 18	E, H	1924 ex Nr. 4309, 4310, 4306–4308; 1000 mm Spur; 1925 Nr. 4347[II] in Bw Nr. 1768; übr. 1930 a
4351–4355	Adf	AEG	1913	24q/41	10200	2800/–	2 × 39,6	E, H	1925 ex SGU Nr. 1–5; 1925 Nr. 4351 a; Nr. 4353+4355 KV; Nr. 4352+4354 zu BVG-0
4361–4365	O&K	AEG	1926	12l/12q/34	9900	3000/–	2 × 34	E, H	1928 ex Flb Nr. 13–17; alle Wg zu BVG-0
4394–4398	Falk	Siem	1919	24q/41	11100	1300/5200	2 × 45	D, E, H	1920 ex SSB Nr. 39–41, 50+51; 1927 in Nr. 5432–5436

noch **Wagenparkstatistik** – Berliner Straßenbahn (1920–1923),
Berliner Straßenbahn-Betriebs-G.m.b.H. (1923–1929),
Berliner Verkehrs-Aktiengesellschaft/Berliner Verkehrsbetriebe (1929–1949)

Wagen-nummer	Hersteller mech.	Hersteller elektr.	Baujahr	Sitz-/Stehplätze	Länge mm	Achs-/Drehzapfenabstand mm	Stundenleistung kW	Art der Bremse	Bemerkungen
noch *Triebwagen*									
4399	Falk	Siem	1908	24q/41	11 100	1 300/5 200	2 × 45	D, E, H	1920 ex SSB Nr. 1; 1927 in Nr. 5437
4400	Falk	AEG	1897	28l/	10 200	1 400/4 600	2 × 24,5	D, E, H	1920 ex GBS Nr. 1100; 1929 a
4401–4600	Falk	AEG	1898	28l/	10 200	1 400/4 600	2 × 24,5	D, E, H	1920 ex GBS Nr. 1200–1349, 1570–1619; bis 1929 a bzw. zu Atw
4601–4720	Falk	AEG	1899	28l/	10 200	1 400/4 600	2 × 24,5	D, E, H	1920 ex GBS Nr. 1620–1739; bis 1929 a
4721–4730	GBS	AEG	1897	30l/	10 200	1 300/5 300	2 × 24,5	E, H	1920 ex BChSt Nr. 201–226; bis 1929 a
4731–4772	Bök	AEG	1901	27q/36	10 800	1 300/5 500	2 × 24	D, E, H	1920 ex GBS Nr. 2080, 2181–2221; bis 1929 a
4773	GBS	AEG	1912	30q/36	10 800	1 300/5 500	2 × 24	D, E, H	1912 neuer Wagenkasten; 1920 ex GBS Nr. 2222[II]; 1927 in Nr. 4973
4774–4781	Bök	AEG	1901	27q/36	10 800	1 300/5 500	2 × 24	D, E, H	1920 ex GBS Nr. 2223–2230; bis 1929 a
4782–4793	Falk	AEG	1904	27q/35	10 800	1 300/5 500	2 × 24	D, E, H	1920 ex GBS Nr. 2700–2711; bis 1929 a
4794	(BST)	AEG	1904	29q/44	11 700	1 300/5 500	2 × 36	E, H	1920 ex GBS Nr. 2712; 1922 neuer Wagenkasten; 1927 in Nr. 5206[II]
4795–4931	Falk	AEG	1904	27q/35	10 800	1 300/5 500	2 × 24	D, E, H	1920 ex GBS Nr. 2713–2849; bis 1929 a
4932	Falk	AEG	1901	27q/35	10 800	1 300/5 500	2 × 24	D, E, H	1920 ex WBV Nr. 42; 1929 a
4933–4957	Falk/Bök	AEG	1905	27q/35	10 800	1 300/5 500	2 × 24	D, E, H	1920 ex WBV Nr. 64–88; bis 1929 a
4958	GBS	AEG	1906	30q/36	10 800	1 300/5 500	2 × 24	D, E, H	1920 ex GBS Nr. 2850; 1927 in Serie Nr. 4958[II]–5314[II]
4959–5008	Falk	AEG	1907	30q/36	10 800	1 300/5 500	2 × 24	D, E, H	1920 ex GBS Nr. 2851–2900; 1927 in Serie Nr. 4958[II]–5314[II]
5009	Falk	AEG	1908	30q/36	10 800	1 300/5 500	2 × 24	D, E, H	1920 ex GBS Nr. 2901; 1927 in Serie Nr. 4958[II]–5314[II]
5010–5109	Falk	AEG	1910	30q/36	10 800	1 300/5 500	2 × 24	D, E, H	1920 ex GBS Nr. 2902–3001; 1927 in Serie Nr. 4958[II]–5314[II]
5110–5199	Köln	AEG	1911	30q/36	10 800	1 300/5 500	2 × 24	D, E, H	1920 ex GBS Nr. 3002–3091; 1927 in Serie Nr. 4958[II]–5314[II]

noch **Wagenparkstatistik** – Berliner Straßenbahn (1920–1923),
Berliner Straßenbahn-Betriebs-G.m.b.H. (1923–1929),
Berliner Verkehrs-Aktiengesellschaft/Berliner Verkehrsbetriebe (1929–1949)

Wagen-nummer	Hersteller mech.	Hersteller elektr.	Baujahr	Sitz-/Stehplätze	Länge mm	Achs-/Drehzapfenabstand mm	Stundenleistung kW	Art der Bremse	Bemerkungen
noch *Triebwagen*									
5200–5249	Bres	AEG	1912	30q/36	10800	1300/5500	2 × 24	D, E, H	1920 ex GBS Nr. 3092–3141; 1927 in Serie Nr. 4958^{II}–5314^{II}
5250–5274	Got	AEG	1912	30q/36	10800	1300/5500	2 × 24	D, E, H	1920 ex GBS Nr. 3142–3166; 1927 in Serie Nr. 4958^{II}–5314^{II}
4958^{II}–5205^{II}	Falk/Köln/Bres/Got	AEG	1906/12	30q/36	10800	1300/5500	2 × 24	E, H	1927 ex Serie Nr. 4958–5274; bis 1936 a
5206^{II}	(BST)	AEG	1904	29q/44	11700	1300/5500	2 × 36	E, H	1927 ex Nr. 4794; 1928 a
5207^{II}–5314^{II}	Falk/Köln/Bres/Got	AEG	1907/12	30q/41	11400	1300/5500	2 × 45	E, H, S	geschl. Plattf.; 1927 ex Serie Nr. 4958–5274; 31 Wg zu BVG-O
5275–5292	GBS	AEG	1913	30q/36	10800	1300/5500	2 × 24	D, E, H	1920 ex BChSt Serie Nr. 203 ÷ 229; 1925 Nr. 5275, 5282, 5285, 5286, 5289 geschl. Plattf.; übr. bis 1936 a
5293–5322	Falk	AEG	1913	30q/36	10800	1300/5500	2 × 24	D, E, H	1920 ex WBV Nr. 88–99, 200–218; 1925 Nr. 5293, 5296, 5297, 5299, 5300, 5303, 5305, 5307 geschl. Plattf.; übr. bis 1936 a
5315^{II}–5322^{II}	Falk	AEG	1912	24q/41	11100	1300/5200	2 × 45	E, H, S	1927 ex Nr. 5432–5439; Nr. 5316^{II} + 5318^{II} zu BVG-O
5323–5349	Falk	AEG	1908	24q/41	11100	1300/5200	2 × 45	E, H, S	1920 ex SSB Nr. 2–28; Nr. 5325, 5333, 5335, 5338, 5339, 5343, 5345, 5347, 5348 zu BVG-O
5350–5357	Falk	AEG	1909	24q/41	11100	1300/5200	2 × 45	E, H, S	1920 ex SSB Nr. 42–49; Nr. 5350, 5351, 5356 zu BVG-O
5358–5374	Falk	AEG	1910	24q/41	11100	1300/5200	2 × 45	E, H, S	1920 ex SSB Nr. 60–76; Nr. 5358, 5359, 5362, 5363, 5365, 5366, 5373, 5374 zu BVG-O
5375–5385	Falk	AEG	1912	24q/41	11100	1300/5200	2 × 45	E, H, S	1920 ex SSB Nr. 90–100; Nr. 5376, 5378–5385 zu BVG-O

Elektrische Straßenbahn

noch **Wagenparkstatistik** – Berliner Straßenbahn (1920–1923),
Berliner Straßenbahn-Betriebs-G.m.b.H. (1923–1929),
Berliner Verkehrs-Aktiengesellschaft/Berliner Verkehrsbetriebe (1929–1949)

Wagen-nummer	Hersteller mech.	Hersteller elektr.	Baujahr	Sitz-/Stehplätze	Länge mm	Achs-/Drehzapfenabstand mm	Stundenleistung kW	Art der Bremse	Bemerkungen
noch *Triebwagen*									
5386–5420	Bres	AEG	1913	24q/41	11100	1300/5200	2 × 45	E, H, S	1920 ex SSB Nr. 201–235; Nr. 5380, 5388, 5390, 5391, 5393–5397, 5400, 5403, 5406–5408, 5411, 5412, 5416, 5419, 5420 zu BVG-O
5421–5425	Falk	AEG	1913	24q/41	11100	1300/5200	2 × 45	E, H, S	1920 ex SSB Nr. 34–38; Nr. 5421, 5424, 5425 zu BVG-O
5426	Falk	AEG	1910	24q/41	11100	1300/5200	2 × 45	E, H, S	1920 ex SSB Nr. 77
5427–5431	Adf	Siem	1919	24q/41	11100	1300/5200	2 × 45	E, H, S	1920 ex SSB Nr. 29–39 Nr. 5427 zu BVG-O
5432–5439	Falk	S&H	1912	24q/	11100	1300/5200	2 × 45	E, H, S	1920 ex BESTAG Nr. 133–144; 1927 in Nr. 5315[II]–5322[II]
5432[II]–5436[II]	Falk	Siem	1919	24q/41	11100	1300/5200	2 × 45	E, H, S	1927 ex Nr. 4394–4398; Nr. 5435[II] zu BVG-O
5437[II]	Falk	Siem	1908	24q/41	11100	1300/5200	2 × 45	E, H, S	1927 ex Nr. 4399; KV
5438[II]	Falk	AEG	1903	30q/41	11400	1300/5500	2 × 45	E, H, S	1939 ex Atw Nr. M1; 1920 ex GBS Nr. 2432
5439[II]	Bök	AEG	1904	24q/41	10700	3750/–	2 × 39	E, H	Einachsdrehgestell; 1927 ex Nr. 4084
5440–5442	O&K	AEG	1913	18q/8l/41	10330	3700/–	2 × 39	E, H	1920 ex GBS Nr. 3168, 3170 + 3171
5443–5448	O&K	AEG	1913	18q/8l/41	10330	3000/–	2 × 39 / 2 × 45	E, H	1920 ex GBS Nr. 3167, 3169, 3172–3175; 1943 Nr. 5446 leihw. in Düsseldorf; Nr. 5443 + 5444 zu BVG-O
5449	O&K	AEG	1913	18q/8l/38	10290	3000/–	2 × 47	E, H	1920 ex GBS Nr. 3176
5450–5495	O&K	AEG	1913	18q/8l/41	10330	3000/–	2 × 39 / 2 × 45	E, H	1920 ex GBS Nr. 3177–3222; 1943 Nr. 5457, 5460, 5485, 5492 leihw. in Düsseldorf; 11 Wg zu BVG-O
5496–5499	O&K	AEG	1913	18q/8l/38	10530	3000/–	2 × 35	E, H	1920 ex GBS Nr. 3223–3226
5500 + 5501	Han	AEG	1920	4l/20q/44	11000	3000/–	2 × 39,6	E, H	1920 ex GBS Nr. 3227 + 3228
5502–5602	Han	AEG	1921	4l/20q/44	11000	3000/–	2 × 39,6	E, H	BST; Nr. 5527, 5542, 5581, 5595, 5596, 5599–5601 zu BVG-O

noch **Wagenparkstatistik** – Berliner Straßenbahn (1920–1923),
Berliner Straßenbahn-Betriebs-G.m.b.H. (1923–1929),
Berliner Verkehrs-Aktiengesellschaft/Berliner Verkehrsbetriebe (1929–1949)

Wagen-nummer	Hersteller mech.	Hersteller elektr.	Baujahr	Sitz-/Stehplätze	Länge mm	Achs-/Drehzapfenabstand mm	Stundenleistung kW	Art der Bremse	Bemerkungen
noch Triebwagen									
5605–5631	O & K	AEG	1913/14	8l/18q/41	10 390	3 200/–	2 × 39,6	E, H	1924 ex Bw Nr. 1221–1247; Nr. 5611, 5617, 5622, 5630, 5631 zu BVG-O
5632–5658	O & K	AEG	1914	8l/18q/41	10 390	3 200/–	2 × 39,6	E, H	1924 ex Bw Nr. 1258–1284; Nr. 5632, 5636, 5639, 5641, 5644–5647, 5649 zu BVG-O
5700	Gör	AEG	1925	12l/12q/40	10 000	2 800/–	2 × 33,5	E, H	BSTB; zu BVG-O
5701–6200	Gör/Bres/Bau	AEG/SSW/BBC	1924/26	12l/12q/40	10 000	2 800/–	2 × 33,5 2 × 34,4	E, H	BSTB; 164 Wg zu BVG-O
6201–6210	Nord		1926	6l/24q/36	11 000	3 200/–	2 × 40	E, H	BSTB; urspr. Dotw.; Nr. 6207 + 6210 KV
6211 + 6212	Nies		1929	24l/36q/51	23 168	3 500 + 3 500/–	4 × 35	E, H, S	BSTB; Glw; Kardantrieb
6221	Uer	AEG	1943	12q/50	10 400	3 000/–	2 × 60	E, H, S	KSW-Prototyp in Berlin zur Erprobung; 1944 n. Woltersdorf Nr. 7
Beiwagen									
1–3			1893	14l/	6 000	1 600/–	–	So, H	1920 ex GBS Nr. 207, 210, 231; 1924 a
4			1893	14l/	6 000	1 600/–	–	So, H	1920 ex GBS Nr. 237; 1924 a
5–9			1893	14l/	6 000	1 600/–	–	So, H	1920 ex GBS Nr. 246, 280, 294, 297, 306; 1924 a
10–14			1872	16l/	6 400	1 850/–	–	So, H	1920 ex BChSt Nr. 21–23, 25 + 26; 1924 Nr. 10 Güterlore G 92; 1925 Nr. 13 a, Nr. 11, 12, 14 in Nr. 1862[II]–1864[II]
15 + 16	Gru		1872/73	14l/	6 900	1 800/–	–	So, H	1920 ex BChSt Nr. 27 + 31; 1924 Nr. 15 Gbw Nr. G 75, Nr. 16 in Nr. 1865
17–101	GBS		1892/95	18q/	6 160	1 600/–	–	D, H	1920 ex GBS Serie Nr. 1001–1093; 1924 tw. zu Postwg, übr. a
102–104	GBS		1896	18q/	6 160	1 600/–	–	D, H	1920 ex GBS Nr. 1149–1152; 1925 a
105–113	GBS		1896	18q/	6 200	1 600/–	–	D, H	1920 ex GBS Serie Nr. 1166–1175; 1924 a

noch **Wagenparkstatistik** – Berliner Straßenbahn (1920–1923),
Berliner Straßenbahn-Betriebs-G.m.b.H. (1923–1929),
Berliner Verkehrs-Aktiengesellschaft/Berliner Verkehrsbetriebe (1929–1949)

Wagen-nummer	Hersteller mech.	Hersteller elektr.	Baujahr	Sitz-/Stehplätze	Länge mm	Achs-/Drehzapfenabstand mm	Stundenleistung kW	Art der Bremse	Bemerkungen
noch *Beiwagen*									
114–119	Her		1885/90	20l/	6800	1900/–	–	So, H	1920 ex GBS Nr. 1–4, 6, 9; 1924 Nr. 116 in Nr. 1866, übr. a
120			1877	20l/	7100	1830/–	–	So, H	1920 ex GBS Nr. 10; 1924 in Nr. 1868
121–123	Her		1877	20l/	6750	1600/–	–	So, H	1920 ex GBS Nr. 11, 14, 15; 1924 a
124–126	Her		1877	20l/	7100	1830/–	–	So, H	1920 ex GBS Nr. 17–19; 1924 a bzw. Abw
127	Steph		1874	20l/	7100	1830/–	–	So, H	1920 ex GBS Nr. 51; 1924 a
128–130	Her		1876/77	20l/	7100	1830/–	–	So, H	1920 ex GBS Nr. 52, 54, 161; 1924 a
131+132	Her/Steph		1877	20l/	7100	1830/–	–	So, H	1920 ex GBS Nr. 176+178; 1924 in Nr. 1871+1872
133–137	Brux		1877	20l/	7100	1830/–	–	So, H	1920 ex GBS Nr. 180, 181, 188–190; 1924 a
138	Wö		1883	20l/	7100	1830/–	–	So, H	1920 ex GBS Nr. 194; 1924 a
139	Her		1877	20l/	7100	1830/–	–	So, H	1920 ex GBS Nr. 197; 1924 a
140+141	Her		1883	18l/	7100	1830/–	–	So, H	1920 ex GBS Nr. 220+221; Nr. 140 1924 a, Nr. 141 in Nr. 1873
142–148	Her		1877	20l/	6800	1600/–	–	So, H	1920 ex GBS Serie Nr. 220÷230; 1924 Nr. 142–144 in Nr. 1874–1876, übr. a
149	Her		1877	20l/	6750	1600/–	–	D, So, H	1920 ex GBS Nr. 233; 1924 a
150+151			1878	20l/	7100	1830/–	–	So, H	1920 ex GBS Nr. 239+240; 1924 Nr. 151 a, Nr. 150 in Nr. 1880
152	Wö		1883	20l/	7000	1600/–	–	So, H	1920 ex GBS Nr. 242; 1924 in Nr. 1881
153			1878	20l/	7100	1830/–	–	So, H	1920 ex GBS Nr. 244; 1924 a
154–171	Her		1879	20l/	6800	1600/–	–	So, H	1920 ex GBS Serie Nr. 251÷271; 1924 Nr. 154, 158, 161, 166 in Nr. 1882–1885, übr. a

noch **Wagenparkstatistik** – Berliner Straßenbahn (1920–1923),
Berliner Straßenbahn-Betriebs-G.m.b.H. (1923–1929),
Berliner Verkehrs-Aktiengesellschaft/Berliner Verkehrsbetriebe (1929–1949)

Wagen-nummer	Hersteller mech. / elektr.	Baujahr	Sitz-/Stehplätze	Länge mm	Achs-/Drehzapfenabstand mm	Stundenleistung kW	Art der Bremse	Bemerkungen
noch *Beiwagen*								
172	Her	1879	20l/	7100	1830/–	–	So, H	1920 ex GBS Nr. 271; 1924 a
173	Her	1879	20l/	6750	1600/–	–	So, H	1920 ex GBS Nr. 272; 1924 in Nr. 1888
174–195		1880	14ql/	5250	1500/–	–	So, H	1920 ex GBS Serie Nr. 309÷332; 1924 Nr. 174, 178, 180–182, 184–187, 189–191, 194 a, übr. in Serie Nr. 1889–1898
194^{II}	Wö	1883	20l/	7000	1600/–	–	So, H	1920 ex GBS Nr. 194^{II}; 1924 a
196–198	Her	1880	20l/	6800	1600/–	–	So, H	1920 ex GBS Nr. 339–341; 1924 Nr. 196+198 a, Nr. 197 in Nr. 1899
217	Her	1881	20l/	6800	1600/–	–	So, H	1920 ex GBS Nr. 394; 1924 a
218–222	Her	1881	20l/	6800	1600/–	–	So, H	1920 ex GBS Nr. 419–423; 1924 Nr. 221+222 a, übr. in Nr. 1904–1906
223–239	Her	1882	20l/	6800	1600/–	–	So, H	1920 ex GBS Serie Nr. 424÷443; 1924 Nr. 225, 227, 228, 230, 234, 236, 238, 239 a, übr. in Nr. 1907–1913
240–251	Her	1883	20l/	6800	1600/–	–	So, H	1920 ex GBS Serie Nr. 459÷472; 1924 Nr. 240–242, 244, 246, 248, 249 a, übr. in Nr. 1914–1918
252–294	Her	1884	20l/	6800	1600/–	–	So, H	1920 ex GBS Serie Nr. 483÷532; 1924 Nr. 252, 254, 255, 261–264, 267–269, 271, 272, 274, 276–278, 280–286, 291–294 a, übr. in Nr. 1919–1934
295–319	Her	1885	20l/	6800	1600/–	–	So, H	1920 ex GBS Serie Nr. 561–586; 1924 Nr. 297, 299, 300, 303, 305–314, 318 a, übr. in Nr. 1935–1944
320–360	Her	1886	20l/	6800	1600/–	–	So, H	1920 ex GBS Serie Nr. 613÷656; 1924 Nr. 320, 322, 325, 327, 328,

Elektrische Straßenbahn   263

noch **Wagenparkstatistik** – Berliner Straßenbahn (1920–1923),
  Berliner Straßenbahn-Betriebs-G.m.b.H. (1923–1929),
  Berliner Verkehrs-Aktiengesellschaft/Berliner Verkehrsbetriebe (1929–1949)

Wagen-nummer	Hersteller mech. elektr.	Baujahr	Sitz-/Stehplätze	Länge mm	Achs-/Drehzapfenabstand mm	Stundenleistung kW	Art der Bremse	Bemerkungen
noch *Beiwagen*								330–332, 334, 336, 338, 341, 342, 344–346, 348–351, 353, 356 a, übr. in Nr. 1945–1961
361–378	Her	1888	20l/	6800	1600/–	–	So, H	1920 ex GBS Serie Nr. 769÷788; 1924 Nr. 367, 370, 373–375, 377, 378 a, übr. in Nr. 1962–1973
379–402	Her	1889	20l/	6800	1600/–	–	So, H	1920 ex GBS Serie Nr. 809÷833, 884; 1924 Nr. 379–394, 396, 398, 400, 401 a, übr. in Nr. 1974–77
403–421	Her	1890	20l/	800	1600/–	–	So, H	1920 ex GBS Serie Nr. 885÷904; 1924 Nr. 403, 408, 409, 411–413, 415–417, 419, 420 a, übr. in Nr. 1978–1985
422	Her	1890	20l/	7100	1850/–	–	So, H	1920 ex GBS Nr. 930; 1924 in Nr. 1986
423–452	Her	1891	18l/	7100	1830/–	–	So, H	1920 ex GBS Nr. 931–934, 936–961; 1924 Nr. 424, 426–429, 431–433, 435, 436, 441, 444, 446–448, 451, 452 a, übr. in Nr. 1987–1999
453–458	Lau	1865	16l/	6900 7000	1900/–	–	So, H	1920 ex BChSt Nr. 5, 7, 10, 11, 13, 18; 1924 Nr. 454 a, übr. in Nr. 2000–2004
459	Gru	1896	16l/	6900	1900/–	–	So, H	1920 ex BChSt Nr. 32; 1925 a
460–463	Wö	1883	14l/	7100	2400/–	–	So, H	1920 ex BChSt Nr. 74–77; 1925 Nr. 462+463 a, übr. in Nr. 2005+2006
464–468		1899	20l/	7700	2300/–	–	So, H	1920 ex BChSt Nr. 135–139; 1925 in Nr. 2007–2011
469	Her	1896	2 × 18l/	7800	1830/–	–	So, H	1920 ex GBS Nr. 56; 1925 a
470	Steph	1875	2 × 18l/	7800	1830/–	–	So, H	1920 ex GBS Nr. 217; 1924 a
471	Her	1883	38l/	7800	2500/–	–	D, So, H	1920 ex GBS Nr. 289; 1924 in Nr. 505
472	Her	1880	38l/	7800	1830/–	–	D, So, H	1920 ex GBS Nr. 345; 1924 a
473+474	Steph	1880	40l/	7800	1830/–	–	So, H	1920 ex GBS Nr. 349+350; 1924 Nr. 474 a, Nr. 473 in Nr. 2003[II]

Einheitlicher Straßenbahnbetrieb

noch **Wagenparkstatistik** – Berliner Straßenbahn (1920–1923),
Berliner Straßenbahn-Betriebs-G.m.b.H. (1923–1929),
Berliner Verkehrs-Aktiengesellschaft/Berliner Verkehrsbetriebe (1929–1949)

Wagen-nummer	Hersteller mech.	Hersteller elektr.	Baujahr	Sitz-/Stehplätze	Länge mm	Achs-/Drehzapfenabstand mm	Stundenleistung kW	Art der Bremse	Bemerkungen
noch *Beiwagen*									
475–477	Steph		1881	40l/	7800	1830/–	–	So, H	1920 ex GBS Nr. 406, 408, 416; 1924 a
478–488	Her		1885	40l/	7800	1830/–	–	So, H	1920 ex GBS Serie Nr. 587÷596, 599–602; 1924 Nr. 479, 481, 483, 485, 486 a, übr. kurzzeitig in Nr. 512, 519, 524, 548, 534; 1926 Nr. 519 in Nr. 2011ᴵᴵ, übr. a
489–495	Her		1886	40l/	7800	1830/–	–	So, H	1920 ex GBS Serie Nr. 658÷675; 1924 Nr. 489, 494 a, übr. kurzzeitig in Nr. 537, 541, 542, 548, 553; 1926 Nr. 541, 542, 548 in Nr. 2026, 2027, 2031, übr. a
496–509	Her		1887	40l/	7800	1830/–	–	So, H	1920 ex GBS Serie Nr. 718÷746; 1924 Nr. 496, 498, 499 in Nr. 558–560, übr. a
1ᴵᴵ–500ᴵᴵ	Gör/Bres/Bau		1924	12l/12q/43	10000	3200/–	–	So, H	77 Wg KV; 167 Wg zu BVG-0
501ᴵᴵ–800ᴵᴵ	Gör/Adf		1925/26	12l/12q/46	10000	3200/–	–	So, H	90 Wg zu BVG-0
510–520	Her		1888	40l/	7800	1830/–	–	So, H	1920 ex GBS Serie Nr. 749÷766; 1924 Nr. 510, 512, 514, 518–520 a, übr. 1926 in Nr. 2006ᴵᴵ, 2008ᴵᴵ–2010ᴵᴵ
521–538	Her		1889	40l/	7000	1850/–	–	So, H	1920 ex GBS Serie Nr. 835÷857; 1924 Nr. 524–528, 532, 534, 535, 538 a, übr. 1926 in Nr. 2012–2014, 2017–2020, 2022+2023
539–553	Her		1890	40l/	7000	1850/–	–	So, H	1920 ex GBS Serie Nr. 859÷882; bis 1926 Nr. 541, 542, 544 a, übr. in Nr. 2024, 2025, 2028–2030, 2032+2033
554–557	Her		1891	40l/	7800	1850/–	–	So, H	1920 ex GBS Serie 963÷973; 1924 Nr. 556+557 a, übr. in Nr. 2035+2037

Elektrische Straßenbahn

noch **Wagenparkstatistik** – Berliner Straßenbahn (1920–1923),
Berliner Straßenbahn-Betriebs-G.m.b.H. (1923–1929),
Berliner Verkehrs-Aktiengesellschaft/Berliner Verkehrsbetriebe (1929–1949)

Wagen-nummer	Hersteller mech.	Hersteller elektr.	Baujahr	Sitz-/ Stehplätze	Länge mm	Achs-/ Drehzapfenabstand mm	Stundenleistung kW	Art der Bremse	Bemerkungen
noch Beiwagen									
558–567	GBS		1885/88 (1914/16)	38l/	7800	2200/–	–	D, H	Umb. zu Doppelstock–Bw; 1920 ex GBS Nr. 278, 348, 353, 720, 739, 759, 875, 878, 880, 973; bis 1925 a
558ᴵᴵ–560ᴵᴵ	Her		1887	40l/	7800	1830/–	–	So, H	1924 ex BST Serie Nr. 496–509; 1926 Nr. 560ᴵᴵ a, übr. in Nr. 2038+2039
568–581	Her		1888	32l/	10400	1000/5400	–	D, So, H	1920 ex WBV Nr. 100–113; bis 1925 Nr. 568–571, 573, 575, 577, 580 a bzw. Abw, übr. 1925 in Nr. 2041–2046
582–593	Her		1889	30l/	9400	1000/4500	–	D, So, H	1920 ex WBV Nr. 114–125; bis 1925 Nr. 587, 588, 592 a, übr. 1925 in Nr. 2047–2055
594	Weif		1887	16q/12l/	8300	2250/–	–	D, So, H	1920 ex WBV Nr. 126; 1925 Abw
595	Her		1887	40q/	8000	2500/–	–	D, So, H	1920 ex WBV Nr. 127; 1925 in Nr. 2056
596–620			1891	22q/	7200	2400/–	–	So, H	ex Sowg; 1920 ex GBS Nr. 974–998; bis 1926 7 Wg a, übr. in Nr. 2057–2074
621–623			1892	18q/	7100	2200/–	–	So, H	ex Sowg; 1920 ex BChSt Nr. 97–99; 1926 Nr. 623 a, übr. in Nr. 2075+2076
624–627			1893	18q/	7200	2200/–	–	So, H	ex Sowg; 1920 ex BChSt Nr. 101–104; 1926 Nr. 626+627 a, übr. in Nr. 2077+2078
628–630			1895	18q/	7000	2250/–	–	So, H	ex Sowg; 1920 ex BChSt Nr. 105–107; 1926 Nr. 628+629 a, Nr. 630 in Nr. 2079
631–636			1895	19q/	7100	2250/–	–	So, H	ex Sowg; 1920 ex BChSt Nr. 108–113; 1926 a
637–642			1896	25q/	6900	2250/–	–	So, H	ex Sowg; 1920 ex BChSt Nr. 114–119; 1924 Nr. 637 a, übr. in Nr. 2080–2084
643–650			1896	19q/	6150	2250/–	–	So, H	ex Sowg; 1920 ex BChSt Nr. 120–127; 1926 Nr. 648 in Nr. 2085, übr. a

Einheitlicher Straßenbahnbetrieb

noch **Wagenparkstatistik** – Berliner Straßenbahn (1920–1923),
Berliner Straßenbahn-Betriebs-G.m.b.H. (1923–1929),
Berliner Verkehrs-Aktiengesellschaft/Berliner Verkehrsbetriebe (1929–1949)

Wagen-nummer	Hersteller mech.	Hersteller elektr.	Baujahr	Sitz-/Stehplätze	Länge mm	Achs-/Drehzapfenabstand mm	Stundenleistung kW	Art der Bremse	Bemerkungen
noch Beiwagen									
651–655			1898	24q/	7400	2650/–	–	So, H	1920 ex BChSt Nr. 128–132; 1926 a
656–673			1900	24q/	7450	2650/–	–	So, H	1920 ex BChSt Nr. 140–157; 1926 Nr. 672+673 in Nr. 1695+1696, übr. a
674–679	MAN		1899	24q/	8400	2650/–	–	So, H	1920 ex NöBV Nr. 31–36; 1925 in Nr. 2086–2091
680–683			1902	24q/	8400	2650/–	–	So, H	1920 ex NöBV Nr. 37–40; 1925 in Nr. 2092–2095
684–691	Bau		1899	20l/	7900	2250/–	–	So, H	1920 ex NöBV Nr. 41–48; 1925 Nr. 684, 685, 690, 691 a, übr. in Nr. 2096–2099
692+693			1897	24q/40	8500	1830/–	–	So, H	1920 GBS Nr. 999+1165; 1925 in Nr. 2100+2101
694–863	Her		1898/00	24q/41	7300	2250/–	–	So, H	1920 ex GBS Nr. 2500–2669; bis 1925 12 Wg a; 1923 Nr. 749+798 Umb. in Nr. 912+913; 1925 übr. in Nr. 2102–2259
801"–803"	Gör		1926	12l/12q/46	10000	2800/–	–	So, H	BSTB; Leichtmetall-Wagenkasten; Nr. 801+802 KV
851"–880"	Nies		1928/30	10l/24q/36	11200	3500/–	–	So, H	BVG; 6 Wg zu BVG-0
881"–900"	Bau		1928/30	10l/24q/36	11200	3500/–	–	So, H	BVG; 3 Wg zu BVG-0
864–913	Her		1899	24q/	9100	2650/–	–	D, So, H	1920 ex WBV Nr. 128–177; 1925 Nr. 864–867 a, übr. in Nr. 2264–2307
912"+913"	Egb		1898/00	24q//40	8930	3000/–	–	So, H	1923 Umb. ex BST Nr. 749+798; 1943 n. Posen (Poznan/VR Polen)
914–1087			1905/11	24q/42	9100	2600/–	–	So, H	1920 ex GBS Serie Nr. 444÷929, 2670–2699; 21 Wg zu BVG-0
1088–1187	Falk		1902/04	22q/39	9200	2600/–	–	So, H	1920 ex GBS Nr. 58–157; 1934 a
1101"–1118"	Dan/Köh		1940	12l/18q/40	11430	4500/–	–	So, H	BVG; gebaut im Auftrag der Stadt Warschau, bis 1945 in Berlin im Einsatz; Einachsdrehgestelle
1188–1197	Bök		1902	22q/39	9200	3000/–	–	So, H	1920 ex GBS Nr. 1154–1163; 1934 a

Elektrische Straßenbahn

noch **Wagenparkstatistik** – Berliner Straßenbahn (1920–1923),
　　　　　　　　　　　Berliner Straßenbahn-Betriebs-G.m.b.H. (1923–1929),
　　　　　　　　　　　Berliner Verkehrs-Aktiengesellschaft/Berliner Verkehrsbetriebe (1929–1949)

Wagen-nummer	Hersteller mech.	Hersteller elektr.	Baujahr	Sitz-/Stehplätze	Länge mm	Achs-/Drehzapfenabstand mm	Stundenleistung kW	Art der Bremse	Bemerkungen
noch Beiwagen									
1198–1218	Falk		1903	22q/39	9200	3000/–	–	So, H	1920 ex GBS Nr. 1176–1195, WBV Nr. 178; 1934 a
1201^{II}+1202^{II}			1910	18l/22	7700	2100/–	–	So, H	BVG; 1940 ex Mettmanner Strab; 1942 n. Posen (Poznan/VR Polen)
1203^{II}–1206^{II}			1921	12l/14q/38	10000	2200/–	–	So, H	BVG; 1940 ex Mettmanner Strab; 1942 n. Posen (Poznan/VR Polen)
1219–1247	O&K		1912/13	8l/18q/55	10390	3000/–	–	So, H	1920 ex GBS Nr. 20–48; 1924 Nr. 1221–1247 zu Tw Nr. 5605–5631
1221^{II}–1230^{II}	O&K		1913/14	8l/18q/55	10390	3000/–	–	So, H	1928 ex BSTB Nr. 1248–1257; Nr. 1226^{II} KV; 4 Wg zu BVG-0
1231^{II}–1239^{II}	O&K		1926	12l/12q/40	9800	2150/–	–	So, H	1928 ex Flb Nr. 30–38; 1939 Umb.; Nr. 1239^{II} KV; 6 Wg zu BVG-0
1248–1257	O&K		1913/14	8l/18q/55	10390	3000/–	–	So, H	1920 ex GBS Nr. 162–171; 1928 in Nr. 1221^{II}–1230^{II}
1258–1284	O&K		1914	8l/18q/55	10390	3000/–	–	So, H	1920 ex GBS Nr. 354–369, 395–405; 1924 in Tw Nr. 5632–5658
1285–1422	Han		1918/21	24q/46	9610	3000/–	–	D, So, H	1920 ex GBS Nr. 158, 159, 172–175, 1291–1422; 37 Wg zu BVG-0
1423–1432	Köln		1902	20l/	8400	1800/–	–	So, H	1920 ex BO Nr. 13–21, 23; 1929 a
1433–1437	Köln		1899	20l/	7700	2000/–	–	So, H	1920 ex BO Nr. 101–105; 1929 a
1438–1449	Köln		1899	24q/	8300	2500/–	–	So, H	1920 ex BO Nr. 106–117; 1932 a
1448^{II}+1449^{II}	Köln		1910	24q/34	8400	2500/–	–	So, H	1927 ex BSTB Nr. 1471+1472; 1932 a
1450–1456	Köln		1904	24q/34	9100	2440/–	–	So, H	1920 ex BO Nr. 118–124; 1930 a
1457–1464	Köln		1908	24q/34	8400	2500/–	–	So, H	1920 ex BO Nr. 125–132; 1930 a
1465–1472	Köln		1910	24q/34	8400	2500/–	–	So, H	1920 ex BO Nr. 133–140; 1927 Nr. 1471+1472 in Nr. 1448^{II}+1449^{II}
1473+1474			1887/88	36q/	12000	1400/6000	–	So, H	1920 ex BO Nr. 141+142; 1927 a

noch **Wagenparkstatistik** – Berliner Straßenbahn (1920–1923),
Berliner Straßenbahn-Betriebs-G.m.b.H. (1923–1929),
Berliner Verkehrs-Aktiengesellschaft/Berliner Verkehrsbetriebe (1929–1949)

Wagen-nummer	Hersteller mech.	Hersteller elektr.	Baujahr	Sitz-/Stehplätze	Länge mm	Achs-/Drehzapfenabstand mm	Stundenleistung kW	Art der Bremse	Bemerkungen
noch *Beiwagen*									
1475–1479	Köln		1914	21q/42	10160	2800/–	–	So, H	1920 ex BO Nr. 143–147; 1924 zu Tw Nr. 4126^{II}–4130^{II}
1475^{II}–1476^{II}	Köln		1899	20l/	8000	1800/–	–	So, H	1925 ex Tw Nr. 4085 + 4086; 1927 in Nr. 1854^{II} + 1855^{II}
1471^{II}–1474^{II}, 1475^{III} + 1476^{III}	Adf		1910/11	24q/42	9220	3000/–	–	So, H	1927 ex Nr. 1487–1492; 3 Wg zu BGV-0
1477^{II}–1485^{II}	O&K		1910	24q/42	9680	3000/–	–	So, H	1925 ex Nr. 1523–1531; 1943 Nr. 1479^{II} + 1480^{II} KV, 1946/48 zu Abw aufgeb.; Nr. 1477^{II} + 1485^{II} zu BVG-0
1480–1486	Köln		1896	18l/	7450	1900/–	–	So, H	1920 ex SpS Nr. 1–7; bis 1927 a
1486^{II}–1489^{II}	Adf		1913	24q/38	9400	3000/–	–	So, H	1925 ex Nr. 1584–1587; 2 Wg zu BVG-0
1487–1492	Adf		1910/11	24q/42	9220	3000/–	–	So, H	1920 ex SpS Nr. 8–13; 1927 in Nr. 1471^{II}–1474^{II}, 1475^{III} + 1476^{III}
1490^{II}–1492^{II}			1912	24q/42	8300	3200/–	–	So, H	1927 ex Nr. 1751–1753; Nr. 1492^{II} zu BVG-0
1493–1498	Köln		1894	18q/	6900	1700/–	–	So, H	1920 ex SpS Nr. 14–19; 1927 a
1499–1508			1904	18q/	7400	1800/–	–	So, H	1920 ex SpS Nr. 20–29; 1927 a
1493^{II}–1500^{II}			1910	24q/42	9100	3200/–	–	So, H	1927 ex Nr. 1754–1761; Nr. 1499^{II} zu BVG-0
1501^{II}–1550^{II}	O&K		1928/29	24l/10q/46	11700	1600/5500	–	So, H	BSTB; gummigefederte Radsätze; 15 Wg zu BVG-0
1509–1516	O&K		1909	18q	7300	1800/–	–	So, H	1920 ex SpS Nr. 30–37; 1925 a
1517–1522	Han		1910	18q/22	7800	1800/–	–	So, H	1920 ex SpS Nr. 181–186; 1926 Nr. 1518 a, übr. Umb. auf 1000 mm Spur (Nr. 1584^{II}–1587^{II})
1523–1531	O&K		1911	24q/42	9680	3000/–	–	So, H	1920 ex SpS Nr. 187–195; 1925 in Nr. 1477^{II}–1485^{II}
1532	nicht besetzt								
1533–1553	Köln		1896	16l/	6300	1500/–	–	So, H	1920 ex SpS Nr. 41–64; 1922 a

Elektrische Straßenbahn   269

noch **Wagenparkstatistik** – Berliner Straßenbahn (1920–1923),
Berliner Straßenbahn-Betriebs-G.m.b.H. (1923–1929),
Berliner Verkehrs-Aktiengesellschaft/Berliner Verkehrsbetriebe (1929–1949)

Wagen-nummer	Hersteller mech.	Hersteller elektr.	Baujahr	Sitz-/Stehplätze	Länge mm	Achs-/Drehzapfenabstand mm	Stundenleistung kW	Art der Bremse	Bemerkungen
noch *Beiwagen*									
1541[II]+1542[II]			1912	18q/	7700	2200/–	–	D,H	1925 ex SGU Nr. 11+12; 1926 a
1543[II]+1544[II]	Bre		1913	48q/	12300	1400/6600	–	D,H	1925 ex SGU Nr. 21+22; 1929 an Osthavelländ. Kreisb.
1545[II]+1546[II]	Bre		1913	32q/30	12300	1100/6500	–	D,H	1925 ex SGU Nr. 23+24; 1926 a
1550[II]–1552[II]	Köln		1890	16l/16	7500	1600/–	–	So,H	1925 ex Tw Nr. 4326, 4329, 4327; 1000 mm Spur–Bw; 1930 a
1554–1556	Her		1884	12l/8	6000	1600/–	–	So,H	1920 ex Cöp Nr. 11–13; 1925 a
1557+1558	Köln		1903	20l/	7850	1950/–	–	So,H	1920 ex Cöp Nr. 14+15; 1928 a
1559+1560	Köln		1903	18l/	7000	1700/–	–	So,H	1920 ex Cöp Nr. 16+17; 1926 a
1561–1566	Köln		1906	18l/	7400	1850/–	–	So,H	1920 ex Cöp Nr. 18–23; 1925 a
1567+1568	Köln		1908	18l/	7400	1700/–	–	So,H	1920 ex Cöp Nr. 38+39; 1926 a
1569	Köln		1898	18l/	7300	1850/–	–	So,H	1920 ex Cöp Nr 40; 1925 a
1570–1575	Köln		1912	18l/	7000	1900/–	–	So,H	1920 ex Cöp Nr. 41–46; 1925 a
1575[II]			1910	22q/	7450	2200/–	–	So,H	1925 ex Nr. 1762; 1929 a
1576+1577	Adf		1913	18q/	7200	2100/–	–	So,H	1920 ex Cöp Nr. 47+48; 1929 a
1578–1583	MAN		1913	18q/	7850	2700/–	–	So,H	1920 ex SGH Nr. 21–26; 1925 Umb. auf 1000 mm Spur; 1930 a
1584–1587	Adf		1913	24q/38	9400	3000/–	–	So,H	1920 ex SGH Nr. 27–30; 1925 in Nr. 1486[II]–1489[II]
1584[II]–1587[II]	Han		1910	18q/22	7800	1800/–	–	So,H	1926 ex Serie Nr. 1517–1522; 1930 a
1588–1602	Falk		1911	18q/	9000	1900/–	–	So,H	1920 ex SSB Nr. 101–115; 1924 in Tw Nr. 3261–3275
1601[II]–1605[II] 1616[II]–1630[II]	Elze		1944	22q/50	10940	3200/–	–	So,H	10 Wg zu BVG-0
1603–1630	Falk		1913	18q/	9000	1900/–	–	So,H	1920 ex SSB Nr. 116–143; 1924 in Tw Nr. 3276–3303
1631–1642	Falk		1908	18q/	9000	1900/–	–	So,H	1920 ex SSB Nr. 144–155; 1924 in Tw Nr. 3304–3315
1643–1653	Falk		1909	18q/	9000	1900/–	–	So,H	1920 ex SSB Nr. 156–166; 1924 in Tw Nr. 3316–3326

noch **Wagenparkstatistik** – Berliner Straßenbahn (1920–1923),
  Berliner Straßenbahn-Betriebs-G.m.b.H. (1923–1929),
  Berliner Verkehrs-Aktiengesellschaft/Berliner Verkehrsbetriebe (1929–1949)

Wagen-nummer	Hersteller mech.	Hersteller elektr.	Baujahr	Sitz-/Stehplätze	Länge mm	Achs-/Drehzapfenabstand mm	Stundenleistung kW	Art der Bremse	Bemerkungen
noch *Beiwagen*									
1654–1665	Falk		1910	18q/	9000	1900/–	–	So, H	1920 ex SSB Nr. 167–178; 1924 in Tw Nr. 3327–3337, 3102
1666–1684	Falk		1896	16q/	7300	1990/–	–	So, H	1920 ex BESTAG Nr. 38–56; 1925 a
1685–1694	Falk		1896	16q/	7300	1990/–	–	So, H	1920 ex BESTAG Nr. 57–66; 1924 in Nr. 1715–1724
1695–1714	Falk		1899	16q/	7800	2200/–	–	So, H	1920 ex BESTAG Nr. 150–169; bis 1929 a
1695II+1696II			1900	24q/	7450	2650/–	–	So, H	1926 ex Nr. 672+673; 1929 a
1715–1724	Falk		1899	18q/	9000	2100/–	–	So, H	1920 ex BESTAG Nr. 83–92; 1924 Umb. in Tw Nr. 3251–3260
1715II–1724II	Falk		1896	16q/	7300	1990/–	–	So, H	1924 ex Nr. 1685–1694; 1925 a
1725–1744	Falk		1899	18q/	8000	2100/–	–	So, H	1920 ex BESTAG Nr. 200–219; 1925 a
1745–1748	Bau		1905	24q/	8300	3200/–	–	So, H	1921 ex GWB Nr. 11–14; 1928 a
1749+1750			1910	24q/	8300	3200/–	–	So, H	1921 ex GWB Nr. 15+16; 1925 a
1751–1753			1912	24q/	8300	3200/–	–	So, H	1921 ex GWB Nr. 17–19; 1927 in Nr. 1490II–1492II
1754–1761			1907	24q/	8500	3200/–	–	So, H	1921 ex TKB Nr. 9–16; 1927 in Nr. 1493II–1500II
1762			1910	22q/	7450	2200/–	–	So, H	1921 ex TKB Nr. 76; 1925 in Nr. 1575II
1763+1764	Falk		1906	36q/	11800	1450/5500	–	So, H	1921 ex TKB Nr. 7+8; 1925 a
1765+1767			1905	12q/	6250	1850/–	–	So, H	1921 ex ESGL Nr. 1+3 (Sobw); 1930 a
1766	Köln		1890	16l/18	7500	1600/–	–	So, H	1921 ex ESGL Nr. 2; 1930 a
1768	Falk		1905	18q/16	7850	1800/–	–	So, H	1925 ex Tw Nr. 4347II (1000 mm Spur); 1930 a
1769–1774	Köln		1903/07	18l/	8100	1800/–	–	So, H	1924 ex Tw Nr. 4196, 4197, 4201, 4210, 4213, ?; 1927 a
1775	Köln		1896	20l/	7800	2250/–	–	So, H	1924 ex Tw Nr. 4246; 1927 a
1777–1808	Falk		1899	18l/	8000	1800/–	–	So, H	1924 ex Tw Nr. 4254–4285; 1929 a

Elektrische Straßenbahn   271

noch **Wagenparkstatistik** – Berliner Straßenbahn (1920–1923),
Berliner Straßenbahn-Betriebs-G.m.b.H. (1923–1929),
Berliner Verkehrs-Aktiengesellschaft/Berliner Verkehrsbetriebe (1929–1949)

Wagen-nummer	Hersteller mech. / elektr.	Baujahr	Sitz-/Stehplätze	Länge mm	Achs-/Drehzapfenabstand mm	Stundenleistung kW	Art der Bremse	Bemerkungen
noch *Beiwagen*								
1809–1822	O&K	1909	18q/20	7750	1800/–	–	So, H	1925 ex Tw Nr. 4142–4155; 1929 a
1823–1827	Köln	1903	20l/18	8100	1800/–	–	So, H	1924 ex Tw Nr. 4191–4195; 1929 a
1828–1830	Köln	1903	18l/	8100	1800/–	–	So, H	1924 ex Tw Nr. 4198–4200; 1927 zu Atw
1831, 1833–1835, 1837–1840	Köln	1906/08	20l/18	8100	1800/–	–	So, H	1924 ex Tw Nr. 4202, 4204–4206, 4209, 4211, 4212, 4214; 1929 a
1832, 1836	Köln	1906/08	18l/	8100	1800/–	–	So, H	1924 ex Tw Nr. 4203 + 4208; 1929 a
1841–1843	Falk	1907	18q/20	7600	1750/–	–	So, H	1925 ex Tw Nr. 4323–4325; 1929 a
1844–1855		1899/01	20l/	8400	2100/–2700/–	–	So, H	1925 Umbau aus versch. Tw Typ Berolina; ex Nr. unbekannt
1854[II]+1855[II]	Köln	1899	20l/	8000	1800/–	–	So, H	1927 ex Nr. 1475[II]+1476[II]; 1929 a
1856–1862		1899	20l/	8400	1800/–	–	So, H	1925 ex Tw Nr. 4087–4093; 1932 a
1862[II]–1864[II]		1872	16l/	6400	1850/–	–	So, H	1925 ex Nr. 11, 12, 14; 1926 Nr. 1864[II] in Nr. 1871[II], übr. a
1863–1867	Köln	1902	20l/		1800/–	–	So, H	1925 ex Tw Nr. 4094–4099; 1929 a
1865[II]	Gru	1873	14l/	6900	1800/–	–	So, H	1925 ex Nr. 16; 1926 in Nr. 1873[II]
1866	Her	1873	20l/	6800	1900/–	–	D, So, H	1926 ex Nr. 116; 1927 a
1867–1870		1877		7100	1830/–	–	H,	1924 Nr. 1868 ex Nr. 120, übr. unbekannt; 1927 a
1871+1872	Her/Steph	1877	20l/	7100	1830/–	–	So, H	1924 ex Nr. 131 + 132; 1926 a
1871[II]		1872	16l/	6400	1850/–	–	So, H	1926 ex Nr. 1864[II]; 1928 a
1873	Her	1883	18l/	7100	1830/–	–	So, H	1924 ex Nr. 141; um 1927 a
1873[II]	Gru	1873	14l/	6900	1800/–	–	So, H	1926 ex Nr. 1865[II]; 1928 a
1874–1876	Her	1877	20 l/	6800	1600/–	–	So, H	1924 ex Nr. 142–144; 1926 a
1877–1879					/–	–		ex Nr. unbekannt
1880		1878	20 l/	7100	1830/–	–	So, H	1924 ex Nr. 150; 1926 a
1881	Wö	1883	20 l/	7000	1600/–	–	So, H	1924 ex Nr. 152; 1926 a
1882–1885	Her	1879	20 l/	6800	1600/–	–	So, H	1924 ex Serie Nr. 154–171; 1926 a

Einheitlicher Straßenbahnbetrieb

noch **Wagenparkstatistik** – Berliner Straßenbahn (1920–1923),
　　　　　　　　　　　　　Berliner Straßenbahn-Betriebs-G.m.b.H. (1923–1929),
　　　　　　　　　　　　　Berliner Verkehrs-Aktiengesellschaft/Berliner Verkehrsbetriebe (1929–1949)

Wagen-nummer	Hersteller mech.	elektr.	Baujahr	Sitz-/Stehplätze	Länge mm	Achs-/Drehzapfenabstand mm	Stundenleistung kW	Art der Bremse	Bemerkungen
noch *Beiwagen*									
1886	Her		1874	20 l/	6800	1830/–	–	So, H	1924 ex Nr. 166; 1926 a
1887				20 l/	7100	1830/–	–	So, H	ex Nr. ?; 1926 a
1888	Her		1877	20 l/	6750	1600/–	–	So, H	1924 ex Nr. 173; 1926 a
1889–1898			1880	14 ql/	5250	1500/–	–	So, H	1924 ex Serie Nr. 174–195; 1926 a
1899	Her		1880	20 l/	6800	1600/–	–	So, H	1924 ex Nr. 197; 1926 a
1900–1903	Her		1881	20 l/	6800	1600/–	–	So, H	1924 ex Nr. 199, 200, 204, 214; 1926 a
1904–1906			1881	20 l/	6800	1600/–	–	So, H	1924 ex Nr. 218–220; 1926 a
1907–1913	Her		1882	20 l/	6800	1600/–	–	So, H	1924 ex Nr. 223–239; 1926 a
1914–1918	Her		1883	20 l/	6800	1600/–	–	So, H	1924 ex Serie Nr. 240–251; 1926 a
1919–1934	Her		1884	20 l/	6800	1600/–	–	So, H	1924 ex Serie Nr. 252–294; 1926 Nr. 1930 zu Gbw Nr. G 79, übr. a
1935–1944	Her		1885	20 l/	6800	1600/–	–	So, H	1924 ex Serie Nr. 295–319; 1926 a
1945–1961	Her		1886	20 l/	6800	1600/–	–	So, H	1924 ex Serie Nr. 320–360; 1926 a
1962–1973	Her		1888	20 l/	6800	1600/–	–	So, H	1924 ex Serie Nr. 361–378; 1926 a
1974–1977	Her		1889	20 l/	6800	1600/–	–	So, H	1924 ex Serie Nr. 379–401; 1926 a
1978–1985	Her		1890	20 l/	6800	1600/–	–	So, H	1924 ex Serie Nr. 403–421; 1926 a
1986–1999	Her		1890	20 l/	7100	1850/–	–	So, H	1924 ex Nr. 422, Serie Nr. 423–452; 1926 a
2000–2004	Lau		1865	16 l/	6900/7000	1900/–	–	So, H	1924 ex Serie Nr. 453–458; 1926 a
2003[II]	Steph		1880	40 l/	7800	1830/–	–	So, H	1924 ex Nr. 474; 1928 a
2005+2006	Wö		1883	14 l/	7100	2400/–	–	So, H	1925 ex Nr. 460+461; 1928 a
2007–2011			1899	20 l/	7700	2300/–	–	So, H	1925 ex Nr. 464–468; 1926/28 a
2006[II], 2008[II]–2010[II]	Her		1888	40 l/	7800	1830/–	–	So, H	1926 ex Nr. 511, 513, 515; 1929 a
2011[II]	Her		1885	40 l/	7800	1830/–	–	So, H	1926 ex Nr. 519; 1927 a
2012–2014, 2017–2023,	Her		1889	40 l/	7000	1850/–	–	So, H	1926 ex Serie Nr. 521–538; 1928 a

noch **Wagenparkstatistik** – Berliner Straßenbahn (1920–1923),
Berliner Straßenbahn-Betriebs-G.m.b.H. (1923–1929),
Berliner Verkehrs-Aktiengesellschaft/Berliner Verkehrsbetriebe (1929–1949)

Wagen-nummer	Hersteller mech.	elektr.	Baujahr	Sitz-/ Stehplätze	Länge mm	Achs-/ Drehzapfenabstand mm	Stundenleistung kW	Art der Bremse	Bemerkungen
noch *Beiwagen*									
2024+2025, 2028–2030, 2032+2033	Her		1890	40 l/	7000	1850/–	–	So, H	1926 ex Serie Nr. 539–553; 1928 a
2026+2027, 2031	Her		1886	40 l/	7800	1830/–	–	So, H	1926 ex Serie Nr. 489–495; 1928 a
2035+2036	Her		1891	40 l/	7000	1850/–	–	So, H	1924 ex Nr. 554+553; 1928 a
2037	Her		1891	40 l/	7800	1830/–	–	So, H	1924 ex Nr. 557; 1928 a
2038+2039	Her		1887	40 l/	7800	1830/–	–	So, H	1926 ex Serie Nr. 558[II]–560[II]; 1928 a
2041–2046	Her		1888		10400	1000/5400	–	D, So, H	1925 ex Serie Nr. 568–581; 1928 a
2047–2055	Her		1889	30 l/		/–	–	D, So, H	1925 ex Serie Nr. 582–593; 1928 a
2056	Her		1887	40 q/		/–	–	D, So, H	1925 ex Nr. 595; 1928 a
2057–2074			1891	22 q/	7200	2400/–	–	So, H	1926 ex Serie Nr. 596–620; 1928 a
2075+2076			1892	14 l/	7100	2200/–	–	So, H	1926 ex Serie Nr. 621–623; 1928 a
2077+2078			1893	14 l/	7200	2200/–	–	So, H	1926 ex Serie Nr. 624–627; 1928 a
2079			1895	18 l/	7000	2250/–	–	So, H	1926 ex Nr. 630; 1928 a
2080–2084			1896	25 q/	6900	2250/–	–	So, H	1924 ex Nr. 638–642; 1926 a
2085			1896	18 q/	6150	2250/–	–	So, H	1926 ex Nr. 648; 1928 a
2086–2095	MAN		1899/02	24 q/	8400	2650/–	–	So, H	1925 ex Nr. 674–683; 1927 a
2096–2099	Bau		1899	20 l/	7900	2250/–	–	So, H	1925 ex Serie Nr. 684–691; 1927 a
2100+2101			1897	24 q/40	8500	1830/–	–	So, H	1925 ex Nr. 692+693; um 1927 a
2102–2259			1898/00	24 q/41	7300	2250/–	–	D, So, H	1925 ex Serie Nr. 694–863; bis 1930 a bzw. zu Abw
2260–2307	Her		1899	24 q/	9100	2650/–	–	D, So, H	1925 ex Nr. 868–913; um 1928 a

Straßenbahn in der Hauptstadt der DDR

- Berliner Verkehrs-Betriebe (BVG – demokratischer Sektor) 1949–1968
- VEB Kombinat Berliner Verkehrsbetriebe (BVB) ab 1969

Elektrische Straßenbahn

Zeittafel

01. 08. 1949
Aufnahme der Tätigkeit einer eigenen Verwaltung der Berliner Verkehrs-Betriebe (BVG) im demokratischen Sektor von Berlin.
Von den am 31. Juli 1949 vorhandenen 1249 Tw kommen 457 Tw, von den 1249 Bw kommen 422 Bw, von den 295 Atw kommen 106 Atw und von den 251 Abw/Loren kommen 82 Fahrzeuge zur BVG – demokratischer Sektor.
Der Straßenbahnbetrieb wird auf 24 Linien durchgeführt.
Das Fehlen einer eigenen Hauptwerkstatt und Mangel an Ersatzteilen stellen die neue Verwaltung vor Probleme.

01. 09. 1950
Die ersten Straßenbahnfahrerinnen werden bei der BVG eingesetzt.

1950
Die ersten Beiwagen aus der Neubauproduktion der DDR-Waggonbauindustrie werden in Berlin eingesetzt.

19. 03. 1951
In der Rathausstraße wird der Straßenbahnverkehr eingestellt.

1951/55
Umstellung der Stromabnahme von Stangenstromabnehmer auf Scherenstromabnehmer.

1952
Der Prototyp eines neuen Straßenbahnwagens mit einer Breite von 2,50 m wird auf der für diese Zwecke hergerichteten Strecke Grünau–Schmöckwitz erprobt. Der Triebwagen und der Beiwagen sind als Vorläufer der künftigen Großraumwagen vorgesehen. Wegen ihrer um 0,3 m größeren Wagenkastenbreite bleiben sie aber Einzelgänger.

15. 01. 1953
Auf den Straßenbahnlinien –

Linie 3   am S-Bahnhof Bornholmer Straße,
Linie 74   am Potsdamer Platz und
Linie 95   in der Sonnenallee

wird der Wagendurchlauf an den Sektorengrenzen zu Westberlin unterbrochen.

1953/1954
Die Aufgaben einer Hauptwerkstatt übernimmt das Reichsbahnausbesserungswerk Berlin-Schöneweide; die ersten Fahrzeuge erhalten hier eine Hauptuntersuchung.

1957
Beginn der Einführung des Z-Betriebs. Der Triebwagen bleibt den Zeitkarteninhabern vorbehalten. Der Einstieg ist beim Fahrer, der auch die Zeitkarten kontrolliert.

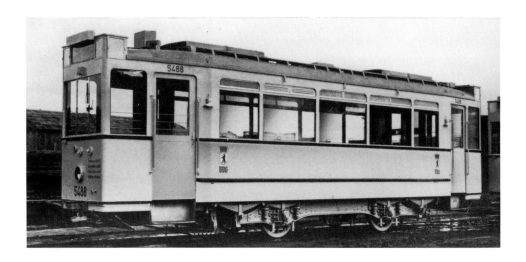

Tw Nr. 5488, gebaut 1913, nach dem Wiederaufbau in Gotha im Jahre 1950.
Foto: Sammlung Dr. Bauer

Elektrische Straßenbahn 275

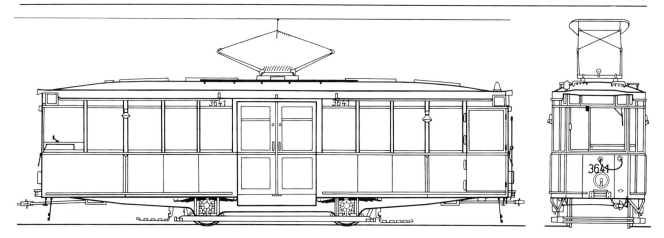

Tw der 1931 durch die NAG umgebauten Serie Nr. 3601[II] – Nr. 3700[II]; der Fahrerstand hatte als Notausstieg eine nach außen aufschlagende Tür; hier bereits mit Scherenstromabnehmer im Zustand von 1954.

1958
Auslieferung des Prototyps des neuen vierachsigen Großraumzuges aus dem VEB Waggonbau Gotha nach Berlin.

1959
Zuführung von 10 Zügen des zweiachsigen Typs Bauart Gotha (10 Tw und 20 Bw) und Beginn des Rekonstruktionsprogrammes älterer Trieb- und Beiwagen zu fast einheitlich modernisierten Fahrzeugen. Die Rekonstruktion der Fahrzeuge erfolgt im Reichsbahnausbesserungswerk Berlin-Schöneweide.

1960
Die Einführung des Z-Betriebs ist abgeschlossen.

September 1961
Einstellung des Straßenbahninselbetriebs von Teltow/Ruhlsdorfer Platz zur Machnower Schleuse; Umstellung auf Busbetrieb.

01. 08. 1963
Der ZZ-Betrieb wird eingeführt. Somit ist nur noch der zweite Beiwagen mit einem Schaffner besetzt. Der erste Beiwagen bleibt den Fahrgästen mit Zeitkarten vorbehalten. Im Triebwagen können auch Fahrgäste mit Sammelkarten einsteigen.

Tw Nr. 5480 der Serie Nr. 5450 – Nr. 5495, gebaut 1913; im umgebauten Zustand von 1950 (Umbau von Lowa Niesky).

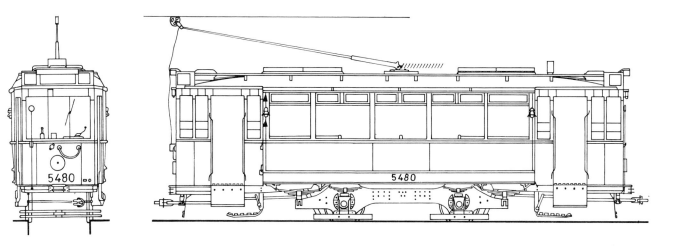

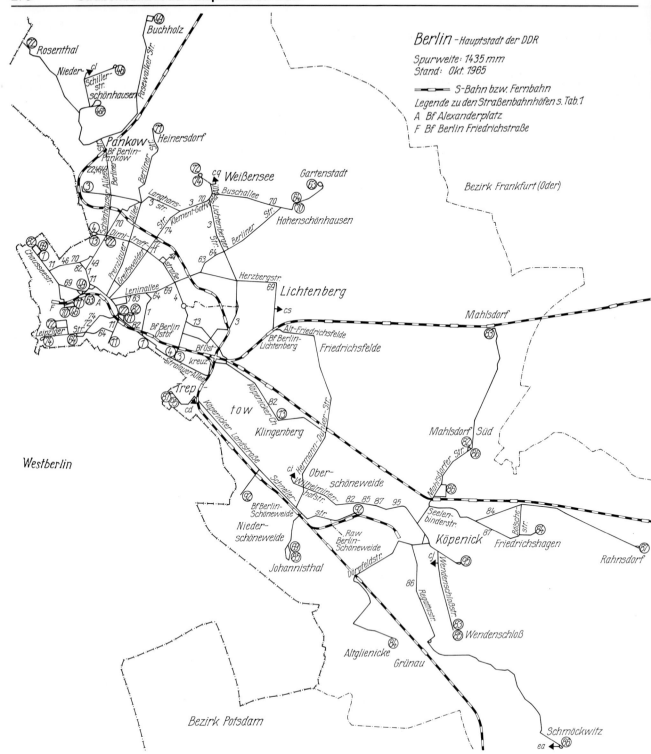

Elektrische Straßenbahn

1965
Es verkehren folgende Linien:

Linie 1: Berlin Ostbahnhof – Andreasstraße – U-Bahnhof Strausberger Platz – Leninplatz – Alexanderplatz – Rosenthaler Platz – Invalidenstraße – Walter-Ulbricht-Stadion (Stadion der Weltjugend) (Linienlänge 7,3 km),

Linie 3: Revaler Straße/S-Bahnhof Warschauer Straße – U- und S-Bahnhof Frankfurter Allee – Roederplatz – Lichtenberger Straße – Antonplatz – Wisbyer Straße – Björnsonstraße/Ecke Ibsenstraße (Linienlänge 11,4 km),

Linie 4: Revaler Straße/S-Bahnhof Warschauer Straße – Frankfurter Tor – Bersarinstraße – Dimitroffstraße – U-Bahnhof Dimitroffstraße – Eberswalder Straße (Linienlänge 6,2 km),

Linie 11: Heinrich-Heine-Straße/Ecke Schmidtstraße – S-Bahnhof Jannowitzbrücke – Alexanderplatz – Rosenthaler Platz – Bahnhof Berlin-Friedrichstraße – Am Kupfergraben (Linienlänge 6,2 km),

Linie 13: Blockdammweg/Ecke Hönower Wiesenweg – Klingenberg-Hauptstraße – Boxhagener Straße – Frankfurter Tor – Bersarinstraße – Dimitroffstraße – U-Bahnhof Dimitroffstraße – Eberswalder Straße (Linienlänge 10,3 km),

Linie 22: Rosenthal, Hauptstraße – Pankow, Breite Straße – U-Bahnhof Pankow (Vinetastraße) – Schönhauser Allee – U-Bahnhof Dimitroffstraße (Linienlänge 8,1 km), im Nachtverkehr und sonntags weiter über Rosenthaler Platz – Alexanderplatz – S-Bahnhof Jannowitzbrücke (Linienlänge 11,5 km),

Linie 46: Niederschönhausen, Schillerstraße – Nordend – Pankow, Breite Straße – U-Bahnhof Pankow (Vinetastraße) – Schönhauser Allee – U-Bahnhof Dimitroffstraße – Invalidenstraße – Bahnhof Berlin-Friedrichstraße – Am Kupfergraben (Endstelle Clara-Zetkin-Straße) (Linienlänge 11,8 km),

Linie 46 P: Niederschönhausen, Idastraße – Ossietzkyplatz (Linienlänge 0,7 km),

Linie 49: Buchholz – S-Bahnhof Pankow-Heinersdorf – Pankow, Breite Straße – U-Bahnhof Pankow (Vinetastraße) – Schönhauser Allee – U-Bahnhof Dimitroffstraße – Rosenthaler Platz – Hackescher Markt (Linienlänge 10,5 km),

Linie 63: Hohenschönhausen, Gartenstadt – Berliner Straße – Steuerhaus – Leninallee – Alexanderplatz – Hackescher Markt (Linienlänge 10,1 km),

Linie 64: Hohenschönhausen, Falkenberger Straße – Berliner Straße – Steuerhaus – Leninallee – Alexanderplatz – S-Bahnhof Jannowitzbrücke – Dönhoffplatz (Linienlänge 10,7 km), werktags ab 20.00 Uhr nur bis Alexanderplatz (Linienlänge 7,7 km),

Linie 69: Johannisthal, Haeckelstraße – Bahnhof Berlin-Schöneweide – S-Bahnhof Berlin-Karlshorst – Friedrichsfelde –

Bw Nr. 1489, gebaut 1913; aufgenommen im Jahre 1950 im Betriebshof Lichtenberg; 1964 nach Potsdam abgegeben.
Foto: Archiv BVB

Bw Nr. 1472[II] der Serie Nr. 1471[II]–1474[II], Nr. 1475[III] + 1476[III], gebaut 1910/11; wechselvoll ist die Geschichte dieser Bw; 1927 ex Nr. 1487–Nr. 1492, 1920 ex SpS Nr. 8–Nr. 13; 1914 ex Spandau-Nonnendamm Nr. 19–Nr. 24
Foto: Sammlung Kubig

Bahnhof Berlin-Lichtenberg – Leninallee – Alexanderplatz – Hackescher Markt – Oranienburger Tor – Walter-Ulbricht-Stadion (Stadion der Weltjugend) (Linienlänge 21,2 km),

Linie 70: Hohenschönhausen, Falkenberger Straße – Buschallee – Klement-Gottwald-Allee – Antonplatz – Humannplatz – U-Bahnhof Dimitroffstraße – Invalidenstraße – Bahnhof Berlin-Friedrichstraße – Am Kupfergraben (Linienlänge 11,9 km),

Linie 71: Heinersdorf, Romain-Rolland-Straße – Am Steinberg – S-Bahnhof Prenzlauer Allee – Prenzlauer Tor – Alexanderplatz – S-Bahnhof Jannowitzbrücke (Linienlänge 7,0 km), im Berufsverkehr bis Molkenmarkt (Linienlänge 7,5 km),

Linie 72: Weißensee, Pasedagplatz – Antonplatz – S-Bahnhof Prenzlauer Allee – Prenzlauer Tor – Alexanderplatz – Molkenmarkt – Spittelmarkt – Taubenstraße (Linienlänge 10,8 km),

Linie 74: Weißensee, Pasedagplatz – Klement-Gottwald-Allee – Antonplatz – S-Bahnhof Greifswalder Straße – Alexanderplatz – Molkenmarkt – Spittelmarkt – Leipziger Straße/Ecke Otto-Grotewohl-Straße (Linienlänge 9,7 km),

Tw Nr. 3840[II] der Serie Nr. 3802[II]–Nr. 3850[II], gebaut 1927; im Zustand von 1950.
Foto: Sammlung Kubig

Elektrische Straßenbahn 279

Tw Nr. 4302 der Serie Nr. 4296 – Nr. 4305, gebaut 1921; aufgenommen im Jahr 1950.
Foto: Archiv BVB

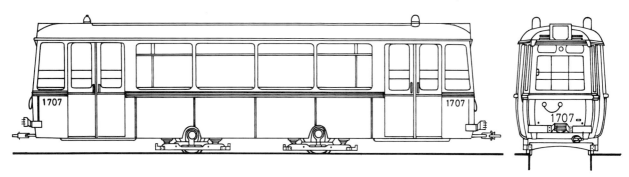

Bw Nr. 1707, gebaut 1950, gehörte zur ersten Serie der in der DDR neugebauten Bw (LOWA Werdau); Typ B 50.

Wiederaufbau-Bw Nr. 706, aufgebaut 1950 von LOWA Werdau; 1962 ausgemustert; Typ B 25/50.

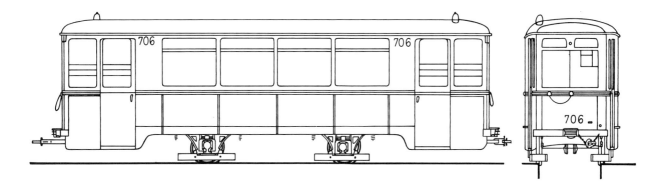

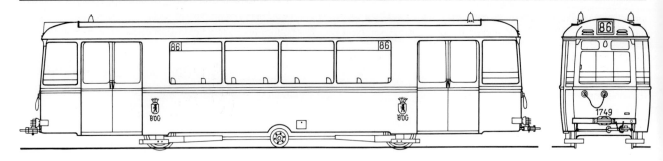

Bw Nr. 1749, gebaut 1951; 1953 ex Nr. 1750^{II}, 1955 nach Potsdam Nr. 256; der Bw – gummigefedert, mit Losrad – war ein Versuchswagen zur Erhöhung der Beförderungskapazität.

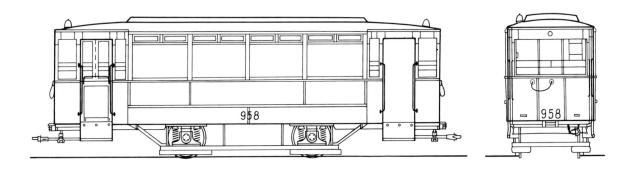

Bw der Serie Nr. 914 – Nr. 1087, gebaut 1906/12, nach dem zweiten Umbau im Jahre 1951; bei der BVB waren 21 Wagen dieses Typs bis 1969 im Einsatz.

Bw Nr. 981 im zweiten Umbauzustand von 1951.
Foto: Kubig

Elektrische Straßenbahn

Linie 82: Mahlsdorf-Süd, Hubertus–S-Bahnhof Berlin-Köpenick–An der Wuhlheide–Wilhelminenhofstraße–Hermann-Duncker Straße–Blockdammweg–S-Bahnhof Ostkreuz–S-Bahnhof Jannowitzbrücke (Linienlänge 19,5 km), werktags ab 19.00 Uhr und sonntags weiter über Alexanderplatz–Rosenthaler Platz–Invalidenstraße–Walter-Ulbricht-Stadion (Linienlänge 24,0 km),

Linie 83: Wendenschloß–Bahnhofstraße–S-Bahnhof Berlin-Köpenick–Hultschiner Damm–S-Bahnhof Berlin-Mahlsdorf (Linienlänge 12,0 km),

Linie 84: Friedrichshagen, Wasserwerk–S-Bahnhof Berlin-Friedrichshagen–Köpenick, Lindenstraße–S-Bahnhof Berlin-Spindlersfeld–S-Bahnhof Berlin-Adlershof–Alt-Glienicke, Am Falkenberg (Linienlänge 13,4 km),

Linie 85: Wendenschloß–Köpenick, Lindenstraße–An der Wuhlheide–Bahnhof Berlin-Schöneweide–Johannisthal, Haeckelstraße (Linienlänge 11,7 km),

Linie 86: Alt-Schmöckwitz–Karolinenhof–Freibad Grünau–Regattastraße–Grünauer Straße–S-Bahnhof Berlin-Köpenick–Mahlsdorf-Süd, Hubertus (Linienlänge 16,2 km),

Linie 87: Rahnsdorf–S-Bahnhof Berlin-Friedrichshagen–Köpenick, Lindenstraße–An der Wuhlheide–Bahnhof Berlin-Schöneweide–S-Bahnhof Plänterwald–Wiener Brücke (Linienlänge 21,5 km),

Linie 92: Oberspree, Bruno-Bürgel-Weg–Bahnhof Berlin-Schöneweide–S-Bahnhof Baumschulenweg–Sonnenallee (Linienlänge 5,3 km),

Linie 95: Krankenhaus Köpenick–Köpenick, Lindenstraße–An der Wuhlheide–Bahnhof Berlin-Schöneweide–S-Bahnhof Plänterwald–Wiener Brücke (Linienlänge 14,1 km).

01. 03. 1966
Auf den Straßenbahnlinien 46, 82 und 95 wird der schaffnerlose Betrieb eingeführt.

1966
Beginn der Umgestaltung des Alexanderplatzes mit dem Ziel, die Straßenbahn um den Platz weiträumig herumzuführen.

01. 01. 1967
Der Alexanderplatz ist ohne Straßenbahn. Neun Straßenbahnlinien haben ihre Linienführung geändert.

12. 12. 1967
Auf der Linie 72 wird zum letzten Mal in Berlin das Fahrgeld durch Schaffner kassiert.

01. 01. 1969
Der VEB Kombinat Berliner Verkehrsbetriebe (BVB) wird gebildet. Integriert ist der Kombinatsbetrieb Straßenbahn/Obus; außerdem gibt es die Kombinatsbetriebe U-Bahn, Omnibus, Weiße Flotte/Ausflugsverkehr und Taxi.

1969
Zur Umstellung der letzten Linie mit Kuppelendstelle (Linie 84) werden durch das Reichsbahnausbesserungswerk Berlin-Schöneweide Zweirichtungs-Rekowagen gebaut.

Tw der Serie Nr. 5207–Nr. 5314 nach dem zweiten Umbau im Jahre 1952.

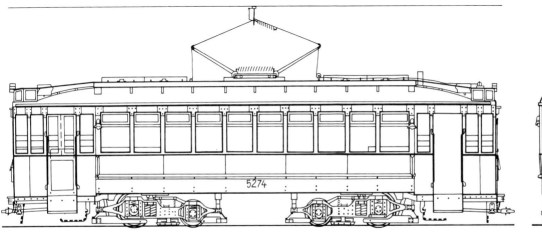
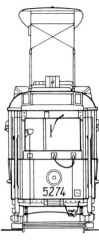

Bw Nr. 3001, gebaut 1952 vom VEB Waggonbau Werdau; zusammen mit Tw Nr. 8001 ergab dies den ersten Großraumzug der Nachkriegsproduktion; 1969 a.
Foto: Kirsch

1969/1970
Von Berlin werden Großraumzüge (Typ T4/B4) aus Dresden und Magdeburg übernommen, so daß nur noch in Berlin diese Wagenzüge verkehren, nachdem in Dresden und Magdeburg verstärkt Tatra-Fahrzeuge eingesetzt werden.

24. 08. 1970
Einstellung des Straßenbahnverkehrs in der Leipziger Straße. Damit endet ein fast 90jähriger Schienenverkehr, der zu den am stärksten frequentierten in Berlin gehörte. Zugleich ist damit die Straßenbahn aus dem Berliner Stadtzentrum fast vollständig verschwunden. Nur am nördlichen Rand am Hackeschen Markt und am Kupfergraben fahren noch Straßenbahnen.

1970
Abschluß des 1959 begonnenen Rekonstruktionsprogrammes an Altbaufahrzeugen im Raw „Roman Chwalek". Es werden danach neben der Instandsetzung der U-Bahn- und S-Bahn-Fahrzeuge nur noch die Hauptuntersuchungen an Straßenbahnfahrzeugen und Umbauten zu Arbeits- und Güterstraßenbahnwagen vorgenommen.

14. 07. 1973
Die Linien 87 und 95 werden aus dem Raum Treptow zurück-

Tw Nr. 8001, gebaut 1952 vom VEB Waggonbau Werdau – erster Großraum-Tw für ER-Betrieb aus der Nachkriegsproduktion; Besonderheiten: 2,5 m Wagenkastenbreite, gummigefederte Radsätze; 1969 a.
Foto: Kirsch

Elektrische Straßenbahn 283

Bw Nr. 1767 der Serie Nr. 1750 – Nr. 1799, Nr. 1800, gebaut 1953; aufgenommen im Anlieferungszustand.
Foto: Sammlung Dr. Bauer

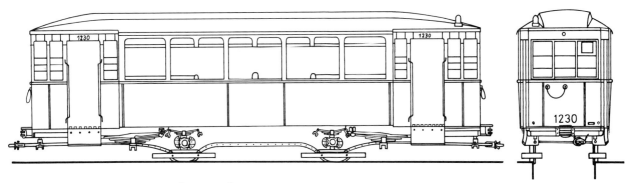

Bw Nr. 1227 – Nr. 1230 der Serie Nr. 1221^{II} – Nr. 1230^{II}, gebaut 1913, wurden 1949 übernommen und 1952 im Raw Berlin-Schöneweide umgebaut, Typ BF 13/25.

Tw Nr. 5467 der Serien Nr. 5443 – Nr. 5495, Nr. 5605 – Nr. 5658; gebaut 1913/14, im Umbauzustand von 1950/52, ausgeführt im Raw Berlin-Schöneweide; Typ TF 13/25.

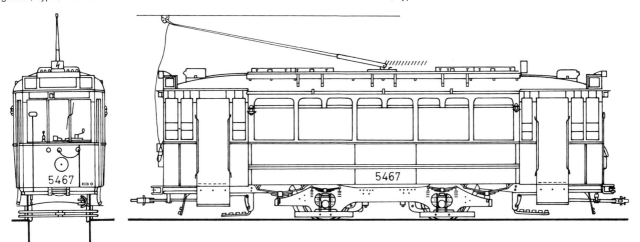

gezogen. Sie werden in Linie 25 und 26 umbenannt und verkehren nur noch bis zur neuen Endschleife am Bahnhof Berlin-Schöneweide. Mit Stillegung der Strecken in Treptow wird auch der Betriebshof Treptow, Elsenstraße an den Kombinatsbetrieb Weiße Flotte/Ausflugsverkehr als Omnibushof abgegeben.

1973
Der Obus-Verkehr wird eingestellt. Der Kombinatsbetrieb Straßenbahn/Obus heißt nur noch Kombinatsbetrieb Straßenbahn.

02. 11. 1975
Einstellung des Straßenbahnverkehrs über die Brücke am Bahnhof Berlin-Lichtenberg. Die neue Führung verläuft über die Rhinstraße am neuen S-Bahnhof Friedrichsfelde-Ost vorbei.

12. 04. 1976
Erste Probefahrten mit den kurz zuvor angelieferten Tatra-Gelenktriebwagen vom Typ KT 4 D.

11. 09. 1976
Auf der Linie 75 (Weißensee, Bernkastler Straße–Greifswalder Straße–Hackescher Markt) wird der erste Zug der neuen Fahrzeuggeneration, bestehend aus zwei Kurzgelenktriebwagen KT 4 D, im Personenverkehr eingesetzt.

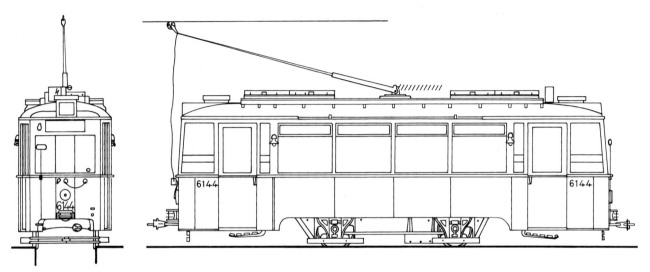

75 Tw der Serie Nr. 5701 ÷ Nr. 6200, BVG Typ T24 wurden 1953/54 bei Joh/LEW umgebaut und erhielten die BVG Typenbezeichnung T24U.

Bw Nr. 1227, gebaut 1914, aufgenommen im Zustand von 1956.
Foto: Kubig

Bw Nr. 340 der Serie Nr. 1 ÷ Nr. 500, gebaut 1924; 167 Wagen dieses Typs waren bei der BVB bis zum Jahre 1959 im Einsatz; aufgenommen im Jahre 1958 kurz vor der Aussonderung.
Foto: Kirsch

November 1977
Beginn der Serienlieferung der neuen KT 4 D-Fahrzeuge.

23. 01. 1978
Die Linie 24 (umbenannt aus Linie 73) zwischen Weißensee und Stadion der Weltjugend fährt typenrein mit Tatra-Fahrzeugen.

17. 04. 1978
Als zweite Linie fährt Linie 28 (umbenannt aus Linie 75) nur noch mit Tatra-Fahrzeugen. Auf dem Streckenabschnitt Antonplatz–Greifswalder Straße fahren im Linienverkehr keine Reko- oder Gotha-Fahrzeuge mehr. Dadurch kann die Fahrzeit verkürzt werden.

1978
Die Berliner Straßenbahn erhält das 2000. in die DDR gelieferte Tatra-Fahrzeug. Der Triebwagen erhält die Nr. 219 086.

06. 04. 1979
Die Linie 18 wird in das größte Wohnungsneubaugebiet nach Berlin-Marzahn auf einer Neubautrasse eingerichtet.

Bw Nr. 1474, gebaut 1911, aufgenommen im Betriebshof Köpenick im Jahre 1958.
Foto: Kubig

286 Straßenbahn in der Hauptstadt der DDR

17. 03. 1980
Auf einer zweiten Neubautrasse werden die Linien 11 und 12 zum S-Bahnhof Berlin-Marzahn in Betrieb genommen.

19. 03. 1981
Auf dem Betriebsteil Lichtenberg wird die rekonstruierte Wagenhalle einer Teilnutzung übergeben. Außer im Betriebsteil Weißensee können nun auch in Lichtenberg Tatra-Fahrzeuge eingesetzt und gewartet werden.

14. 12. 1981
Alle innerbetrieblichen Transporte zum Raw „Roman Chwalek" werden zwecks Kraftstoffeinsparung wieder mit der Straßenbahn durchgeführt.

11. 02. 1982
Aufnahme des kommerziellen Güterstraßenbahntransports zwischen dem Getränkekombinat, Betrieb Spreequell, in der Lichtenberger Straße und der Ackerhalle in der Invalidenstraße.

01. 03. 1982
Einführung der Nachtlinie 102: Eberswalder Straße–Dimitroffstraße – Leninallee – Karl-Lade-Straße – Herzbergstraße – Siegfriedstraße–Bahnhof Berlin-Lichtenberg.
Die Nachtlinien 104, 110 und 111 werden teilweise zurückgezogen und die Berufsverkehrslinie 60: S-Bahnhof Kaulsdorf– Hellersdorfer Straße–Hellersdorf–Marzahner Straße–Hellersdorfer Weg–Otto-Buchwitz-Straße–Leninallee–Allee der Kosmonauten–Elisabethstraße eingeführt.

Bw Nr. 1742, 1952 aus Güterloren in Johannisthal wiederaufgebaut; aufgenommen im Jahre 1959 im Betriebshof Köpenick.
Foto: Kubig

29. 09. 1982
Grundsteinlegung für den neuen Betriebshof in Marzahn.

06. 10. 1982
Inbetriebnahme des 4,9 km langen Streckenabschnittes in Marzahn. Er verbindet den bisherigen Endpunkt Elisabethstraße und S-Bahnhof Marzahn entlang der Allee der Kosmonauten, Bruno-Leuschner-Straße und Leninallee mit einer Zweigstrecke von der Bruno-Leuschner-Straße zur Gleisschleife Henneckestraße.

06. 12. 1982
Inbetriebnahme der Linie 18E zwischen Langenbeckstraße und Henneckestraße.

1982
Es verkehren folgende Straßenbahnlinien:

Linie 3: Bornholmer Straße–Wisbyer Straße–Langhansstraße – Antonplatz – Klement-Gottwald-Allee – Lichtenberger Straße–Ho-Chi-Minh-Straße–Jaques-Duclos-Straße–U- und S-Bahnhof Frankfurter Allee–S-Bahnhof Warschauer Straße (Linienlänge 12,2 km),

Linie 4: U-Bahnhof Dimitroffstraße/Eberswalder Straße–Dimitroffstraße–Borsarinstraße–Frankfurter Tor–Warschauer Straße–S-Bahnhof Warschauer Straße (Linienlänge 5,8 km),

Linie 11: Biesdorf, Elisabethstraße–S-Bahnhof Berlin-Marzahn–Leninallee/Ecke Rhinstraße–Hohenschönhauser Straße/Ecke Ho-Chi-Minh-Straße–S-Bahnhof Leninallee/ Ecke Dimitroffstraße–Leninplatz–Mollstraße/Ecke Hans-Beimler-Straße–Wilhelm-Pieck-Straße/Ecke Prenzlauer Al-

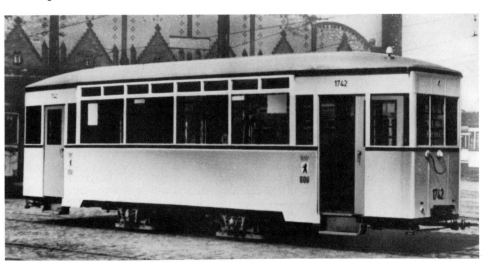

Elektrische Straßenbahn 287

Tw Nr. 6096 im umgebauten Zustand, aufgenommen im Jahre 1957 in Treptow.
Foto: Kubig

lee–U-Bahnhof Rosa-Luxemburg-Platz–Rosenthaler Platz–Brunnenstraße/Ecke Invalidenstraße–Invalidenstraße/Ecke Chausseestraße–Stadion der Weltjugend (Linienlänge 17,0 km),

Linie 12: Marzahn, Henneckestraße–S-Bahnhof Berlin-Marzahn–Leninallee/Ecke Rhinstraße–Leninallee/Ho-Chi-Minh-Straße – Herzbergstraße/Ho-Chi-Minh-Straße – Jaques-Duclos-Straße/Ecke Scheffelstraße–U- und S-Bahnhof Frankfurter Allee–Müggelstraße (Linienlänge 11,6 km),

Linie 13: U-Bahnhof Dimitroffstraße/Eberswalder Straße–Dimitroffstraße–Bersarinstraße–Frankfurter Tor–Boxhagener Straße–Hauptstraße (S-Bahnhof Rummelsburg)–Köpenicker Chaussee–Blockdammweg/Ecke Hönower Wiesenweg (nur montags bis freitags) (Linienlänge 10,5 km),

Linie 14: Marzahn, Henneckestraße – S-Bahnhof Berlin-Marzahn – Leninallee/Ecke Rhinstraße – Hohenschönhauser Straße/Ecke Ho-Chi-Minh-Straße–S-Bahnhof Leninallee–Leninallee/Ecke Dimitroffstraße (Linienlänge 10,6 km),

Linie 15: Bahnhof Berlin-Lichtenberg–Siegfriedstraße–Herzbergstraße–S-Bahnhof Leninallee–Leninplatz–U-Bahnhof Rosa-Luxemburg-Platz–Hackescher Markt (Linienlänge 9,2 km),

Linie 17: Johannisthal, Haeckelstraße–Königsheideweg/Ecke Sterndamm–Bahnhof Berlin-Schöneweide–Wilhelminenhofstraße/Ecke Edisonstraße–Hermann-Duncker-Straße/Ecke Ehrlichstraße – S-Bahnhof Berlin-Karlshorst – U-Bahnhof Tierpark–S-Bahnhof Friedrichsfelde Ost–Allee der Kosmonauten/Ecke Rhinstraße–Herzbergstraße/Ecke Siegfriedstraße–Herzbergstraße/Ecke Ho-Chi-Minh-Straße–S-Bahnhof Leninallee–Leninallee/Ecke Dimitroffstraße (Linienlänge 15,5 km),

Linie 18: Marzahn, Henneckestraße – Biesdorf, Elisabethstraße–S-Bahnhof Springpfuhl–Allee der Kosmonauten/Ecke Rhinstraße – Herzbergstraße/Ecke Siegfriedstraße – Herzbergstraße/Ecke Ho-Chi-Minh-Straße – S-Bahnhof Leninallee – Leninallee/Ecke Dimitroffstraße–Leninplatz–Mollstraße/Ecke Hans-Beimler-Straße – Wilhelm-Pieck-Straße – U-Bahnhof Rosa-Luxemburg-Platz–Rosenthaler Platz–Brunnenstraße Ecke Invalidenstraße–Invalidenstraße/Ecke Chausseestraße–Stadion der Weltjugend (Linienlänge 17,7 km),

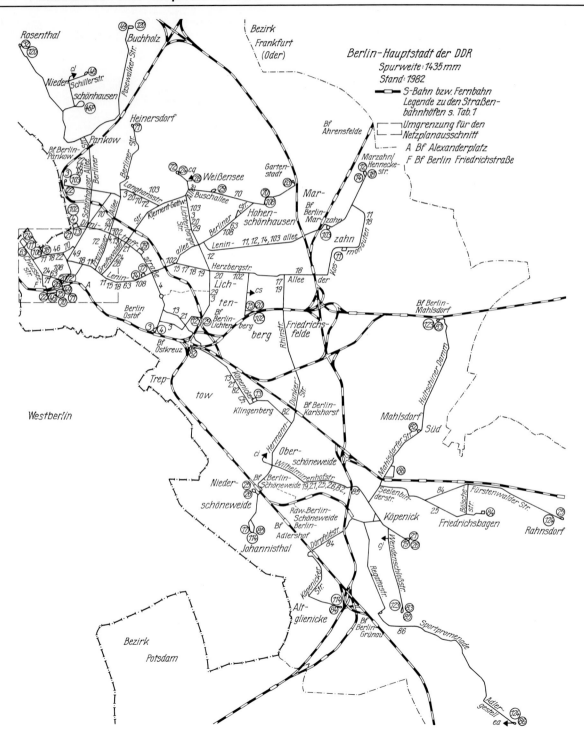

Elektrische Straßenbahn

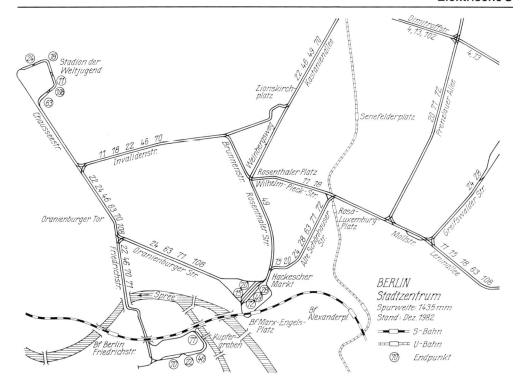

Linie 19: Krankenhaus Köpenick – Müggelheimer Straße – Schloßplatz – Bahnhofstraße/Ecke Lindenstraße – Pionierpark – Wilhelminenhofstraße/Ecke Edisonstraße – Hermann-Duncker-Straße – S-Bahnhof Berlin-Karlshorst – U-Bahnhof Tierpark – S-Bahnhof Friedrichsfelde Ost – Allee der Kosmonauten/Ecke Rhinstraße – Herzbergstraße – S-Bahnhof Leninallee – Leninallee/Ecke Dimitroffstraße (Linienlänge 20,1 km),

Linie 20: Bahnhof Berlin-Lichtenberg – Siegfriedstraße – Ho-Chi-Minh-Straße – Lichtenberger Straße – Klement-Gottwald-Allee – Antonplatz – Langhansstraße – Prenzlauer Allee – Wilhelm-Pieck-Straße/Ecke Prenzlauer Allee – U-Bahnhof Rosa-Luxemburg-Platz – Hackescher Markt (Linienlänge 13,4 km),

Linie 21: U-Bahnhof Dimitroffstraße/Eberswalder Straße – Dimitroffstraße – Bersarinstraße – Frankfurter Tor – Boxhagener Straße – Hauptstraße (S-Bahnhof Rummelsburg) – Köpenicker Chaussee – Ehrlichstraße – Hermann-Duncker-Straße – Wilhelminenhofstraße – An der Wuhlheide – Alt-Köpenick – Köpenick, Krankenhaus (verkehrt nur sonnabends und sonntags) (Linienlänge 20,7 km),

Linie 22: Rosenthal-Kurt-Fischer-Platz – Pankow, Rathaus – Pankow, Kirche – S-Bahnhof Berlin-Pankow (sonnabends und sonntags) (Linienlänge 7,6 km); ansonsten weiter über Schönhauser Allee – Kastanienallee – Invalidenstraße – Chausseestraße – Bahnhof Berlin-Friedrichstraße – Am Kupfergraben (Linienlänge 12,6 km),

Linie 24: Weißensee, Pasedagplatz – Klement-Gottwald-Allee – Antonplatz – S-Bahnhof Greifswalder Straße – Hans-Beimler-Straße – Wilhelm-Pieck-Straße – U-Bahnhof Rosa Luxemburg-Platz – Hackescher Markt – Oranienburger Straße – Chausseestraße – Stadion der Weltjugend (Linienlänge 9,9 km),

Linie 25: Rahnsdorf – S-Bahnhof Berlin-Friedrichshagen – Bölschestraße – Müggelseedamm – Seelenbinderstraße – Bahnhofstraße – Lindenstraße – An der Wuhlheide – Wilhelminenhofstraße – Brückenstraße – Bahnhof Berlin-Schöneweide (Linienlänge 16,1 km),

Linie 26: Krankenhaus Köpenick – Müggelheimer Straße – Schloßplatz – Lindenstraße – weiter wie Linie 25 bis Bahnhof Berlin-Schöneweide (Linienlänge 8,2 km),

Linie 28: Weißensee, Bernkasteler Straße – Klement-Gott-

Tw Nr. 4293 der 1916/21 gebauten Serie Nr. 4286 – Nr. 4305, aufgenommen 1957 im Betriebshof Köpenick, einige dieser Fahrzeuge wurden 1957/59 nach Karl-Marx-Stadt (als Bw) und Magdeburg (Atw) abgegeben.
Foto: Kubig

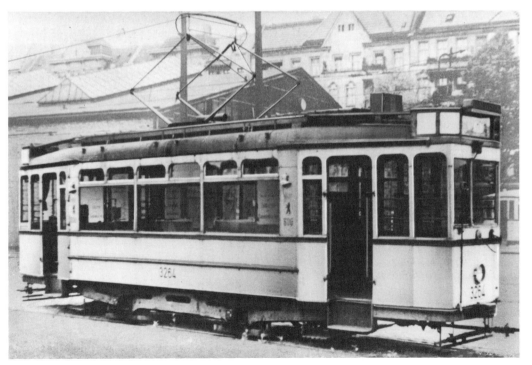

Tw Nr. 3264 der Serie Nr. 3212 – Nr. 3303, gebaut 1908/13, aufgenommen im Jahre 1957, dieser Tw wurde 1959 nach Dessau abgegeben, aber nicht mehr eingesetzt.
Foto: Archiv BVB

wald-Allee–weiter wie Linie 24 bis Hackescher Markt (Linienlänge 6,6 km),

Linie 29: Weißensee, Kniprodeallee–Klement-Gottwald-Allee–Lichtenberger Straße–Ho-Chi-Minh-Straße–Jaques-Duclos-Straße–S- und U-Bahnhof Frankfurter Allee–Müggelstraße (Linienlänge 6,2 km),

Linie 46: Niederschönhausen, Schillerstraße – Nordend – Kurt-Fischer-Platz–weiter wie Linie 22 bis Am Kupfergraben (Linienlänge 11,8 km),

Linie 49: Buchholz–Pasewalker Straße–S-Bahnhof Pankow-Heinersdorf–S-Bahnhof Berlin-Pankow–U-Bahnhof Pankow-Schönhauser Allee–U-Bahnhof Dimitroffstraße–Kastanienallee–Rosenthaler Platz–Hackescher Markt (Linienlänge 10,0 km),

Linie 63: Hohenschönhausen, Gartenstadt–Gehrenseestraße–Hohenschönhauser Straße–S-Bahnhof Leninallee–Leninallee–Mollstraße–Wilhelm-Pieck-Straße–U-Bahnhof Rosa-Luxemburg-Platz–Hackescher Markt–Oranienburger Straße–Stadion der Weltjugend (Linienlänge 13,1 km),

Linie 70: Hohenschönhausen, Gehrenseestraße–Buschallee–Klement-Gottwald-Allee–Antonplatz–Langhansstraße – Prenzlauer Promenade – Pappelallee – Kastanienallee – Invalidenstraße–Chausseestraße–Friedrichstraße–Am Kupfergraben (Linienlänge 12,5 km),

Linie 71: Heinersdorf, Romain-Rolland-Straße–Am Steinberg–Prenzlauer Promenade–Prenzlauer Allee–Wilhelm-Pieck-Straße–U-Bahnhof Rosa-Luxemburg-Platz–Hackescher Markt–Oranienburger Straße–Friedrichstraße–Am Kupfergraben (Linienlänge 9,2 km),

Linie 72: Weißensee, Pasedagplatz–Klement-Gottwald-Allee–Antonplatz–Langhansstraße–Prenzlauer Allee–Wilhelm-Pieck-Straße–U-Bahnhof Rosa-Luxemburg-Platz–Hackescher Markt (Linienlänge 8,0 km),

Linie 82: S-Bahnhof Ostkreuz–Hauptstraße–Köpenicker Chaussee – Blockdammweg–Ehrlichstraße–Hermann-Dunkker-Straße–Wilhelminenhofstraße–An der Wuhlheide–Lindenstraße–Bahnhofstraße–S-Bahnhof Berlin-Köpenick-Mahlsdorf-Süd (montags bis freitags) (Linienlänge 12,1 km),

Linie 83: S-Bahnhof Berlin-Mahlsdorf–Hultschiner Damm–Mahlsdorf-Süd–S-Bahnhof Berlin-Köpenick–Bahnhofstraße–Schloßplatz–Wendenschloßstraße–Wendenschloß (Linienlänge 12,1 km),

Tw Nr. 5435, gebaut 1919, war der einzige Tw der Serie Nr. 5432–Nr. 5436, 1920 ex SSB, der zur BVB kam, aufgenommen im Jahre 1957.
Foto: Kubig

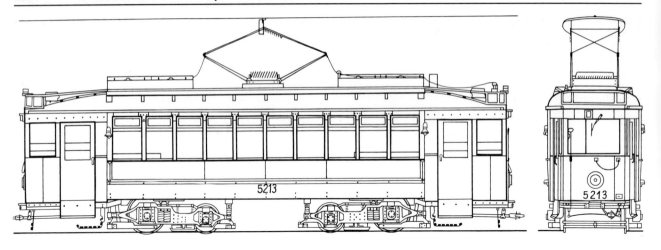

Tw der Serie Nr. 5207 – Nr. 5314 nach dem dritten Umbau ab 1958 (Fahrersitze, Einstiegschiebetüren).

Tw Nr. 5958, gebaut 1925; mit geänderter elektrischer Ausrüstung; aufgenommen im Jahre 1958.
Foto: Kirsch

Linie 84: Friedrichshagen, Wasserwerk–Bölschestraße–S-Bahnhof Berlin-Friedrichshagen–Fürstenwalder Damm–Seelenbinderstraße – Bahnhofstraße – Schloßplatz – S-Bahnhof Berlin-Spindlersfeld–S-Bahnhof Berlin-Adlershof–Alt-Glienicke, Am Falkenberg (Linienlänge 13,4 km),

Linie 85: Johannisthal, Haeckelstraße–Bahnhof Berlin-Schöneweide–Wilhelminenhofstraße–An der Wuhlheide–Lindenstraße – Schloßplatz – Wendenschloßstraße – Wendenschloß (Berufsverkehrslinie) (Linienlänge 11,9 km),

Linie 86: S-Bahnhof Berlin-Köpenick–Bahnhofstraße–Lindenstraße–Schloßplatz–Grünauer Straße–S-Bahnhof Berlin-Grünau–Richtershorn–Karolinenhof–Schmöckwitz (Linienlänge 14,5 km),

Als Nachtlinien verkehren:

Linie 102: U-Bahnhof Dimitroffstraße–Prenzlauer Allee/Ecke Dimitroffstraße–Leninallee–Herzbergstraße–Siegfriedstraße–Bahnhof Berlin-Lichtenberg (Linienlänge 9,0 km),

Linie 103: Bornholmer Straße–Langhansstraße–Weißensee, Antonplatz–Klement-Gottwald-Allee–Lichtenberger Straße–Leninallee–S-Bahnhof Berlin-Marzahn–Marzahn, Henneckestraße (Linienlänge 16,7 km),

Linie 108: Hohenschönhausen, Gehrenseestraße–Hohenschönhausener Straße–Leninallee–Leninplatz–Wilhelm-Pieck-Straße–Hackescher Markt–Oranienburger Straße–Chausseestraße–Stadion der Weltjugend (Linienlänge 12,2 km),

Linie 120: Rosenthal–Pankow, Kirche–Buchholz (Linienlänge 9,4 km),

Linie 123: S-Bahnhof Berlin-Mahlsdorf–Mahlsdorf Süd–S-Bahnhof Berlin-Köpenick – Bahnhofstraße – Köpenick, Schloßplatz–Wendenschloßstraße–Wendenschloß (Linienlänge 12,1 km),

Linie 124: Alt-Schmöckwitz–Karolinenhof–S-Bahnhof Berlin-Grünau–Grünauer Straße–Köpenick, Schloßplatz–Bahnhofstraße–Seelenbinderstraße–Hirschgarten–Müggelseedamm–Bölschestraße–S-Bahnhof Berlin-Friedrichshagen–Rahnsdorf (Linienlänge 23,2 km),

Dezember 1982
Für die Personenbeförderung stehen zur Verfügung:

157 zweiachsige Triebwagen, ER, Typ TE
 18 zweiachsige Triebwagen, ZR, Typ TZ
284 zweiachsige Beiwagen, ER, Typ BE
 36 zweiachsige Beiwagen, ZR, Typ BZ
 62 vierachsige Großraumtriebwagen T4, ER, Typ TDE
 64 vierachsige Großraumbeiwagen B4, ER, Typ BDE
265 vierachsige Gelenktriebwagen KT4D, ER (Lieferung des Jahres 1982 war noch nicht vollständig im Einsatz).

01. 06. 1983
Aufnahme des Güterverkehrs zwischen dem VEB Sekundärrohstoffe in Mahlsdorf, Hultschiner Damm und dem Hafen in der Grünauer Straße. Die Relation wird täglich mehrfach be-

Tw Nr. 5462, gebaut 1913, vom Typ TF 13/25 nach dem zweiten Umbau im Jahre 1958.

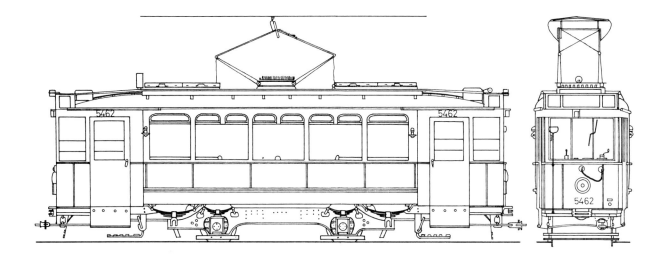

Straßenbahn in der Hauptstadt der DDR

Tw Nr. 3722, 1933 aus Berolina-Wagen aufgebaut, Anfang der fünfziger Jahre mit einteiligen Schiebetüren statt der Teleskoptüren ausgerüstet; aufgenommen im Jahre 1959.
Foto: Kubig

Bw Nr. 895 der Serie Nr. 881[II]–Nr. 900[II], gebaut 1928/30; hier im Zustand nach der letzten Hauptuntersuchung um 1960; drei Wg dieses Typs waren bis 1964 bei der BVB im Einsatz.
Foto: Kubig

Elektrische Straßenbahn   295

Tw Nr. 3478, gebaut 1927; 40 Tw der ehemaligen Verbundtw-Serie Nr. 3401^{II} bis Nr. 3594^{II} waren bei der BVB noch bis 1964 im Einsatz; Typ TM36 aufgenommen im Jahre 1960.
Foto: Kubig

Tw Nr. 5406 der Serie Nr. 5386–Nr. 5420, gebaut 1913; 19 Wg waren bei der BVB teilweise bis 1969 im Einsatz; aufgenommen 1963 nach dem zweiten Umbau.
Foto: Kirsch

Bw Nr. 743, gebaut 1926; aufgenommen 1962, kurz vor der Aussonderung.
Foto: Kirsch

Zweiwagenzug auf Linie 71 mit Bw Nr. 1511, gebaut 1928, aufgenommen um 1963.
Foto: Mensdorf

Elektrische Straßenbahn 297

Bw Nr. 1361 der Serie Nr. 1285–Nr. 1422, gebaut 1918/21, aufgenommen im Jahre 1964 im Umbauzustand von 1951; 37 Wg dieses Typs waren bei der BVB bis 1969 im Einsatz.
Foto: Kubig

Bw Nr. 1621, gebaut 1942, aufgenommen in Heinersdorf im Jahre 1967.
Foto: Kubig

ZR-Tw der Serie Nr. 5126–Nr. 5150, gebaut 1969/70, EDV-Nr. 223001–223025.
(unten)

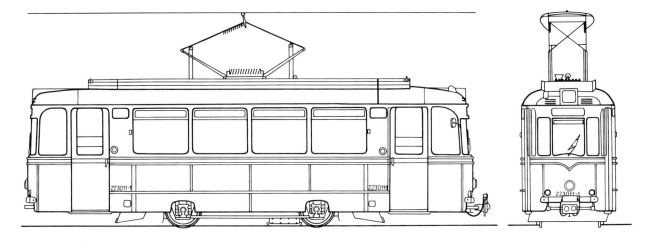

Straßenbahn in der Hauptstadt der DDR

fahren. Als Voraussetzung dazu wurden an beiden Endpunkten Ladegleise errichtet und im Raw „Roman Chwalek" Rekobeiwagen zu Güterloren umgebaut.

Herbst 1983
An die BVB werden als erstem ausländischen Kunden der ČKD-Werke, Praha-Smichov, zwölf Kurzgelenk-Straßenbahntriebwagen mit Thyristorsteuerung (Typ KT 4D-t) geliefert.

10. 12. 1983
Linie 15 verkehrt als Berufsverkehrslinie nur noch zwischen Langenbeckstraße–Leninallee/Dimitroffstraße–Bahnhof Berlin-Lichtenberg.

01. 03. 1984
Inbetriebnahme der neugebauten, dreigleisigen Wendeschleife Gehrenseestraße in Hohenschönhausen (Linien 63 und 108).

Juni 1984
Nach umfangreichen Erprobungen und Einweisungen des Fahr- und Werkstattpersonals werden die thyristorgesteuerten Straßenbahnwagen KT4D-t planmäßig eingesetzt.

15. 10. 1984
Als Berufsverkehrslinie wird Linie 88 zwischen Bahnhof Berlin-Schöneweide und Straßenbahnhof Nalepastraße eröffnet.

Herbst 1984
Abschluß der Gleisbauarbeiten in der Weichselstraße, Holteistraße, Wühlischstraße und Ehrlichstraße. Hier wurde erstmals in der DDR die „Budapester Bauweise" als Versuchsbau angewendet.

21. 12. 1984
Inbetriebnahme der 3,3 km langen Neubaustrecke von Hohenschönhausen, Gehrenseestraße in das Neubaugebiet Hohenschönhausen, Zingster Straße (Linien 63, 63E, 70).

1984
Von Leipzig werden die acht KT4D übernommen. Damit verkehren regelspurige KT4D nur noch in Berlin und Potsdam.
Beginn der Umlackierung aller vier Berliner Nahverkehrsmittel – S-Bahn, U-Bahn, Straßenbahn und Omnibus.
Versuchsweise erhielten einige KT4D folgende Lackierung: Wagenkasten elfenbeinbeige, Türen und Stirnseiten einschließlich abgeschrägter Seitenwand rotorange, Scheuerleiste schwarzbraun.
Im Dezember erhielt der erste Großraumzug eine geänderte Lackierung: Fensterbereich und Zierband im unteren Bereich des Wagenkastens elfenbeinbeige, unterhalb des Fensterbereiches rotorange, Zierstreifen schwarzbraun, Dach grau.
Diese Lackierung erhielten ab Anfang 1985 auch die KT4D und KT4D-t-Fahrzeuge.

13. 05. 1985
Einführung der Linie 16: Köpenick, Krankenhaus–Alt Köpenick–Lindenstraße–An der Wuhlheide–Ostendstraße–Wilhelminenhofstraße–Edisonstraße–Hermann-Duncker-Straße –Am Tierpark–Rhinstraße–Hohenschönhausen, Gehrenseestraße. Diese Linie wird ab 08. 10. 1985 bis Zingster Straße verlängert.

Betriebsstatistik – Berliner Verkehrs-Aktiengesellschaft (BVG-demokratischer Sektor) ab 1. 8. 1949 bis VEB Kombinat Berliner Verkehrsbetriebe (BVB)

		1965	1970	1977	1982
Personen-Tw		—	942[1]	366	821[1]	482[4]
Personen-Bw		—		532		384
Atw/Gtw		—				38
Abw/Gbw		—				41
Gleislänge	km				
Linienlänge	km		296,2			354,9[2]
Wagenkilometer	10^6 km			40,945	39,245	38,168[3]
Beförderte Personen	10^6 Pers		229	175	159	etwa 170

[1]) Tw + Bw
[2]) einschl. Berufsverkehrslinien 382,3 km
[3]) gültig für das Jahr 1980
[4]) zuzüglich 20 noch nicht einsatzfähiger KT4D

Elektrische Straßenbahn

Wagenparkstatistik – Berliner Verkehrs-Aktiengesellschaft (BVG-demokratischer Sektor) ab 1.8.1949 bis VEB Kombinat Berliner Verkehrsbetriebe (BVB)

Wagen-nummer	Hersteller mech.	Hersteller elektr.	Baujahr	Sitz-/ Stehplätze	Länge mm	Achs-/ Drehzapfenabstand mm	Stundenleistung kW	Art der Bremse	Bemerkungen
Triebwagen									
3212÷3303	Falk	AEG	1908/13	21q/41	10010	2800/–	2 × 33,5 2 × 45	E, H	16 Wg übernommen; 1956 Nr. 3216, 3219, 3234, 3257 n. Cottbus Nr. 44, 42, 43, 41; 1956 Nr. 3286, 3296 n. Zwickau Nr. 90+91; 1959 Nr. 3287, 3225, 3243, 3260 n. Dessau Nr. 36^{III}, 37^{III}, 24^{IV}, 38^{III}; 1959 Nr. 3264, 3282, 3298, 3224, n. Dessau, ohne Einsatz a; 1959 Nr. 3297 n. Schöneiche als Atw, übr. bis 1959 a
3300÷3355	Gör	AEG	1927	30q/40	11200	3500/–	2 × 40	E, H	9 Wg übernommen; 1950 Nr. 3316 a; Nr. 3300, 3302, 3324, 3353 zum Aufbau von Nr. 5052, 5064, 5086, 5057 verwendet; Nr. 3337 als hist. Wg vorgesehen, übr. bis 1964 a bzw. Atw
3401÷3594	Nies	AEG	1927	28q/40	11200	3500/–	2 × 40	E, H	40 Wg übernommen; Teile z. Aufbau von Nr. 5058, 5059, 5065, 5069–5085, 5089 verwendet; übr. bis 1964 a bzw. Atw; Nr. 3493 ex Atw als hist. Wg vorgesehen 1962 a
3600	NAG	AEG	1931	19q/13l/32	10540	2800/–	2 × 33,5	E, H	
3601÷3700	NAG	AEG	1931	19q/13l/32	11000	3200/–	2 × 33,5	E, H	36 Wg übernommen; Teile aller Wg 1963 zum Aufbau von Nr. 5015–5050 verwendet
3701÷3760	NAG	AEG	1933	12q/12l/40	11000	3200/–	2 × 33,5	E, H	14 Wg übernommen; Teile aller Wg zum Aufbau von Nr. 5001–5014 verwendet
3802÷3850	Düss	AEG	1927	28q/42	11200	3500/–	2 × 40	E, H	22 Wg übernommen; 1965 tw. Atw, Teile übr. Wg zum Aufbau von Nr. 5051, 5053–5056, 5060–5063, 5066–5068, 5087, 5088 im Jahre 1964 verwendet; Nr. 3802 ab 1980 hist. Wg

noch **Wagenparkstatistik** – Berliner Verkehrs-Aktiengesellschaft (BVG-demokratischer Sektor) ab 1.8.1949 bis VEB Kombinat Berliner Verkehrsbetriebe (BVB)

Wagen-nummer	Hersteller mech.	Hersteller elektr.	Baujahr	Sitz-/Stehplätze	Länge mm	Achs-/Drehzapfenabstand mm	Stundenleistung kW	Art der Bremse	Bemerkungen
noch *Triebwagen*									
3901–3910	Got	LEW	1959	22q/57	10 900	3 200/–	2 × 60	E, H, S	1970 Nr. 3905+3910 n. Potsdam Nr. 150+149, Nr. 3902–3904, 3906–3909 n. Leipzig Nr. 1326^{II}–1332^{II}; 1966 Nr. 3901 L-Wg
3911–4075	Sw	LEW	1959/61	22q/63	10 720	3 200/–	2 × 60	E, H, S	ER; Typ TE59; 1970 in Nr. 217001–217164; 1968 Nr. 4007 a
4116÷4125	Köln	AEG	1914	21q/38	10 160	2 800/–	2 × 39,6	E, H	7 Wg übernommen; 1957 Nr. 4119+4121 n. Karl-Marx-Stadt Bw Nr. 633+634; 1959 Nr. 4120, 4124, 4125 n. Strausberg, ohne Einsatz a, übr. bis 1959 a
4126÷4130	Köln	AEG	1914	21q/38	10 160	2 800/–	2 × 39,6	E, H	3 Wg übernommen; 1957 Nr. 4126, 4127+4129 n. Karl-Marx-Stadt Bw Nr. 635–637
4286÷4295, 4296÷4305	Falk	Siem	1916/21	21q/40	10 400	3 000/–	2 × 37	E, H	9 Wg übernommen; 1957 Nr. 4301 n. Plauen Nr. 55^{II}, Nr. 4302, 4305 n. Strausberg Nr. 2^{II}, 8, Nr. 4303 n. Karl-Marx-Stadt, Bw Nr. 638; Nr. 4304 n. Karl-Marx-Stadt ohne Einsatz a; 1959 Nr. 4292, 4299 n. Magdeburg als Atw; Nr. 4305 als hist. Wg (1980 ex Strausberg Nr. 8) vorgesehen, übr. bis 1965 a
4351÷4355	Adf	AEG	1913	24q/41	10 200	2 800/–	2 × 39,6	E, H	2 Wg übernommen; 1955 Nr. 4352+4354 n. Dessau Nr. 24^{III}+25^{III}
4361–4365	O&K	AEG	1926	12l/12q/34	9 900	3 000/–	2 × 34	E, H	5 Wg übernommen; 1956 Nr. 4362 n. Woltersdorf Nr. 6^{II}; 1978 Nr. 4362 ex Woltersdorf Nr. 10^{II} zu hist. Wg Flb Nr. 14; übr. bis 1956 a

Elektrische Straßenbahn

noch **Wagenparkstatistik** – Berliner Verkehrs-Aktiengesellschaft (BVG-demokratischer Sektor) ab 1.8.1949 bis VEB Kombinat Berliner Verkehrsbetriebe (BVB)

Wagen-nummer	Hersteller mech.	Hersteller elektr.	Baujahr	Sitz-/ Stehplätze	Länge mm	Achs-/ Drehzapfenabstand mm	Stundenleistung kW	Art der Bremse	Bemerkungen
noch *Triebwagen*									
5001–5107	Sw	LEW	1963/69	22q/63	10720	3200/–	2 × 60	E, H, S	ER; Nr. 5047 vor 1970 a; 1970 Nr. 5001–5046, 5048–5107 in Nr. 217201–306
5126–5150	Sw	LEW	1969/70	22q/52	10720	3200/–	2 × 60	E, H, S	ZR; 1970 in Nr. 223001–025
5207÷5314	Falk/ Köln/ Bres/ Got	AEG	1907/12	30q/41	11400	1300/5500	2 × 45	E, H, S	31 Wg übernommen; 1964 Nr. 5249 n. Potsdam Nr. 125[II]; Nr. 5256, 5274, 5279 ab 1978/73/80 hist. Wg; übr. bis 1969 a, Teile tw. zum Aufbau von Nr. 5090, 5091, 5094, 5128, 5130, 5149 verwendet
5315÷5322	Falk	AEG	1912	24q/41	11100	1300/5200	2 × 45	E, H, S	Nr. 5316+5318 übernommen; 1969 Teile zum Aufbau von Nr. 5126+5127 verwendet
5323÷5349	Falk	AEG	1908	24q/41	11100	1300/5200	2 × 45	E, H, S	9 Wg übernommen; bis 1969 a bzw. zum Aufbau von Nr. 5092, 5093, 5145, verwendet; 1964 Nr. 5348 n. Potsdam Nr. 126[III]
5350÷5357	Falk	AEG	1909	24q/41	11100	1300/5200	2 × 45	E, H, S	Nr. 5350, 5351, 5356 übernommen; 1969 Teile zum Aufbau von Nr. 5141–5143 verwendet.
5358÷5374	Falk	AEG	1910	24q/41	11100	1300/5200	2 × 45	E, H, S	8 Wg übernommen; 1964/69 Teile zum Aufbau von Nr. 5095–5097, 5106, 5133, 5150 verwendet; 1973 Nr. 5366 zu hist. Tw Nr. 68 (SSB)
5375÷5385	Falk	AEG	1912	24q/41	11100	1300/5200	2 × 45	E, H, S	9 Wg übernommen; 1964/69 Teile zum Aufbau von Nr. 5098, 5099, 5131, 5134, 5136 verwendet, übr. a
5386÷5420	Bres	AEG	1913	24q/41	11100	1300/5200	2 × 45	E, H, S	19 Wg übernommen; 1964/69 Teile zum Aufbau von Nr. 5100–5103, 5137, 5139, 5140, 5144 verwendet, übr. bis 1969 a

noch **Wagenparkstatistik** – Berliner Verkehrs-Aktiengesellschaft (BVG-demokratischer Sektor) ab 1.8.1949 bis VEB Kombinat Berliner Verkehrsbetriebe (BVB)

Wagen-nummer	Hersteller mech.	Hersteller elektr.	Baujahr	Sitz-/Stehplätze	Länge mm	Achs-/Drehzapfenabstand mm	Stundenleistung kW	Art der Bremse	Bemerkungen
noch *Triebwagen*									
5421÷5425	Falk	AEG	1919	24q/41	11 100	1 300/5 200	2 × 45	E, H, S	Nr. 5421, 5424+5425 übernommen; 1969 Teile zum Aufbau von Nr. 5104, 5138, 5146 verwendet
5427÷5431	Adf	Siem	1919	24q/41	11 100	1 300/5 200	2 × 45	E, H, S	Nr. 5427 übernommen; 1969 zum Aufbau von Nr. 5107 verwendet
5432÷5436	Falk	Siem	1919	24q/41	11 100	1 300/5 200	2 × 45	E, H, S	Nr. 5435 übernommen; bis 1969 a
5443÷5448	O&K	AEG	1913	18q/8l/41	10 330	3 000/–	2 × 39 2 × 45	E,H	Nr. 5443+5444 übernommen; bis 1963 a
5450÷5495	O&K	AEG	1913	18q/8l/41	10 330	3 000/–	2 × 39 2 × 45	E,H	11 Wg übernommen; bis 1963 a
5500÷5602	Han	AEG	1921	4l/20q/44	11 000	3 000/–	2 × 39,6	E,H	8 Wg übernommen; 1956 Nr. 5527, 5542, 5581, 5595, 5600, 5601 n. Potsdam Nr. 119–115, 114^{II}; 1956 Nr. 5596+5599 n. Dessau Nr. 22^{III}+23^{III}
5605÷5631	O&K	AEG	1913/14	8l/18q/41	10 390	3 200/–	2 × 39,6	E,H	5 Wg übernommen; 1963 Nr. 5611, 5617, 5622, 5630, 5631 n. Woltersdorf Nr. 13, 11, 12, 14, 15; Nr. 5617+5630 ex Woltersdorf als hist. Wg vorgesehen
5632÷5658	O&K	AEG	1913/14	8l/18q/41	10 390	3 200/–	2 × 39,6	E,H	9 Wg übernommen; 1963 Nr. 5644 n. Woltersdorf Nr. 10; übr. 1963 a
5700	Gör	AEG	1925	12l/12q/40	10 000	2 800/–	2 × 33,5	E,H	1950 2 × 60 kW; 1955 ER; 1960 zum Aufbau von Nr. 3966 verwendet
5701÷6200	Gör/Bres/Bau	AEG/SSW/BBC	1924/26	12l/12q/40	10 000	2 800/–	2 × 33,5 2 × 34,5	E,H	164 Wg übernommen; 1950/51 z. T. bei Joh/LEW umgeb., Motorleistung 2 × 60 kW; Nockenfahrschalter; Frischstrom-Magnetschienenbremse; neue Wagenkästen, Fahrersitz; Schiebetüren 1953/54 bei etwa 80 Wg; 1959/61 Teile zum Aufbau von gummigefederten Radsätzen; Schaffnersitz; 1969 a
8001	Wer	LEW	1952	40q/56	14 590	1 950/6 700	4 × 50	E, H, S	

Elektrische Straßenbahn

noch **Wagenparkstatistik** – Berliner Verkehrs-Aktiengesellschaft (BVG-demokratischer Sektor) ab 1.8.1949 bis VEB Kombinat Berliner Verkehrsbetriebe (BVB)

Wagennummer	Hersteller mech.	Hersteller elektr.	Baujahr	Sitz-/ Stehplätze	Länge mm	Achs-/ Drehzapfenabstand mm	Stundenleistung kW	Art der Bremse	Bemerkungen
noch *Triebwagen*									
8002	Got	LEW	1958	26q/88	14100	1950/5500	4 × 55	E, H, S	urspr. gummigef. Radsätze, Schaffnersitz; 1970 in Nr. 218001
8003–8067	Got	LEW	1961/64	25q/88	14100	1950/5500	4 × 55	E, H, S	1968/69 Nr. 8035–8053 ex Dresden Nr. 1731–1749; 1969/70 Nr. 8054–8067 ex Magdeburg Nr. 431–444; 1970 in Nr. 218002–066
217001–164	Sw	LEW	1959/61	22q/63	10720	3200/–	2 × 60	E, H, S	ER; 1970 ex Nr. 3911–4006, 4008–4075; ab 1982 verstärkte Ausmusterung bzw. Umbau zu Atw/Gtw
217201–306	Sw	LEW	1963/69	22q/69	10720	3200/–	2 × 60	E, H, S	ER; 1970 ex Nr. 5001–5046, 5048–5107; 1981 Nr. 217206 + 303 zu Atw; 1982 Nr. 2177222 a
218001	Got	LEW	1958	26q/88	14100	1950/5500	4 × 55	E, H, S	1970 ex Nr. 8002
218002–066, 218005[II]	Got	LEW	1961/64	25q/88	14100	1950/5500	4 × 55	E, H, S	1970 ex Nr. 8003–8067; 1982 Nr. 218005, 006, 010, 044 a, Nr. 218002 in Nr. 218005[II]; 1983 Nr. 218052, 059 a; 1984 Nr. 218023 a
219001–003	ČKD	ČKD	1976	35q/141	18110	1900/8900	4 × 40	E, F, S	ER; KT4D; 1985 Nr. 219001 + 002 zu L-Wg Nr. 724002 + 003
219004–023	ČKD	ČKD	1977	35q/141	18110	1900/8900	4 × 40	E, F, S	ER; KT4D
219024–083	ČKD	ČKD	1978	35q/141	18110	1900/8900	4 × 40	E, F, S	ER; KT4D; 1980 Nr. 219 055 n. Unfall a
219084–160	ČKD	ČKD	1979	35q/141	18110	1900/8900	4 × 40	E, F, S	ER; KT4D
219161–230	ČKD	ČKD	1980	35q/141	18110	1900/8900	4 × 40	E, F, S	ER; KT4D
219231–291	ČKD	ČKD	1982	35q/141	18110	1900/8900	4 × 40	E, F, S	ER; KT4D
219292–301	ČKD	ČKD	1983	34 q/141	18110	1900/8900	4 × 45	E, F, S	ER; KT4D-t
219302 + 303	ČKD	ČKD	1982	34 q/141	18110	1900/8900	4 × 45	E, F, S	ER; KT4D-t; 1983 ex Prag, Probewagen Nr. 0015+0014
219304–312	ČKD	ČKD	1983	35 q/141	18110	1900/8900	4 × 40	E, F, S	ER; KT4D; geplant für Potsdam
219313–320	ČKD	ČKD	1976	35 q/141	18110	1900/8900	4 × 40	E, F, S	ER; KT4D; 1984 ex Leipzig Nr. 1301[II]-1308[III]
219321–360	ČKD	ČKD	1984	35 q/141	18110	1900/8900	4 × 40	E, F, S	ER; KT4D

noch **Wagenparkstatistik** – Berliner Verkehrs-Aktiengesellschaft (BVG-demokratischer Sektor) ab 1.8.1949 bis VEB Kombinat Berliner Verkehrsbetriebe (BVB)

Wagen-nummer	Hersteller mech.	Hersteller elektr.	Baujahr	Sitz-/Stehplätze	Länge mm	Achs-/Drehzapfenabstand mm	Stundenleistung kW	Art der Bremse	Bemerkungen
noch Triebwagen									
219 361–417	ČKD	ČKD	1985	35 q/141	18 110	1 900/8 900	4 × 40	E, F, S	ER; KT4D
219 418–444	ČKD	ČKD	1985	34 q/141	18 110	1 900/8 900	4 × 45	E, F, S	ER; KT4D-t
223 001–025	Sw	LEW	1969/70	22q/52	10 720	3 200/–	2 × 60	E, H, S	ZR; 1979 Nr. 223 025 n. Woltersdorf Nr. 39; 1980/81 Nr. 223 019–024 n. Strausberg Nr. 001–006
Beiwagen									
1÷500	Gör/Bres/Bau		1924	12l/12q/43	10 000	2 800/–	–	So, H	167 Wg übernommen; 1959 a, Teile zum Aufbau von Nr. 1821–1983 verwendet
123, 269, 287, 371	Wer		1950	12l/12q/43	10 000	2 800/–	–	So, H	Aufbauwg; 1962 a
501÷801	Gör		1925/26	12l/12q/46	10 000	3 200/–	–	So, H	90 Wg übernommen; 1959/64 Teile zum Aufbau von Nr. 1984–2066 verwendet
565, 679, 706, 758	Wer		1950	12l/12q/46	10 000	3 200/–	–	So, H	Aufbauwg; 1962 a
851÷880	Nies		1928/30	10l/24q/36	11 200	3 500/–	–	So, H	6 Wg übernommen; 1964 a, Teile zum Aufbau Nr. 2151–2156 verwendet
881÷900	Bau		1928/30	10l/24q/36	11 200	3 500/–	–	So, H	3 Wg übernommen; 1964 a, Teile zum Aufbau von Nr. 2157–2159 verwendet
914÷1087			1905/11	24q/42	9 100	2 600/–	–	So, H	21 Wg übernommen; bis 1969 a, Teile zum Aufbau von Nr. 2181, 2183, 2247, 2255, 2257, 2259–2263, 2266, 2270, 2274–2276, 2280, 2281 verwendet; Nr. 958 ab 1976 hist. Wg., Nr. 984+1032 als hist. Wg vorgesehen
1221÷1230	O&K		1913/14	18q/18l/55	10 390	3 000/–	–	So, H	4 Wg übernommen; 1963 a, Teile zum Aufbau von Nr. 2175–2178 verwendet
1231÷1239	O&K		1926	12l/12q/40	9 800	3 000/–	–	So, H	6 Wg übernommen; 1961/62 a, Teile zum Aufbau von Nr. 2175–2178 verwendet

Elektrische Straßenbahn 305

noch **Wagenparkstatistik** – Berliner Verkehrs-Aktiengesellschaft (BVG-demokratischer Sektor) ab 1.8.1949 bis VEB Kombinat Berliner Verkehrsbetriebe (BVB)

Wagen-nummer	Hersteller mech. / elektr.	Baujahr	Sitz-/ Stehplätze	Länge mm	Achs-/ Drehzapfenabstand mm	Stundenleistung kW	Art der Bremse	Bemerkungen
noch *Beiwagen*								
1285÷1422	Han	1918/21	24q/46	9610	3000/–	–	So, H	37 Wg übernommen; bis 1969 a, Teile zum Aufbau von Nr. 2180, 2182, 2184–2186, 2242–2246, 2248–2252, 2264, 2267–2269, 2271–2275, 2277–2279, 2282, 2284 verwendet; ex Nr. 1420 als hist. Wg vorgesehen
1471÷1476	Adf	1910/11	24q/42	9220	3000/–	–	So, H	3 Wg übernommen; 1969 a; Teile zum Aufbau von Nr. 2254, 2258, 2289 verwendet
1477÷1485	O&K	1910	24q/42	9680	3000/–	–	So, H	Nr. 1477+1485 übernommen; 1969 a; Teile zum Aufbau von Nr. 2253+2290 verwendet
1486÷1489	Adf	1913	24q/42	9400	3500/–	–	So, H	Nr. 1488+1489 übernommen; 1964 n. Potsdam Nr. 219+218
1490÷1492		1912	24q/42	8300	3200/–	–	So, H	Nr. 1492 übernommen; 1964 a; Teile zum Aufbau von Nr. 2179 verwendet
1493÷1500		1910	24q/42	9110	3200/–	–	So, H	Nr. 1499 übernommen; 1964 a
1501÷1550	O&K	1928/29	24l/10q/46	11700	1600/5500	–	So, H	15 Wg übernommen; 1964 a; Teile zum Aufbau von Nr. 2160–2174 verwendet
1616÷1630	Elze	1944	22q/50	10940	3200/–	–	So, H	10 Wg übernommen; bis 1970 a, Teile zum Aufbau von Nr. 2241, 2265, 2283, 2285, 2286 verwendet
1701–1720	Wer	1950	22q/47	10500	3000/–	–	So, H	1969 Nr. 1703, 1705, 1707, 1709, 1714, 1716 n. Dessau Nr. 101[III], 115[III], 106[III], 102[III], 124[III], 105[III]; Nr. 1715 n. Dessau ohne Einsatz a; 1977 Nr. 1707 ex Dessau Nr. 106[III] hist. Wg, übr. 1970 a
1721–1740	Wer	1951	22q/47	10500	3000/–	–	So, H	1968 Nr. 1735+1736 n. Zwickau Nr. 219[II]+220[II]; 1969 Nr. 1727, 1728, 1730–

noch **Wagenparkstatistik** – Berliner Verkehrs-Aktiengesellschaft (BVG-demokratischer Sektor) ab 1.8.1949 bis VEB Kombinat Berliner Verkehrsbetriebe (BVB)

Wagen-nummer	Hersteller mech. / elektr.	Baujahr	Sitz-/ Stehplätze	Länge mm	Achs-/ Drehzapfenabstand mm	Stundenleistung kW	Art der Bremse	Bemerkungen
noch *Beiwagen*								
								1733, 1737–1740 n. Dresden Nr. 1347^{II}, 1346^{II}, 1344^{II}, 1341^{II}, 1342^{II}, 1348^{II}, 1349^{II}, 1345^{II}, 1343^{II}, 1350^{II}, 1969 Nr. 1723, 1726, 1729, 1734 n. Rostock Nr. 128^{II} bis 131^{II}, übr. bis 1970 a
1741–1744	Joh	1952	22q/45	10 000	3 200/–	–	So, H	Neuaufbau aus Güterloren; bis 1964 a; 1964 Teile zum Aufbau von Nr. 2073–2075 verwendet
1749, 1750	Wer	1951	61/29q/32	11 400	2 × 2850/ 5300	–	So, H	gummigefederte Losräder; 1957 in Nr. 1749; 1961 n. Potsdam Nr. 256
1750^{II}, 1751–1800	Adf	1953	81/12q/	10 800	3 000/–	–	So, H	1957 Nr. 1800 in Nr. 1750^{II}; 1964 a; Teile zum Aufbau von Nr. 2101–2150 verwendet
1801–1820	Got	1959	22q/65	10 900	3 200/–	–	So, H, S	1970/71 n. Leipzig Nr. 479^{III}–498^{III}
1821–2075	Sw	1959/64	20q/69	10 720	3 200/–	–	So, H, S	ER; urspr. mit Schaffnersitz; 1970 in Nr. 267 001–254
2101–2150	Sw	1964	20q/69	10 720	3 200/–	–	So, H, S	ER; 1970 in Nr. 267 401–450
2151–2187	Sw	1959	20q/69	10 720	3 200/–	–	So, H, S	ER; 1970 in Nr. 267 255–290
2241–2290	Sw	1969	22q/67	10 720	3 200/–	–	So, H, S	ZR; 1970 in Nr. 269 001–050
3001	Wer	1952	40q/56	14 590	1 950/6 700	–	So, H	1969 a
3002	Got	1958	28q/92	14 100	1 950/5 500	–	So, H, S	Prototyp EDB 58; urspr. mit Schaffnersitz; 1970 in Nr. 268 001
3003–3090	Got	1961/64	23q/97	14 100	1 950/5 500	–	So, H, S	ER; urspr. mit Schaffnersitz; 1970 in Nr. 268 002–089
3091–3109	Got	1962/63	23q/97	14 100	1 950/5 500	–	So, H, S	1968/70 ex Dresden Nr. 2001–2019; 1970 in Nr. 268 090–108
3110–3123	Got	1962/64	23q/101	14 100	1 950/5 500	–	So, H, S	1969/70 ex Magdeburg Nr. 561–574; 1970 in Nr. 268 109–122
267 001–254	Sw	1959/64	20q/69	10 720	3 200/–	–	So, H, S	1970 ex Nr. 1821–2075; 1972 Nr. 267 080, 081, 095,

Elektrische Straßenbahn 307

noch **Wagenparkstatistik** – Berliner Verkehrs-Aktiengesellschaft (BVG-demokratischer Sektor) ab 1.8.1949 bis VEB Kombinat Berliner Verkehrsbetriebe (BVB)

Wagen-nummer	Hersteller mech. elektr.	Baujahr	Sitz-/ Stehplätze	Länge mm	Achs-/ Drehzapfenabstand mm	Stundenleistung kW	Art der Bremse	Bemerkungen
noch *Beiwagen*								092, 094, 093, 083, 097 n. Potsdam Nr. 401–408; 1974/75 Nr. 267 082, 091, 090, 099 n. Potsdam, Einsatz mit Berliner Nr.; 1982/83 Nr. 267 054, 143, 177 a
267 255–290	Sw	1959/64	20q/69	10 720	3 200/–	–	So, H, S	1970 ex Nr. 2151–2186; 1981 Nr. 267 251, 281, 285, 288, 290 zu Gbw
267 401–450	Sw	1964	20q/69	10 720	3 200/–	–	So, H, S	1970 ex Nr. 2101–2150; 1982/83 Nr. 267 402–410, 412, 414, 415, 417–26 zu Gbw
268 001	Got	1958	28q/92	14 100	1 950/5 500	–	So, H, S	1970 ex Nr. 3002; 1978 a
268 002–089	Got	1961/64	23q/64	14 100	1 950/5 500	–	So, H, S	1980/84 Nr. 268 002–029, 031–033, 035, 037, 039, 042–047, 049, 080 a; 1986 u. a. Nr. 268 034, 069–075, 077 a
268 090–122	Got	1962/64	23q/97 23q/101	14 100	1 950/5 500	–	So, H, S	1970 ex Nr. 3091–3123; 1981/83 Nr. 268 090, 092 + 093, 096–098, 103, 105–107, 112 + 113, 118, 122 a
269 001–050	Sw	1969	22q/67	10 720	3 200/–	–	So, H, S	ZR; 1970 ex Nr. 2241–2290; Nr. 269 005, 037 bis 1980 a; 1980/81 Nr. 269 039–050 n. Strausberg Nr. 001–004; übr. vorläufig ohne Einsatz

Schöneiche

Schöneiche liegt im waldreichen Gebiet südöstlich von Berlin. Bodenspekulanten kaufen hier um die Jahrhundertwende das Land auf, parzellieren es und geben es mit Gewinn wieder ab. Da die Käufer hauptsächlich aus Berlin zu erwarten sind, die Verbindung von der „Waldgartenstadt" Schöneiche zum nächstgelegenen Bahnhof Rahnsdorf der Vorortbahn Berlin–Erkner jedoch einen halbstündigen Fußmarsch verlangt, liegt der Gedanke an eine Bahnverbindung nahe.

Für die zu bauende Bahnstrecke wird als Ausgangspunkt der Bahnhof Friedrichshagen an der gleichen Vorortstrecke gewählt, von dem auch eine Straßenbahnverbindung nach Cöpenick besteht. Auf der eingleisigen Strecke nach Schöneiche verkehrt stündlich eine Benzollokomotive mit zwei Anhängewagen von je zehn Plätzen.

Ähnliche Gründe wie in Schöneiche bewegen den Gemeinderat von Kalkberge (heute Rüdersdorf), mit dem Bau einer Straßenbahn nach Schöneiche die Vorteile einer Verkehrsverbindung nach Berlin zu nutzen. Der Straßenbahnverband Schöneiche-Kalkberge eröffnet 1912 die Straßenbahnstrecke Schöneiche—Kalkberge mit 60-PS-Benzollokomotiven. 1914 wird die Strecke elektrifiziert.

Der zweite Weltkrieg bringt große Verwüstungen. Nach mühevoller Aufbauarbeit wird der Betrieb im August 1945 zunächst stündlich wieder aufgenommen. Der volkseigene Betrieb führt nach 1950 den weiteren zweigleisigen Ausbau von Teilstrecken, den Bau von Endschleifen und die Modernisierung des Wagenparks aus.

Heute dient die Schöneicher Straßenbahn im wesentlichen dem Berufs- und Ausflugsverkehr von Schöneiche und Rüdersdorf. Beide Gemeinden liegen im Kreis Fürstenwalde, Bezirk Frankfurt/Oder. Schöneiche hat 1984 etwa 9900 Einwohner, Rüdersdorf mit dem Zementwerk 1984 etwa 11000 Einwohner.

Bw Nr. 3 der Serie Nr. 1 bis Nr. 4 vom Betrieb Schöneiche. Die Bw stammten von der Pferdebahn Leipzig (GLSt) Serie Nr. 37–Nr. 40; aufgenommen um 1911.
Foto: Sammlung Kubig

Benzolstraßenbahn

Zeittafel

um 1900
Nach anfänglichen Plänen, eine Bahnverbindung nach Rahnsdorf zu bauen, konzentrieren sich spätere Pläne auf eine längere Schienenverbindung zum Bf Friedrichshagen an der Vorortstrecke Berlin–Erkner. Hier besteht Anschluß an die „Städtische Straßenbahn Cöpenick". Bekannt ist u. a. auch ein Projekt zum Bau einer 750-mm-Schmalspurbahn. Weitaus ungünstiger liegt der Ort Kalkberge (später Rüdersdorf). Die bestehende Dampfschiffverbindung nach Erkner ist zu langsam. Die Stichbahn von Fredersdorf dient mehr dem Güterverkehr zum Zementwerk.
Eine gemeinsame Planung oder gar Realisierung mit der Gemeinde Woltersdorf kommt nicht zustande.

20. 07. 1910
Erlaß der Genehmigungsurkunde für die Straßenbahn Friedrichshagen–Schöneiche durch den Regierungspräsidenten in Potsdam: „Zur Herstellung und zum Betrieb einer Straßenbahn in einer Spurweite von 1 m von Friedrichshagen nach Schöneiche für die Beförderung von Personen und Personengepäck mittels Motorlokomotiven wird der Gemeinde Schöneiche aufgrund des Gesetzes über Kleinbahnen und Privatanschlußbahnen vom 28. Juli 1892 im Einvernehmen mit der Königlichen Eisenbahndirektion in Berlin bis zum 1. April 1940, vorbehaltlich der Rechte Dritter, unter nachstehenden Bedingungen die Genehmigung erteilt: . . ."

28. 08. 1910
Inbetriebnahme der etwa 5,6 km langen, eingleisigen Strecke Friedrichshagen–Schöneiche/Schloßstraße (Dorfstraße). Der Betrieb wird mit zwei Benzollokomotiven und jeweils zwei angehängten Beiwagen durchgeführt.

11. 11. 1911
Der Gemeinde Kalkberge wird die Genehmigung zum Bau und Betrieb einer Straßenbahn in einer Spurweite von 1 m erteilt. Die vorausgegangenen Verhandlungen mit der Gemeinde Schöneiche waren erfolgreich, so daß die Kalkberger Straßenbahn ein Mitbenutzungsrecht auf der Strecke von Schöneiche nach Friedrichshagen erhält.

05. 11. 1912
Inbetriebnahme der etwa 7,7 km langen Straßenbahn Kalkberge–Schöneiche mit Anschluß an die bereits bestehende Straßenbahn nach Friedrichshagen. Auch diese neue Strecke wird mit Benzollokomotiven betrieben.

28. 05. 1914
Den Gemeinden Kalkberge und Schöneiche wird die Genehmigung erteilt, ihre Straßenbahnstrecken auf elektrischen Betrieb umzustellen.

Netzplan s. „Schöneiche – Elektrische Straßenbahn", S. 320.

Benzollokomotive Nr. 1, gebaut 1910, mit einem Bw Serie Nr. 1 bis Nr. 4; 1910 ex Leipzig (GLSt) Pfw; aufgenommen um 1912.
Foto: Sammlung Kubig

Schöneiche

Benzollokomotive Nr. 2 des Betriebes Schöneiche, gebaut 1910.
Foto: Sammlung Kubig

Benzollokomotive der Serie Nr. 1 – Nr. 3, gebaut 1912, für den Betrieb Kalkberge; aufgenommen in der Friedrichshagener Chaussee/Ecke Waldstraße um 1913.
Foto: Sammlung Kubig

Benzolstraßenbahn 311

Wagenparkstatistik – Benzolstraßenbahnen – Betriebe Schöneiche und Kalkberge

Wagen-nummer	Hersteller mech. elektr.	Baujahr	Sitz-/Stehplätze	Länge mm	Achs-/Drehzapfenabstand mm	Stundenleistung kW	Art der Bremse	Bemerkungen
Betrieb Schöneiche								
Lokomotiven								
1	Deutz	1910	–/–	4100	1600/–	13,3		
2	Deutz	1910	–/–	5300	1600/–	44,1		
Beiwagen								
1–4	Köln	1886	20 l/12		/–	–	D, H	1910 ex Leipzig (GLSt) Serie Nr. 37–40; 1914 a
5+6	Adf	1910		12400	1400/5600	–		1914 zu Bw Nr. 17+18
Betrieb Kalkberge								
Lokomotiven								
1–3	Deutz	1912	–/–	5000	1900/–	44,1		
Beiwagen								
1–6	Han	1912						1914 zu Bw Nr. 11–16

Schöneiche

Elektrische Straßenbahn

Zeittafel

30. 05. 1914
Eröffnung des elektrischen Betriebs von Kalkberge nach Friedrichshagen. Die Umstellung des Benzollokomotivbetriebs auf elektrischen Betrieb war ein zwingendes Erfordernis geworden, da die Leistungsfähigkeit des Benzollokomotivbetriebs nicht mehr genügte. Besonders an den Steigungen in Kalkberge reichte die Kraft der Lokomotiven nicht aus, Fahrzeuge und Fahrgäste zu ziehen. Letztere mußten nicht selten aussteigen und schieben.

01. 07. 1914
Der schnellere elektrische Betrieb ermöglicht die Halbierung der Zugfolgezeit von 60 Minuten auf 30 Minuten.

27. 05. 1916
Die Gemeinden Kalkberge und Schöneiche schließen einen Betriebsvertrag über die Straßenbahnen ab.

15. 06. 1918
Nachtrag zu den Genehmigungsurkunden vom 28. Mai 1914 für die Gemeinden Kalkberge und Schöneiche: „Der Betriebsunternehmerin wird die Erlaubnis erteilt, den Betrieb der Straßenbahn gemäss den Festsetzungen des von den Kleinbahnaufsichtsbehörden genehmigten Betriebsvertrags auf den Strassenbahnverband Schöneiche-Kalkberge G.m.b.H. zu

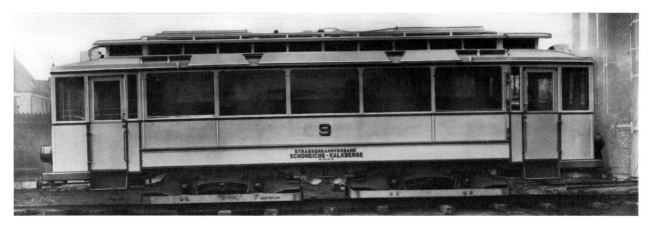

Tw Nr. 9 der Serie Nr. 1 – Nr. 5, Nr. 9 + Nr. 10, gebaut 1914/15, von der Firma Lindner, Ammendorf; aufgenommen im Anlieferungszustand.
Foto: Sammlung Dr. Bauer

Tw Nr. 9, gebaut 1915; nach dem Umbau auf Scherenstromabnehmer; 1945 KV.

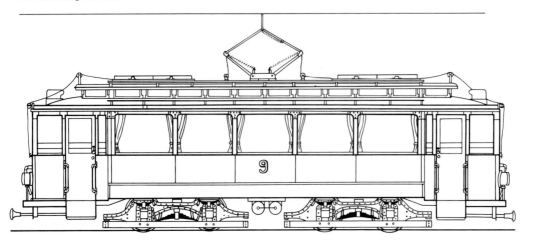 

Elektrische Straßenbahn

übertragen. ... Für die Erfüllung der Bedingungen der Genehmigungsurkunde bleibt neben dem Strassenbahnverband Schöneiche-Kalkberge auch die Gemeinde Schöneiche verantwortlich."
Sinngemäß lautet auch der Nachtrag der Genehmigungsurkunde für die Gemeinde Kalkberge.

05. 07. 1918
Der Straßenbahnverband Schöneiche-Kalkberge G.m.b.H. mit dem Sitz in Schöneiche wird in das Handelsregister beim Königlichen Amtsgericht in Cöpenick eingetragen.

Tw der ersten Bauserie Nr. 1–Nr. 5, Nr. 9 + Nr. 10 mit Bw Serie Nr. 17 + Nr. 18 der ehemaligen Benzolstraßenbahn Schöneiche; aufgenommen um 1920.
Foto: Sammlung Matthes

03. 07. 1931
In einem weiteren Nachtrag zu den Genehmigungsurkunden vom 28. Mai 1914 wird die Genehmigung erteilt:

– der Gemeinde Kalkberge, ihr Straßenbahnunternehmen von Klein-Schönebeck bis Tasdorf in Meterspur zweigleisig auszubauen,
– der Gemeinde Schöneiche, ihr Straßenbahnunternehmen von Friedrichshagen bis Schöneiche in Meterspur zweigleisig auszubauen.

20. 04. 1945
Betriebseinstellung infolge der Auswirkungen des zweiten Weltkrieges.

19. 08. 1945
Wiederaufnahme des Betriebs zwischen Friedrichshagen und Schöneiche/Depot.

Schöneiche

Tw Nr. 31 der Serie Nr. 31–Nr. 34, gebaut 1928, im Lieferzustand; Tw Nr. 34 wurde 1975 als historischer Tw rekonstruiert.
Foto: Sammlung Dr. Bauer

Bw Nr. 19 der Serie Nr. 19–Nr. 22, gebaut 1928, im Lieferzustand.
Foto: Sammlung Dr. Bauer

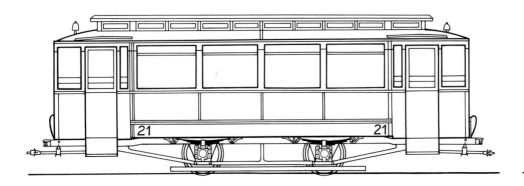 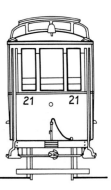

Bw Nr. 21, gebaut 1928.

Elektrische Straßenbahn

Innenansicht des Bw Nr. 19, gebaut 1928: gedrechselte Füße der Holzlattensitze, Vorhänge vor den Fenstern und der Hinweis „Nicht in den Wagen spucken" passen wohl doch nicht recht zusammen.
Foto: Sammlung Dr. Bauer

Tw Nr. 6 gebaut 1915; 1956 ex Nr. 10; aufgenommen im Zustand von 1960.
Foto: Kirsch

04. 10. 1945
Wiederaufnahme des Betriebs bis Rüdersdorf/Depot.

23. 12. 1945
Wiederaufnahme des Betriebs auf der gesamten Strecke.

1945
Der Straßenbahnverband Schöneiche – Kalkberge wird aufgelöst, der Straßenbahnbetrieb dem Kommunalen Wirtschaftsunternehmen des Kreises Niederbarnim zugeordnet.

1950
Der Straßenbahnbetrieb firmiert unter „VE Kreis–Verkehrs- und Transportbetrieb".

1952
Umbenennung des Straßenbahnbetriebs in „VEB (G) Verkehrsbetrieb Schöneiche – Rüdersdorf".

1956
Der Straßenbahnbetrieb wird kreisgeleitet (VEB (K) Verkehrsbetrieb Schöneiche – Rüdersdorf).

Bw Nr. 104, gebaut 1928; aufgenommen im Juli 1974 und 1975 ausgemustert.
Foto: Reichenbach

Schöneiche

Bw Nr. 13, gebaut 1912 nach dem Umbau.
Foto: Sammlung Schreiner

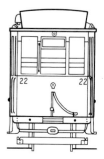

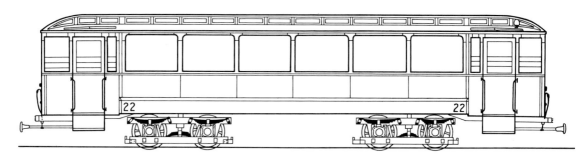

Bw Nr. 22[II], gebaut 1910, 1956 ex Nr. 18; 1914 ex Nr. 6 der Benzolstraßenbahn Schöneiche.

Bw Nr. 131, gebaut 1942, wurde 1964 als Tw Nr. 299 von Karl-Marx-Stadt übernommen und umgebaut.
Foto: Kubig

Elektrische Straßenbahn 317

Bw Nr. 22[II] nach dem Neuaufbau in den Jahren 1962/63 in eigener Werkstatt.
Foto Kubig

Tw Nr. 52, Baujahr 1914, 1961 Umbau zum ER-Tw, mit Bw Nr. 132, Baujahr 1942, 1964 ex Karl-Marx-Stadt Tw Nr. 298, aufgenommen in Rüdersdorf Juni 1968.
Foto: Reichenbach

Schöneiche

Tw Nr. 61, Baujahr 1966 (eigene Werkstatt) mit Bw Nr. 131, Baujahr 1942, 1964 ex Karl-Marx-Stadt Tw Nr. 299, in der ehemaligen Schleife Rüdersdorf; Juni 1968.
Foto: Reichenbach

Tw Nr. 62, gebaut 1956, 1967 ex Leipzig Nr. 1100^{II}.
Foto: Kubig

Elektrische Straßenbahn 319

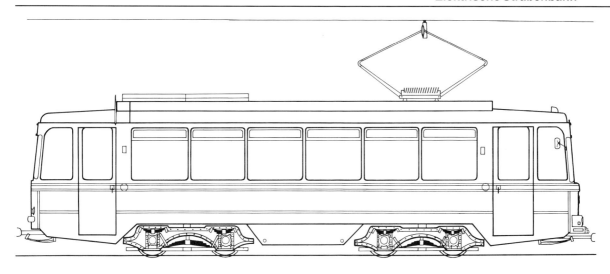

Tw Nr. 65 nach dem Umbau in eigener Werkstatt im Jahre 1970.

Tw Nr. 65, Baujahr 1970 (eigene Werkstatt) mit Bw Nr. 111, Baujahr 1962 (eigene Werkstatt) in der neuen Farbgebung: elfenbein/weinrot; aufgenommen in Schöneiche im Juni 1982.
Foto: Reichenbach

Schöneiche

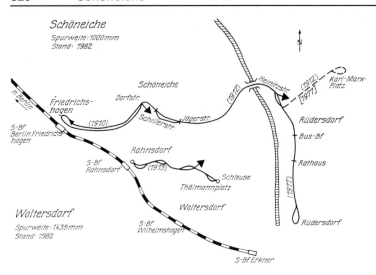

Der ehemalige Leipziger Großraumzug: Bw Nr. 134 ex Leipzig Bw Nr. 2100[II] und Tw Nr. 62 ex Leipzig Tw Nr. 1100[II]; in Rüdersdorf im Juni 1968.
Foto: Reichenbach

Elektrische Straßenbahn

27. 08. 1960
Inbetriebnahme der Gleisschleife am S-Bahnhof Berlin-Friedrichshagen.

1961
Inbetriebnahme der Gleisschleife in Rüdersdorf, Karl-Marx-Platz.

01. 07. 1963
Der „VEB (K) Verkehrsbetrieb Schöneiche – Rüdersdorf" geht in den „VEB (K) Verkehrsbetriebe Schöneiche – Woltersdorf" über.

1969
Der Verkehrsbetrieb wird innerhalb des VEB Kraftverkehr und Spedition Fürstenwalde (Spree) als Betriebsteil Schienenverkehr geführt.

01. 07. 1970
Integration des Straßenbahnbetriebs in den VEB Kombinat Kraftverkehr Frankfurt (Oder), Betrieb Fürstenwalde, Zweigbetrieb Schienenverkehr.

15. 10. 1977
Streckenstillegung zwischen Rüdersdorf/Post und Karl-Marx-Platz infolge des fortschreitenden Kalkabbaus.

06. 11. 1977
Inbetriebnahme der Neubaustrecke von Rüdersdorf/Post nach Alt-Rüdersdorf.

1982
Die Betriebsbezeichnung lautet: VEB Kraftverkehr Fürstenwalde (Spree), Betriebsteil Schienenverkehr – im VE Verkehrskombinat Frankfurt (Oder).

Drei Fahrzeugtypen: Tw Nr. 73, Baujahr 1966 (eigene Werkstatt), historischer Tw Nr. 34, Baujahr 1928, 1975 ex Tw Nr. 74 und Tw Nr. 74^{II}, Baujahr 1974; aufgenommen im Juni 1975.
Foto: Reichenbach

Schöneiche

Wagenparkstatistik – Elektrische Straßenbahn Schöneiche

Wagen-nummer	Hersteller mech.	Hersteller elektr.	Baujahr	Sitz-/Stehplätze	Länge mm	Achs-/Drehzapfenabstand mm	Stundenleistung kW	Art der Bremse	Bemerkungen
Triebwagen									
1–5, 9+10	Adf	AEG	1914/15	30 q/48	11 300	1 500/4 250	2 × 45	D, E, H	Nr. 9 KV; 1956 Nr. 10 in Nr. 6; Nr. 2 ER; 1963 Nr. 2–5 in Nr. 52–55; 1968 Nr. 1 a
6	Adf	AEG	1915	30 q/48	11 300	1 500/4 250	2 × 45	D, E, H	1956 ex Nr. 10; 1969 a
7+8, 9"+10"	Adf	AEG	1928	34 q/52	12 700	1 500/5 000	2 × 50	D, E, H	1956 ex Nr. 31–34; 1966 Nr. 9" a, übr. in Nr. 71, 72, 74
11	Egb	LEW	1964	34 q/60	13 500	1 500/5 520	2 × 60	D, E, H	ER; 1966 in Nr. 61
31–34	Adf	AEG	1928	34 q/52	12 700	1 500/5 000	2 × 50	D, E, H	1956 in Nr. 7, 8, 9", 10"
52–55	Adf	AEG	1914	30 q/48	11 300	1 500/4 250	2 × 45	D, E, H	1966 ex Nr. 2–5, 1963 Nr. 52 ER; 1971 Nr. 55 a; 1972 Nr. 53 Atw, Nr. 54 a; 1975 Nr. 52 a
61	Egb	LEW	1964	34 q/60	13 500	1 500/5 520	2 × 60	D, E, H	ER; 1966 ex Nr. 11; 1985 a
62	LVB	LEW	1956	37 l/70	14 250	1 500/5 520	2 × 60	D, E, H	1967 ex Leipzig Nr. 1 100"; 1975 a
62", 63–65	Egb	LEW	1966/70	34 q/60	13 500	1 500/5 520	2 × 60	D, E, H	ER; 1975 Nr. 62" ex Nr. 73; 1984 Nr. 64 a
71+72	Adf	AEG	1928	34 q/52	12 700	1 500/5 000	2 × 50	D, E, H	1966 ex Nr. 7 + 8; 1974 a
73	Egb	LEW	1966	34 q/60	13 500	1 500/5 520	2 × 60	D, E, H	ER; 1975 in Nr. 62"
74	Adf	AEG	1928	34 q/52	12 700	1 500/5 000	2 × 50	D, E, H	1966 ex Nr. 10"; 1975 zu hist. Tw Nr. 34
71"–74", 75	Sw	LEW	1974/75	22 q/52	10 720	3 200/–	2 × 60	E, H, S	ZR
81	Got	LEW	1965	20 q/62	10 900	3 200/–	2 × 60	E, H, S	ER; 1980 ex Halle Nr. 758; 1984 n. Frankfurt/O Nr. 14"
82+83	Sw	LEW	1973/74	22 q/63	10 720	3 200/–	2 × 60	E, H, S	ER; Typ TE 70; 1984 ex Frankfurt/O Nr. 41"' + 42"
Beiwagen									
11–16	Han		1912	32 l/30	7 000	2 000/–	–	D, H	1914 ex Benzolbetrieb Kalkberge Nr. 1–6; Umbau in Adf; 1955 Nr. 11–13 a, Nr. 14 Abw; 1956 Nr. 15 + 16 in Nr. 23" + 24
17+18	Adf		1910	34 q/65	12 400	1 400/5 600	–	D, H	1914 ex Benzolbetrieb Schöneiche Nr. 5 + 6; 1956 in Nr. 21" + 22"
19–22	Adf		1928	23 q/52	10 000	3 000/–	–	D, H	1956 in Nr. 25–28
21"+22"	Adf		1910	34 q/65	12 400	1 400/5 600	–	D, H	1956 ex Nr. 17 + 18; 1962/63 Umb.; 1967 in Nr. 111 + 112
23	Got		1955	22 q/47	10 500	3 000/–	–	D, H	1956 in Nr. 29

Elektrische Straßenbahn 323

noch **Wagenparkstatistik** – Elektrische Straßenbahn Schöneiche

Wagen-nummer	Hersteller mech.	Hersteller elektr.	Baujahr	Sitz-/ Stehplätze	Länge mm	Achs-/ Drehzapfenabstand mm	Stundenleistung kW	Art der Bremse	Bemerkungen
noch *Beiwagen*									
23^{II}+24	Han		1912	32 l/30	7 000	2 000/–	–	D, H	1956 ex Nr. 15+16; 1965 a
25–28	Adf		1928	23 q/52	10 000	3 000/–	–	D, H	1956 ex Nr. 19–22; 1967 in Nr. 101–104
29–31	Got		1955/56	22 q/47	10 500	3 000/–	–	D, H	1956 Nr. 29 ex Nr. 23; 1967 in Nr. 121–123
101–104	Adf		1928	24 q/52	10 000	3 000/–	–	D, H	1967 ex Nr. 25–28; 1974 Nr. 101+103 a; 1975 Nr. 102 hist. Bw Nr. 20; 1977 Nr. 104 Abw
101^{II}, 102^{III}, 103^{II}, 104^{II}, 105	Sw		1974/75	22 q/67	10 720	3 200/–	–	So, H, S	ZR
102^{II}	Egb		1975	34 q/65	13 500	1 400/5 600	–	D, H	ER; 1975 in Nr. 113
106–110	Sw		1969	22 q/67	10 720	3 200/–	–	So, H, S	ZR; 1983/84 ex Strausberg o. Nr. ex Berlin Nr. 249 046; 042, 039, 048, 050 (n. Umspurung in Magdeburg)
111+112	Egb		1962/63	34 q/63	13 500	1 400/5 600	–	D, H	ER; 1967 ex Nr. 21^{II}+22^{II}
113	Egb		1975	34 q/65	13 500	1 400/5 600	–	D, H	ER; 1975 ex Nr. 102^{II}
121–123	Got		1956	22 q/47	10 500	3 000/–	–	D, H	1967 ex Nr. 29–31; 1967/68 n. Gera Nr. 229, 228, 227
131–133	Nies		1942	28 q/60	11 000	1 650/5 000	–	D, H	1964 ex Karl-Marx-Stadt Tw Nr. 299, 298, 297; 1975 Nr. 133 a; 1984 Nr. 131+132 a
134	LVB		1956	42 q/85	13 950	1 500/5 520	–	D, H	1966 ex Leipzig Nr. 2100^{II}; 1975 a
141+142	Sw		1969	22 q/67	10 720	3 200/–	–	So, H, S	ZR; 1983/84 ex Strausberg o. Nr. ex Berlin Nr. 269 049, 045 (n. Umspurung in Magdeburg)

Betriebsstatistik – Elektrische Straßenbahn Schöneiche

		1927	1938	1975	1982
Personen-Tw		–	9	13	10	11
Personen-Bw		–	12	12	10	14
Arbeits-Tw		–			3	3
Arbeits-Bw		–				2
Gleislänge	km	22,0	23,0	24,0	24,5
Streckenlänge	km	13,5	13,5	13,5	15,0
Zugkilometer[1]	10^3 km			608,3	613,3
Beförderte Personen	10^3 Pers.	1 994,0		2 283,0	2 685,7

[1] i.d.R. bis 1975 Zweiwagenzüge im Einsatz, bei Einsatz von Reko-Tw: Dreiwagenzüge

Strausberg

Dampfbahn, Elektrische Straßenbahn

Die östlich von Berlin gelegene Siedlung wird urkundlich erstmals im Jahre 1238 erwähnt.
1865 wird die Eisenbahnlinie Berlin—Küstrin (Kostrzyn/VR Polen) als Teilstrecke der Preußischen Ostbahn gebaut. Sie führt sechs Kilometer an der Stadt vorbei. Die Textilindustrie und der sich entwickelnde Ausflugsverkehr machen eine bessere Verbindung zum Bahnhof notwendig, die mit einer regelspurigen Kleinbahn 1893 hergestellt wird und dem Personen- und Güterverkehr dient. Zu dieser Zeit hat die Stadt knapp 7000 Einwohner.
Heute ist Strausberg Kreisstadt im Bezirk Frankfurt (Oder) mit etwa 25000 Einwohnern. Es gibt Bauindustrie sowie Land- und Nahrungsgüterwirtschaft. Ausgedehnte Landschafts- und Naturschutzgebiete prägen die Umgebung Strausbergs.

Zeittafel

01. 10. 1867
Zwischen Berlin und Küstrin (Kostrzyn/VR Polen) wird das Reststück der sogenannten Preußischen Ostbahn in Betrieb genommen. Zwischen dem Bahnhof Strausberg dieser Strecke und der Ortsmitte besteht eine Entfernung von etwa 6 km. Großgrundbesitzer haben eine nähere Trassenführung verhindert.
Gegen Ende der 60er Jahre wird ein Pferdeomnibusverkehr zwischen der Stadt und dem Bahnhof eingerichtet.

1880
Der über die Ostbahn von Berlin hergeführte Ausflugsverkehr entwickelt sich stärker.

1891
Auf den Vorortbahnen Berlins wird ein gegenüber dem Ferntarif verbilligter sogenannter Vororttarif eingeführt. Auch Strausberg wird in seinen Geltungsbereich einbezogen.
Besonders zu den Abendzügen am Sonntag muß die Pferdeomnibusverbindung durch notdürftig mit Sitzgelegenheiten versehene Leiterwagen ergänzt werden.

Tw Nr. 1, gebaut 1921.

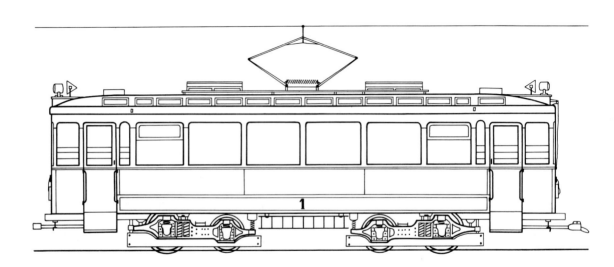

Dampfstraßenbahn, Elektrische Straßenbahn

02. 03. 1893
In Strausberg wird eine Aktiengesellschaft, die „Strausberger Kleinbahn A.-G" gegründet, die die Genehmigung zum Bau und Betrieb einer regelspurigen Kleinbahn zwischen Strausberg-Vorstadt und Strausberg-Stadt für den Personen- und Güterverkehr erhält.

17. 08. 1893
Inbetriebnahme der 6,2 km langen und eingleisigen Strecke mit den Zwischenstationen Landhaus, Schlagmühle und Hegermühle. Am Bahnhof der Ostbahn besteht ein Übergabegleis zur Staatsbahn für die Überführung von Güterwagen.
Vom Bahnhof Strausberg-Vorstadt verläuft die Strecke bis zur Station Hegermühle nordöstlich durch ein Waldgebiet, kreuzt die Chaussee Strausberg–Herzfelde und erreicht in einem großen Bogen das im Süden der Stadt gelegene Alt-Landsberger Tor von Strausberg. Hier ist auch der Kleinbahnhof mit Empfangsgebäude, Güterabfertigung, Freiladegleisen, Lokomotivschuppen und anderen eisenbahntypischen Anlagen errichtet worden.
Die Personenzüge werden aus kurzen und zweiachsigen Wagen gebildet, die von ebenfalls zweiachsigen Tenderlokomotiven gezogen werden.

1911
Es sind vorhanden:
3 Lokomotiven, zweifach gekuppelt;
5 Personenwagen, zweiachsig mit 2 Klassen;
1 Personen-, Gepäck- und Postwagen.

22. 05. 1919
Die Stadt Strausberg erhält vom Regierungspräsidenten in Potsdam die Erlaubnis zum Bau und Betrieb einer Elektrischen Kleinbahn.

Juli 1919
Die Stadt Strausberg und die Strausberger Kleinbahn A.-G. einigen sich über das Projekt zum Ausbau der Strausberger Kleinbahn. Noch im selben Monat wird mit dem Bau begonnen. Vom Bf Strausberg-Vorstadt bis zur Station Hegermühle benutzt die neue Bahn die Gleise der Kleinbahn. Dann verläuft sie östlich der Fahrbahn auf der Chaussee Strausberg–Herzfelde auf besonderem Bahnkörper. Am Lustgarten endet die Strecke in einer zweigleisigen Kehranlage. Im Anschluß daran werden zwei Gleise in einem Bogen in die neue dreigleisige Wagenhalle geführt.
Die Bahnstromversorgung mit Gleichstrom von 800 V Spannung übernimmt das Elektrizitätswerk Strausberg.
Für den Personenverkehr stehen drei vierachsige Triebwagen und vier gleichfalls vierachsige Beiwagen und ein zweiachsiger Post- und Traglastenwagen zur Verfügung. Für die Beförderung von Güterwagen ist eine zweiachsige elektrische Lokomotive vorhanden.
Von der Station Hegermühle bis zum Kleinbahnhof werden die Anlagen weiterhin für die Anschlußbedienung genutzt.

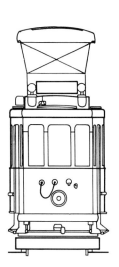

Tw Nr. 8, gebaut 1921, 1965 ex BVG Nr. 4305.
Foto: Kubig

Strausberg

Tw Nr. 16, gebaut 1924, 1940 ex Düsseldorf Nr. 7.
Foto: Kubig

Tw Nr. 9, gebaut 1928.
Foto: Kubig

18. 03. 1921
Betriebseröffnung der elektrifizierten Strausberger Eisenbahn.

16. 04. 1926
Die Strausberger Eisenbahn wird in nördlicher Richtung durch die Stadt bis zum Landesjugendheim/Wriezener Straße verlängert. Die Streckenlänge wächst auf 8 km.
Ein Trieb- und zwei Beiwagen werden beschafft.

1935
In diesem Jahr werden 1 000 820 Personen und 22 562 t Güter befördert.
Mitte der 30er Jahre werden zu einem neuentstandenen Rüstungsbetrieb die Arbeiter mit Reichsbahn-Abteilwagen, die von einer elektrischen Lokomotive gezogen werden, befördert. Zeitweilig findet auch auf der alten Kleinbahnstrecke zwischen Hegermühle und dem Kleinbahnhof wieder ein Personenverkehr statt.

April 1945
Einstellung des Verkehrs infolge Zerstörungen an Anlagen und Fahrzeugen durch Kampfhandlungen.

September 1945
Mit einem stündlichen Pendelverkehr zwischen Lustgarten und Hegermühle wird der Personenverkehr wieder aufgenommen.

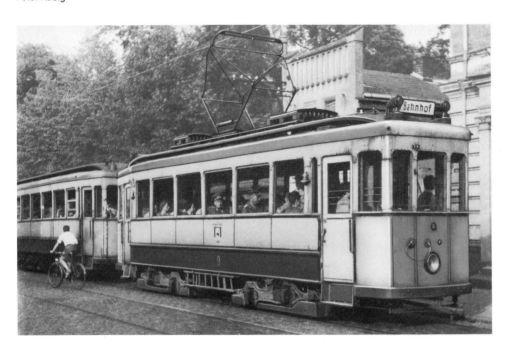
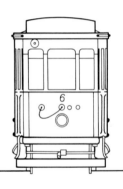

Elektrische Straßenbahn 327

Bw Nr. 18, gebaut 1943, 1968/69 nach Woltersdorf.
Foto: Kubig

19. 04. 1946
Wiederaufnahme des Personenverkehrs zwischen Strausberg-Vorstadt und Lustgarten.
Der Güterverkehr wird mit zwei geliehenen Dampflokomotiven der Kleinbahn Strausberg–Herzfelde betrieben.

1948
Die elektrischen Lokomotiven sind wieder betriebsfähig.

31. 10. 1948
Die Elektrifizierung der besonderen Vorortgleise von Berlin nach Strausberg ist abgeschlossen. Die ersten S-Bahn-Züge erreichen den Bahnhof Strausberg.

1950
Die Berliner S-Bahn führt einen neuen Fahrplan mit einer Zugfolge von 20 Minuten ein. Die Strausberger Eisenbahn paßt ihren Fahrplan daran an. Gründung des VEB (K) Strausberger Eisenbahn.

03. 06. 1956
Die Verlängerung der S-Bahn-Strecke nach Strausberg-Nord wird in Betrieb genommen. In der Nähe des Lustgartens befindet sich die S-Bahn-Strecke Strausberg-Stadt.

1967
Die Überalterung des Wagenparks zwingt zur Beschaffung neuer Fahrzeuge. Aus Leipzig werden Mitteleinstieg-Triebwagen übernommen.
Ein Zug besteht aus 2 Triebwagen. Der jeweils hintere Triebwagen fährt antriebslos mit, wobei nur die Druckluftbremse wirkt. Durch diese Verfahrensweise ist ein Rangieren an den Endstellen nicht mehr erforderlich.

1968
Es werden rund 3 Millionen Fahrgäste und 146 000 t Güter befördert.

Bw Nr. 6, gebaut 1921.

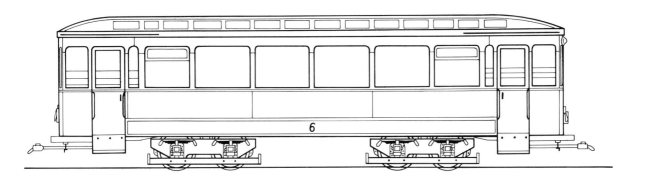

Strausberg

Bw Nr. 12, Baujahr 1921, 1970 ex Bw Nr. 4; 1977 ausgemustert; aufgenommen Juli 1970.
Foto: Reichenbach

Tw Nr. 4^{II}, Baujahr 1924, 1940 ex Düsseldorf mit Bw Nr. 11^{II}, Baujahr 1921, an der Haltestelle Hegermühle im Juni 1970.
Foto: Reichenbach

Elektrische Straßenbahn

01. 01. 1970
Die Strausberger Eisenbahn wird zum Zweigbetrieb Schienenverkehr im VEB Kraftverkehr und Spedition Fürstenwalde (Spree).

01. 10. 1970
Der Streckenabschnitt durch die Stadt zwischen Lustgarten und Wriezener Straße wird auf Omnibusbetrieb umgestellt.

1981
Nach und nach werden die ehemaligen Leipziger Triebwagen durch Zweirichtungs-Fahrzeuge aus dem Berliner Reko-Fahrzeugpark ersetzt.

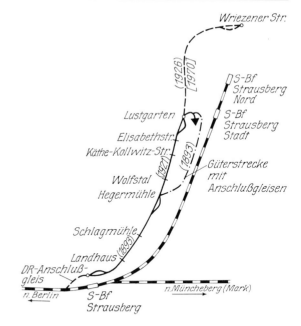

Doppeltriebwageneinsatz: Tw Nr. 2^{IV}, ex Leipzig Tw Nr. 1010^{II} und Tw Nr. 9^{II} ex Leipzig Tw Nr. 1030^{II} am Bahnhof Strausberg, aufgenommen im Mai 1976.
Foto: Reichenbach

Betriebsstatistik – Strausberger Eisenbahn

		1927	1938	1975	1982
Personen-Tw		–	4	4	7	6
Personen-Bw		–	6	6	–	4
Lokomotiven		–	2	2	2	2
Arbeits-Tw		–	–	–	–	1
Arbeits-Bw		–				1
Spezialwagen		–	1	1	1	1
Postwagen		–	3	5		
Gleislänge	km		11,3[3]	11,0[3]	9,0[2]	9,0[2]
Streckenlänge	km		8,0	8,0	5,9[1]	5,9[1]
Zugkilometer[4]	10^3 km				373,2	445,4
Beförderte Personen	10^3 Pers	1 305,6		2 098,2	3 297,7
Beförderte Güter	10^3 t	26,4		135,0	91,0

[1] Länge der Güterstrecke 3,3 km
[2] Personen-, Anschluß- und Betriebsgleise
[3] einschl. Güterstrecke
[4] Angabe in „Wagenkilometer" ist nicht möglich, da die Züge in Anpassung an das Fahrgastaufkommen (Ausflugsverkehr) je nach Bedarf als Solo-Tw, als Zwei- aber auch als Dreiwagenzug verkehren

Seit 1981 ist dieser Fahrzeugtyp in Strausberg im Einsatz: Bw 001 ex Berlin Bw Nr. 269 047–5 und Tw Nr. 005 ex Berlin Tw Nr. 223 019; Haltestelle Hegermühle, aufgenommen im Juni 1982.
Foto: Reichenbach

Wagenparkstatistik – Strausberger Eisenbahn

Wagen-nummer	Hersteller mech.	Hersteller elektr.	Baujahr	Sitz-/Stehplätze	Länge mm	Achs-/Drehzapfenabstand mm	Stundenleistung kW	Art der Bremse	Bemerkungen
Triebwagen									
001–006	Sw	LEW	1969/70	22 q/52	10 720	3 200/–	2 × 60	E, H, S	ZR; 1980/81 ex Berlin Nr. 223 024, 023, 020, 021, 019, 022; Nr. 001–005 ab 1981, Nr. 006 ab 1982 i. E.
1–3	Wis	Berg	1921	8 l/24 q/30	11 800	1 300/6 200	2 × 37	E, H	Nr. 1 hist. Tw, 2 × 60 kW; Nr. 2 1958 a; Nr. 3 1971 ausgebrannt
2^{II}+8	Falk	Siem	1921	12 l/12 q/40	10 400	3 000/–	2 × 37	E, H	1965 ex Berlin Nr. 4302 + 4305; 1966 Nr. 2^{II} a; 1971 Nr. 8 Atw. 1980 n. Berlin als hist. Tw Nr. 4305 vorgeseh.
9	Wer	Berg	1928	8 l/24 q/30	11 800	1 300/6 200	2 × 37	E, H	1968 a
3^{II}, 5, 8^{II}, 9^{II}, 10^{II}	Bau	Nied/Berg	1929	12 l/24 q/47	14 000	1 820/6 700	4 × 46	D, E, H	1971 (Nr. 5 1968) ex Leipzig Nr. 1037^{II}, 1038^{II}, 1025^{II}, 1030^{II}, 1031^{II}; 1980/81 a
4	Uer	SSW	1924	11 l/16 q/27	10 180	2 800/–	2 × 60	E, H	1971 ex Nr. 14; 1980 abgestellt, 1983 a
2^{III}, 7, 10	Got	Nied/Berg	1929	12 l/24 q/47	14 000	1 820/6 700	4 × 46	D, E, H	1967 ex Leipzig Nr. 1046^{II}–1048^{II}; 1971 Nr. 10 a; 1975 Nr. 2^{III}a; 1981 Nr. 7 a 1971 Nr. 10 a; 1975 Nr. 2^{III}a; 1981 Nr. 7 a
2^{IV}	Nies	Berg	1929	32/47	14 000	1 820/6 700	4 × 46	D, E, H	1968 ex Leipzig Nr. 1010^{II}; Einsatz ab 1976, 1980 a
14+16, 4^{II}	Düss	SSW	1924	11 l/16 q/27	10 180	2 800/–	2 × 50	E, H	1940 ex Düsseldorf Nr. 5 + 7; 1971 Nr. 14 in Nr. 4^{II}; 1980 Nr. 16 Atw
Beiwagen									
001–004	Sw		1969	22 q/67	10 720	3 200/–	–	So, H, S	1980/81 ex Berlin Nr. 269 047, 044, 041, 043; Nr. 001 ab 1981, Nr. 002–004 ab 1982 im Einsatz; Nr. 269 040 o. Einsatz a; 1983/84 ex Berlin Nr. 269 046, 042, 039, 048, 050, 049, 045 n. Schöneiche Nr. 106–110, 141, 142
4–7	Wis		1921	8 l/28 q/30	11 800	1 400/6 000	–	So, H	1970 Nr. 4+5 in Nr. 11^{II}+12; 1957 Nr. 7 a; 1971 Nr. 6 a
10+11	Wer		1928	8 l/26 q/30	11 800	1 400/6 000	–	So, H	1957 Nr. 11 a; 1971 Nr. 10 a
11^{II}+12	Wis		1921	8 l/26 q/30	11 800	1 400/6 000	–	So, H	1970 ex Nr. 4+5; 1971 a
17–20	Uer		1944	16 q/64	10 400	3 000/–	–	So, H	Nr. 20 KV; 1968/69 Nr. 17–19 n. Woltersdorf Nr. 21^{II}, 24^{II}, 22^{II}

Woltersdorf

Woltersdorf im waldreichen Südosten vor Berlin ist ein natürliches Ausflugsgebiet für die Bewohner der nahegelegenen Hauptstadt und läßt sich von der Vorortbahn (Bahnhof Rahnsdorf) durch einen etwa einstündigen Fußmarsch erreichen. Als nach der Jahrhundertwende Bodenspekulationen zur Parzellierung von Wochenendgrundstücken führen, erscheint die Anlage einer Bahnverbindung gewinnversprechend. So wird am 17. Mai 1913 die 5,6 km lange regelspurige elektrische Straßenbahn vom Bahnhof Rahnsdorf zur Woltersdorfer Schleuse eröffnet. Obwohl das Siedlungsgebiet Woltersdorf im engen räumlichen Zusammenhang zu Schöneiche steht, ist es nicht zu einer sinnvollen gemeinsamen Planung öffentlicher Verkehrsmittel gekommen.
Woltersdorf hat heute ca. 6500 Einwohner.

Elektrische Straßenbahn

Zeittafel

1876
Gründung der „Rüdersdorfer Dampfschiffahrts-Aktien-Gesellschaft", die einen planmäßigen Linienbetrieb von Rüdersdorf über Woltersdorf nach Erkner aufnimmt. Ab 1882 wird zusätzlich eine Pferdeomnibuslinie zwischen diesen Gemeinden eingeführt.

1888
Erstmals werden Pläne zum Bau einer Sekundärbahn aufgestellt.

1891
Im Netz der Berliner Stadt-, Ring- und Vorortbahnen wird für die Vorortbahnen ein neuer Nahverkehrstarif eingeführt. Der gegenüber dem Ferntarif niedrigere neue Tarif reicht auch bis nach Erkner. Als Folge nimmt die Siedlungstätigkeit in diesem Gebiet zu. In verstärktem Maße wird das Gebiet auch Anziehungspunkt für Ausflügler aus Berlin.

01. 09. 1892
Ein Ortsstatut über die Anlegung und Veränderung von Straßen und Plätzen wird von der Gemeindevertretung beschlossen. Unter anderem wird auch ein Fußweg zum heutigen S-Bahnhof Wilhelmshagen angelegt.

1898
Ein erster Versuch, zwischen Rüdersdorf, Woltersdorf und Schöneiche eine elektrische Straßenbahn zu bauen, scheitert.

19. 08. 1905
Einem Projekt zur Errichtung einer elektrischen Straßenbahn von Woltersdorf nach dem Bahnhof Rahnsdorf wird zugestimmt, in der Folge aber nicht ausgeführt.

Bw der Serie Nr. 21 – Nr. 26, gebaut 1913.

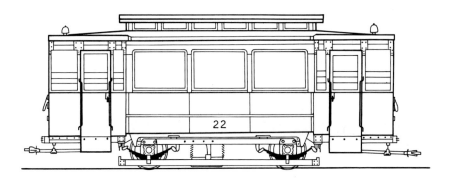

Elektrische Straßenbahn 333

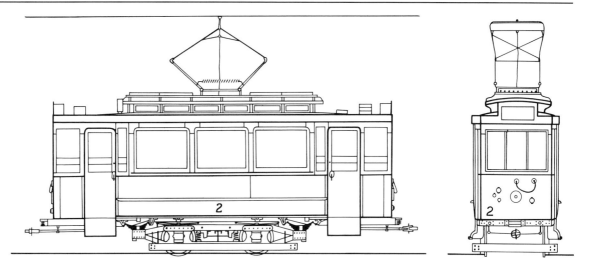

Tw der Serie Nr. 1 – Nr. 4, gebaut 1913; diese behielten ihre äußere Form über Jahrzehnte bei, lediglich der Lyrastromabnehmer wurde durch einen Scherenstromabnehmer ersetzt.

Tw Nr. 1, Baujahr 1913, und Bw Nr. 22, Baujahr 1913, aufgenommen in Woltersdorf um 1913.
Foto: Sammlung Reichenbach

Woltersdorf

Tw Nr. 5, gebaut 1927, im Jahre 1962.
Foto: Kubig

Tw Nr. 6, gebaut 1908, 1941 ex Salzburg.
Foto: Schreiner

Elektrische Straßenbahn

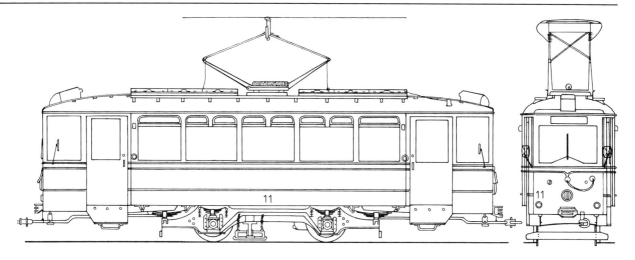

Tw Nr. 11, gebaut 1913; 1962 ex Berlin Nr. 5617, 1978 in Nr. 16[II].

Ausweichstelle Woltersdorf, Ernst-Thälmann-Platz: Tw Nr. 16, 1969 ex Nr. 10, und Bw Nr. 23[II], 1968 ex Magdeburg Bw Nr. 241[II]; im Juli 1970 aufgenommen.
Foto: Reichenbach

Woltersdorf

24. 05. 1909
Gründung einer Gesellschaft unter dem Namen „Elektrische Straßenbahn Rahnsdorf–Woltersdorf G.mb.H.". Die Gesellschaft geht kurz darauf noch im Projektstadium in Konkurs.

27. 09. 1911
Die Gemeindevertretung beschließt einstimmig, eine elektrische Straßenbahn von Woltersdorf, Schleuse nach dem Bahnhof Rahnsdorf zu bauen.

20. 03. 1912
Durch den Regierungspräsidenten wird die „Genehmigungsurkunde für die Straßenbahn vom Bahnhof Rahnsdorf nach Woltersdorfer Schleuse" ausgestellt (veröffentlicht im Amtsblatt der Königlichen Regierung zu Potsdam und der Stadt Berlin vom 29. März 1912).

29. 06. 1912
Abschluß eines Bauvertrags mit der Firma Orenstein & Koppel.

17. 05. 1913
Inbetriebnahme der 5,6 km langen elektrischen, regelspurigen und eingleisigen Woltersdorfer Straßenbahn. Die Strecke besitzt zwei Kuppelendstellen und zwei Ausweichen. In Ortsmitte zweigt von der Ausweiche ein Verbindungsgleis zur viergleisigen Wagenhalle ab.
Das Gleis liegt:
2,3 km im Pflaster in der Ortslage Woltersdorf,

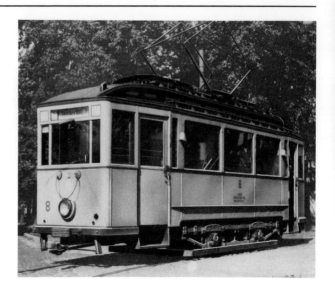

Tw Nr. 8, gebaut 1907, 1959 ex Potsdam Nr. 107^{II}, im Jahre 1964.
Foto: Kubig

Tw Nr. 6^{II}, gebaut 1926, 1956 ex Berlin Nr. 4362, 1965 in Nr. 10^{II}.
Foto: Schreiner

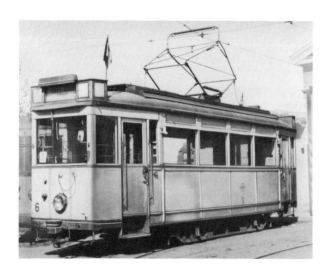

1,3 km als seitlicher besonderer Bahnkörper im Ortsteil Schönblick,
2,0 km als eigener Bahnkörper im Gutsbezirk Köpenicker Forst (Stadtforst).
Einschließlich beider Endhaltestellen hat die Strecke 9 Haltestellen. Die Züge verkehren im 30-Minuten-Abstand. Eine Signalanlage besteht nicht. Die Sicherheit wird durch die strikte Einhaltung des Fahrplanes gewährleistet.

08. 11. 1923
Infolge der Inflation wird – aus Sparsamkeitsgründen und um eine vollständige Betriebseinstellung zu verhindern – bis 31. März 1924 mit Einmannwagen gefahren.

1925
Ausbau der Abzweigung zum Betriebshof zu einem Gleisdreieck. Damit ist erstmals auch ein Drehen der Fahrzeuge möglich.

1927
Ein Projekt zur Verlängerung der Bahn nach Alt-Buchhorst wird genehmigt, aber nicht ausgeführt.

1944
Der Einzelfahrpreis beträgt bisher 30 Pfennig. Durch verschiedene Teilstrecken- und Wochenendrückfahrscheine bestehen 22 Fahrscheinsorten. Die Anzahl der Fahrscheinsorten wird auf 5 reduziert, der Einzelfahrpreis auf 25 Pfennig gesenkt.

Elektrische Straßenbahn 337

1944
Übernahme des 1943 von der Waggonfabrik Uerdingen AG unter Fabrik-Nr. 52 906 gebauten und in Berlin erprobten KSW-Prototyps.

1945
Im April wird der Betrieb infolge der Kriegseinwirkungen eingestellt; die Wiederaufnahme erfolgt im Juli.

1949
Trennung des Elektrizitätswerkes vom Straßenbahnbetrieb, Betriebsführung durch den VE Kreis-Verkehrs- und Transportbetrieb.

1952
Die Woltersdorfer Straßenbahn wird volkeigener Betrieb und nennt sich „VEB (G) Verkehrsbetrieb Woltersdorf".

1956
Der Straßenbahnbetrieb wird kreisgeleitet und nennt sich „VEB (K) Verkehrsbetrieb Woltersdorf".

Bw Nr. 23[II], Baujahr 1944, 1968 ex Magdeburg Bw Nr. 241[II], aufgenommen im August 1973.
Foto: Reichenbach

01. 06. 1963
Die Woltersdorfer Straßenbahn wird mit dem Straßenbahnbetrieb Schöneiche-Rüdersdorf zu einem Betrieb vereinigt und wird fortan unter dem Betriebsnamen „VEB (K) Verkehrsbetriebe Schöneiche-Woltersdorf" geführt.

1963
Inbetriebnahme des neuen vollautomatischen Umformerwerkes für die Bereitstellung der 750 V Gleichspannung für den Straßenbahnbetrieb.

07. 10. 1969
Einführung des schaffnerlosen Betriebs (OS-Betrieb) mit Zahlboxen nach Berliner Vorbild.

1969
Der VEB (K) Verkehrsbetriebe Schöneiche-Woltersdorf wird Betriebsteil des VEB Kraftverkehr und Spedition Fürstenwalde (Spree), Betriebsteil Schienenverkehr, Betriebsstelle Woltersdorf.

01. 07. 1970
Die Woltersdorfer Straßenbahn wird eine Betriebsstelle des Zweigbetriebs Schienenverkehr im VEB Kombinat Kraftverkehr Frankfurt (Oder), Betrieb Fürstenwalde.

Woltersdorf

April 1976
Umstellung des Zahlboxsystems des OS-Betriebs auf mechanische Druckentwerter. Der Einzelfahrpreis beträgt 25 Pfennig, Sammelkarten für 6 Fahrten kosten 1,– Mark.

1982
Die Betriebsbezeichnung lautet: VEB Kraftverkehr Fürstenwalde (Spree), Betriebsteil Schienenverkehr im VE Verkehrskombinat Frankfurt (Oder).

Netzplan siehe wegen des territorialen Zusammenhanges unter „Schöneiche – Elektrische Straßenbahn", S. 320.

Literatur:

... 60 Jahre Woltersdorfer Straßenbahn, VEB Kombinat Kraftverkehr, Frankfurt (Oder) – Herausg., 1973

Betriebsstatistik – Elektrische Straßenbahn Woltersdorf

		1927	1938	1975	1982
Personen-Tw		–	5	5	7	6
Personen-Bw		–	6	6	6	5
Arbeits-Tw		–			1	1
Arbeits-Bw		–	2	2	2	2
Gleislänge	km		6,0	6,1	6,1	6,1
Streckenlänge	km		5,6	5,6	5,6	5,6
Zugkilometer[1]	10^3 km				426,5	363,9
Beförderte Personen	10^3 Pers.	1 063,8			1 777,6	1 671,8

[1]) Angabe in „Wagenkilometer" ist nicht möglich, da die Züge in Anpassung an das Fahrgastaufkommen verkehren.

Tw Nr. 27, 1978 ex Nr. 13^{II}, 1977 ex Schwerin Tw Nr. 21^{III}, mit Bw Nr. 87, Baujahr 1975, im August 1979 an der Haltestelle Lerchenstraße.
Foto: Reichenbach

Elektrische Straßenbahn

Wagenparkstatistik – Elektrische Straßenbahn Woltersdorf

Wagen-nummer	Hersteller mech.	Hersteller elektr.	Baujahr	Sitz-/Stehplätze	Länge mm	Achs-/Drehzapfen-abstand mm	Stunden-leistung kW	Art der Bremse	Bemerkungen
Triebwagen									
1–4	O&K	AEG	1913	18q/37	9150	1910/–	2 × 33	E, H	Nr. 2 1967 Atw; übr. 1965/67 a
5	Nies	AEG	1927	20q/32		/–	2 × 34	E, H	1967 a
6	MAN	SSW	1908	24q/35	8340	2000/–	2 × 20	E, H	1941 ex Salzburg Tw Nr. 2; 1956 Atw
6^{II}	O&K	AEG	1926	24q/35	9900	3000/–	2 × 40	E, H	1956 ex Berlin Nr. 4362; 1965 in Nr. 10^{II}
7	Uer	AEG	1943	12q/50	10400	3000/–	2 × 60	E, H,	1944 ex Berlin Nr. 621; 1979 zu hist. Tw
8	Adf	SSW	1907	18q/35	9080	2000/–	2 × 24	E, H	1959 ex Potsdam Nr. 107^{II}; 1965 Atw
10	O&K	AEG	1913	24q/34	10390	3200/–	2 × 44	E, H	1963 ex Berlin Nr. 5644; 1969 in Nr. 16
10^{II}	O&K	AEG	1926	24q/35	9900	3000/–	2 × 40	E, H	1965 ex Nr. 6^{II}; 1978 n. Berlin als hist. Tw vor-gesehen
11–15	O&K	AEG	1913/14	24q/34	10390	3200/–	2 × 44	E, H	1962 ex Berlin Nr. 5617, 5622, 5611, 5632, 5631; ab 1964/67 im Einsatz; 1978 Nr. 11, 14, 15 in Nr. 16^{II}, 24, 25; 1977 Nr. 12 a; 1979 Nr. 13 a
11^{II}	O&K	AEG	1913	24q/34	10390	3200/–	2 × 44	E, H	1978 ex Nr. 16; 1978 a
12^{II}+13^{II}	Got	LEW	1960	22q/56	10900	3200/–	2 × 60	E, H, S	1977 ex Schwerin Nr. 22^{III}+21^{III}; 1978 in Nr. 28+27
16	O&K	AEG	1913	24q/34	10390	3200/–	2 × 44	E, H	1969 ex Nr. 10; 1978 in Nr. 11^{II}
16^{II}	O&K	AEG	1913	24q/34	10390	3200/–	2 × 44	E, H	1978 ex Nr. 11; 1978 in Nr. 26
23	Got	LEW	1961	22q/56	10900	3200/–	2 × 60	E, H, S	1977 ex Schwerin Nr. 24^{II}; 1979 in Nr. 29
24–26	O&K	AEG	1913	24q/34	10390	3200/–	2 × 44	E, H	1978 ex Nr. 14, 15, 16^{II}; 1979 Nr. 24 a; 1980 Nr. 25 a, Nr. 26 n. Berlin, als hist. Tw vorgesehen
27–29	Got	LEW	1960/61	22q/56	10900	3200/–	2 × 60	E, H, S	1978 ex Nr. 13^{II}, 12^{II}, 23
30, 38	Got	LEW	1959/60	22q/65	10900	3200/–	2 × 60	E, H, S	1978 ex Dessau Nr. 42^{II}+44^{II}
39	Sw	LEW	1969	22q/52	10720	3200/–	2 × 60	E, H, S	1979 ex Berlin Nr. 223 025

Woltersdorf

noch **Wagenparkstatistik** – Elektrische Straßenbahn Woltersdorf

Wagen-nummer	Hersteller mech.	Hersteller elektr.	Baujahr	Sitz-/Stehplätze	Länge mm	Achs-/Drehzapfenabstand mm	Stundenleistung kW	Art der Bremse	Bemerkungen
Beiwagen									
21–26	O&K		1913	12q/40	8400	3200/–	–	So, H	Nr. 24 ab 1969 als hist. Bw vorgesehen; übr. 1966/68 a
21^{II}+22^{II}	Uer		1944	12q/69	10400	3000/–	–	So, H	1967 ex Strausberg Nr. 17+19; 1978 Nr. 21^{II} a, Nr. 22^{II} in Nr. 82
21^{III}	Sw		1975	22q/67	10720	3200/–	–	So, H, S	1977 ex Schwerin Nr. 63^{III}; 1978 in Nr. 87
23^{II}	Uer		1944	12q/69	10400	3000/–	–	So, H	1968 ex Magdeburg Nr. 241^{II}; 1978 in Nr. 83
24^{II}	Uer		1944	12q/69	10400	3000/–	–	So, H	1969 ex Strausberg Nr. 18 1978 in Nr. 84
25^{II}+26^{II}	Uer		1944	12q/69	10400	3000/–	–	So, H	1968/69 ex Magdeburg 244^{II}+242^{II}; 1978 Nr. 25^{II} in Nr. 85, Nr. 26^{II} a
26^{III}	Got		1961	22q/73	10900	3200/–	–	So, H, S	1977 ex Schwerin Nr. 67; 1978 in Nr. 88
82–85	Uer		1944	12q/69	10400	3200/–	–	So, H	1978 ex Nr. 22^{II}–25^{II}; Nr. 82 als hist. Bw vorgesehen; übr. 1978/79 a
87	Sw		1975	22q/67	10720	3200/–	–	So, H, S	1978 ex Nr. 21^{III}
88	Got		1961	22q/73	10900	3200/–	–	So, H, S	1978 ex Nr. 26^{III}
89+90, 92	Got		1960/61	22q//73	10900	3200/–	–	So, H, S	1977 ex Schwerin Nr. 64^{II}, 65^{II}, 66

Berlin
Städtische Straßenbahnen in Berlin
Historischer Tw Nr. 68 der Serie Nr. 60–Nr. 77, gebaut 1910. Der achtfenstrige Maximum-Tw wurde wieder in den Ursprungszustand versetzt und hier anläßlich einer Sonderfahrt im August 1981 in Grünau aufgenommen.
Foto: Schreiner

Berlin
Berliner Verkehrs-Aktiengesellschaft
Mitteleinstieg-Tw Nr. 3802, gebaut 1927; als historischer Tw im Erhaltungszustand von 1934 (nach dem Umbau auf Einfachsteuerung), aufgenommen im August 1981 anläßlich einer Sonderfahrt in Grünau.
Foto: Schreiner

Berlin
Berliner Verkehrs-Betriebe
Bw Nr. 1707 der Serie Nr. 1701 – Nr. 1720, gebaut 1950; der historische Bw stammt aus der ersten Serie der DDR-Straßenbahnproduktion und befindet sich im Originalzustand. Aufgenommen hinter dem historischen Tw Nr. 5274, gebaut 1907, im September 1979.
Foto: Schreiner

Berlin
VEB Kombinat Berliner Verkehrsbetriebe
Tw Nr. 5274 der Serie Nr. 5207 – Nr. 5314, gebaut 1907/12 (Typ TD), hier als historischer Tw im Betriebszustand von 1971 aufgenommen an der Endhaltestelle der Linie 3 (Björnsonstraße) im Jahre 1975 anläßlich einer Sonderfahrt.
Foto: Kubig

Berlin
Tw Nr. 3423 der Serie Nr. 3401 – Nr. 3594, gebaut 1927; 1936 umgebaut (Typ TM 36). Der rote Strich unter der Wagennummer weist darauf hin, daß der Tw mit einem Bw eingesetzt werden durfte; aufgenommen im Jahre 1968 in dem im Jahre 1973 stillgelegten Straßenbahnhof Treptow.
Foto: Kubig

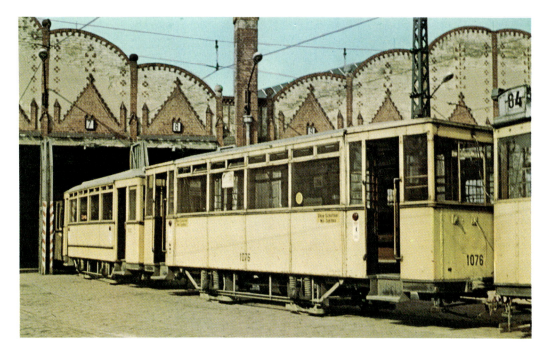

Berlin
Bw Nr. 1076 (Typ B 06/27) der Serie Nr. 914 – Nr. 1087, gebaut 1905/11, in einem Drei-Wagen-Zug auf dem Straßenbahnhof Köpenick im Jahre 1968.
Foto: Kubig

Berlin
Tw Nr. 3632 der Serie Nr. 3601 – Nr. 3700, umgebaut im Jahre 1931, (Typ TM 31U) auf Linie 96, aufgenommen am Betriebshof Stahnsdorf um 1965.
Foto: Kubig

Berlin
…und noch einmal ein Tw vom Typ TD: Tw Nr. 5303 der Serie Nr. 5207 – Nr. 5314, gebaut 1907/12; aufgenommen beim Umsetzen an der Endhaltestelle der Linie 71 in Heinersdorf im Jahre 1967. Im Hintergrund ein Bw der Serie Nr. 1616 – Nr. 1630, gebaut 1942.
Foto: Kubig

Berlin
Drei-Wagen-Zug auf Linie 84 an der Endhaltestelle Friedrichshagen, Wasserwerk, im Jahre 1969 mit Tw Nr. 5263 der Serie Nr. 5207–Nr. 5314, gebaut 1907/12 (Typ TD), Bw der Serie Nr. 914–Nr. 1087, gebaut 1905/11, und einem Bw aus der ersten Serie der Nachkriegsproduktion (Serie Nr. 1701–Nr. 1740, gebaut 1950/51).
Foto: Kubig

Berlin
Tw Nr. 218 001, 1970 ex Nr. 8002, gebaut 1958; der Prototyp der Großraumwagen vom Typ T4 mit dazugehörigem Großraum-Bw Typ B4; aufgenommen auf dem Schloßplatz in Köpenick im Jahre 1983.
Foto: Wille

Berlin
Gotha-Großraumzug mit Tw Nr. 218 032 der Serie Nr. 218 002 – Nr. 218 066, gebaut 1961/64, mit Bw Nr. 268 108 der Serie Nr. 268 090 bis Nr. 268 122, gebaut 1962/64, auf Linie 86 von Schmöckwitz zum S-Bahnhof Berlin-Köpenick. Von der Dahmebrücke kommend trifft der Zug in Köpenick ein, aufgenommen im Oktober 1983.
Foto: Kuschinski

Berlin
Reko-Einrichtungs-Tw Nr. 217 209 der Serie Nr. 217 209 – Nr. 217 306, gebaut 1963/69, mit einem Großraum-Bw vom Typ B4; aufgenommen auf Linie 29 in der Müggelstraße im Jahre 1978.
Foto: Wille

Berlin
Reko-Zweirichtungs-Tw Nr. 223 008 der Serie Nr. 223 001 – Nr. 223 025, gebaut 1969/70; aufgenommen auf der Linie 84 an der Endhaltestelle Friedrichshagen, Wasserwerk, im Jahre 1975.
Foto: Wille

Berlin
Reko-Zweirichtungs-Bw Nr. 269 037 der Serie Nr. 269 001 bis Nr. 269 050, gebaut 1969 (Typ BZ 69), aufgenommen im Jahre 1978 auf der Linie 84 an der Endhaltestelle Friedrichshagen, Wasserwerk, im Jahre 1978.
Foto: Wille

Berlin
Am Endpunkt Marzahn, Henneckestraße, enden die Linien 18, 18E – hier mit den KT4D – Tw Nr. 219189, gebaut 1980, Tw Nr. 219009, gebaut 1977 und Tw Nr. 219028, gebaut 1978. Tw Nr. 219009 ist einer der ersten in der versuchsweise ausgeführten neuen Lackierung; aufgenommen im September 1984.
Foto: Junghans

Berlin
Tw Nr. 219018, gebaut 1977, im Einsatz auf der Linie 70; aufgenommen in Berlin-Weißensee, Klement-Gottwald-Allee, im Mai 1985. Hier in der ab Anfang 1985 neuen Farbgebung.
Foto: Dr. Schubert

Schöneiche
Tw Nr. 72, 1966 ex Nr. 8, 1956 ex Nr. 32 der Serie Nr. 31–Nr. 34, gebaut 1928; im Hintergrund Tw Nr. 74, der 1975 als historischer Tw Nr. 34 restauriert wurde.
Foto: Reichenbach

Schöneiche
Tw Nr. 54 der Serie Nr. 52–Nr. 55, gebaut 1914 von der Firma Lindner, Ammendorf; aufgenommen auf dem Betriebshof im Jahre 1968.
Foto: Kubig

Schöneiche
Tw Nr. 61, im Jahre 1964 in eigener Werkstatt aufgebaut, und Bw Nr. 104, Baujahr 1928; aufgenommen 1972 an der Endhaltestelle Friedrichshagen.
Foto: Kubig

Schöneiche
Bunt und vielfältig ist der Wagenpark Anfang der siebziger Jahre: Tw Nr. 65, in eigener Werkstatt 1970 aufgebaut; dahinter Bw Nr. 104, Baujahr 1928; rechts daneben Tw Nr. 74, Baujahr 1928, sowie Bw Nr. 111, 1962 in eigener Werkstatt gebaut; aufgenommen im August 1973.
Foto: Reichenbach

Schöneiche
Tw Nr. 62^{II}, 1975 ex Nr. 73, wurde 1966 ebenfalls in eigener Werkstatt gebaut; aufgenommen im Mai 1976.
Foto: Reichenbach

Schöneiche
Tw Nr. 52, gebaut 1914, 1963 ex Nr. 2 nach dem Umbau zum Einrichtungswagen, der in eigener Werkstatt im Jahre 1962 durchgeführt wurde; daneben Reko-Zweirichtungs-Tw Nr. 72^{II}, Baujahr 1974; aufgenommen im Jahre 1976 im Betriebshof.
Foto: Reichenbach

Strausberg
Ein jahrzehntelang typisches Zugbild der Strausberger Eisenbahn: Tw Nr. 1, Baujahr 1921, mit Bw Nr. 10, Baujahr 1925, an der Endhaltestelle S-Bahnhof Strausberg, aufgenommen im Juni 1968.
Foto: Reichenbach

Strausberg
1957 wurden von den BVB die Tw Nr. 4302 und Nr. 4305 übernommen: Tw Nr. 8 ex Berlin Nr. 4305, Baujahr 1921, mit Bw Nr. 4, Baujahr 1921, im Juni 1968 an der Endhaltestelle S-Bahnhof Strausberg.
Foto: Reichenbach

Strausberg
Tw Nr. 14, Baujahr 1925, 1940 von Düsseldorf (ex Tw Nr. 5) übernommen, mit Bw Nr. 4, Baujahr 1921, abfahrbereit an der Endhaltestelle S-Bahnhof Strausberg in Richtung Strausberg Stadt, aufgenommen im Juni 1968.
Foto: Reichenbach

Strausberg
Straßenbahnzug, bestehend aus Tw Nr. 5 + Tw Nr. 10, Baujahr 1929; 1968 bzw. 1971 ex Leipzig Nr. 1038[II] und Nr. 1031[II], an der Endhaltestelle Strausberg Stadt. Der Stromabnehmer des Tw Nr. 10 ist nach der Ankunft bereits abgezogen, der des Tw Nr. 5 für die Rückfahrt nach S-Bahnhof Strausberg noch nicht angelegt. Angetrieben wird stets der in Fahrtrichtung erste Tw; aufgenommen im Mai 1979.
Foto: Kuschinski

Strausberg

Die von den BVB übernommenen Reko-Zweirichtungs-Fahrzeuge ermöglichen die Bildung von Wendezügen in der Zugzusammenstellung Tw + Bw + Tw; hier Tw Nr. 03, Bw Nr. 002, Tw Nr. 02 (ex Berlin Nr. 223020, Nr. 269044, Nr. 223023), gebaut 1969/70, aufgenommen im Jahre 1983 an der Endhaltestelle Strausberg Stadt. Die Tw wurden zusätzlich mit einer Abreißbremse ausgerüstet, da der Tw am Zugschluß im Normalfall ungebremst läuft.
Foto: Kuschinski

Woltersdorf

Tw Nr. 10, Baujahr 1913, 1963 ex Berlin Nr. 5644; 1969 in Nr. 16 umgezeichnet, aufgenommen im Juni 1968.
Foto: Reichenbach

Woltersdorf
…nochmals Tw Nr. 10, Baujahr 1913, hier jedoch bereits als Tw Nr. 16 nach dem Umbau, aufgenommen auf dem Betriebshof im Jahre 1970.
Foto: Kubig

Woltersdorf
Endhaltestelle Rahnsdorf: Bw Nr. 24, Baujahr 1913, mit Tw Nr. 13, 1963 ex Berlin Nr. 5611, aufgenommen im Juni 1968.
Foto: Reichenbach

Woltersdorf
Endhaltestelle Woltersdorf-Schleuse: KSW-Bw Nr. 26^{II}, Baujahr 1944, 1969 ex Magdeburg Nr. 242^{II}; im Hintergrund Tw Nr. 14, Baujahr 1913, 1963 ex Berlin Tw Nr. 5632 nach der Modernisierung in eigener Werkstatt, aufgenommen im August 1971.
Foto: Reichenbach

Woltersdorf
Tw Nr. 7 vom Typ „Kriegsstraßenbahnwagen" – KSW; der Prototyp, 1943 gebaut, war bis 1944 in Berlin als Tw Nr. 6221 zur Erprobung; aufgenommen am Thälmannplatz im Jahre 1968.
Foto: Kubig

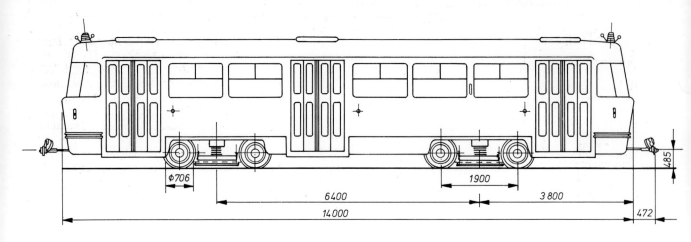
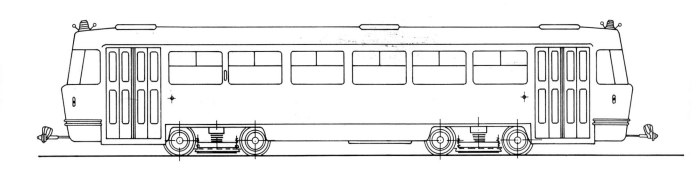